Die Abtretung
im Europäischen Kollisionsrecht

Studien zum vergleichenden und internationalen Recht -
Comparative and International Law Studies

Herausgeber: Bernd von Hoffmann und Erik Jayme

Band 62

PETER LANG
Frankfurt am Main · Berlin · Bern · Bruxelles · New York · Oxford · Wien

Werner Mangold

Die Abtretung im Europäischen Kollisionsrecht

Unter besonderer Berücksichtigung
des spanischen Rechts

PETER LANG
Europäischer Verlag der Wissenschaften

Die Deutsche Bibliothek - CIP-Einheitsaufnahme

Mangold, Werner:

Die Abtretung im europäischen Kollisionsrecht : unter besonderer Berücksichtigung des spanischen Rechts / Werner Mangold. - Frankfurt am Main ; Berlin ; Bern ; Bruxelles ; New York ; Oxford ; Wien : Lang, 2001
(Studien zum vergleichenden und internationalen Recht ; Bd. 62)
Zugl.: Heidelberg, Univ., Diss., 2001
ISBN 3-631-38141-7

D 16
ISSN 0930-4746
ISBN 3-631-38141-7

www.peterlang.de

Für Mariana,
Antonella, Felix und Olivia

Vorwort

Die vorliegende Arbeit ist aus meiner Zeit als wissenschaftlicher Mitarbeiter am Institut für ausländisches und internationales Privat- und Wirtschaftsrecht der Universität Heidelberg hervorgegangen. Sie ist im Sommersemester 2000 an der Juristischen Fakultät der Universität Heidelberg als Dissertation eingereicht worden.

Mein besonders herzlicher Dank gilt meinem verehrten Doktorvater, Herrn Professor Dr. Dr. h.c.mult. Erik *Jayme* (LL.M., Berkeley), der diese Arbeit anregte, förderte und unterstützte. Ich habe viel von ihm gelernt. Er gab mir das Vertrauen in eigene Stärken und Fähigkeiten und hat mir Spanien auf eine besondere Art und Weise nahe gebracht.

Mariana, meine Familie und meine Freunde haben die Arbeit zu jeder Zeit ihrer Entstehung mit großem Rückhalt begleitet. Großer Dank gebührt meinem Freund Peter *Stankewitsch*. Er gab der Arbeit mit seiner unermüdlichen Diskussionsfreude und seinem herausfordernden Engagement entscheidende Impulse.

Die Robert E. Schmidt-Stiftung ermöglichte mir mit einem Auslandsstipendium einen Forschungsaufenthalt an der Universidad Autónoma in Madrid, der zum Grundstein meiner Studien im spanischen Privatrecht wurde. Für das Stipendium möchte ich an dieser Stelle Dank sagen. Herrn Professor Dr. Miguel *Virgós Soriano* (LL.M., Columbia N.Y.) und den Mitarbeitern seines Lehrstuhls danke ich für die herzliche Aufnahme und wertvolle Unterstützung, die mir während meines Aufenthalts zuteil wurden. Ihr förderndes Interesse und ihre Bereitschaft zu anregendem und lebhaftem Gedankenaustausch haben meine Studien vertieft und intensiviert.

Herrn Professor Dr. Gert *Reinhart* danke ich herzlich für die Übernahme der Zweitberichterstattung. Den Herausgebern dieser Schriftenreihe bin ich für die Aufnahme der Dissertation sehr verbunden. Die mühevolle Arbeit des Korrekturlesens und die Drucklegung des Manuskripts lagen in den Händen von Frau Dipl.-Übers. Karla *Rupp-Alene*, die mich engagiert und tatkräftig unterstützte. Veröffentlichungen konnten für die vorliegende Druckfassung bis März 2001 berücksichtigt werden.

Heidelberg, im Juni 2001 — Werner Mangold

Inhaltsübersicht

Inhaltsverzeichnis

Teil 3:
Die Anknüpfung der Abtretung im deutschen und europäischen Internationalen Privatrecht

Verzeichnis der abgekürzt zitierten Zeitschriften, Gesetze und Staatsverträge

ABGB	Allgemeines Bürgerliches Gesetzbuch (Österreich)
ABl. EG.	Amtsblatt der Europäischen Gemeinschaften
AC	Actualidad Civil
ADC	Anuario de Derecho Civil
Ar. Jur.	*Aranzadi*, Repertorio cronológico de jurisprudencia
AWD/RIW	Außenwirtschaftsdienst des Betriebsberaters / Recht der Internationalen Wirtschaft
BBTC	Banca, borsa e titoli di credito
BGB	Bürgerliches Gesetzbuch
BGBl.	Bundesgesetzblatt
BGHZ	Entscheidungen des Bundesgerichtshofes in Zivilsachen
BOE	Boletín Oficial del Estado
BON	Boletín Oficial de Navarra
BT-Drs.	Bundestags-Drucksache
C.	Codex Iustinianus
Cc	Code civil; Codice civile; Código civil
Ccom	Código de comercio
CISG	Convention on Contracts for the International Sale of Goods
Clunet	Journal du Droit International – fondé par Edouard *Clunet*
Comp.A.	Compilación del Derecho Civil de Aragón
Comp.B.	Compilación del Derecho Civil de Baleares
Comp.C.	Compilación del Derecho Civil de Cataluña
Comp.G.	Compilación del Derecho Civil de Galicia
Comp.N.	Compilación del Derecho Civil Foral de Navarra
Cpc	Codice di procedura civile
DB	Der Betrieb
DZWir	Deutsche Zeitschrift für Wirtschaftsrecht
EAG	Einheitliches Gesetz über den Abschluß von internationalen Kaufverträgen über bewegliche Sachen vom 17. Juli 1973
EdD	Enciclopedia del diritto
EGBGB	Einführungsgesetz zum Bürgerlichen Gesetzbuche
EGV	Vertrag zur Gründung der Europäischen Gemeinschaft
EJB	Enciclopedia jurídica básica
EKG	Einheitliches Gesetz über den internationalen Kauf beweglicher Sachen vom 17. Juli 1973
EuGVÜ	Brüsseler EWG-Übereinkommen über die gerichtliche Zuständigkeit und die Vollstreckung gerichtlicher Entscheidungen in Zivil- und Handelssachen vom 27. September 1968

EuR	Europarecht
EVÜ	Römisches EWG-Übereinkommen über das auf vertragliche Schuldverhältnisse anzuwendende Recht vom 19. Juni 1980
EWiR	Entscheidungen zum Wirtschaftsrecht
Giust.civ.	Giustizia civile
Giur.it.	Giurisprudenza italiana
GM	Giurisprudenza di merito
HGB	Handelsgesetzbuch
IPRax	Praxis des Internationalen Privat- und Verfahrensrechts
IPRG	Österreichisches Bundesgesetz vom 15. Juni 1978 über das internationale Privatrecht
IPRspr.	Die deutsche Rechtsprechung auf dem Gebiete des internationalen Privatrechts
JBl.	Juristische Blätter (Österreich)
J. Trib.	Journal des tribunaux (Belgien)
JuS	Juristische Schulung
JZ	Juristenzeitung
LAR	Ley de arrendamientos rústicos
LCCh	Ley cambiaria y del cheque
LECiv	Ley de enjuiciamiento civil
l. fall.	legge fallimentare
Lh	Ley hipotecaria
Lhm	Ley de hipoteca mobiliaria y prenda sin desplazamiento de posesión
Lloyd's Marit. Com. L. Q.	Lloyd's Maritime and Commercial Law Quarterly
LSA	Ley de Sociedades Anónimas
LSRL	Ley de Sociedades de Responsabilidad Limitada
L. Q. Rev.	The Law Quarterly Review
MB	Moniteur Belge
NILR	Netherlands International Law Review
NJW	Neue Juristische Wochenschrift
NJW-RR	Neue Juristische Wochenschrift-Rechtsprechungsreport
NZV	Neue Zeitschrift für Verkehrsrecht
RabelsZ	Zeitschrift für ausländisches und internationales Privatrecht (ab 1961 Rabel's Zeitschrift)
RCDI	Revista crítica de derecho inmobiliario
RDBB	Revista de derecho bancario y bursátil
RDN	Revista de Derecho Notarial
RDP	Revista de Derecho Privado
REDI	Revista Española de Derecho Internacional
Rev. crit. dr. internat. privé	Revue critique de droit international privé

Rev. trim. droit eur.	Revue trimestrielle de droit européen
RGLJ	Revista General de Legislación y Jurisprudencia
RGD	Revista General de Derecho
RGZ	Entscheidungen des Reichsgerichts in Zivilsachen
Rh	Reglamento hipotecario
Rhm	Reglamento de hipoteca mobiliaria y prenda sin desplazamiento de posesión
Riv. dir. int. priv. proc.	Rivista di diritto internazionale privato e processuale
RIW	Recht der Internationalen Wirtschaft
RJC	Revista Jurídica de Cataluña
RJN	Revista Jurídica de Navarra
RvglHWB	Rechtsvergleichendes Handwörterbuch für das Zivil- und Handelsrecht
SJZ	Schweizerische Juristen-Zeitung
VersR	Versicherungsrecht
WarnRspr.	Die Rechtsprechung des Reichsgerichts auf dem Gebiete des Zivilrechts, hrsg. von Otto *Warneyer*
WM	Wertpapier-Mitteilungen
WVK	Wiener Übereinkommen über das Recht der Verträge vom 23. Mai 1969
ZEuP	Zeitschrift für Europäisches Privatrecht
ZfRV	Zeitschrift für Rechtsvergleichung (Österreich)
ZIP	Zeitschrift für Wirtschaftsrecht
ZVglRWiss	Zeitschrift für vergleichende Rechtswissenschaft

Einleitung

Das Internationale Privatrecht der Forderungsabtretung ist für die Mitgliedstaaten der EU durch Art. 12 des Römischen Schuldvertragsübereinkommens vom 19.6.1980 (EVÜ)[1] (= Art. 33 Abs. 1 und 2 EGBGB) vereinheitlicht worden.[2] Die Schaffung eines einheitlichen Europäischen Kollisionsrechts brachte aber nicht auch automatisch die von den Vertragsstaaten gewünschte Rechtseinheit. Zwar sind die Gerichte der Vertragsstaaten gemäß Art. 18 EVÜ (Art. 36 EGBGB) zu einer einheitlichen Auslegung und Anwendung der vereinheitlichten Kollisionsnormen verpflichtet.[3] Eine einheitliche Spruchpraxis erweist sich aufgrund der unterschiedlichen Systeme, die der rechtsgeschäftlichen Übertragung einer Forderung in den Sachrechten der Vertragsstaaten zugrunde liegen, jedoch als schwierig. Spannungen entstehen insbesondere zwischen dem deutschen Recht, das die Abtretungsvoraussetzungen einheitlich bestimmt, und den romanischen Rechtsordnungen, in welchen die Rechtsbeziehungen der Beteiligten unterschieden und die Voraussetzungen einer Abtretung im Verhältnis Zedent – Zessionar sowie im Verhältnis der Zessionsparteien zum Schuldner und sonstigen Dritten jeweils gesondert beurteilt werden.

Der europäische Kollisionsrechtsgesetzgeber war bei der Formulierung des Art. 12 EVÜ (Art. 33 Abs. 1 und 2 EGBGB) bemüht, eine Regelung zu schaffen, welche die nationalen Unterschiede im Zessionsrecht der Vertragsstaaten berücksichtigt.[4] Gemessen an seinem Aufbau und seiner Struktur orientiert sich Art. 12 EVÜ (Art. 33 Abs. 1 und 2 EGBGB) jedoch nicht am deutschen Recht, sondern ist maßgeblich von der Systematik der romanischen Rechtsordnungen inspiriert. Er unterscheidet daher nicht zwischen Verpflichtungs- und Verfügungsgeschäft einer Abtretung, sondern differenziert zwischen den Rechtsbeziehungen der Beteiligten, nämlich einerseits dem Verhältnis Zedent – Zessionar (Abs. 1) und andererseits dem Verhältnis der Zessionsparteien zum Schuldner (Abs. 2).

Der Ausgleich, den Art. 12 EVÜ (Art. 33 Abs. 1 und 2 EGBGB) gleichwohl sucht, hat dazu geführt, dass nicht alle Voraussetzungen und Wirkungen einer Forderungsabtretung ausdrücklich von der Norm geregelt werden. Offen ist, welchem Recht der Forderungsübergang im Verhältnis zwischen Zedent und Zessionar unterliegt. Offen ist auch, welches Recht über die Einordnung der

---

1 Römisches EWG-Übereinkommen über das auf vertragliche Schuldverhältnisse anzuwendende Recht vom 19.6.1980, ABl. EG Nr. L 266 vom 9.10.1980, S. 1 = BGBl. 1986 II, S. 810; abgedr. in *Jayme/Hausmann*[10], Nr. 43.

2 Zum jüngsten Stand der Ratifikationen vgl. *Jayme/Kohler*, IPRax 1999, 401, 411.

3 Art. 18 EVÜ (Art. 36 EGBGB) begründet für die Vertragsstaaten eine bindende Verpflichtung. Zu weiteren Grundlagen und den Methoden der einheitlichen Auslegung, vgl. Teil 3 – § 7 I.

4 Vgl. Bericht *Giuliano/Lagarde*, ABl. EG Nr. C 282 vom 31.10.1980, S. 1, 34 f.

Abtretung als abstraktes oder kausales Rechtsgeschäft entscheidet. In diesem Zusammenhang herrscht Streit über die Reichweite des kollisionsrechtlichen Schuldnerschutzes. Darüber hinaus ist offen, welchem Statut Voraussetzungen und Wirkungen einer Abtretung im Verhältnis zu sonstigen Dritten zuzuordnen sind. Die angesprochenen sachrechtlichen Unterschiede führen im Kollisionsrecht der Vertragsstaaten zu einer – bezogen auf die offenen Anknüpfungsfragen[5] – unterschiedlichen Auslegung und Anwendung des Art. 12 EVÜ (Art. 33 Abs. 1 und 2 EGBGB).

Erst in jüngster Zeit sind die mit der Auslegung der Norm verbundenen Schwierigkeiten durch die Entscheidungen des *Hoge Raad* der Niederlande vom 16.5.1997[6] und des *Bundesgerichtshofs* vom 8.12.1998[7] offen zu Tage getreten. Beide Urteile befassen sich mit der Frage, welchem Recht Voraussetzungen und Wirkungen einer Abtretung im Verhältnis zu Dritten unterliegen. Der *Hoge Raad* unterwarf die Abtretung im Verhältnis zu den Gläubigern des Zedenten gemäß Art. 12 Abs. 1 EVÜ (Art. 33 Abs. 1 EGBGB) dem Zessionsgrundstatut. Der *Bundesgerichtshof* hatte hiergegen bereits durch Urteil vom 20.6.1990[8] entschieden, dass sich die Abtretung einer Forderung im Verhältnis zu Dritten gemäß Art. 33 Abs. 2 EGBGB (Art. 12 Abs. 2 EVÜ) nach dem Statut der übertragenen Forderung richte. Die Maßgeblichkeit des Forderungsstatuts für die Abtretung im Verhältnis zu Dritten ist vom *Bundesgerichtshof* durch Urteil vom 8.12.1998 nunmehr bestätigt worden. Gegenstand dieser Entscheidung war die Anknüpfung kollidierender Sicherungszessionen.

Die Entscheidungen beider Gerichte stehen für die Spannungen, die sich aus den Unterschieden der nationalen Regelungen der Zessionsrechte in Europa ergeben. Seit dem Inkrafttreten des Römischen Schuldvertragsübereinkommens im Jahre 1991 war dabei erstmals aus Sicht zweier oberster Gerichtshöfe der Vertragsstaaten zu klären, wie Art. 12 EVÜ (Art. 33 Abs. 1 und 2 EGBGB) auf der Grundlage des Art. 18 EVÜ (Art. 36 EGBGB) einheitlich auszulegen und anzuwenden sei. Der *Hoge Raad* hat sich dieser Herausforderung geradezu mustergültig gestellt und die einheitliche Auslegung des Art. 12 EVÜ (Art. 33 Abs. 1 und 2 EGBGB) in methodischer Hinsicht sowohl auf den Wortlaut als auch die Entstehungsgeschichte der Norm gestützt; insbesondere hat das Gericht aber Grundsätze und Wertungen des EVÜ, wie sie in der Präambel des Übereinkommens von den Vertragsstaaten zum Ausdruck gebracht worden sind, in seine kollisionsrechtliche Interessenwertung einfließen lassen.

---

5 Zum Gegenstand der offenen Anknüpfungsfragen vgl. Teil 3 – § 6 IV.

6 *Hoge Raad* 16.5.1997, Nederlandse Jurisprudentie 1998, Nr. 585, S. 3316 ff. mit Bespr. *Joustra*, IPRax 1999, 280.

7 *BGH* 8.12.1998, IPRax 2000, 125 mit Aufs. *Stadler*, 104 = JZ 1999, 404 mit Anm. *Kieninger*, 405.

8 *BGH* 20.6.1990, BGHZ 111, 376, 380 ff. = IPRax 1991, 248, 249 f. mit Aufs. *Stoll*, 223. Vgl. Einzelheiten zum Sachverhalt in Teil 3 – § 7 V 2 b aa.

Die einheitliche Auslegung des Art. 33 Abs. 1 und 2 EGBGB (Art. 12 EVÜ) steht auch im Mittelpunkt der vorliegenden Untersuchung. Sie wird über die genannten Kriterien des Wortlauts und der Entstehungsgeschichte sowie der involvierten kollisionsrechtlichen Interessen hinaus auf einen möglichen systematischen Zusammenhang zwischen rechtsgeschäftlicher Abtretung und Legalzession im IPR eingehen und gegebenenfalls auch Einwirkungen des primären Gemeinschaftsrechts berücksichtigen. Mit Blick auf die Zukunft des Binnenmarktes ist auch der europäische Integrationszusammenhang für die einheitliche Auslegung von besonderem Interesse.[9]

Eine einheitliche Auslegung des Art. 33 Abs. 1 und 2 EGBGB (Art. 12 EVÜ) kann selbstverständlich auch nicht losgelöst von einer Betrachtung des materiellen Rechts der Abtretung und ihrer Anknüpfung im IPR der Vertragsstaaten erfolgen. Die systematischen Unterschiede im Zessionsrecht und ihre Auswirkungen auf die Auslegung des Art. 12 EVÜ (Art. 33 Abs. 1 und 2 EGBGB) sollen daher aufgezeigt und analysiert werden. Ein besonderes Augenmerk gilt dabei den Voraussetzungen und Wirkungen einer Abtretung nach spanischem Recht. Im Spannungsfeld der europäischen Zessionsrechtssysteme nimmt das spanische Recht eine Zwischenstellung ein, die von besonderer Bedeutung für die einheitliche Auslegung des Art. 33 Abs. 1 und 2 EGBGB (Art. 12 EVÜ) ist. Spezielle Rechtsanwendungsprobleme ergeben sich überdies aus der interlokalen Rechtsspaltung im spanischen Zessionsrecht.

Die Untersuchung gliedert sich vor dem geschilderten Hintergrund in drei Teile: Der erste Teil behandelt die Abtretung im spanischen Privatrecht. Er analysiert Voraussetzungen und Wirkungen einer Abtretung in den spanischen Sachrechten und befasst sich mit der Anknüpfung der Abtretung nach spanischem Interlokalem und Internationalem Privatrecht. Hinzu tritt die Erörterung von Rechtsanwendungsproblemen, die sich aufgrund interlokaler Rechtsspaltung im spanischen Zessionsrecht bei subjektiver Bestimmung des Vertragsstatuts ergeben können.

Der zweite Teil enthält einen Überblick über das Sach- und Kollisionsrecht der Forderungsabtretung in weiteren Vertragsstaaten des EVÜ. Neben den Rechtsordnungen derjenigen Vertragsstaaten, welche für die Ausarbeitung des Übereinkommens maßgebend waren, wie Frankreich, Belgien, Italien, England und Deutschland, orientiert sich der Überblick in der Auswahl der zu vergleichenden Rechte insbesondere an den systematischen Unterschieden im Zessionsrecht. Auch das österreichische Recht wird daher in die Betrachtung einbezogen.

---

[9] Vgl. *Jayme*, IPR für Europa, S. 5 ff.

Der dritte Teil, der den Hauptgegenstand der Untersuchung bildet, befasst sich mit der Anknüpfung der rechtsgeschäftlichen Forderungsübertragung im Internationalen Privatrecht. Ausgehend von einer Darstellung der Grundlagen der Anknüpfung sollen die offenen Anknüpfungsfragen im Wege einer einheitlichen Auslegung des Art. 33 Abs. 1 und 2 EGBGB (Art. 12 EVÜ) nach Maßgabe des Art. 36 EGBGB (Art. 18 EVÜ) einer in den Vertragsstaaten des EVÜ konsensfähigen Lösung zugeführt werden.

Teil 1:

Die Abtretung im spanischen Privatrecht

§ 1 Die spanischen Sachrechte

I. Rechtsspaltung und System der Abtretung

1. Die interlokale Rechtsspaltung im Zessionsrecht

Spanien ist ein Mehrrechtsstaat. Das Privatrecht ist räumlich gespalten.[10] Es gibt das „gemeinspanische Recht" („Derecho común") und die Partikularrechte der Autonomen Gemeinschaften („Derechos especiales").[11] Die Partikularrechte gehen auf historisch eigenständige Rechtsregeln, die sogenannten „Foralrechte" („Derechos forales") zurück.[12] Von den insgesamt 17 Autonomen Gemeinschaften Spaniens verfügen fünf, nämlich Aragonien, Galicien, Katalonien, Navarra und die Balearischen Inseln sowie Teile der baskischen Provinzen, Álava und Vizcaya über ein eigenes, partikulares Zivilrecht.[13] Manche der Partikularrechte sind in sich gespalten,[14] in einigen Ortschaften Extremaduras gilt ferner Gewohnheitsrecht.[15] Das gemeinspanische Recht bildet im Verhältnis zu den Partikularrechten gemäß Art. 13 Abs. 2 Cc nur ein subsidiäres Recht von jeweils unterschiedlicher Reichweite.[16] Interlokale Kollisionen, die bei der Bestimmung der maßgebenden Teilrechtsordnung zwischen dem gemeinspanischen Recht und einem Partikularrecht oder mehreren Partikularrechten untereinander, aber auch innerhalb eines solchen auftreten können, werden durch das einheitlich geregelte interlokale Privatrecht der Artt. 13-16 Cc entschieden.[17]

Die Rechtsspaltung betrifft vorrangig das Familien- und Erbrecht. Schuldrechtliche Normen enthalten lediglich die Partikularrechte von Katalonien und Navarra. Während das katalanische Recht sich auf einige Vertragsarten, das Erlöschen von Verträgen und die Anspruchsverjährung beschränkt, enthält das

---

10 Zur Rechtsspaltung im spanischen Privatrecht grundlegend *Jayme*, RabelsZ 55 (1991), 303 ff.

11 Das spanische Staatsgebiet ist in 17 Autonome Gemeinschaften, die sog. „Comunidades Autónomas", gegliedert.

12 Vgl. *Jayme*, RabelsZ 55 (1991), 303, 304 f.; *Becker*, ZEuP 1996, 88 ff.; *Hierneis*, Das besondere Erbrecht der sogenannten Foralrechtsgebiete Spaniens, S. 4 ff.

13 Vgl. die Nachweise bei *Jayme*, RabelsZ 55 (1991), 303, 305, Fn. 6, 7.

14 Vgl. *Jayme*, RabelsZ 55 (1991), 303, 306. In Katalonien gelten für bestimmte Ortschaften und Kreise lokale Rechtsregeln („Derecho local"). Auf den Balearen gibt es eine interinsulare Rechtsspaltung.

15 Vgl. *Jayme*, RabelsZ 55 (1991), 303, 305; *Hierneis*, Das besondere Erbrecht der sogenannten Foralrechtsgebiete Spaniens, S. 10 f.

16 Die Reichweite des gemeinspanischen Rechts bestimmt sich in jedem Partikularrecht autonom, vgl. für Aragonien Art. 1 Abs. 2 Comp.A., die Balearischen Inseln Art. 1 Abs. 3 Comp.B., Galicien Art. 2 Abs. 1, disposición final 2.ª Comp.G., Katalonien Art. 1 Abs. 1, disposición final 4.ª Comp.C., Navarra Leyes 2, 6 Comp.N.

17 Zu den interlokalen Kollisionen im Zessionsrecht vgl. unten – § 2 II.

Partikularrecht von Navarra[18] eine umfassende Kodifikation des Schuldrechts,[19] darunter verschiedene Arten der rechtsgeschäftlichen Forderungsübertragung (Leyes 511, 466, 497 Comp.N.[20]). Das gemeinspanische Recht regelt die rechtsgeschäftliche Übertragung von Forderungen in den Artt. 1526 ff. Cc[21] sowie den Artt. 1203 Nr. 3, 1209 ff. Cc.[22] Sonderregeln enthalten die Artt. 347 und 348 Ccom[23] sowie die Spezialgesetze des Hypothekenrechts,[24] jeweils für die Abtretung handelsrechtlicher bzw. hypothekarisch gesicherter Forderungen. Auf die materiellrechtlichen Unterschiede, die zwischen dem gemeinspanischen Recht und dem Partikularrecht von Navarra auf dem Gebiet der Abtretung bestehen, wird die Untersuchung nachfolgend eingehen. Divergenzen treten vor allem bei der inhaltlichen Ausgestaltung des Schuldnerschutzes[25] und der Form der Abtretung[26] auf.

2. Abtretung und „subrogación convencional"

Das spanische Privatrecht kennt unterschiedliche Arten der rechtsgeschäftlichen Forderungsübertragung. Einen Sonderfall der Abtretung behandelt die „subrogación convencional". Der Código civil regelt sie in Artt. 1203 Nr. 3, 1209 ff. Die „subrogación convencional" ist ein Rechtsgeschäft, bei dem die Parteien vereinbaren, dass ein neuer Gläubiger an die Stelle des bisherigen tritt[27] (Subrogation[28]). Rechtsgrund für den Gläubigerwechsel ist die Erfüllung einer Verbindlichkeit des Schuldners gegenüber dem Altgläubiger durch einen Dritten (Neugläubiger).[29] Im Unterschied zu einer Abtretung kann die Subrogation sowohl zwischen Altgläubiger und Drittem als auch zwischen Drittem und Schuldner vereinbart werden. Dem Altgläubiger kann daher auch grundsätzlich gegen seinen Willen eine Forderungsübertragung aufgezwungen werden.[30] Umgekehrt wird der Schuldner durch die Vereinbarung einer Subrogation

---

18 Ley Nr. 1/1973 (Compilación del Derecho Civil Foral de Navarra) vom 1.3.1973, BOE Nr. 57-63 vom 7.3.-10.3.1973 und vom 12.3.-14.3.1973 sowie Nr. 129 vom 30.5.1974 i.d.F. der Ley Foral Nr. 5/1987 (Modificación del Derecho Civil Foral o Fuero Nuevo de Navarra) vom 1.4.1987, BON Nr. 41 vom 6.4.1987.

19 Zu den verschiedenen Arten der rechtsgeschäftlichen Forderungsübertragung vgl. unten – § 1 I 2 (Subrogation) und § 1 II 1 b cc (2) (Forderungsverpfändung).

20 Text in deutscher Übersetzung, vgl. Anhang – II.

21 Text in deutscher Übersetzung, vgl. Anhang – I 1.

22 Text in deutscher Übersetzung, vgl. Anhang – I 1.

23 Text in deutscher Übersetzung, vgl. Anhang – I 2.

24 Text in deutscher Übersetzung, vgl. Anhang – I 3-6.

25 Zur *lex Anastasiana* des navarresischen Rechts vgl. unten – § 1 III 2 d.

26 Zu den Formerfordernissen einer Abtretung vgl. unten – § 1 I 1 c .

27 Vgl. Art. 1212 Cc; *Díez-Picazo*, Fundamentos II^5, Cap. XXX § 6, 35.

28 Zum Begriff der „Subrogation" oder „Surrogation" vgl. *Wengler*, RvglHWB VI, 460, 494 ff.

29 Vgl. Artt. 1209, 1210, 1158, 1159 Cc.

30 Vgl. Art. 1211 Cc. Zum Erfordernis einer Zustimmung des Altgläubigers vgl. unten – § 1 I 1 d.

:n in die Lage versetzt, selbst einen Gläubigerwechsel herbei- sich dadurch günstigere Konditionen für die Befreiung von seiner :it zu verschaffen.[31] In der Rechtsprechung werden Abtretung und als substantiell identische Rechtsinstitute für die Übertragung einer urch Rechtsgeschäft angesehen.[32] Einer gesonderten Darstellung der Vor...setzungen und Wirkungen einer Subrogation bedarf es insoweit nicht; auf die Besonderheiten und Unterschiede gegenüber der Abtretung einer Forderung wird gegebenenfalls hingewiesen.[33]

3. System der Abtretung im spanischen Privatrecht

a) Die Aufspaltung der Abtretungsvoraussetzungen

Anders als das deutsche Recht[34] differenzieren die spanischen Zivilrechte nicht zwischen Verpflichtungs- und Verfügungsgeschäft einer Abtretung, sondern unterscheiden zwecks Bestimmung der Abtretungsvoraussetzungen das Verhältnis zwischen Zedent und Zessionar einerseits von den Rechtsbeziehungen der Zessionsparteien zum Schuldner sowie den Rechtsbeziehungen der Zessionsparteien zu sonstigen Dritten andererseits. Die Voraussetzungen einer Abtretung bestimmen sich somit nicht – wie im deutschen Recht – einheitlich, sondern unterliegen in jedem der vorgenannten Rechtsverhältnisse einer gesonderten Beurteilung.

---

31 Im Zuge eines Zinsrückgangs für hypothekarisch gesicherte Darlehen hat der spanische Gesetzgeber jüngst eine Regelung geschaffen, die es dem Darlehensnehmer (Schuldner) ermöglicht, sich durch Vereinbarung einer Subrogation mit einem anderen Darlehensgeber (Dritten) günstigere Konditionen zu verschaffen, vgl. Art. 2 des Gesetzes Nr. 2/1994 (Subrogación y modificación de préstamos hipotecarios) vom 30.3.1994, BOE Nr. 80 vom 4.4.1994 und zu dieser Regelung *Lucas Fernández*, ADC 47 (1994), 17 ff.; *García Más*, RCDI 70 (1994), 1947 ff.; *Díez-Picazo*, Fundamentos II[5], Cap. XXX § 6, 44.

32 Vgl. die Nachweise bei *Lacruz Berdejo*, Elementos II/1[2], S. 309; *Sancho Rebullida*, in: *Ministerio de Justicia* (Hrsg.) Comentario II[2], Art. 1209 Cc, V; differenzierend *Vattier Fuenzalizada*, RDP 69 (1985), 491, 501 ff.

33 Die Schuldnerschutzbestimmung des Art. 1535 Cc gilt nur bei Abtretung einer Forderung, vgl. *Albaladejo*, Derecho Civil II/1[9], § 54, 2. Zu weiteren Besonderheiten vgl. unten – § 1 II 1 d (Zustimmungserfordernisse); II 2 a (Wirkungen einer Subrogation); II 2 b (Haftung des Altgläubigers für Verität und Bonität der übertragenen Forderung); V 2 (Teilsubroga-tion).

34 Zur Systematik des deutschen Abtretungsrechts vgl. Teil 2 – § 4 V 1.

b) Folgerungen für die Untersuchung

Unter Zugrundelegung dieser Systematik werden nachfolgend die Voraussetzungen einer Abtretung in dem Verhältnis zwischen Zedent und Zessionar[35] sowie den Rechtsbeziehungen der Zessionsparteien zum Schuldner[36] und sonstigen Dritten[37] in eigenständigen Abschnitten jeweils unabhängig voneinander bestimmt. Übergreifende Fragen betreffend die Übertragbarkeit einer Forderung werden gesondert untersucht.[38] Die Besonderheiten der Abtretung im Partikularrecht von Navarra werden entsprechend dieser Einteilung mitbehandelt. Sachrechtliche Unterschiede bilden gegebenenfalls die Grundlage für interlokale Gesetzeskollisionen.[39]

II. Die Abtretung im Verhältnis Zedent – Zessionar

1. Die Abtretungsvoraussetzungen

a) Der Abtretungsvertrag

Die Abtretung setzt im Verhältnis zwischen Zedent und Zessionar den Abschluss eines Abtretungsvertrages voraus. Der Abtretungsvertrag ist gesetzlich nicht geregelt, insbesondere die Artt. 1526 ff. Cc äußern sich lediglich zu den Wirkungen einer Abtretung *inter partes*.[40] Aus der Ausgestaltung der Abtretung als Forderungskauf[41] ist aber zu Recht geschlossen worden, dass der Abtretungsvertrag ein gegenseitiger Vertrag ist, der die Mitwirkung des Schuldners grundsätzlich nicht voraussetzt.[42] Über die rechtstechnische Konstruktion (aa)) und die Einordnung der Abtretung als kausales Rechtsgeschäft (cc)) bestehen heute keine grundlegenden Meinungsverschiedenheiten mehr. Streitig ist aber, welche Voraussetzungen für die Übertragung der Forderung *inter partes* erfüllt sein müssen (bb)).

aa) Die Abtretung als einheitliches Rechtsgeschäft

Die rechtstechnische Konstruktion des Abtretungsvertrages beruht auf dem Einheitsprinzip: Die Trennung von Verpflichtung und Verfügung ist den spa-

---

[35] Vgl. unten – § 1 II.
[36] Vgl. unten – § 1 III.
[37] Vgl. unten – § 1 IV.
[38] Vgl. unten – § 1 V.
[39] Vgl. unten – § 2 II 2.
[40] Zu den Wirkungen einer Abtretung *inter partes* vgl. unten – § 1 I 2.
[41] Zu dieser systematischen Einordnung vgl. unten – § 1 II 1 b aa.
[42] Vgl. *García Cantero*, in: *Albaladejo/Díaz Alabart* (Hrsg.), Comentario XIX^2, Arts. 1526 y 1527 Cc, I (S. 694 f.).

nischen Zivilrechten fremd; entsprechend bilden das schuldrechtliche Grundgeschäft der Abtretung und die Abtretung selbst eine Einheit, wobei der auf den Abschluss des Grundgeschäfts gerichtete Wille der Zessionsparteien die Einigung über den Forderungsübergang mitumfasst. Rechtstechnisch kann insoweit von einem „einheitlichen" Vertrag gesprochen werden, der gleichermaßen schuldrechtliche wie rechtsübertragende Elemente enthält. Das ist heute allgemein anerkannt.[43]

bb) Das Erfordernis eines Übertragungsaktes

Die Anforderungen an die Übertragung der Forderung sind im Verhältnis zwischen Zedent und Zessionar jedoch umstritten. Ausgehend von der Einheit zwischen Grundgeschäft und Forderungsübertragung werden zwei Auffassungen vertreten:

Die herrschende Meinung[44] steht auf dem Standpunkt, dass die abzutretende Forderung *inter partes* mit dem Konsens der Zessionsparteien im Grundgeschäft ohne weiteres auf den Zessionar übergeht, der schuldrechtlichen Einigung also rechtsübertragende Wirkung zukommt. Der Abtretungsvertrag wird demzufolge als ein rein konsensuales Rechtsgeschäft angesehen. Nach anderer Ansicht[45] setzt die rechtsgeschäftliche Übertragung einer Forderung, ausgehend von dem für die Eigentumsübertragung geltenden Traditionsprinzip, einen Übertragungsakt in Form einer *traditio* voraus. Die Einigung der Zessionsparteien wirkt dieser Auffassung zufolge lediglich obligatorisch, so dass der Abschluss des Abtretungsvertrages nur eine Verpflichtung des Zedenten zur Übertragung der Forderung begründet. Nicht zuletzt bedingt durch die Haltung der Rechtsprechung, die in der Beurteilung der Abtretungsvoraussetzungen im Verhältnis zwischen Zedent und Zessionar ebenfalls uneinheitlich ist,[46] sind die Anforderungen an die Abtretung einer Forderung und damit auch die Qualifikation des Abtretungsvertrages als obligatorisches oder konsensuales Rechtsgeschäft noch nicht abschließend geklärt.

---

43 Vgl. *Madridejos Sarasola*, RDN 32 (1961), 381, 383 f.; *Pantaleón Prieto*, ADC 41 (1988), 1033, 1037 f; *ders.*, in: *Ministerio de Justicia* (Hrsg.), Comentario II², Art. 1526 Cc, II 2; *ders.*, EJB I, S. 1021; *Navarro Pérez*, La cesión de créditos, S. 41 ff.; *ders.*, El retracto de créditos litigiosos, S. 39 f.; *García Cantero*, in: *Albaladejo/Díaz Alabart* (Hrsg.), Comentario XIX², Cap. VII, II (Fn. 3); *Gavidia Sánchez*, La cesión de créditos, S. 174 ff.; *Díez-Picazo*, Fundamentos II⁵, Cap. XXX § 2, 4.; für das Partikularrecht von Navarra vgl. *Martínez de Aguirre*, RJN 18 (1994), 9, 11.

44 Vgl. die Nachweise unten – § 1 II 1 a bb (2).

45 Vgl. die Nachweise unten – § 1 II 1 a bb (1).

46 Vgl. die Nachweise unten – § 1 II 1 a bb (1) und (2).

(1) Die Abtretung als obligatorisches Rechtsgeschäft

Allgemein wird die Geltung des Traditionsprinzips für die rechtsgeschäftliche Forderungsübertragung aus denjenigen Normen abgeleitet, welche im spanischen Privatrecht den Übergabegrundsatz für die Eigentumsübertragung und die Übertragung anderer subjektiver Rechte fest verankern (Artt. 609, 1095 Cc).[47] Eine rein konsensuale Konzeption des Abtretungsvertrages wird abgelehnt, weil der Código civil für das Konsensualprinzip keine ersichtliche Rechtsgrundlage biete. Zudem habe der Gesetzgeber speziell für die Übertragung unkörperlicher Gegenstände, wie insbesondere Forderungen, Traditionssurrogate geschaffen (vgl. Art. 1464 Cc).

Grundsätzlich geht das spanische Recht von einer für die Übertragung des Eigentums notwendigen Übergabe des Kaufgegenstandes aus.[48] Die dinglichen Wirkungen der Übergabe (*modus*) sind an die Wirksamkeit des zugrunde liegenden Kaufvertrages (*titulus*) geknüpft.[49] Es gilt somit ein kausal ausgestaltetes Traditionsprinzip. Dies folgt im gemeinspanischen Recht unmittelbar aus Art. 609 Abs. 2 Cc, nach dem das Eigentum und andere subjektive Rechte an Gütern „por consecuencia de ciertos contratos mediante la tradición“[50] übertragen werden. Es ergibt sich ferner aus Art. 1095 S. 2 Cc, der bestimmt, dass der Gläubiger eines schuldrechtlichen Anspruchs auf Besitzverschaffung keine dinglichen Rechte an dem zu übertragenden Gegenstand erwirbt, „hasta que le haya sido entregada“.[51] Im Partikularrecht von Navarra erschließt sich die Notwendigkeit einer (kausal ausgestalteten) Tradition aus Ley 355 S. 1 Comp.N., wonach das Eigentum „por la entrega de las [cosas] en virtud de un convenio que justifique la transmisión“ erworben wird.[52] Verträge haben nach spanischem Recht somit grundsätzlich keine dinglichen, sondern stets nur obligatorische Wirkungen.

---

47 Vgl. bereits *Manresa*, Comentario X, S. 340; *Badenes Gasset*, Compraventa II, S. 1067; zur Herleitung des Traditionsprinzips vgl. insbesondere *Navarro Pérez*, La cesión de créditos, S. 103 ff., 104.

48 Vgl. Artt. 1462 ff. Cc. Nach h.M. beschränken sich die Pflichten des Verkäufers auf die bloße Besitzverschaffung. Eine Verpflichtung zur Eigentumsübertragung besteht nicht, vgl. *Albaladejo*, RGLJ 181 (1947), 409, 448; *García Garrido*, Los efectos obligatorios de la compraventa en el Código civil español, in: *Vacca* (Hrsg.), Vendita e trasferimento della proprietà nella prospettiva storico-comparatistica I, S. 341 ff.; *García Cantero*, in: *Albaladejo/Díaz Alabart* (Hrsg.), Comentario XIX², Art. 1461 Cc, III.

49 Vgl. *Díez-Picazo*, ADC 19 (1966), 555, 565 ff.

50 Deutsch (Übersetzung vom Verf.): „als Folge bestimmter Verträge mittels Übergabe“.

51 Deutsch (Übersetzung vom Verf.): „bis [die Sache] ihm übergeben worden ist“.

52 Deutsch (Übersetzung vom Verf.): das Eigentum an den Sachen wird „mittels Übergabe derselben ... erworben, kraft eines Vertrages, der die Übertragung rechtfertigt“; vgl. für den Kauf Ley 564 Comp.N.

Aus diesem Grundsatz haben Rechtsprechung[53] und Lehre[54] geschlossen, dass auch die Abtretung im Verhältnis zwischen Zedent und Zessionar einen besonderen Übertragungsakt voraussetze. Dieser bestimme sich analog nach den für die Übergabe einer Kaufsache geltenden Vorschriften der Artt. 1462 ff. Cc.[55] Entscheidend wird dabei auf die Regelung des Art. 1464 Cc abgestellt, der speziell für die Übertragung unkörperlicher Gegenstände, zu denen allgemein auch Forderungen gezählt werden,[56] eine Reihe von Traditionssurrogaten vorsieht. Im Ganzen unterscheidet Art. 1464 Cc drei Formen der Tradition: die Errichtung einer öffentlichen Urkunde, die Einräumung der Sachherrschaft über diejenigen Urkunden, welche die Inhaberrechte des Verkäufers bezeugen, und die mit Zustimmung des Verkäufers erfolgte Geltendmachung dieser Rechte durch den Käufer.[57]

Wende man die Vorschrift auf die Forderungsübertragung an, sei wie folgt zu unterscheiden: Gehe die abzutretende Forderung auf ein in öffentlicher Urkunde abgefasstes Rechtsgeschäft zurück, setze ihre Übertragung analog Art. 1464 S. 1 i.V.m. Art. 1462 Abs. 2 Cc voraus, dass auch der Abtretungsvertrag öffentlich beurkundet werde. In allen übrigen, von der Regelung des Art. 1464 S. 1 Cc nicht erfassten Fällen werde die abzutretende Forderung in analoger Anwendung des Art. 1464 S. 2 Alt. 1 Cc erst zu dem Zeitpunkt übertragen, in dem der Zessionar die tatsächliche Gewalt über die ihn berechtigenden Urkunden erhalten habe oder entsprechend Art. 1464 S. 2 Alt. 2 Cc die ihm abgetretene Forderung geltend mache und der Zedent der Geltendmachung der Forderung seine Zustimmung erteilt habe.[58] Das Erfordernis des Übertragungsaktes hat zur Folge, dass die Einigung der Zessionsparteien lediglich obligatorisch wirkt, d.h. nur eine Verpflichtung des Zedenten zur Übertragung der Forderung begründet. Letztere vollzieht sich erst mit Erfüllung der von Art. 1464 Cc vorausgesetzten Traditionssurrogate.

---

[53] Vgl. die Nachweise bei *Albaladejo* Derecho Civil II/1^{9}, § 54, 7. (Fn. 17); *Navarro Pérez*, La cesión de créditos, S. 105 f.; *Gavidia Sánchez*, La cesión de créditos, S. 200 f.: Der *Tribunal Supremo* gelangte in einem Urteil vom 30.1.1956, das die Wirksamkeit eines Forderungskaufs zum Gegenstand hatte, zu der Auffassung, die abgetretene Forderung werde im Verhältnis Zedent – Zessionar nicht schon mit der schuldrechtlichen Einigung, sondern erst mit der öffentlichen Beurkundung der Abtretung gemäß Art. 1464 S. 1 i.V.m. Art. 1462 Abs. 2 Cc übertragen. Damit knüpfte das Gericht den Übergang der Forderung an die Errichtung einer öffentlichen Urkunde (als *modus*), maß also der Einigung der Zessionsparteien in dem der Abtretung zugrunde liegenden Kaufvertrag keine „dingliche", sondern lediglich obligatorische Wirkung bei.

[54] Vgl. *Navarro Pérez*, La cesión de créditos, S. 104 f.

[55] Der Código civil hat die Abtretung als Forderungskauf geregelt, vgl. unten – § 1 II 1 b aa.

[56] Vgl. *Gavidia Sánchez*, La cesión de créditos, S. 189 ff.

[57] Allgemein zu den Traditionssurrogaten des Código civil *Röthlisberger*, Traditionsprinzip, S. 68 ff.

[58] Vgl. *Navarro Pérez*, La cesión de créditos, S. 104 f.

(2) Die Abtretung als konsensuales Rechtsgeschäft

Überwiegend wird eine Anwendung des Traditionsgrundsatzes auf die Abtretung jedoch abgelehnt und der Abtretungsvertrag als reiner Konsensualvertrag angesehen.[59] Nach dem Konsensualprinzip bedarf die Übertragung des Eigentums – im Unterschied zum Traditionsprinzip – nicht der Übergabe des Kaufgegenstandes; vielmehr genügt bereits der Abschluss eines gültigen Kaufvertrages.[60] Eine Anwendung des Konsensualprinzips auf die Abtretung hat zur Folge, dass die zu übertragende Forderung mit der Einigung der Zessionsparteien unmittelbar, d.h. ohne weitere Zwischenschritte, auf den Zessionar übergeht; ein Übertragungsakt ist nicht mehr erforderlich. Der Abschluss des Abtretungsvertrages begründet demnach keine Verpflichtung des Zedenten zur Übertragung der Forderung; vielmehr verliert die schuldrechtliche Einigung der Zessionsparteien, soweit sie zu Abtretungszwecken erfolgt, ihren an sich obligatorischen Charakter vollständig (Beispiel: Forderungskauf)[61] und wirkt insoweit rechtsübertragend.

Obgleich dem spanischen Recht das Konsensualprinzip fremd ist, beschränkt sich das Schrifttum meist ohne großen Begründungsaufwand auf die bloße Feststellung, der Forderungsübergang beruhe auf einem Konsensualvertrag. Lediglich *Gavidia Sánchez*[62] stellt weitergehend darauf ab, dass der in den Artt. 609 Abs. 2 und 1095 S. 2 Cc verankerte Übergabegrundsatz des gemeinspanischen Rechts für Forderungsabtretungen nicht gelte, weil er sich in ausschließlicher Weise auf die Übertragung des Eigentums und anderer *dinglicher* Rechte, nicht jedoch auf Forderungen, beziehe.[63] Die prinzipielle Notwendigkeit eines Übertragungsaktes für die Forderungsabtretung lasse sich auch nicht aus Art. 1464 Cc ableiten. Denn zum einen passe die Vorschrift, weil sie dem Kaufrecht entstamme, allenfalls für den Forderungskauf, nicht dagegen für Forderungsabtre-

---

59 Vgl. *Tribunal Supremo* 12.3.1985, Ar. Jur. 1985, Nr. 1157, S. 970, 971; *Gavidia Sánchez*, La cesión de créditos, S. 176 (Fn. 141), S. 198 ff.; *Pantaleón Prieto*, ADC 41 (1988), 1033, 1059 ff.; *Díez-Picazo*, Fundamentos II^5, Cap. XXX § 2, 4.; *Albaladejo*, Derecho Civil II/1^9, § 54, 7.; *García Cantero*, in: *Albaladejo/Díaz Alabart* (Hrsg.), Comentario XIX^2, Arts. 1526 y 1527 Cc, I (S. 695); *García-Cruces*, ADC 42 (1989), 377, 383, 388 f.; *Lacruz Berdejo*, Elementos II/1^2, S. 298; *Madridejos Sarasola*, RDN 32 (1961), 382, 383; für das Partikularrecht von Navarra vgl. *Martínez de Aguirre*, RJN 18 (1994), 9, 11.

60 Der dem Konsensualprinzip unterliegende Kaufvertrag ist aufgrund seiner dinglichen Wirkungen kein obligatorischer Vertrag, vgl. *Ferrari*, ZEuP 1993, 52, 60.

61 Der Kaufvertrag ist nach Maßgabe der Artt. 609, 1095 Cc grundsätzlich obligatorisch, vgl. oben – § 1 II 1 a bb (2).

62 *Gavidia Sánchez*, La cesión de créditos, S. 203.

63 Diese Interpretation des Wortlauts von Art. 609 Abs. 2 Cc ist in der spanischen Lehre zum Teil derart verinnerlicht worden, dass der Begriff „[dingliche] Rechte" („derechos [reales] sobre los bienes") vereinzelt als verbindlicher Gesetzestext gedruckt und als solcher auch kommentiert wird, vgl. etwa *Miquel González*, in: *Ministerio de Justicia* (Hrsg.) Comentario I^2, Art. 609 (Gesetzestext) und VI.

tungen, welche auf einem anderen Rechtsgrund beruhen, zum anderen stellten die Traditionssurrogate, wie sie Art. 1464 Cc vorsehe, niemals einen Erwerbsgrund im Sinne eines *modus adquirendi* dar.[64] Das ergebe sich unmittelbar aus dem Wortlaut des Art. 1464 S. 2 Alt. 2 Cc, der die Tradition daran knüpfe, dass der Käufer (Zessionar) mit Zustimmung des Verkäufers (Zedent) von „seinem" Recht Gebrauch, d.h. im Fall eines Forderungskaufs, „seine" Forderung geltend mache.[65] Offenbar gehe also Art. 1464 Cc, seine Anwendbarkeit auf Forderungsabtretungen unterstellt, zum Zeitpunkt der Tradition bereits von der Forderungsinhaberschaft des Zessionars aus, was letztlich bedeute, dass die Forderung nicht erst gemäß Art. 1464 Cc, sondern bereits aufgrund der Einigung der Zessionsparteien auf ihn übertragen werde. Auch der *Tribunal Supremo*[66] hat auf das Erfordernis eines Publizitätsaktes nach Maßgabe der Artt. 1462 ff. Cc verzichtet. Das Gericht erachtete die Übertragung einer öffentlich beurkundeten Forderung im Verhältnis zwischen Zedent und Zessionar für wirksam, obwohl die Einigung der Zessionsparteien in dem der Abtretung zugrunde liegenden Kaufvertrag nur privatschriftlich dokumentiert worden war.[67] Es sah folglich die Übertragung der Forderung als eine unmittelbare Folge der rechtsgeschäftlichen Einigung der Zessionsparteien an.

(3) Stellungnahme

Nicht zuletzt der Wandel, den die Rechtsprechung mit dieser Entscheidung gegenüber früheren Urteilen vollzogen hat, spricht für eine Qualifikation der Forderungsabtretung als konsensuales Rechtsgeschäft. Der Streit zwischen Traditions- und Konsensualtheorie muss im Hinblick auf die kollisionsrechtliche Untersuchung jedoch keiner abschließenden Beurteilung unterzogen werden. Für die noch vorzunehmende Auslegung des Art. 33 Abs. 1 und 2 EGBGB (Art. 12 EVÜ) genügt bereits die Feststellung, dass das gesamtspanische Zivilrecht einerseits dem französischen Konsensualprinzip nahesteht, weil es für die Übertragung einer Sache bereits die schuldrechtliche Einigung genügen lässt

---

64 *Gavidia Sánchez*, La cesión de créditos, S. 203 f.; ebenso *Pantaleón Prieto*, ADC 41 (1988), 1033, 1060.

65 Der Text lautet: „ ... se entenderá por entrega ... el uso que haga de *su* derecho el mismo comprador, consintiéndolo el vendedor."

66 *Tribunal Supremo* 12.3.1985, Ar. Jur. 1985 (Nr. 1157), S. 970, 971; vgl. zu dieser Entscheidung *Gavidia Sánchez*, La cesión de créditos, S. 202. Eine Auseinandersetzung mit der früheren Rechtsprechung findet nicht statt, vgl. die Nachweise oben – § 1 II 1 a bb (1) (b).

67 Mittels eines Übertragungsaktes hätte der öffentlich beurkundete Anspruch nur gemäß Artt. 1464 S. 1 i.V.m. 1462 Abs. 2 Cc übertragen werden können, die Forderungsabtretung also selbst einer öffentlichen Beurkundung bedurft. Die Errichtung einer privatschriftlichen Urkunde, wie geschehen, ist, jedenfalls nach Maßgabe der Artt. 1462 ff. Cc, nicht ausreichend. Die Entscheidungsgründe lassen im übrigen keine Zweifel daran aufkommen, dass die Übertragung der Forderung allein auf die Einigung der Zessionsparteien gestützt wurde.

(Einheitsprinzip[68]). Andererseits tritt der dingliche Erfolg im Interesse der Publizität grundsätzlich erst mit der Tradition der zu übertragenden Sache ein, womit die spanischen Zivilrechte sich zugleich dem Trennungsgrundsatz des deutschen Rechtskreises annähern. Diese Zwischenstellung erlaubt es ihnen, die Abtretung einer Forderung sowohl auf die Grundlage des Traditionsprinzips[69] als auch des Konsensualprinzips[70] zu stellen. Aus Sicht des spanischen Rechts lässt sich der Abtretungsvertrag daher gleichermaßen als rechtsübertragendes wie verpflichtendes Rechtsgeschäft konstruieren. Dieses Ergebnis wird bei der einheitlichen Auslegung des Art. 33 Abs. 1 und 2 EGBGB (Art. 12 EVÜ) zu berücksichtigen sein.[71]

cc) Auswirkungen des Grundgeschäfts auf die Abtretung

(1) Die Abtretung als kausales Rechtsgeschäft

Nach spanischem Recht ist die Abtretung kausal ausgestaltet.[72] Das Kausalprinzip besagt zum einen, dass der Abtretungsvertrag, um gültig zu sein, auch den Grund, die sog. „*causa*", seiner Vornahme enthalten, d.h. inhaltlich kausal sein muss;[73] zum anderen macht das Fehlen einer *causa* oder die Unwirksamkeit des der Abtretung zugrunde liegenden Kausalgeschäfts auch den Forderungsübergang ohne weiteres unwirksam. Die Wirksamkeit der Forderungsabtretung hängt also von der Gültigkeit des Grundgeschäfts ab, sie ist auch äußerlich kausal.

(2) Die Unwirksamkeit des Grundgeschäfts

Die spanischen Zivilrechte[74] differenzieren in erster Linie zwischen der Nichtigkeit („nulidad")[75] und der Anfechtbarkeit („anulabilidad")[76] von Rechtsge-

---

[68] Zur Abtretung als einheitlichem Rechtsgeschäft vgl. oben – § 1 II 1 a aa.

[69] Vgl. die Parallele bei der österreichischen Sicherungszession, Teil 2 – § 4 VI 1 b.

[70] Vgl. die Parallele in anderen romanischen Rechtsordnungen – § 4 I 1 a, II 1 a, III 1 a.

[71] Vgl. Teil 3 – § 7 II 1 a bb.

[72] Vgl. *Madridejos Sarasola*, RDN 32 (1961), 381, 382 f.; *Pantaleón Prieto*, ADC 41 (1988), 1033, 1038; *ders.*, in: *Ministerio de Justicia* (Hrsg.) Comentario II², Art. 1526 Cc, II 2.; *ders.*, EJB I, S. 1021; *Navarro Pérez*, La cesión de créditos, S. 38 f.; *García-Cruces González*, ADC 42 (1989), 377, 382; *ders.*, El contrato de factoring, S. 115; *Gavidia Sánchez*, La cesión de créditos, S. 174; *García de Enterría*, Contrato de factoring, S. 105 f.; *Reichmann*, Spanien, in: *Hadding/Schneider* (Hrsg.), Die Forderungsabtretung, S. 597, 607; für das Partikularrecht von Navarra vgl. *Martínez de Aguirre*, RJN 18 (1994), 9, 11. A.A. nur *Santos Briz*, Derecho Civil IV, S. 118; *ders.*, Código Civil, S. 694; *Rodríguez-Arias Bustamente*, Derecho de obligaciones, S. 353 f. Zu den Auswirkungen dieser Einordnung für den Schuldnerschutz vgl. unten – § 1 III 2 b.

[73] Zur Zulässigkeit einer „stillen Zession" vgl. unten – § 1 II 1 b cc.

[74] Vgl. Artt. 1300 ff. Cc, Ley 19 Comp.N.

[75] Vgl. *Díez-Picazo*, Fundamentos I⁴, Cap. XVIII §§ 1 ff.

[76] Vgl. *Díez-Picazo*, Fundamentos I⁴, Cap. XVIII §§ 4 f.

schäften. Einen speziellen Fall der Unwirksamkeit stellt auch die „Nichteinwendbarkeit" („inoponibilidad")[77] eines Rechtsgeschäfts gegenüber Dritten dar. Welche Form der Unwirksamkeit im Einzelfall zum Tragen kommt, hängt von dem Mangel ab, mit dem das streitgegenständliche Rechtsgeschäft behaftet ist.

(a) Die Nichtigkeit („nulidad")

Die Nichtigkeit setzt die Unwirksamkeit des Rechtsgeschäfts von Anfang an voraus. Sie tritt unabhängig vom Parteiwillen ein, ihre Gründe sind verschieden. Zum einen kann die Nichtigkeit eine Folge der Nichtbeachtung der von Art. 1255 Cc festgelegten Grenzen der Privatautonomie bilden (Verstoß gegen ein Gesetz, die guten Sitten oder die öffentliche Ordnung); zum anderen sind auch solche Rechtsgeschäfte nichtig, die von vornherein nicht wirksam zustande kommen, etwa, weil eine Einigung der Parteien fehlt oder der Vertragsgegenstand nicht existiert („inexistencia").[78] Ein Formmangel führt zur Nichtigkeit eines Rechtsgeschäfts, wenn das Gesetz die Beobachtung der Form zwingend (*ad solemnitatem*) vorschreibt.[79] Die Willenserklärungen eines Minderjährigen sind nach navarresischem Recht grundsätzlich nichtig,[80] nach dem Código civil dagegen nur anfechtbar.[81] Die Nichtigkeit ist in aller Regel gleichbedeutend mit der *absoluten* Unwirksamkeit des Rechtsgeschäfts („ineficacia absoluta"), d.h. sie wirkt nicht nur zwischen den Parteien („ineficacia relativa"), sondern gegenüber jedermann.[82]

(b) Die Anfechtbarkeit („anulabilidad")

Mit der Anfechtung kann der Anfechtungsberechtigte das Rechtsgeschäft rückwirkend[83] wieder beseitigen. Anfechtungsgründe können sich aus mangelnder Geschäftsfähigkeit der Vertragsschließenden ergeben,[84] ferner müssen die von den Parteien abgegebenen Erklärungen frei von Willensmängeln, das heißt nicht durch Irrtum hervorgerufen oder mittels Gewalt, Drohung oder Täuschung zustande gekommen, sein.[85] Zur Anfechtung berechtigen gemäß Artt. 1265 f. Cc zwar lediglich der Inhalts-[86] und der Eigenschaftsirrtum über die „sustancia de la cosa" bzw. die Person des Vertragspartners, wenn letztere den Ausschlag für

77 Vgl. *Díez-Picazo*, Fundamentos I[4], Cap. X § 2, 10.; Cap. XVI § 4, 16.
78 Vgl. *Díez-Picazo*, Fundamentos I[4], Cap. XVII § 2, 4.; Cap. XVIII § 1, 2.
79 Zu den Formerfordernissen der Abtretung vgl. unten – § 1 I 3.
80 Vgl. Leyes 19 Abs. 1 i.V.m. 50 Comp.N.
81 Zur Anfechtbarkeit eines Rechtsgeschäfts vgl. unten – § 1 I 1 a cc (2) (b).
82 Vgl. *Díez-Picazo*, Fundamentos I[4], Cap. XVII § 2, 8.; Cap. XVIII § 1, 1.
83 Vgl. *Díez-Picazo*, Fundamentos I[4], Cap. XVIII § 4, 26.
84 Vgl. Artt. 1300, 1261 Nr. 1, 1263 f. Cc; im Hinblick auf die Forderungsschenkung vgl. Artt. 625 ff. Cc.
85 Vgl. Artt. 1300, 1261 Nr. 1, 1265 ff. Cc; Ley 19 Abs. 2 Comp.N.
86 Vgl. Art. 1266 Abs. 1 Alt. 2 Cc.

den Vertragsschluss gegeben hat.[87] Jedoch legt die Lehre[88] den Wortlaut des Begriffs „error" in den Artt. 1265 f. Cc weit aus und interpretiert diesen dahin gehend, als umfasse er auch den Erklärungsirrtum. Eine Einschränkung der Anfechtbarkeit gegenüber dem Código civil enthält das navarresische Recht, das gemäß Ley 19 Abs. 2 Comp.N. nur den unentschuldbaren Irrtum für beachtlich erklärt. Der Anfechtungsberechtigte kann das anfechtbare Rechtsgeschäft nach Maßgabe der Artt. 1309, 1311, 1312, 1313 Cc durch eine ausdrückliche oder stillschweigende einseitige Willenserklärung mit *ex tunc*-Wirkung bestätigen („confirmación").[89] Das Rechtsgeschäft ist in diesen Fällen von Anfang an wirksam.

(c) Die Nichteinwendbarkeit („inoponibilidad")

Die Nichteinwendbarkeit („inoponibilidad") bezeichnet einen Unterfall der relativen Unwirksamkeit.[90] Betroffene Rechtsgeschäfte sind *inter partes* wirksam, können aber mangels Einhaltung bestimmter Formerfordernisse, in aller Regel Publizitäts- und Beweisformen, Dritten nicht entgegengehalten werden.[91] Die Lehre spricht deshalb von einer „inoponibilidad frente a terceros".[92] Auch die Abtretung einer Forderung setzt nach Art. 1526 Cc im Verhältnis zu Dritten die Einhaltung solcher Formerfordernisse voraus.[93] Solange diese formellen Anforderungen nicht erfüllt sind, kann die Übertragung der Forderung Dritten nicht entgegengehalten werden. Die „inoponibilidad" einer Abtretung hat jedoch keine Auswirkungen auf die internen Rechtsbeziehungen zwischen Zedent und Zessionar.

dd) Zusammenfassung

Die bislang gewonnenen Ergebnisse lassen sich wie folgt zusammenfassen: In den spanischen Zivilrechten fallen das Grundgeschäft der Abtretung und die Forderungsübertragung in einem einheitlichen Abtretungsvertrag zusammen. Der Übergang der Forderung im Verhältnis Zedent – Zessionar beruht nach herrschender Meinung auf einem Konsensualvertrag, so dass der Abschluss des Grundgeschäfts nicht nur eine „Verpflichtung" zur Übertragung der Forderung begründet, sondern diese bereits mit der schuldrechtlichen Einigung der Zessionsparteien unmittelbar auf den Zessionar übergeht. Die Abtretung ist kausal

---

87 Vgl. Art. 1266 Abs. 1 Alt. 1, Abs. 2 Cc.

88 Vgl. *Morales Moreno*, in: *Ministerio de Justicia* (Hrsg.), Comentario II², Art. 1266 Cc, III m.w.N.

89 Vgl. *Díez-Picazo*, Fundamentos I⁴, Cap. XVIII § 5, 38.

90 Vgl. *Díez-Picazo*, Fundamentos I⁴, Cap. XVII § 2, 8.

91 Vgl. *Díez-Picazo*, Fundamentos I⁴, Cap. XVI § 4, 11. (S. 400).

92 Deutsch (Übersetzung vom Verf.): „Nichteinwendbarkeit gegenüber Dritten".

93 Vgl. unten – § 1 IV.

ausgestaltet, so dass die Wirksamkeit der Forderungsübertragung von der Gültigkeit des Grundgeschäfts abhängt.

b) Der Rechtsgrund der Abtretung

aa) Entgeltliche Verträge

Der Código civil hat die Abtretung in den Artt. 1526 ff. als Forderungskauf geregelt; doch sind selbstverständlich auch Forderungsübertragungen aus anderem Rechtsgrund möglich.[94] In Betracht kommen in erster Linie entgeltliche Verträge, wie z.B. die Vereinbarung einer Zahlung an Erfüllungs Statt,[95] das Factoring,[96] die Verpflichtung zur Einbringung einer Gesellschaftereinlage[97] usw.

bb) Unentgeltliche Verträge

Rechtsgrund einer Abtretung können aber auch unentgeltliche Verträge, insbesondere eine Forderungsschenkung, sein, die sich im gemeinspanischen Recht nach Artt. 618 ff. Cc, im Partikularrecht von Navarra nach den Leyes 148 ff. Comp.N. richtet.[98] Die Zulässigkeit unentgeltlicher Forderungsabtretungen folgt im Partikularrecht von Navarra unmittelbar aus Ley 511 Hs. 2 Comp.N., das im Hinblick auf die Anwendbarkeit der *lex Anastasiana* zugunsten des Schuldners zwischen entgeltlicher und unentgeltlicher Forderungsübertragung differenziert.[99]

---

94 Unmittelbar nach Inkrafttreten des Código civil ging die Lehre noch davon aus, dass jeder Abtretung auch ein Forderungskauf zugrunde liegen müsse, vgl. *Manresa*, Comentario X, S. 337. Im modernen Schrifttum gilt die Einordnung der Abtretung im Kaufrecht aber als systemwidrig, vgl. *Castán Tobeñas*, Derecho Civil III[16], S. 379 f.; *Díez-Picazo*, Fundamentos II[5], Cap. XXX § 2, 3.; *Gavidia Sánchez*, La cesión de créditos, S. 173 f.; *García de Enterría*, Contrato de factoring, S. 104 (Fn. 115). Das navarresische Recht regelt die Forderungszession demgegenüber im Allgemeinen Schuldrecht (Leyes 488 ff., 511 Comp.N.).

95 Vgl. Art. 1175 Cc, Ley 495 Comp.N.

96 Vgl. *de Eizaguirre*, RDBB 1990, 835 ff.; *ders.*, Factoring, S. 567, 595; *ders.*, EJB II, S. 3046, 3052.

97 Für die spanische Gesellschaft bürgerlichen Rechts („Sociedad civil“) vgl. *Paz-Ares Rodríguez*, in: *Ministerio de Justicia* (Hrsg.), Comentario II[2], Art. 1681 Cc, VI; für die spanische Aktiengesellschaft („Sociedad Anónima“) vgl. Artt. 36 ff. LSA, für die spanische GmbH („Sociedad de responsabilidad limitada“) vgl. Art. 8 LSRL.

98 Für das gemeinspanische Recht vgl. *Pantaleón Prieto*, ADC 41 (1988), 1033, 1034; *ders.*, in: *Ministerio de Justicia* (Hrsg.), Comentario II[2], Art. 1526 Cc, II 2; *Gavidia Sánchez*, La cesión de créditos, S. 174; für das Partikularrecht von Navarra vgl. *Martínez de Aguirre*, RJN 18 (1994), 9, 11.

99 Zur *lex Anastasiana* des navarresischen Rechts vgl. unten – § 1 III 2 d.

cc) Fiduziarische Rechtsgeschäfte

Streitig ist, ob auch fiduziarische Rechtsgeschäfte als Rechtsgrund einer Forderungsabtretung in Betracht kommen. Im gemeinspanischen Recht fehlt eine ausdrückliche Regelung.[100]

(1) Die Inkassoabrede

Die Vereinbarung einer Inkassozession („cesión de créditos con finalidad de gestión de cobro") wird mit Rücksicht auf die Einordnung der Abtretung als kausales Rechtsgeschäft nicht als Vollabtretung gewertet, sondern regelmäßig in eine Einziehungsermächtigung („cesión de créditos en comisión de cobro") umgedeutet.[101]

Die Rechtsgrundlage für die Einziehungsermächtigung ergibt sich hiernach aus Art. 1162 Cc; im übrigen wird auf die Bestimmungen des Auftragsrechts (Artt. 1709 ff. Cc) zurückgegriffen. Danach sollen folgende Grundsätze gelten: Der Ermächtigende darf die Einziehungsermächtigung nach Maßgabe der Artt. 1733 Cc, 279 Ccom jederzeit frei widerrufen. Leistet der Schuldner in Unkenntnis eines Widerrufs an den Ermächtigten, wirkt seine Leistung gemäß Artt. 1164, 1734 Cc schuldbefreiend. Gegen eine Pfändung der Forderung durch Gläubiger des Ermächtigten steht dem Ermächtigenden als Forderungsinhaber nach Artt. 1532 ff. LECiv die Drittwiderspruchsklage, in der Insolvenz des Ermächtigten ein Aussonderungsrecht nach Art. 908 Ccom zu. Umgekehrt führt eine Pfändung der Forderung durch Gläubiger des Ermächtigenden gemäß Art. 1732 Nr. 3 Cc automatisch zu einer Aufhebung des Einziehungsrechtes. Die Befugnisse des Ermächtigten beurteilen sich nach dem Inhalt der Parteivereinbarung. Eine Berechtigung zur Übertragung eingezogener Forderungen besteht grundsätzlich nicht. Der Schuldner kann dem Ermächtigten alle ihm gegen den Ermächtigenden zustehenden Einwendungen entgegenhalten, wozu, da letzterer Gläubiger der eingezogenen Forderung bleibt, im Unterschied zur Forderungsabtretung (vgl. Art. 1198 Abs. 3 Cc) auch solche zählen, von denen der Schuldner erst nach Erteilung der Einziehungsermächtigung Kenntnis erhalten hat. Im übrigen ist es dem Schuldner erlaubt, auch Einwendungen aus dem Kausalverhältnis zwischen Ermächtigendem und Ermächtigtem herzuleiten; insoweit wird jedoch keine Abweichung gegenüber der kausal ausgestalteten Forderungsabtretung begründet.[102] Einwendungen aus eigenen Rechtsbeziehungen zum Ermächtigten sind dem Schuldner, wie Art. 1195 Cc klar zum Ausdruck

[100] Zur Konfiguration fiduziarischer Rechtsverhältnisse in der spanischen Lehre vgl. *de Castro y Bravo*, El negocio jurídico, S. 405 ff.; *Díez-Picazo/Gullón*, Instituciones I, S. 343 ff.

[101] Vgl. *Pantaleón Prieto*, ADC 41 (1988), 1033, 1039 ff.; *Díez-Picazo*, Fundamentos II^5, Cap. XXX § 3, 11.

[102] Zu den Einwendungen des Schuldners bei Abtretung einer Forderung vgl. unten – § 1 III 2 b.

bringe, indes verwehrt. In der deutschen Rechtsprechung ist die Frage, „ob das spanische Recht die Figur der Einziehungsermächtigung kennt“, schon einmal durch den *Bundesgerichtshof*[103] aufgeworfen, dort jedoch zur Klärung an das Berufungsgericht zurückverwiesen worden.

(2) Die Sicherungsabrede

Die Sicherungszession ist im Código civil nicht geregelt. Als Sicherungsmittel ist sie weitgehend unbekannt. Ihre rechtliche Zulässigkeit wird wegen des kausalen Charakters der Forderungsabtretung abgelehnt.[104] Das hat zur Folge, dass die Sicherungsabrede regelmäßig in eine Forderungsverpfändung („prenda de crédito“) umgedeutet wird.[105] Wirtschaftlich werde durch beide Rechtsinstitute das gleiche Ziel, nämlich die Stellung einer Sicherheit, erreicht. Dass der Código civil auch die Forderungsverpfändung nicht ausdrücklich regle,[106] spiele keine Rolle, denn als Forderungsübertragung, wenn auch nur zu Pfandzwecken konzipiert, dürfe die Forderungsverpfändung den Bestimmungen der Artt. 1526 ff. Cc analog unterliegen. Wie bei der Forderungsabtretung[107] wird für die Entstehung des Pfandrechts insbesondere keine Schuldneranzeige verlangt.[108] Das Partikularrecht Navarras hat die rechtsgeschäftliche Forderungsübertragung zu Sicherungszwecken sogar gesetzlich geregelt (vgl. Ley 466 Comp.N.[109]); der Gesetzgeber hat aber auch diese spezielle Bestimmung als Forderungsverpfändung konzipiert.

c) Die Form der Abtretung

aa) Der Grundsatz der Formfreiheit

Die Abtretung unterliegt im Verhältnis zwischen Zedent und Zessionar weder nach gemeinspanischem Recht noch nach dem Partikularrecht Navarras speziellen Formerfordernissen. Die Regelung des Art. 1526 Cc, die den Eintritt der Abtretungswirkungen gemäß Artt. 1218, 1227 Cc an die Errichtung einer öffentlichen oder privaten Urkunde bzw. eine Eintragung der Abtretung in das Eigentumsregister knüpft, betrifft ausschließlich die Rechtsbeziehungen der Zessionsparteien zu Dritten und hat deshalb im Verhältnis Zedent – Zessionar

---

103 Vgl. *BGH* 24.11.1989, NJW-RR 1990, 248, 250.

104 Vgl. *Pantaleón Prieto*, ADC 41 (1988), 1033, 1041 ff; *Reichmann*, Spanien, in: *Hadding/Schneider* (Hrsg.), Die Forderungsabtretung, S. 597, 608.

105 Vgl. *Pantaleón Prieto*, ADC 41 (1988), 1033, 1042 f.; *Díez-Picazo*, Fundamentos II[5], Cap. XXX § 3, 9.

106 Vgl. die Regelung der Pfandrechte in den Artt. 1863 ff. Cc.

107 Vgl. unten – § 1 III 1 b.

108 Vgl. *Puig Brutau*, Compendio III, S. 394; *Pantaleón Prieto*, ADC 41 (1988), 1033, 1042 ff.

109 Text in deutscher Übersetzung, vgl. Anhang – II.

außer Betracht zu bleiben.[110] Ausschlaggebend ist somit allein die Form des jeweiligen Grundgeschäfts der Abtretung.[111] Für Verträge gilt gemäß Art. 1278 Cc bzw. Ley 18 Abs. 1 Comp.N. grundsätzlich das Prinzip der Formfreiheit, so dass auch die Abtretung in aller Regel formlos gültig ist. Einzuschränken ist dieser Grundsatz nur in Ausnahmefällen, zum einen, wenn die Parteien vertraglich übereingekommen sind, die Wirksamkeit der Abtretung an die Beobachtung einer bestimmten Form zu knüpfen, zum anderen, wenn das Gesetz die Einhaltung spezieller Formerfordernisse für das Grundgeschäft der Abtretung zwingend vorschreibt.[112]

bb) Ausnahmeregelungen

Abweichend vom Grundsatz der Formfreiheit bestimmt der Código civil für eine Reihe von Rechtsgeschäften Ausnahmen. Nachfolgend wird differenziert zwischen Formen, die ausschließlich Beweisfunktion erfüllen (Formen *ad probationem*), und Formen, die eine zwingende Voraussetzung für die Gültigkeit des Rechtsgeschäfts bilden (Formen *ad solemnitatem*);[113] nur in letzterem Fall hat ein Formmangel automatisch auch die Nichtigkeit des Rechtsgeschäfts zur Folge[114] und führt, wenn dieses der Abtretung zugrunde liegt, infolge der Rechtsgrundabhängigkeit der Abtretung[115] auch unmittelbar zur Nichtigkeit der Forderungsübertragung.

(1) Formen *ad probationem*

In Art. 1280 Cc wird die Wirksamkeit bestimmter Verträge an die öffentliche Beurkundung oder Schriftform angeknüpft. Bedeutung für die Abtretung erlangt die Norm lediglich in den Fällen des Art. 1280 Abs. 1 Nr. 1 und 6 Cc sowie des Art. 1280 Abs. 2 Cc.[116] Hiernach ist ein Vertrag, der die Übertragung dinglicher Rechte an Grundstücken zum Gegenstand hat, etwa die rechtsgeschäftliche Übertragung hypothekarisch gesicherter Forderungen, gemäß Art. 1280 Abs. 1 Nr. 1 Cc öffentlich zu beurkunden.[117] Bezweckt ein Vertrag

[110] Vgl. unten – § 1 IV 1.

[111] Vgl. *Díez-Picazo*, Fundamentos II[5], Cap. XXX § 4, 17.; *Díez-Picazo/Gullón*, Sistema II[7], S. 258; *dies.*, Instituciones I, S. 586; *Pantaleón Prieto*, ADC 41 (1988), 1033, 1099 ff.; *ders.*, in: *Ministerio de Justicia* (Hrsg.), Comentario II[2], Art. 1526 Cc, V; *ders.*, EJB I, S. 1021, 1023; *Lacruz Berdejo*, Elementos II/1[2], S. 298; *Castán Tobeñas*, Derecho Civil III[16], S. 385; *Madridejos Sarasola*, RDN 32 (1961), 381, 389.

[112] Vgl. *Díez-Picazo*, Fundamentos I[4], Cap. X § 1, 5.

[113] Das navarresische Recht kennt eine solche Unterscheidung nicht. Gesetzliche Formerfordernisse sind gemäß Ley 18 Abs. 3 Comp.N. stets eine zwingende Voraussetzung für die Wirksamkeit der Rechtsgeschäfte.

[114] Vgl. *Díez-Picazo*, Fundamentos I[4], Cap. X § 2, 8.

[115] Zur Einordnung der Abtretung als kausales Rechtsgeschäft vgl. oben – § 1 I 1 a cc (1).

[116] Text in deutscher Übersetzung, vgl. Anhang – I 1.

[117] Vgl. Artt. 1216 ff. Cc.

die Übertragung einer Forderung, die ihrerseits aus einem in öffentlicher Urkunde abgefassten Rechtsgeschäft herrührt, so ist dieser Vertrag nach Maßgabe des Art. 1280 Abs. 1 Nr. 6 Cc gleichfalls in öffentlicher Urkunde abzufassen. Schließlich müssen Verträge gemäß Art. 1280 Abs. 2 Cc in Schriftform errichtet werden,[118] wenn die gegenseitigen Vertragsleistungen den Gegenstandswert von 1.500 ptas[119] übersteigen.

Wenngleich Art. 1280 Cc seinem Wortlaut nach zwingenden Charakter aufzuweisen scheint,[120] haben die von ihm vorausgesetzten Formen nur Beweisfunktion.[121] Daraus lässt sich jedoch keine Beweismittelbeschränkung ableiten; letztlich begründet Art. 1280 Cc nur einen Anspruch einer Vertragspartei gegen die andere auf Mitwirkung bei der Abfassung einer öffentlichen Vertragsurkunde. Das ergibt sich aus Art. 1279 Cc, wonach die Parteien die Einhaltung dieser Formen gegenseitig erst verlangen können, *nachdem* der Vertrag, den es zu beurkunden gilt, wirksam zustande gekommen ist. Folgerichtig wird aus dieser Regelung geschlossen, dass die Formvorschriften des Art. 1280 Cc keine Wirksamkeitsvoraussetzung bilden.[122] Ihre Nichteinhaltung führt deshalb nicht zur Ungültigkeit, sondern allenfalls zur Unbeweisbarkeit des streitgegenständlichen Rechtsgeschäfts. Im Ergebnis kann aus Art. 1280 Cc somit auch kein (faktischer) Formzwang für die rechtsgeschäftliche Forderungsübertragung abgeleitet werden.

(2) Formen *ad solemnitatem*

Ein Formzwang besteht gemäß Artt. 632, 633 Cc jedoch für die Forderungsschenkung.[123] Die Form einer Schenkung bestimmt sich nach der Art des zugewendeten Gegenstandes (bewegliche oder unbewegliche Sache).[124] Entspre-

---

118 Vgl. Artt. 1225 ff. Cc.

119 Nach heutigem Wechselkurs knapp 10 EURO.

120 Nach Art. 1280 Cc *müssen* („deberán“) Verträge in der von ihm bestimmten Form abgefasst werden.

121 Vgl. *Tribunal Supremo* 12.3.1985, Ar. Jur. 1985, Nr. 1157, S. 970, 971 und zu dieser Entscheidung *Gavidia Sánchez*, La cesión de créditos, S. 185 f. (Fn. 149); 3.2.1987, Ar. Jur. 1987, Nr. 674, S. 582, 583; 21.2.1987, Ar. Jur. 1987, Nr. 727, S. 658, 659; 19.5.1988, Ar. Jur. 1988, Nr. 4317; 19.2.1990, Ar. Jur. 1990, Nr. 698; *Díez-Picazo*, Fundamentos I^4, Cap. X. § 1, 6.; *ders.*, Fundamentos II^5, Cap. XXX § 4, 17.; *Gavidia Sánchez*, La cesión de créditos, S. 177, 178 ff.; *García Cantero*, in: *Albaladejo/Díaz Alabart* (Hrsg.), Comentario XIX^2, Arts. 1526 y 1527 Cc, III (S. 698); *Puig Brutau*, Compendio II, S. 409.

122 Anders *Fischer/Fischer*, Spanisches Handels- und Wirtschaftsrecht, S. 220; *Reichmann*, Spanien, in: *Hadding/Schneider* (Hrsg.), Die Forderungsabtretung, S. 597, 604, wonach erst die Einhaltung der Formerfordernisse des Art. 1280 Cc zur Wirksamkeit der Forderungsabtretung *inter partes* führt.

123 Vgl. *Pantaleón Prieto*, ADC 41 (1988), 1033, 1099; *ders.*, in: *Ministerio de Justicia* (Hrsg.), Comentario II^2, Art. 1526 Cc, V 1.

124 Vgl. *Albaladejo*, in: *Albaladejo/Díaz Alabart* (Hrsg.), Comentario VIII/2, Arts. 632 y 633 Cc, I; *Díez-Picazo*, Fundamentos I^4, Cap. X § 1, 5.

chend dieser Differenzierung ist nachfolgend zwischen der Forderungsschenkung im allgemeinen und der schenkungsweisen Übertragung hypothekarisch gesicherter Forderungen zu unterscheiden.

(a) Die Forderungsschenkung nach Art. 632 Cc

Forderungen werden nach Maßgabe der Artt. 335 Hs. 1, 336 Cc als bewegliche Sachen angesehen,[125] so dass sich die schenkungsweise Übertragung einer Forderung nach den Bestimmungen des Art. 632 Cc richtet.[126] Gemäß Abs. 1 der Vorschrift kann die Schenkung zwar grundsätzlich mündlich erfolgen, jedoch setzt Mündlichkeit gemäß Art. 632 Abs. 2 S. 1 Cc die gleichzeitige Übertragung der zugewendeten Forderung voraus.[127] Folgt man der herrschenden Meinung, nach der sich der Forderungsübergang *inter partes* schon aufgrund der schuldrechtlichen Einigung der Zessionsparteien im Grundgeschäft vollzieht, ist im Ergebnis davon auszugehen, dass die Forderungsschenkung in aller Regel mündlich erfolgen kann.[128]

(b) Die Schenkung hypothekarisch gesicherter Forderungen[129]

Fraglich ist, ob auch hypothekarisch gesicherte Forderungen als bewegliche Sachen im Sinne der Artt. 335 Hs. 1, 336 Cc angesehen werden können. Denn die mit der Forderung übertragenen Hypotheken sind unbewegliche Sachen im Sinne des Art. 334 Nr. 10 Cc. Im Schrifttum wird die Form für die Abtretung

125 Forderungen sind auch nach navarresischem Recht als bewegliche Sachen anzusehen, vgl. Ley 347 S. 1, 2 Comp.N.

126 Vgl. *Gavidia Sánchez*, La cesión de créditos, S. 187; *Pantaleón Prieto*, ADC 41 (1988), 1033, 1099.

127 Im navarresischen Recht gilt der Grundsatz der Formfreiheit gemäß Ley 161 b) Comp.N. unabhängig von dem Bewirken der versprochenen Leistung, vgl. *Albaladejo*, Derecho Civil II/2^9, § 96, 7.

128 Nach der Gegenauffassung muss im Hinblick auf das Schriftformerfordernis des Art. 632 Abs. 2 S. 2 Cc darauf abgestellt werden, ob die Übertragung der Forderung gemäß Artt. 1462 ff. Cc vollzogen worden ist, vgl. *Gavidia Sánchez*, La cesión de créditos, S. 195.

129 Hinsichtlich der schenkungsweisen Übertragung hypothekarisch gesicherter Forderungen enthält das Partikularrecht von Navarra keine Regelung. Fraglich ist, ob man wie nachfolgend für das gemeinspanische Recht zugrunde gelegt, zwischen verbrieften und unverbrieften Hypotheken unterscheiden kann. Hierfür spricht Ley 464 S. 1 Comp.N., das ohne Rücksicht auf die autonome Gesetzgebung die speziellen Hypothekengesetze des gemeinspanischen Rechts für anwendbar erklärt. Auf der Grundlage einer solchen Unterscheidung zwischen verbrieften und unverbrieften Hypotheken wären für die Übertragung letzterer nach dem Partikularrecht Navarras die für Schenkungen unbeweglicher Sachen geltenden Formerfordernisse des Ley 161 a) S. 1 Comp.N. zu beachten (vgl. Ley 347 S. 1 Comp.N.), vgl. *D'Ors Pérez-Peix*, Comentario XXXVII/1, Ley 161, S. 46. Erforderlich wäre demnach eine öffentliche Beurkundung der Forderungsabtretung. Demgegenüber würde bei verbrieften Hypotheken ungeachtet einer Briefübergabe nach Ley 161 b) Comp.N. von der Formfreiheit für die Forderungsabtretung auszugehen sein.

solcher Forderungen davon abhängig gemacht, ob die Hypothek urkundlich verbrieft worden ist. Hypothekenbriefe („cédulas“ bzw. „títulos representativos de préstamo hipotecario“) gelten gemäß Art. 336 Cc als bewegliche Sachen.[130] Daraus wird geschlossen, dass die Schenkung verbriefter Hypotheken auch lediglich den Vorschriften für die Schenkung beweglicher Sachen genügen muss. Wird also eine verbriefte Hypothek schenkungsweise übertragen, ist die Abtretung bereits dann wirksam, wenn die Formerfordernisse des Art. 632 Cc erfüllt sind. Es genügt die Mündlichkeit des Schenkungsversprechens, sie setzt aber gemäß Art. 632 Abs. 2 S. 1 Cc die gleichzeitige Übergabe des Hypothekenbriefs an den Zessionar voraus.[131] Fehlt es an einer Übergabe, ist gemäß Art. 632 Abs. 2 S. 2 Cc die Wahrung der Schriftform erforderlich.

Unverbriefte Hypotheken sind demgegenüber unbewegliche Sachen (Art. 334 Nr. 10 Cc). Werden sie mit der abzutretenden Forderung schenkungsweise übertragen, muss die Abtretung nach überwiegender Ansicht[132] die Formerfordernisse des Art. 633 Cc erfüllen. Dieser unterwirft die Schenkung unbeweglicher Sachen (Schenkungsversprechen wie Annahmeerklärung) zwingend der öffentlichen Beurkundung. Die Nichtbeachtung dieser Form führt zur Nichtigkeit der Schenkung[133] und infolge der Rechtsgrundabhängigkeit der Abtretung auch automatisch zur Nichtigkeit der Forderungsübertragung.

d) Zustimmungserfordernisse

aa) Die Zustimmung des Schuldners

Weder Abtretung[134] noch Subrogation[135] bedürfen im Verhältnis zwischen Alt- und Neugläubiger der Zustimmung des Schuldners. Für die Übertragung handelsrechtlicher Forderungen folgt dieser Grundsatz unmittelbar aus Art. 347

130 Vgl. *Santos Briz*, in: *Albaladejo* (Hrsg.), Comentario V/1², Art. 336 Cc, III.

131 Vgl. *Gavidia Sánchez*, La cesión de créditos, S. 187.

132 Vgl. *Gavidia Sánchez*, La cesión de créditos, S. 188, 194 f; *Díez-Picazo*, Fundamentos II⁵, Cap. XXX § 2, 4.; insgesamt einschränkend *Pantaleón Prieto*, ADC 41 (1988), 1033, 1099; *ders.*, in: *Ministerio de Justicia* (Hrsg.), Comentario II², Art. 1526, V.; *ders.*, EJB I, S. 1023.

133 Vgl. jüngst *Tribunal Supremo* 10.11.1994, Ar. Jur. 1994, Nr. 8465, S. 11030, 11031; weitere ausführliche Nachweise zur Rechtsprechung finden sich bei *Albaladejo*, Derecho Civil II/2⁹, § 96, 6. (S. 111).

134 *Tribunal Supremo* 27.9.1991, Ar. Jur. 1991, Nr. 6070, S. 8393, 8394; *Díez-Picazo*, Fundamentos II⁵, Cap. XXX § 4, 12.; *Pantaleón Prieto*, ADC 41 (1988), 1033, 1080 f.; *ders.*, in: *Ministerio de Justicia* (Hrsg.), Comentario II², Art. 1526 Cc, III 1 a; *ders.*, EJB I, S. 1021, 1022; *Navarro Pérez*, La cesión de créditos, S. 98; *Albaladejo*, Derecho Civil II/1⁹, § 54, 10.; *García Cantero*, in: *Albaladejo/Díaz Alabart* (Hrsg.), Comentario XIX², Arts. 1526 y 1527 Cc, III (S. 698); *Espín Canovas*, Manual III⁶, S. 234.

135 Vgl. *Lacruz Berdejo*, Elementos II/1², S. 309 f.; *Albaladejo*, Derecho Civil II/1⁹, § 54, 3.; *Sanco Rebullida*, in: *Ministerio de Justicia* (Hrsg.), Comentario II², Art. 1209 Cc, IV.

Abs. 1 Ccom. In der Lehre wird gleichwohl auf das praktische Bedürfnis nach Einholung einer Zustimmung hingewiesen. Alt- und Neugläubiger wollen in der Regel ausschließen, dass die Rechtsfolgen der Artt. 1164, 1527 Cc eintreten:[136] Der Schuldner soll, indem er von der Abtretung oder Subrogation in Kenntnis gesetzt wird, nicht mehr mit befreiender Wirkung an den Altgläubiger leisten können. Zugleich wird in der Zustimmung des Schuldners aber auch ein konkludenter Einwendungsverzicht gesehen, der zumindest solche Einwendungen[137] umfasst, die der Schuldner zum Zeitpunkt der Abtretung oder Subrogation kannte bzw. kennen musste.[138] Die Zustimmung des Schuldners muss nicht immer ausdrücklich, sie kann auch stillschweigend erfolgen.[139]

bb) Die Zustimmung des Altgläubigers bei der Subrogation

Wird eine Subrogation zwischen Schuldner und Drittem vereinbart, ist der Übergang der Forderung nach Maßgabe des Art. 1211 Cc grundsätzlich von der Zustimmung des Altgläubigers abhängig.[140] Der Forderungsübergang kann dem Altgläubiger aber auch aufgezwungen werden. Eine Ausnahme von dem Zustimmungserfordernis sieht Art. 1211 Cc nämlich für den Fall vor, dass der Schuldner zum Zwecke der Erfüllung seiner Verbindlichkeit gegenüber dem Altgläubiger ein in öffentlicher Urkunde errichtetes Darlehen aufnimmt und darin seine Erfüllungsabsicht niederlegt. Ferner muss aus dem Einzahlungsbeleg oder Hinterlegungsschein die Herkunft des eingezahlten oder hinterlegten Betrages hervorgehen.

2. Die Wirkungen der Abtretung inter partes

a) Der Übergang der Forderung mit Neben- und Vorzugsrechten

Mit der Abtretung einer Forderung gehen auf den Zessionar gemäß Art. 1528 Cc,[141] bei Subrogation auf den Dritten gemäß Art. 1212 Cc,[142] auch die für die Forderung bestehenden Neben- und Vorzugsrechte über. Art. 1528 Cc nennt ausdrücklich die für die Forderung bestellten Bürgschaften, Hypotheken und Pfandrechte.

---

136 Vgl. *Pantaleón Prieto*, Comentario II², Art. 1526 Cc, III 1 a; *Puig Brutau*, Compendio II, S. 410.

137 Zum Begriff der Einwendung vgl. unten – § 1 III 2 b.

138 *Pantaleón Prieto*, in: *Ministerio de Justicia* (Hrsg.), Comentario II², Art. 1527 Cc, II 8 a; *Gavidia Sánchez*, La cesión de créditos, S. 235; vgl. im übrigen Art. 1198 Abs. 1 Cc.

139 Vgl. *Díez-Picazo*, Fundamentos II⁵, Cap. XXX § 4, 30.

140 Vgl. *Díez-Picazo*, Fundamentos II⁵, Cap. XXX § 6, 42.

141 Vgl. *Díez-Picazo*, Fundamentos II⁵, Cap. XXX § 4, 21., 29.; *Castán Tobeñas*, Derecho Civil III¹⁶, S. 386 f; *Espín Canovas*, Manual III⁶, S. 236.

142 Vgl. *Lacruz Berdejo*, Elementos II/1², S. 317; *Díez-Picazo*, Fundamentos II⁵, Cap. XXX § 6, 42.; *Sancho Rebullida*, in: *Ministerio de Justicia* (Hrsg.), Comentario II², Art. 1212 Cc, I.

b) Die Haftung des Zedenten für Verität und Bonität der übertragenen Forderung

Der Zedent unterliegt bei der Abtretung gemäß Artt. 1529, 1530 Cc, 348 Ccom[143] einer Gewährleistungshaftung für Verität und Bonität der übertragenen Forderung.[144] Der Umfang der Haftung bestimmt sich danach, ob dem Zedenten zum Zeitpunkt der Abtretung die haftungsbegründenden Mängel bekannt sind. Die Verjährung der Gewährleistungsansprüche richtet sich nach den allgemeinen Vorschriften.[145]

aa) Die Haftung für die Verität der übertragenen Forderung

Die Verität einer Forderung setzt sich gemäß Art. 1529 Abs. 1 Hs. 1 Cc aus einer objektiven und einer subjektiven Komponente zusammen. In objektiver Hinsicht bezeichnet der Begriff das Bestehen („existencia"), in subjektiver Hinsicht die Rechtmäßigkeit („legitimidad") der übertragenen Forderung, womit die Forderungsinhaberschaft bzw. die Verfügungsbefugnis des Zedenten gemeint sind.[146] Die Voraussetzungen für die Verität der Forderung müssen zum Zeitpunkt der Abtretung, d.h. nach herrschender Meinung zum Zeitpunkt der Einigung der Zessionsparteien, erfüllt sein.[147] Fehlt es an der Verität, scheidet eine Haftung des Zedenten gemäß Art. 1529 Abs. 1 Hs. 1 Cc gleichwohl aus, wenn die Zessionsparteien bei Abtretung der Forderung begründete Zweifel an ihrer Verität hatten.

(1) Haftungsgründe

An der Existenz der übertragenen Forderung fehlt es, wenn diese zum Zeitpunkt der Abtretung erloschen oder mit einer dauernden Einrede behaftet ist. Geht die Forderung erst unter, nachdem sie übertragen wurde, ist für eine Haftung des Zedenten maßgeblich auf den Zeitpunkt der Ursächlichkeit für den Erlöschensgrund abzustellen. Eine Haftung kommt nur in Betracht, wenn der Grund für das Erlöschen der Forderung bereits vor ihrer Übertragung gesetzt worden ist, etwa wenn die übertragene Forderung sich als nichtig erweist oder der Schuldner gegenüber dem Zessionar mit einer ihm gegen den Zedenten

---

[143] Text in deutscher Übersetzung, vgl. Anhang – I 1, 2.

[144] Eine solche Haftung des Altgläubigers besteht nicht bei Subrogation, vgl. *Lacruz Berdejo*, Elementos II/1², S. 317; *Sancho Rebullida*, in: *Ministerio de Justicia* (Hrsg.), Comentario II², Art. 1209 Cc, V.

[145] Die Gewährleistungsansprüche verjähren nach Art. 1964 Alt. 2 Cc in 15 Jahren, gerechnet vom Zeitpunkt der Zession oder des späteren Erlöschens der Forderung (Verität) bzw. von der Insolvenz des Schuldners an (Bonität), vgl. *Pantaleón Prieto*, in: *Ministerio de Justicia* (Hrsg.), Comentario II², Art. 1529 Cc, II 6; *ders.*, EJB I, S. 1021, 1025.

[146] Vgl. *Pantaleón Prieto*, ADC 41 (1988), 1033, 1110; *ders.*, in: *Ministerio de Justicia* (Hrsg.), Comentario II², Art. 1529 Cc, II 2 a.

[147] Die Abtretung ist nach h.M. ein konsensuales Rechtsgeschäft, vgl. oben – § 1 I 1 a bb (2).

zustehenden Forderung aufrechnet, deren Entstehung der Abtretung zeitlich vorausgegangen ist (Art. 1198 Abs. 2, Abs. 3 Alt. 1 Cc).[148] Indes fehlt es an der Forderungsinhaberschaft des Zedenten und damit an der Rechtmäßigkeit der übertragenen Forderung, wenn diese zum Zeitpunkt der Zession noch nicht entstanden ist und eine Vorausabtretung zwischen den Parteien nicht vereinbart war;[149] ferner, wenn der Zedent zur Abtretung der Forderung nicht berechtigt ist, etwa aufgrund eines mit dem Schuldner vertraglich vereinbarten Abtretungsverbotes.[150]

(2) Haftungsumfang

Der Umfang der Haftung ist davon abhängig, ob der Zedent zum Zeitpunkt der Abtretung positive Kenntnis von den Haftungsgründen hatte.[151] Handelt der Zedent bösgläubig, haftet er nach Art. 1529 Abs. 3 Cc uneingeschränkt für alle vermögensrechtlichen Nachteile, die dem Zessionar infolge mangelnder Verität der Forderung erwachsen. Jede vertragliche Beschränkung der Gewährleistung ist insoweit analog Art. 1476 Cc nichtig.[152] Handelt der Zedent hingegen gutgläubig, ist der Umfang seiner Haftung umstritten. Die Meinungsverschiedenheiten resultieren aus dem ungeklärten Verhältnis zwischen Art. 1529 Abs. 1 und Abs. 2 Cc. Die herrschende Lehre[153] erstreckt, ausgehend von dem Wortlaut der im Abs. 2 enthaltenen Verweisung auf Abs. 1 („selbst in diesen Fällen"), den Anwendungsbereich des Abs. 2 auf den gesamten Tatbestand des Abs. 1. Dementsprechend hafte der Zedent gemäß Art. 1529 Abs. 2 Cc für Existenz und Rechtmäßigkeit der übertragenen Forderung nur in Höhe des Negativinteresses, gegebenenfalls noch für die Kosten, die dem Zessionar nach Maßgabe des Art. 1518 Nr. 1 Cc[154] entstehen. Nach einer anderen, im Vor-

---

148 *Pantaleón Prieto*, ADC 41 (1988), 1033, 1111 f.; *ders.*, in: *Ministerio de Justicia* (Hrsg.), Comentario II[2], Art. 1529 Cc, II 2 b, c.

149 Vgl. *Pantaleón Prieto*, ADC 41 (1988), 1033, 1112; *ders.*, in: *Ministerio de Justicia* (Hrsg.), Comentario II[2], Art. 1529 Cc, II 2 d; *García-Cruces González*, ADC 42 (1989), 377, 390; *ders.*, El contrato de factoring, S. 122. Zur Zulässigkeit der Abtretung künftiger Forderungen vgl. unten – § 1 V 3.

150 Vgl. *Pantaleón Prieto*, ADC 41 (1988), 1033, 1112; *ders.*, in: *Ministerio de Justicia* (Hrsg.), Comentario II[2], Art. 1529 Cc, II 2 d.

151 Grob fahrlässige Unkenntnis schadet dem Zedenten nicht, vgl. *Pantaleón Prieto*, ADC 41 (1988), 1033, 1113; *ders.*, in: *Ministerio de Justicia* (Hrsg.), Comentario II[2], Art. 1529 Cc, II 3 a.

152 Vgl. *Pantaleón Prieto*, ADC 41 (1988), 1033, 1114; *ders.*, in: *Ministerio de Justicia* (Hrsg.), Comentario II[2], Art. 1529 Cc, II 4 c; *ders.*, EJB I, S. 1021, 1025.

153 *García Cantero*, in: *Albaladejo/Díaz Alabart* (Hrsg.), Comentario XIX[2], Arts. 1529 y 1530 Cc, III 1 (S. 717); *Díez-Picazo/Gullón*, Sistema II[7], S. 259; *dies.*, Instituciones I, S. 587; *Navarro Pérez*, RGLJ 232 (1972), 13, 28 f.; *ders.*, La cesión de créditos, S. 183 f.; *García-Cruces González*, ADC 42 (1989), 377, 390; *ders.*, El contrato de factoring, S. 122; *Borrell y Soler*, Compraventa, S. 199; wohl auch *Lacruz Berdejo*, Elementos II/1[2], S. 302.

154 Text in deutscher Übersetzung, vgl. Anhang – I 1 (unter Art. 1529 Cc).

dringen befindlichen Auffassung[155] ist die Verweisung des Abs. 2 dagegen so zu verstehen, als nehme sie lediglich auf die zwei letztgenannten, die Haftung für die Bonität der übertragenen Forderung regelnden Fälle des Abs. 1 Hs. 2 Bezug.[156] Der Umfang der Haftung des gutgläubigen Zedenten ergebe sich deshalb nicht aus Art. 1529 Abs. 2 Cc, vielmehr unterliege er den Regeln über die Gewährleistung bei Besitzentzug.[157]

(3) Haftungsausschluss

Die Zessionsparteien können die Haftung des Zedenten jederzeit vertraglich ausschließen.[158] Von Gesetzes wegen ist eine Haftung nach Maßgabe des Art. 1529 Abs. 1 Hs. 1 Cc ausgeschlossen, wenn die Verität der übertragenen Forderung zwischen den Zessionsparteien „zweifelhaft" ist. „Zweifelhaft" bedeutet, der Zedent muss zum Zeitpunkt der Abtretung begründete Zweifel an der Existenz oder Rechtmäßigkeit der Forderung haben und diese Zweifel dem Zes-sionar auch ausdrücklich zur Kenntnis bringen.[159] Im übrigen besteht eine Gewährleistungshaftung gemäß Art. 638 S. 2 Cc nur bei entgeltlicher Abtretung, weshalb bei der schenkungsweisen Übertragung einer Forderung eine Haftung gleichfalls ausscheidet.[160]

---

155 *Madridejos Sarasola*, RDN 32 (1961), 377, 390; *Pantaleón Prieto*, ADC 41 (1988), 1033, 1113 f.; *ders.*, in: *Ministerio de Justicia* (Hrsg.), Comentario II², Art. 1529 Cc, II 4; *ders.*, EJB I, S. 1021, 1025; *Díez-Picazo*, Fundamentos II⁵, Cap. XXX § 4, 23.

156 Die Textfassung des isabelinischen Gesetzentwurfs von 1851, die dem Código civil von 1889 zugrunde liegt, begann tatsächlich mit den Worten „Selbst in diesen *zwei* Fällen", bezog sich also nur auf die beiden letztgenannten Fälle des Abs. 1, vgl. *García Goyena*, Concordancias III, Art. 1460. Unklar ist jedoch, warum diese Formulierung später wieder aufgegeben wurde, vgl. dazu *Pantaleón Prieto*, ADC 41 (1988), 1033, 1113.

157 Hiervon ausgehend bestimmt sich der Haftungsumfang für den gutgläubigen Zedenten nach Art. 1478 Nr. 1-4 Cc, für den bösgläubigen Zedenten nach Art. 1478 Nr. 5 Cc. Eine vertragliche Beschränkung bzw. Erweiterung der Haftung des gutgläubigen Zedenten wird gemäß Art. 1475 Abs. 3 Cc in den Grenzen des Art. 1476 Cc zugelassen; vgl. *Pantaleón Prieto*, ADC 41 (1988), 1033, 1113 f.; *ders.*, in: *Ministerio de Justicia* (Hrsg.), Comentario II², Art. 1529 Cc, II 3 b; *ders.*, EJB I, S. 1021, 1025.

158 Vgl. *Navarro Pérez*, La cesión de créditos, S. 189 (in den Grenzen der Privatautonomie nach Art. 1255 Cc); *Pantaleón Prieto*, ADC 41 (1988), 1033, 1114; *ders.*, in: *Ministerio de Justicia* (Hrsg.), Comentario II², Art. 1529 Cc, II 4 b (in den Grenzen des Art. 1476 Cc nach Art. 1475 Abs. 3 Cc analog).

159 Vgl. *García Cantero*, in: *Albaladejo/Díaz Alabart* (Hrsg.), Comentario XIX², Arts. 1529 y 1530 Cc, II; *Navarro Pérez*, La cesión de créditos, S. 189 f.

160 Vgl. *Navarro Pérez*, La cesión de créditos, S. 191 f.; *Pantaleón Prieto*, ADC 41 (1988), 1033, 1110; *ders.*, in: *Ministerio de Justicia* (Hrsg.), Comentario II², Art. 1529 Cc, II 1; *ders.*, EJB I, S. 1021, 1024.

bb) Die Haftung für die Bonität der übertragenen Forderung

An der Bonität der Forderung fehlt es im Fall der Insolvenz des Schuldners. Für dessen Zahlungsfähigkeit haftet der Zedent gemäß Artt. 1529 Cc, 348 Ccom jedoch grundsätzlich nicht. Eine Haftung kommt nach diesen Bestimmungen nur ausnahmsweise in Betracht, zum einen, wenn der Zedent es vertraglich übernommen hat, für die Zahlungsfähigkeit des Schuldners einzustehen (vgl. Artt. 1529 Abs. 1 Hs. 2 Alt. 1 Cc, 348 Hs. 2 Ccom), zum anderen, wenn der Schuldner zum Zeitpunkt der Abtretung offenkundig insolvent ist (vgl. Art. 1529 Abs. 1 Hs. 2 Alt. 2 Cc).[161]

(1) Die Übernahme der Haftung durch Vertrag

Übernimmt der Zedent nach Artt. 1529 Abs. 1 Hs. 2 Alt. 1 Cc, 348 Hs. 2 Ccom die Haftung für die Zahlungsfähigkeit des Schuldners aufgrund einer vertraglichen Vereinbarung mit dem Zessionar, wird nach überwiegender Auffassung eine selbständige Verbindlichkeit *sui generis* begründet, die regelmäßig keinen Sicherungscharakter aufweist.[162] Eine Qualifikation der Haftungsübernahme als Bürgschaft[163] oder selbständiger Garantievertrag[164] wird aber nicht ausgeschlossen. Letztlich dürfte der Gegenstand der Vereinbarung nur durch Auslegung der von den Zessionsparteien abgegebenen Willenserklärungen zu ermitteln sein.

Die Haftung des Zedenten beginnt mit dem Eintritt der Zahlungsunfähigkeit des Schuldners. Der Begriff der „Zahlungsunfähigkeit" ist nicht legaldefiniert, bedeutet aber, dass der Schuldner die Forderung trotz Fälligkeit nicht begleichen kann.[165] Einige Autoren machen den Beginn der Haftung von einem (er-

---

[161] Eine spezielle Ausnahmehaftung bestimmen ferner die Artt. 39 Abs. 2 LSA, 8 Abs. 3 LSRL: Danach haftet der Zedent für die Bonität der Forderung, wenn der Forderungsabtretung die Einbringung einer Gesellschaftereinlage in eine Sociedad Anónima (S. A.) oder Sociedad de Responsabilidad Limitada (S. L.) zugrunde liegt; vgl. *Sánchez Calero*, Instituciones I[17], S. 329 (S. A.), 488 (S. L.).

[162] *Pantaleón Prieto*, in: *Ministerio de Justicia* (Hrsg.), Comentario II[2], Art. 1529 Cc, III 1 a, 4; *García Cantero*, in: *Albaladejo/Díaz Alabart* (Hrsg.), Comentario XIX[2], Arts. 1529 y 1530 Cc, IV 2 (S. 720); *Navarro Pérez*, La cesión de créditos, S. 204 ff., 206 f.

[163] Vgl. *Madridejos Sarasola*, RDN 32 (1961), 381, 400; *García Cantero*, in: *Albaladejo/Díaz Alabart* (Hrsg.), Comentario XIX[2], Arts. 1529 y 1530 Cc, IV 2; a.A. *Díez-Picazo*, Fundamentos II[5], Cap. XXX § 4, 26; *Navarro Pérez*, La cesión de créditos, S. 204 f.

[164] In diesem Fall haftet der Zedent ungeachtet der Insolvenz des Schuldners auch dann, wenn der Schuldner die Zahlung lediglich verweigert vgl. *Pantaleón Prieto*, in: *Ministerio de Justicia* (Hrsg.), Comentario II[2], Art. 1529 Cc, III 1 a.

[165] Vgl. *Pantaleón Prieto*, in: *Ministerio de Justicia* (Hrsg.), Comentario II[2], Art. 1529 Cc, III 1 a.

folglosen) Vollstreckungsversuch beim Schuldner abhängig.[166] Nicht erforderlich ist indes, dass die Insolvenz des Schuldners bereits zum Zeitpunkt der Abtretung vorgelegen hat; vielmehr genügt es, wenn die Zahlungsunfähigkeit innerhalb einer von den Zessionsparteien bestimmten Haftungsdauer eintritt. Fehlt eine Absprache über die Dauer der Haftung, beträgt diese gemäß Art. 1530 Abs. 1 Cc ein Jahr, wobei sich der Anfang der Frist nach dem Zeitpunkt der Abtretung richtet, vorausgesetzt, die übertragene Forderung war zu diesem Zeitpunkt auch fällig.[167] Von der Haftungsdauer ist die Anspruchsverjährung zu unterscheiden. Sie richtet sich grundsätzlich nach den allgemeinen Vorschriften.[168]

Maßgebend für den Umfang der Haftung ist auch hier, ob der Zedent im Hinblick auf die Zahlungsunfähigkeit des Schuldners gut- oder bösgläubig war. Handelt der Zedent in gutem Glauben, kommt es für den Umfang seiner Haftung in erster Linie auf den Inhalt der Parteivereinbarung an. Jedoch werden der Privatautonomie durch Art. 1529 Abs. 2 Cc enge Grenzen gesetzt. Nach ganz herrschender Meinung[169] ist dem Wortlaut der Vorschrift („sólo responderá") ein Gebot zur Beschränkung der Haftung auf das Negativinteresse bzw. die Kosten des Art. 1518 Nr. 1 Cc zu entnehmen. Handelt der Zedent demgegenüber bösgläubig, wofür positive Kenntnis von der Insolvenz des Schuldners zum Zeitpunkt der Abtretung vorausgesetzt wird, haftet er nach Maßgabe des Art. 1529 Abs. 3 Cc.[170]

(2) Die offenkundige Insolvenz des Schuldners

Der Zedent haftet dem Zessionar für die Bonität der Forderung gemäß Art. 1529 Abs. 1 Hs. 2 Alt. 2 Cc auch dann, wenn die Insolvenz des Schuldners zum Zeitpunkt der Abtretung bereits bestand[171] *und* offenkundig war. Der Be-

---

166 Vgl. *García Cantero*, in: *Albaladejo/Díaz Alabart* (Hrsg.), Comentario XIX^2, Arts. 1529 y 1530 CC, IV 2 (S. 720 f.); *Navarro Pérez*, RGLJ 232 (1972), 13, 44; *ders.*, La cesión de créditos, S. 207.

167 Andernfalls ist für den Fristbeginn der Zeitpunkt des Eintritts der Fälligkeit der Forderung maßgebend, vgl. *Pantaleón Prieto*, in: *Ministerio de Justicia* (Hrsg.), Comentario II^2, Art. 1530 Cc, I 1 d aa.

168 Vgl. *Pantaleón Prieto*, in: *Ministerio de Justicia* (Hrsg.), Comentario II^2, Art. 1530 Cc, I 1 a-c; a.A. *García Cantero*, in: *Albaladejo/Díaz Alabart* (Hrsg.), Comentario XIX^2, Arts. 1529 y 1530 Cc, IV 2 (S. 723 f.); *Navarro Pérez*, La cesión de créditos, S. 211 f.

169 Vgl. *Pantaleón Prieto*, in: *Ministerio de Justicia* (Hrsg.), Comentario II^2, Art. 1529 Cc, III 2 c; *Díez-Picazo*, Fundamentos II^5, Cap. XXX § 4, 26.; *Navarro Pérez*, RGLJ 232 (1972), 13, 46; *ders.*, La cesión de créditos, S. 208; *Madridejos Sarasola*, RDN 32 (1961), 381, 399; a.A. nur *Lacruz Berdejo*, Elementos II/1^2, S. 303 (Vorrang der Parteiabrede).

170 Vgl. *Pantaleón Prieto*, in: *Ministerio de Justicia* (Hrsg.), Comentario II^2, Art. 1529 Cc, III 2 b.

171 Das Gesetz spricht von „vorheriger" Insolvenz des Schuldners.

griff der Offenkundigkeit ist in der Lehre umstritten.[172] Nach der heute herrschenden Meinung[173] muss im Hinblick auf die Haftung des Zedenten wie folgt differenziert werden: Überträgt der Zedent die Forderung in Kenntnis von der Insolvenz des Schuldners, handelt er bösgläubig und unterliegt, unabhängig davon, ob die Zahlungsunfähigkeit „offenkundig" war, in jedem Fall der strengen Haftung des Art. 1529 Abs. 3 Cc.[174] Nur wenn dem Zedenten die Kenntnis der schuldnerischen Insolvenz nicht nachgewiesen werden kann, kommt es nach Art. 1529 Abs. 1 Hs. 2 Alt. 2 Cc für den Eintritt der Haftung entscheidend darauf an, ob die Zahlungsunfähigkeit des Schuldners „offenkundig", d.h. nach überwiegender Ansicht[175] „gerichtskundig", war. Liegt Offenkundigkeit in diesem Sinne vor, spricht zu Lasten des Zedenten eine unwiderlegbare Vermutung, dass auch ihm die Insolvenz des Schuldners bekannt gewesen ist, mit der Folge, dass er dem Zessionar gemäß Art. 1529 Abs. 2 Cc in Höhe des Negativinteresses und für die angefallenen Vertragskosten nach Maßgabe des Art. 1518 Nr. 1 Cc haftet.[176]

III. Die Abtretung im Verhältnis zum Schuldner

1. Abtretungsvoraussetzungen

Die Voraussetzungen der Forderungsabtretung im Verhältnis zum Schuldner sind äußerst umstritten. Für die Darstellung ist es daher zweckmäßig, zunächst auf die rechtlichen Grundlagen der Forderungsabtretung einzugehen. Sie sind nach der Art der abzutretenden Forderung in drei Gruppen einzuteilen. Im einzelnen wird zwischen der Forderungsabtretung nach den Vorschriften des allgemeinen Zivilrechts,[177] der Abtretung hypothekarisch gesicherter Forderungen[178] sowie der Forderungsabtretung nach handelsrechtlichen Bestimmungen[179] unterschieden.

---

172 Vgl. zum Meinungsstand *Gil Rodríguez*, Garantía por insolvencia pública en la delegación y en la cesión, S. 19 ff.; *García Cantero*, in: *Albaladejo/Díaz Alabart* (Hrsg.), Comentario XIX², Arts. 1529 y 1530 Cc, IV 3; *Díez-Picazo*, Fundamentos II⁵, Cap. XXX § 4, 25.

173 Vgl. *Díez-Picazo*, Fundamentos II⁵, Cap. XXX § 4, 25.; *Pantaleón Prieto*, in: *Ministerio de Justicia* (Hrsg.), Comentario II², Art. 1529 Cc, III 1 b.

174 Vgl. *Pantaleón Prieto*, in: *Ministerio de Justicia* (Hrsg.), Comentario II², Art. 1529 Cc, III 2 b; *Navarro Pérez*, RGLJ 232 (1972), 13, 50 f.; *ders.*, La cesión de créditos, S. 194 f.

175 Vgl. *Manresa*, Comentario X, S. 359; *Borrell y Soler*, Compraventa, S. 198; *Badenes Gasset*, Compraventa II, S. 1091; a.A. *Navarro Pérez*, RGLJ 232 (1972), 13, 49; *ders.*, La cesión de créditos, S. 198 f. („allgemeinkundig") und wohl auch *Díez-Picazo*, Fundamentos II⁵, Cap. XXX § 4, 25.

176 Vgl. *Díez-Picazo*, Fundamentos II⁵, Cap. XXX § 4, 25.; *Pantaleón Prieto*, in: *Ministerio de Justicia* (Hrsg.), Comentario II², Art. 1529 Cc, III 2 c.

177 Vgl. unten – § 1 III 1 a aa.

178 Vgl. unten – § 1 III 1 a bb.

179 Vgl. unten – § 1 III 1 a cc.

a) Rechtliche Grundlagen

aa) Die Forderungsabtretung nach allgemeinem Zivilrecht

Forderungsabtretungen nach allgemeinem Zivilrecht sind solche, deren Voraussetzungen sich ausschließlich nach den Vorschriften des Código civil bestimmen. Aufgrund der Unterscheidung, die der Código civil zwischen der Abtretung im Verhältnis zum Schuldner (Art. 1527 Cc) und im Verhältnis zu sonstigen Dritten (Art. 1526 Cc) trifft, bedarf es an dieser Stelle bereits der Klarstellung, dass der Schuldner („Drittschuldner") nicht auch „Dritter" im Sinne des Art. 1526 Cc ist.[180] Ihm gegenüber kommt es allein auf die Regelung des Art. 1527 Cc[181] an. Art. 1527 Cc stellt keine Formvoraussetzungen für die Abtretung auf, insbesondere nicht das Erfordernis einer Abtretungsanzeige; die Vorschrift bestimmt vielmehr nur, dass der Schuldner, solange er keine „Kenntnis" („conocimiento") von der Abtretung erlangt, mit befreiender Wirkung an den Altgläubiger leisten kann. Aus dem Wortlaut dieser Regelung wird allgemein geschlossen, dass dem Schuldner die Abtretung nicht notifiziert werden muss.[182] Die Bezugnahme auf die bloße Kenntnis genüge für sich genommen nicht, um die Notwendigkeit einer Abtretungsanzeige („notificación") zu begründen. Auch Art. 1198 Cc,[183] der die Aufrechnung des Schuldners gegenüber dem Zessionar mit einer ihm gegen den Zedenten zustehenden Forderung zum Gegenstand habe und diese an die Unterrichtung (Art. 1198 Abs. 2 Cc) bzw. an die Kenntnis des Schuldners (Art. 1198 Abs. 3 Cc) von der Abtretung knüpfe, spreche ausdrücklich nur von „conocimiento", nicht von „notificación".[184] Mithin ist der klare Wortlaut beider Vorschriften für Rechtsprechung und Lehre ausschlaggebend, von dem Erfordernis einer Abtretungsanzeige grundsätzlich abzusehen.[185]

bb) Die Abtretung hypothekarisch gesicherter Forderungen

Die Übertragung hypothekarisch gesicherter Forderungen richtet sich im Verhältnis zum Schuldner nach den speziellen Normen des Hypothekenrechts, die gemäß Art. 608 Cc bzw. Ley 464 S. 1 Comp.N. Vorrang genießen gegenüber den allgemeinen Vorschriften der spanischen Zivilgesetzbücher. Zur Be-

---

180 Zur Person des „Dritten" im Sinne von Art. 1526 Cc vgl. unten – § 1 IV 1.

181 Text in deutscher Übersetzung, vgl. Anhang – I 1.

182 Vgl. *Pantaleón Prieto*, ADC 41 (1988), 1033, 1063; *Gavidia Sánchez*, La cesión de créditos, S. 251.

183 Text in deutscher Übersetzung, vgl. Anhang – I 1 (unter Art. 1527 Cc).

184 Vgl. *Pantaleón Prieto*, ADC 41 (1988), 1033, 1063.

185 Dieses Ergebnis wird durch andere romanische Rechte, wie Artt. 1690, 1295 Abs. 2 des französischen Code civil bzw. Artt. 1264 Abs. 1, 1248 Abs. 2 des italienischen Codice civile, gestützt, denn diese machen im Unterschied zum spanischen Código civil durch ihren Wortlaut deutlich, dass sie die Übertragung der Forderung im Verhältnis zum Schuldner an eine Notifikation der Abtretung knüpfen.

stimmung der Abtretungsvoraussetzungen ist in erster Linie danach zu unterscheiden, ob die Forderung durch eine Grundstücks- oder Mobiliarhypothek gesichert ist.

(1) Die Sicherung der Forderung durch Immobiliarhypothek

(a) Die Abtretungsanzeige an den Schuldner

Ist die abzutretende Forderung durch eine Immobiliarhypothek gesichert, wird ihre Übertragung nach Maßgabe von Art. 1878 Cc[186] i.V.m. Art. 149 Abs. 1 Lh[187] davon abhängig gemacht, dass „[die Abtretung] öffentlich beurkundet, dem Schuldner zur Kenntnis gebracht und im Eigentumsregister eingetragen wird". Im Verhältnis zum Schuldner wird also die Abtretung an eine Benachrichtigung geknüpft. Die Benachrichtigung des Schuldners muss grundsätzlich mittels einer formellen Abtretungsanzeige („notificación") erfolgen,[188] deren Vornahme eine Verpflichtung des Zedenten bildet.[189] Form und Zustellung der Abtretungsanzeige unterliegen gemäß Art. 242 Rh[190] den von Art. 222 Abs. 1 Rh aufgestellten Anforderungen; entweder ist danach eine notarielle Beglaubigung der Schuldneranzeige oder die Einhaltung der Formvorschriften des Zivilprozessrechts[191] zu verlangen.

(b) Die Eintragung der Abtretungsanzeige im Eigentumsregister

Die Abtretungsanzeige an den Schuldner muss gemäß Art. 243 Rh[192] im Eigentumsregister eingetragen werden. Kommt die Eintragung nicht zustande, obwohl die Abtretung im Eigentumsregister eingetragen wurde, und bewirkt der gutgläubige Schuldner die Leistung an den bisherigen Gläubiger (Art. 1527 Cc), so kann die Eintragung der Abtretung nach Art. 176 Rh[193] auf Antrag des Schuldners[194] mittels einer Urkunde, aus der die Leistungsbewirkung hervorgeht, nachträglich wieder gelöscht werden. Die Löschung bedarf weder einer Bewilligung des Zessionars noch eines die Bewilligung ersetzenden vollstreckbaren Urteils,[195] erfolgt aber gemäß Art. 176 Rh unbeschadet der dem Zessionar

---

186 Text in deutscher Übersetzung, vgl. Anhang – I 1.
187 Text in deutscher Übersetzung, vgl. Anhang – I 3.
188 Vgl. Art. 243 Rh.
189 Vgl. Art. 151 Lh.
190 Text in deutscher Übersetzung, vgl. Anhang – I 4.
191 Vgl. Artt. 1429 ff. LECiv.
192 Text in deutscher Übersetzung, vgl. Anhang – I 4.
193 Text in deutscher Übersetzung, vgl. Anhang – I 4.
194 Da lediglich die Leistung durch den Schuldner nachgewiesen werden muss, kann die Löschung auch auf Antrag des Zedenten erfolgen, vgl. *Tribunal Supremo* 24.4.1991, Ar. Jur. 1991, Nr. 3167, S. 4299.
195 Art. 179 Rh ist auf Art. 176 Rh nicht anwendbar, vgl. *Gavidia Sánchez*, La cesión de créditos, S. 270 f.

aus Art. 151 Lh[196] zustehenden Schadensersatzansprüche.[197] Umgekehrt kann der Zessionar gemäß Art. 40 Lh einen Antrag auf Berichtigung des Eigentumsregisters stellen,[198] sofern er nachweisen kann, dass die Löschung der Abtretung zu Unrecht erfolgte. Das setzt freilich voraus, dass die Leistung des Schuldners an den Altgläubiger keine befreiende Wirkung im Sinne von Art. 1527 Cc entfalten konnte, weil dem Schuldner die Abtretung zum Zeitpunkt seiner Leistungsbewirkung bekannt war.[199]

(c) Die Entbehrlichkeit der Abtretungsanzeige

Das Gesetz bestimmt zwei Fälle, in denen die Abtretungsanzeige an den Schuldner entbehrlich ist. Zum einen kann der Schuldner gemäß Art. 242 Rh jederzeit selbst auf eine Mitteilung von der Forderungsabtretung verzichten.[200] Zum anderen muss der Schuldner auch dann nicht benachrichtigt werden, wenn mit der Abtretung hypothekarisch gesicherte Forderungen übertragen werden, die auf den Inhaber lauten oder indossierbar sind, Art. 150 Hs. 2 Lh.[201] In beiden Fällen ist die Nichtanzeige nach Art. 243 Rh im Eigentumsregister einzutragen. Der Zedent ist, selbst wenn ihn keine Obliegenheit zur Benachrichtigung des Schuldners trifft, gleichwohl gehalten, diesem die Übertragung der Forderung bekanntzugeben. Denn in jedem Fall haftet er dem Zessionar gemäß Art. 151 Lh für den Schaden, den dieser infolge der Unterlassung der Abtretungsanzeige erlitten hat.

(2) Die Sicherung der Forderung durch Mobiliarhypothek

Ist die zu übertragende Forderung durch eine Mobiliarhypothek[202] oder ein besitzloses Pfandrecht gesichert, sind die Bestimmungen der Artt. 149-151 Lh nach Art. 8 Abs. 1 Lhm[203] entsprechend anzuwenden. Eine Besonderheit besteht lediglich im Hinblick auf die Form der Abtretungsanzeige: Gemäß Artt. 8 Abs. 3 Lhm, 27 Abs. 1 S. 1 Rhm[204] darf der Schuldner von der Abtretung nur mittels notarieller Urkunde verständigt werden.[205] Dass die Abtretungsanzeige

---

196 Text in deutscher Übersetzung, vgl. Anhang – I 3.

197 Vgl. *Roca Sastre/Roca-Sastre Muncunill*, Derecho Hipotecario II^{8}, S. 497.

198 Vgl. Art. 181 Rh.

199 Vgl. *Gavidia Sánchez*, La cesión de créditos, S. 271. Die Abtretungsanzeige ist keine konstitutive Wirksamkeitsvoraussetzung der Abtretung im Verhältnis zum Schuldner, vgl. unten – § 1 III 1 b aa (1).

200 Der Verzicht ist gemäß Art. 242 Rh nur wirksam, wenn er öffentlich beurkundet wurde; differenzierend *Badenes Gasset*, Compraventa II, S. 1084; *Navarro Pérez*, La cesión de créditos, S. 121 f.

201 Text in deutscher Übersetzung, vgl. Anhang – I 3.

202 Zum Gegenstand der Mobiliarhypothek vgl. Artt. 12 ff. Lhm.

203 Text in deutscher Übersetzung, vgl. Anhang – I 5.

204 Text in deutscher Übersetzung, vgl. Anhang – I 6.

205 Vgl. dagegen Artt. 242 i.V.m. 222 Abs. 1 Rh.

im Eigentumsregister einzutragen ist, stellt Art. 27 Abs. 1 S. 2 Rhm nochmals ausdrücklich klar.[206]

cc) Die Forderungsabtretung nach Handelsrecht

Die Forderungsabtretung nach Handelsrecht bezeichnet die rechtsgeschäftliche Übertragung kaufmännischer Forderungen („créditos mercantiles"). Damit sind Forderungen gemeint, die aus beiderseitigen Handelsgeschäften stammen. Die Voraussetzungen für ihre rechtsgeschäftliche Übertragung im Verhältnis zum Schuldner regelt, soweit es sich um Forderungen handelt, die weder auf den Inhaber lauten noch indossierbar sind, Art. 347 Ccom.[207] Nach Abs. 1 der Vorschrift ist für die Abtretung vorauszusetzen, dass „[der Schuldner] von der Übertragung [der Forderung] in Kenntnis gesetzt wird". Abs. 2 bestimmt, dass „der Schuldner [...] dem Neugläubiger gegenüber [erst] aufgrund der Abtretungsanzeige verpflichtet [wird]". Ist die Abtretung der Forderung dem Schuldner angezeigt, sind gemäß Art. 347 Abs. 2 Hs. 2 Ccom nur noch solche Leistungen des Schuldners als rechtmäßig anzusehen, die dieser an den Zessionar bewirkt.

b) Formerfordernisse

Wenngleich nach der dargestellten Gesetzeslage die rechtsgeschäftliche Übertragung einer Forderung bei Abtretung hypothekarisch gesicherter und handelsrechtlicher Forderungen im Verhältnis zum Schuldner von der Notifikation der Abtretung abhängig zu sein scheint, sind Rechtsprechung[208] und Lehre[209] sich heute einig, dass die Abtretungsanzeige durchgängig keine Voraussetzung für die Wirksamkeit der Abtretung ihm gegenüber bildet. In der Begründung wird, den rechtlichen Grundlagen entsprechend, zwischen den verschiedenen Forderungsarten differenziert.

206 Vgl. Art. 243 Rh.

207 Text in deutscher Übersetzung, vgl. Anhang – I 2.

208 Vgl. nur *Tribunal Supremo* 28.3.1901, RGLJ 91 (1901), 450, 456; 30.4.1910, RGLJ 117 (1910), 809, 818; vgl. im übrigen die Nachweise unten – § 1 III 1 b bb.

209 Vgl. *Pantaleón Prieto*, ADC 41 (1988), 1033, 1063 f., 1078 ff.; *ders.*, in: *Ministerio de Justicia* (Hrsg.), Comentario II^2, Art. 1526 Cc, II 5; *ders.*, EJB I, S. 1021, 1022; *Madridejos Sarasola*, RDN 32 (1961), 381, 393; *García-Cruces González*, ADC 42 (1989), 377, 385; *ders.*, El contrato de factoring, S. 117; *de Eizaguirre*, RDBB 1990, 835, 845; *Castán Tobeñas*, Derecho Civil III^{16}, S. 385; *Lacruz Berdejo*, Elementos II/1^2, S. 299 f. (Fn. 12); *Espín Canovas*, Manual III^6, S. 235; *Díez-Picazo*, Fundamentos II^5, Cap. XXX § 4, 19., 28.; *Díez-Picazo/Gullón*, Sistema II^7, S. 258; *dies.*, Instituciones I, S. 586.

aa) Die Abtretung hypothekarisch gesicherter Forderungen

Auf der Grundlage des Art. 153 Lh a.F. sah das ältere Schrifttum[210] die Abtretungsanzeige an den Schuldner noch als eine zwingende Voraussetzung für die rechtswirksame Übertragung hypothekarisch gesicherter Forderungen an. Heute wird in dem gleichlautenden Normtext des Art. 149 Abs. 1 Lh n.F. gerade ein Argument für die Nichterforderlichkeit der Abtretungsanzeige gesehen.[211] Zwar stelle die Norm, die verlange, dass der Schuldner von der Abtretung unterrichtet werde, im Unterschied zu Art. 1527 Cc auf ein aktives Verhalten der Zessionsparteien ab, sie spreche aber nicht ausdrücklich von einer „notificación", sondern setze wörtlich nur voraus, dass der Schuldner von der Abtretung in „Kenntnis" gesetzt werde.[212] Aus der Regelung der Artt. 150 f. Lh, 242 Rh, wonach von einer Benachrichtigung des Schuldners in bestimmten Fällen abgesehen werden könne, insbesondere aber der Schuldner selbst über die Möglichkeit verfüge, wirksam auf die Mitteilung von der Abtretung zu verzichten, gehe im übrigen klar hervor, dass die Abtretungsanzeige nach Art. 149 Abs. 1 Lh keine zwingende Voraussetzung für die Wirksamkeit der Forderungsübertragung bilden könne.[213]

bb) Die Forderungsabtretung nach Handelsrecht

Was die Übertragung kaufmännischer Forderungen angeht, gelangt die Lehre zu der gleichen Schlussfolgerung. Die Argumentation fällt angesichts des klaren Wortlauts von Art. 347 Ccom, der die Verpflichtung des Schuldners gegenüber dem Zessionar an eine Notifikation der Abtretung knüpft, jedoch spärlich aus. Nur *Pantaleón Prieto*[214] setzt sich eingehend mit der Vorschrift auseinander. Er ist der Auffassung, dass eine unterschiedliche Behandlung der Übertragung zivil- und handelsrechtlicher Forderungen in der Praxis keinen Sinn mache, zumal gerade im kaufmännischen Verkehr eher ein Bedürfnis nach Vereinfachung von Formalitäten bestehe. Auch müsse berücksichtigt werden, dass die Artt. 1526 ff. Cc erst im Jahre 1889, also *nach* dem Inkrafttreten des Código de comercio (1885), erlassen worden seien. Das bedeute, der Gesetzgeber habe auf das Erfordernis einer Abtretungsanzeige bewusst verzichtet,[215] um so mehr als

---

[210] Vgl. *Manresa*, Comentario X, S. 345; *Borrell y Soler*, Compraventa, S. 193; zweifelnd bereits *Madridejos Sarasola*, RDN 32 (1961), 382, 393 (Fn. 28).

[211] Vgl. *García Cantero*, in: *Albaladejo/Díaz Alabart* (Hrsg.), Comentario XIX², Arts. 1526 y 1527 Cc, IV (Fn. 20); *García-Cruces González*, ADC 42 (1989), 377, 385; *ders.*, El contrato de factoring, S. 118.

[212] Vgl. aber Art. 243 Rh.

[213] Vgl. *Ventura-Traveset González*, RGD 7 (1951), 450 f.; *Pantaleón Prieto*, ADC 41 (1988), 1033, 1064; *ders.*, in: *Ministerio de Justicia* (Hrsg.), Comentario II², Art. 1526 Cc, II 5; *Puig Brutau*, Compendio III, S. 455; *Díez-Picazo/Gullón*, Sistema II⁷, S. 258; *dies.*, Instituciones I, S. 586; *Lacruz Berdejo*, Elementos II/1², S. 299.

[214] *Pantaleón Prieto*, ADC 41 (1988), 1033, 1078 ff.

[215] Ebenso *Gavidia Sánchez*, La cesión de créditos, S. 251 f.

die Abtretung im Verhältnis zum Schuldner nach dem Código civil umfassender geregelt worden sei.[216] Gegen die Notwendigkeit einer Abtretungsanzeige spreche nicht zuletzt der Umstand, dass Art. 24 Abs. 1 LCCh zwecks Bestimmung der Voraussetzungen für die Übertragung der in einem Wechsel verbrieften Forderungsrechte durch einfache Zession gleichfalls auf die Regelung des Art. 347 Ccom verweise. Die Maßgeblichkeit der Vorschrift auch für verbriefte Forderungen unterstreiche, dass die Abtretung im Verhältnis zum Schuldner nicht zwingend von der im Normtext geforderten „notificación" abhängen könne. Somit dürfe nicht am Wortlaut des Art. 347 Ccom gehaftet werden.

c) Die Kenntnis des Schuldners von der Abtretung

Angesichts der Irrelevanz jeglicher Formvorschriften für die Abtretung im Verhältnis zum Schuldner stellt sich die Frage, ob die Forderungsübertragung zumindest davon abhängig gemacht werden muss, dass der Schuldner Kenntnis von der Abtretung erlangt. Die Ansichten hierzu sind in Lehre und Rechtsprechung geteilt.

aa) Die Kenntnis des Schuldners als Abtretungsvoraussetzung

Noch überwiegend steht die Lehre[217] auf dem Standpunkt, die abzutretende Forderung werde im Verhältnis zum Schuldner erst zu dem Zeitpunkt auf den

---

[216] Vgl. Art. 1198 Cc.

[217] Vgl. *Madridejos Sarasola*, RDN 32 (1961), 381, 392 f.; *Vattier Fuenzalizada*, RDP 69 (1985), 491, 509; *Navarro Pérez*, La cesión de créditos, S. 112; *ders.*, El retracto de créditos litigiosos, S. 110; *García-Cruces González*, ADC 42 (1989), 377, 384 f.; *ders.*, El contrato de factoring, S. 117 f.; *García Cantero*, Comentario XIX[2], Arts. 1526 y 1527, III (S. 699), IV; wohl auch *Castán Tobeñas*, Derecho Civil III[16], S. 385 f.; *Badenes Gasset*, Compraventa II, S. 1071 ff., 1073; *Espín Canovas*, Manual III[6], S. 239. Auch die ältere Rechtsprechung ging davon aus, dass die Übertragung einer Forderung im Verhältnis zum Schuldner an die Kenntnis des Schuldners von der Abtretung zu knüpfen ist. In einer Entscheidung des *Tribunal Supremo* vom 11.1.1983 (Ar. Jur. 1983, Nr. 163, S. 119, 120 f.) kaufte die Erstbeklagte, eine spanische Sociedad Anónima, von einer englischen Firma verschiedene Holzsorten. Der Zweitbeklagte übernahm zur Sicherung der Kaufpreisschuld eine Bürgschaft. Nachdem die Kaufpreisforderung durch notariellen Vertrag auf die Klägerin, ebenfalls eine englische Firma, übertragen worden war, machte diese Zahlung geltend und nahm u.a. den Zweitbeklagten aus der übernommenen Bürgschaft in Anspruch. Das Zahlungsverlangen der Klägerin hatte in allen Instanzen Erfolg. Im Kassationsverfahren vor dem *Tribunal Supremo* rügte der Zweitbeklagte die Verletzung materiellen Rechts. Er machte geltend, das Appellationsgericht habe die Abrede, mit der die streitgegenständliche Forderung auf die Klägerin übertragen worden sei, zu Unrecht als Abtretung qualifiziert. Gegenstand der Vereinbarung sei vielmehr eine Novation im Sinne von Art. 1203 Nr. 3 Cc gewesen, so dass die von ihm übernommene Bürgschaft gemäß Art. 1156 S. 6 Cc erloschen sei. Der *Tribunal Supremo* schloss sich ungeachtet dieses Vortrags der Vorinstanz an und qualifizierte die Vereinbarung als Abtretung im Sinne der Artt. 1526 ff. Cc, so dass die für die übertragene Forderung bestellte Bürgschaft gemäß Art. 1528 Cc unverändert

Zessionar übertragen, in dem der Schuldner Kenntnis von der Abtretung erlange. Die Kenntnis des Schuldners von der Abtretung ist hiernach eine Voraussetzung der Forderungsübertragung.[218] Dies ergebe sich unmittelbar aus dem Wortlaut des Art. 1527 Cc, da dieser die befreiende Wirkung einer Leistung des Schuldners an den Zedenten an die „Kenntnis" des Schuldners von der Abtretung knüpfe. Die Frage, welchen Anforderungen die Kenntnis des Schuldners genü-gen muss, wird innerhalb dieser Lehre unterschiedlich beantwortet. Regelmäßig wird danach unterschieden, ob der Schuldner durch Mitteilung der Zessionsparteien oder auf sonstigem Wege Kenntnis von der Forderungsübertragung erlangt hat.

Die Mitteilung der Abtretung an den Schuldner soll grundsätzlich keiner speziellen Form unterliegen, sie kann auch mündlich erfolgen.[219] Gleichwohl ist anerkannt, dass eine notariell beglaubigte bzw. formelle, den Anforderungen der Artt. 1429 ff. LECiv genügende Abtretungsanzeige in aller Regel das sicherste und damit auch am besten geeignete Mittel zur Verständigung des Schuldners darstellt. Die Mehrzahl der Autoren geht von einer Verpflichtung des Zedenten aus, den Schuldner von der Abtretung in Kenntnis zu setzen.[220]

Bestand gehabt habe. In den Urteilsgründen nahm das Gericht zu der Frage, inwieweit die „Kenntnis" des Schuldners eine Voraussetzung für die Übertragung der Forderung ihm gegenüber gebildet habe, dahin gehend Stellung, dass eine Forderung im Verhältnis Zedent – Zessionar ohne die vorherige Kenntnis des Schuldners und selbst gegen seinen Willen wirksam übertragen werden könne; denn die Abtretungsanzeige erfülle lediglich den Zweck, den Schuldner im Verhältnis zum Neugläubiger zu verpflichten. Diese Ausführungen, speziell die Verknüpfung von Abtretungsanzeige und Verpflichtung des Schuldners, lassen den Schluss zu, der *Tribunal Supremo* mache die Forderungsübertragung im Rechtsverhältnis der Zessionsparteien zum Schuldner von dessen Kenntnis der Abtretung abhängig, vgl. *Pantaleón Prieto*, ADC 41 (1988), 1033, 1064. Dieselbe Auffassung liegt auch einem Urteil des *Tribunal Supremo* vom 23.6.1983 (Ar. Jur. 1983, Nr. 3682, S. 2903, 2904) zugrunde. Im Kassationsverfahren wandte sich der Beklagte mit einer Sachrüge gegen die Inanspruchnahme aus abgetretenem Recht und machte einen Verstoß gegen Art. 347 Ccom geltend. Er meinte, dem Wortlaut der Vorschrift zufolge habe ihm die Abtretung notifiziert werden müssen. Der *Tribunal Supremo* verwarf dieses Vorbringen und führte aus, die in Art. 347 Ccom geforderte Abtretungsanzeige bilde keine Voraussetzung für die Gültigkeit der Forderungsübertragung. Den Zweck der Abtretungsanzeige sah das Gericht erneut „lediglich" darin, die Verpflichtung des Schuldners gegenüber dem Neugläubiger zu erreichen. Indirekt wird also auf die Kenntnis des Schuldners abgestellt.

218 *Navarro Pérez*, La cesión de créditos, S. 120, spricht von dem Erfordernis einer „faktischen Publizität".

219 Vgl. *Badenes Gasset*, Compraventa II, S. 1074; *Navarro Pérez*, La cesión de créditos, S. 113; *Castán Tobeñas*, Derecho Civil III[16], S. 385; *García Cantero*, in: *Albaladejo/Díaz Alabart* (Hrsg.), Comentario XIX[2], Arts. 1526 y 1527, IV (Fn. 20). Zur Form einer Abtretungsanzeige bei Abtretung hypothekarisch gesicherter Forderungen vgl. jedoch oben – § 1 III 1 a bb (1) (a).

220 Vgl. *Navarro Pérez*, La cesión de créditos, S. 113 ff.; *García-Cruces González*, ADC 42 (1989), 377, 385 f.; *ders.*, El contrato de factoring, S. 118; a.A. *Díez-Picazo*, Fundamentos

Die Mitteilungspflicht wird in erster Linie mit der Regelung des Art. 151 Lh gerechtfertigt, weil dieser bei Übertragung hypothekarisch gesicherter Forderungen dem Zessionar gegen den Zedenten einen Anspruch auf Schadensersatz gebe, wenn letzterer dem Schuldner die Abtretung nicht anzeige und dem Zessionar infolge dieser Unterlassung ein Schaden entstehe.[221] Auch Art. 1198 Abs. 2 Cc, der eine Aufrechnung des Schuldners mit einer ihm gegen den Zedenten zustehenden Forderung gegenüber dem Zessionar davon abhängig mache, dass der Schuldner von der Abtretung verständigt und seine Zustimmung zu der Abtretung verweigert habe, verlange, dass der Schuldner vom Zedenten über die Abtretung informiert werde. Der Zessionar habe die Möglichkeit, den ihm zustehenden Anspruch auf Benachrichtigung des Schuldners gegebenenfalls nach Art. 1279 Cc durchsetzen.[222] Selbstverständlich könne der Zessionar den Schuldner auch selbst von der Abtretung in Kenntnis setzen.[223] Im Interesse eines effektiven Schuldnerschutzes wird für diesen Fall jedoch zu Recht verlangt, dass die Anzeige durch den Zessionar über die bloße Mitteilung hinaus den Nachweis der Forderungsinhaberschaft erbringen muss.[224]

Hat der Schuldner nicht durch eine Abtretungsanzeige, sondern auf anderem Wege von der Abtretung Nachricht erhalten, soll die Forderungsübertragung ihm gegenüber erst wirksam werden, sobald seine Kenntnis als „sicher" gilt. Der Begriff der sicheren Kenntnis wird nicht näher erläutert; Einigkeit herrscht nur über folgende Punkte: Bis zum Nachweis einer sicheren Kenntnis werde der gute Glaube des Schuldners im Hinblick auf die Abtretung vermutet. Die Beweislast treffe den Zessionar. Nicht ausreichend sei die Kenntnis vom bloßen Hörensagen.[225]

II[5], Cap. XXX § 4, 19., der von einer einseitigen Mitteilungsverpflichtung des Zessionars ausgeht.

221 Vgl. *Navarro Pérez*, La cesión de créditos, S. 114 f. Zum Inhalt der Regelung des Art. 151 Lh vgl. oben – § 1 III 1 a bb (1) (b).

222 Nach Art. 1279 Cc kann wohl nicht die Benachrichtigung als solche, sondern allenfalls die Einhaltung einer bestimmten *Form* derselben verlangt werden, vorausgesetzt, das Gesetz sähe eine Form für die Benachrichtigung des Schuldners vor (vgl. oben – § 1 III 1 b aa). Mit Ausnahme der Übertragung hypothekarisch gesicherter Forderungen (vgl. oben – § 1 III 1 a bb) ist dies aber nicht der Fall. Gegen die Anwendbarkeit des Art. 1279 Cc spricht auch, dass die Regelung auf die Voraussetzungen für die Vertragswirksamkeit *inter partes* zugeschnitten ist (vgl. Art. 1257 Cc).

223 Vgl. *Navarro Pérez*, La cesión de créditos, S. 115.

224 *Badenes Gasset*, Compraventa, S. 1074.

225 Vgl. *Badenes Gasset*, Compraventa II, S. 1073; *Navarro Pérez*, La cesión de créditos, S. 120; *ders.*, El retracto de créditos litigiosos, S. 113 f.

bb) Die Kenntnis als Ausschlussgrund für die schuldbefreiende Wirkung einer Leistung des Schuldners

Nach einer im Vordringen befindlichen Auffassung[226] ist die rechtsgeschäftliche Übertragung einer Forderung im Verhältnis zum Schuldner nicht an die Kenntnis des Schuldners von der Abtretung zu knüpfen, sondern tritt bereits mit der Einigung der Zessionsparteien im Grundgeschäft ein. Zur Begründung heißt es, die Regelung des Art. 1527 Cc sei lediglich Ausdruck des in Art. 1164 Cc[227] verankerten Gutglaubensprinzips, so dass die Kenntnis des Schuldners keine Voraussetzung für die Wirksamkeit der Abtretung ihm gegenüber bilde, sondern lediglich die befreiende Wirkung einer Leistung an den Altgläubiger ausschließe.

Auch die Rechtsprechung hat sich diese Auffassung zu eigen gemacht. In einer Entscheidung der *Dirección General de los Registros y del Notariado* (im folgenden *DGRN*) vom 24.4.1991[228] bestellte der Schuldner zur Sicherung eines Anspruchs des Altgläubigers zu dessen Gunsten an seinem Grundstück eine Hypothek. Nachdem ein Gläubiger des Altgläubigers (im folgenden Neugläubiger) die Forderung gepfändet hatte, wurde die Pfändung in das Eigentumsregister eingetragen, der Schuldner hiervon aber nicht in Kenntnis gesetzt. Daraufhin leistete der Schuldner an den Altgläubiger. Dieser ließ die Leistungsbewirkung notariell beurkunden und die zur Sicherung der Forderung bestellte Hypothek im Eigentumsregister löschen. In der Folgezeit brachte jedoch der Neugläubiger die gepfändete Forderung zur Versteigerung und erhielt hierauf selbst den Zuschlag. Im Zuge der Zwangsvollstreckung wies das Vollstreckungsgericht den zuständigen Registerbeamten an, die Löschung der Hypothek wieder rückgängig zu machen und die Hypothek zugunsten des Neugläubigers erneut in das Eigentumsregister einzutragen.[229] Es begründete seinen Standpunkt damit, dass die Pfändung der Forderung zum Zeitpunkt der Leistung des Schuldners an den Altgläubiger bereits im Eigentumsregister eingetragen gewesen sei. Gegen diese Entscheidung legte der Schuldner Beschwerde ein.[230] Dieser gab die *DGRN* statt: Sie wandte die Artt. 1527 Cc, 176 Rh zugunsten des Schuldners analog an.[231] Die Hypothek sei in Übereinstimmung mit Art. 176 Rh zu Recht aus dem

226 Vgl. *Albaladejo*, Derecho Civil II/1[9], § 54, 10.; *Pantaleón Prieto*, ADC 41 (1988), 1033, 1064 ff.; *ders.*, in: *Ministerio de Justicia* (Hrsg.), Comentario II[2], Art. 1527 Cc, I 1; *ders.*, EJB I, S. 1021, 1024; *de Eizaguirre*, RDBB 1990, 835, 845; *ders.*, EJB II, S. 3046, 3054; *Gavidia Sánchez*, La cesión de créditos, S. 250 f.; *Valpuesta Fernández*, in: *Ministerio de Justicia* (Hrsg.), Comentario II[2], Art. 1198 Cc, I; wohl auch *Díez-Picazo*, Fundamentos II[5], Cap. XXX § 4, 19.

227 Text in deutscher Übersetzung, vgl. Anhang – I 1 (unter Art. 1527 Cc).

228 *DGRN* 24.4.1991, Ar. Jur. 1991, Nr. 3167, S. 4299.

229 Vgl. Art. 131 Nr. 4 Lh.

230 Vgl. Artt. 112 ff. Rh.

231 Die Pfändung einer hypothekarisch gesicherten Forderung unterliege wegen der vergleichbaren Interessenlage keiner anderen rechtlichen Behandlung als die rechtsgeschäftliche Si-

Eigentumsregister gelöscht worden, weil der Schuldner von der Pfändung der Forderung keine Nachricht erhalten habe. Der Schuldner habe folglich in gutem Glauben gehandelt, seine Leistung an den Altgläubiger entsprechend Artt. 1527, 1164 Cc befreiende Wirkung entfaltet. Dieses Ergebnis zeigt, dass Art. 1527 Cc lediglich als Ausprägung des in Art. 1164 Cc verankerten Gutglaubensprinzips angesehen wird.

Der *Tribunal Supremo* hat sich dieser Ansicht mit Urteil vom 27.9.1991[232] angeschlossen: Die in der verarbeitenden Industrie tätige Beklagte ließ sich von einem Papierproduzenten (im folgenden Altgläubiger) mit verschiedenen Sorten Papier beliefern. Dieser trat seine Kaufpreisforderung an die Klägerin ab, die ihrerseits gegen die Beklagte den Anspruch auf Bezahlung des Kaufpreises in allen Instanzen erfolgreich geltend machen konnte. Im Kassationsverfahren vor dem *Tribunal Supremo* rügte die Beklagte die Verletzung materiellen Rechts. Sie behauptete, noch vor der Abtretung mit einem Gewährleistungsanspruch gegen die Kaufpreisforderung des Altgläubigers aufgerechnet zu haben, so dass dessen Forderung erloschen und zum Zeitpunkt ihrer Übertragung auf die Klägerin nicht mehr existent gewesen sei. Hierin habe eine Verletzung von Art. 1529 Cc gelegen.[233] Ferner erhob die Beklagte eine Verfahrensrüge: Die Vorinstanz habe verkannt, dass sich die Rechtskraft des Urteils in dem von ihr geführten Passivprozess über das Bestehen der Forderung gemäß Art. 1529 Cc, gefestigten Grundsätzen richterlicher Rechtsfortbildung entsprechend,[234] über sie selbst hinaus auch auf den Altgläubiger erstrecken müsse. Nicht zuletzt folge die Rechtskrafterstreckung aus der Haftung, die Art. 1529 Cc für den Zedenten normiere. Prozessrechtlich habe sie zu einer notwendigen Streitgenossenschaft zwischen ihr, der Beklagten, und dem Altgläubiger geführt. Letzterem sei aber die Möglichkeit, während des Verfahrens Verteidigungsmittel vorzubringen, verwehrt gewesen. Der *Tribunal Supremo* hat das Vorbringen der Beklagten in allen Punkten verworfen und entschieden, dass eine notwendige Streitgenossenschaft zwischen ihr und dem Altgäubiger schon deshalb ausscheide, weil die Übertragung einer Forderung im Rechtsverhältnis der Zessionsparteien zum Schuldner weder der Zustimmung noch der Kenntnis des Schuldners bedürfe. Im übrigen habe der Beklagten die Möglichkeit offengestanden, nach Art. 1198 Cc mit dem ihr gegen den Altgläubiger zustehenden Gewährleistungsanspruch auch der Klägerin gegenüber aufzurechnen.

---

cherungsübertragung einer solchen Forderung, vgl. *DGRN* 24.4.1991, Ar. Jur. 1991, Nr. 3167, S. 4299, 4302.

[232] *Tribunal Supremo* 27.9.1991, Ar. Jur. 1991, Nr. 6070, S. 8393, 8394. Zu älteren Entscheidungen vgl. oben – § 1 III 1 c aa.

[233] Art. 1529 Abs. 1 Cc setzt das Bestehen der Forderung zum Zeitpunkt ihrer Übertragung voraus, vgl. oben – § 1 II 2 a aa.

[234] Vgl. *Tribunal Supremo* 8.7.1982, Ar. Jur. Nr. 4223, S. 2751 f.; 19.11.1985, Ar. Jur. Nr. 5617, S. 4775 f.

cc) Stellungnahme

Ausgehend vom Wortlaut des Art. 1527 Cc, der sich darauf beschränkt, an die Kenntnis des Schuldners von der Abtretung nur die befreiende Wirkung der Leistung an den Altgläubiger zu knüpfen, dürfte die Bedeutung der Kenntnis lediglich darin liegen, eine solche Befreiung zu ermöglichen oder zu verhindern. Legt man der Vorschrift dieses Verständnis zugrunde, stellt sie keine Voraussetzung für die Wirksamkeit der Forderungsübertragung im Rechtsverhältnis der Zessionsparteien zum Schuldner auf, sondern dient ausschließlich dem Schutz des Schuldners. Eine Qualifikation der Kenntnis als Wirksamkeitsvoraussetzung hat, weil diese nicht zwingend an eine Notifikation geknüpft ist, zur Folge, dass jede Kenntnis des Schuldners von der Abtretung, die als „sicher" gilt, von der Lehre für ausreichend erachtet wird.[235] Das kann in den Fällen, in denen die Kenntnis des Schuldners nicht auf einer Mitteilung der Zessionsparteien beruht, aber zu erheblichen Beweisschwierigkeiten führen. Solange der Begriff der „sicheren Kenntnis" nicht konkreten Voraussetzungen unterworfen ist, kann die Rechtsunsicherheit im Einzelfall auch zu Lasten des Schuldners gehen, selbst dann, wenn die Beweislast für dessen Kenntnis von der Abtretung den Zessionar trifft. Folgerichtig wird von denjenigen Autoren, welche in Art. 1527 Cc eine bloße Schuldnerschutzvorschrift sehen, für den Ausschluss der befreienden Wirkung vorausgesetzt, dass Zedent und Zessionar dem Schuldner die Übertragung der Forderung grundsätzlich mittels einer Abtretungsanzeige bekanntzugeben haben.[236] Das ist nur möglich, weil die Kenntnis des Schuldners gerade nicht als Wirksamkeitsvoraussetzung gilt, sondern lediglich seinen guten Glauben zerstört, der bis zur Notifikation vermutet wird. Mit Rücksicht auf den effektiveren Schuldnerschutz, den diese Lösung bietet, ist im Ergebnis davon auszugehen, dass dem Schuldner gegenüber die Abtretung bereits mit der Einigung der Zes-sionsparteien im Grundgeschäft wirksam wird, er aber, solange ihm die Kenntnis von der Abtretung fehlt, an den Altgläubiger mit befreiender Wirkung leisten kann.[237]

---

[235] Vgl. *Navarro Pérez*, La cesión de créditos, S. 119; *ders.*, El retracto de créditos litigiosos, S. 113: „El conocimiento de la cesión alcanzado por un medio diverso de la notificación, tiene en nuestro Derecho idéntico valor que el logrado mediante aquélla." Zu den Anforderungen an die Kenntniserlangung ohne eine Mitteilung der Zessionsparteien vgl. oben – § 1 III 1 b bb.

[236] Zu den Anforderungen an die Abtretungsanzeige vgl. unten – § 1 III 2 a.

[237] Leistet der Schuldner mit befreiender Wirkung an den Altgläubiger, so erlangt der Zessionar gegen den Zedenten einen Anspruch auf Herausgabe des Erlangten nach Maßgabe des Art. 1186 Cc analog. Hiernach kann der Gläubiger bei Unmöglichkeit der Leistung aufgrund eines Verlustes der vertragsgegenständlichen Sache diejenigen Ansprüche des Schuldners geltend machen, welche diesem infolge des Verlustes gegen Dritte zustehen. Überträgt man diesen Grundsatz auf die Forderungsabtretung, ergibt sich folgende Konstellation: Soweit der Forderungsübergang im Verhältnis der Zessionsparteien zum Schuldner bereits mit der Einigung der Zessionsparteien im Grundgeschäft erfolgt (vgl. oben – § 1 II 1 a bb), hätte der Schuldner, wenn er in Unkenntnis der Abtretung an den Zedenten leistet,

d) Zusammenfassung

Die rechtsgeschäftliche Forderungsübertragung setzt im Verhältnis zum Schuldner keine Formerfordernisse, insbesondere keine Abtretungsanzeige, voraus. Auch die Kenntnis des Schuldners im Sinne von Art. 1527 Cc bildet nach zutreffender, zuletzt auch in der Rechtsprechung vertretener Ansicht keine Voraussetzung für die Wirksamkeit der Abtretung; sie schließt lediglich den guten Glauben des Schuldners und damit die befreiende Wirkung seiner Leistung an den Altgläubiger aus. Somit wird die Übertragung einer Forderung im Verhältnis zum Schuldner bereits mit der Einigung der Zessionsparteien im Grundgeschäft wirksam.

2. Der Schuldnerschutz

Auch in den spanischen Zivilrechten gilt der Grundsatz, dass die Rechtsstellung des Schuldners sich durch einen Gläubigerwechsel, auf den er keinen Einfluss nehmen kann, nicht verschlechtern darf.[238] Dieses allgemein anerkannte Prinzip, das in den Bestimmungen der Artt. 149 Abs. 2 Lh, 1527, 1198 Cc[239] auch gesetzlich zum Ausdruck kommt, hat zur Folge, dass eine Leistung des Schuldners an den Alt- oder Neugläubiger, soweit sie in gutem Glauben erfolgt, stets befreiende Wirkung entfaltet. Ferner wird den Interessen des Schuldners insbesondere dadurch Rechnung getragen, dass diesem, ungeachtet des Gläubigerwechsels, die Einwendungen aus dem abgetretenen Schuldverhältnis erhalten bleiben.

a) Die befreiende Leistung des Schuldners

Die befreiende Wirkung der Leistung des Schuldners setzt gemäß Artt. 1527, 1164 Cc[240] voraus, dass dieser keine Kenntnis von der Forderungsabtretung hat. Für die „Kenntnis" ist entscheidend auf den Zeitpunkt der Leistungshandlung, nicht auf den Eintritt des Leistungserfolges abzustellen. Bloßes „Kennenmüssen" genügt nicht: Dem Schuldner muss die Abtretung der Forderung grundsätzlich mitgeteilt werden.[241] Eine Abtretungsanzeige des Zedenten bedarf, ab-

---

gegen diesen an sich einen Rückzahlungsanspruch (der wegen Art. 1527 Cc jedoch nicht zum Tragen kommt). Der Rückzahlungsanspruch soll nun in entsprechender Anwendung des Art. 1186 Cc dem Zessionar zustehen, vgl. zum Ganzen *Pantaleón Prieto*, ADC 41 (1988), 1033, 1084; *ders.*, Comentario II², in: *Ministerio de Justicia* (Hrsg.), Art. 1527 Cc, I 2 b.

238 Vgl. *Gavidia Sánchez*, La cesión de créditos, S. 222 ff.

239 Text in deutscher Übersetzung, vgl. Anhang – I 1 und 2.

240 Text in deutscher Übersetzung, vgl. Anhang – I 1 (unter Art. 1527 Cc).

241 Vgl. *Pantaleón Prieto*, in: *Ministerio de Justicia* (Hrsg.), Comentario II², Art. 1527 Cc, I 3 a. Zum Erfordernis der Abtretungsanzeige aus Gründen des Schuldnerschutzes vgl. ferner oben – § 1 III 1 b.

gesehen von der Übertragung hypothekarisch gesicherter Forderungen,[242] nach allgemeiner Auffassung im Schrifttum keiner besonderen Form.[243] Die Abtretungsanzeige durch den Zessionar setzt demgegenüber, auch nach Ansicht der Rechtsprechung, die Vorlage einer durch den Zedenten ausgestellten Abtretungsurkunde voraus, für die jedoch einfache Schriftform genügt.[244] Bestehen aus Sicht des Schuldners begründete Zweifel an der Abtretung der Forderung, hat dieser ein Hinterlegungsrecht nach Maßgabe der Artt. 1176 Abs. 2, 1177 Abs. 1 Cc.[245]

b) Einwendungen des Schuldners

Der Schuldner darf dem Zessionar Einwendungen entgegenhalten, sofern sie zum Zeitpunkt der Abtretung gegen den Zedenten begründet waren. Er kann seine Einwendungen ferner auf Mängel der Kausalbeziehung zwischen Zedent und Zessionar stützen.[246] Schließlich ist es dem Schuldner erlaubt, Einwendungen geltend zu machen, die aus eigenen rechtlichen Beziehungen zum Zessionar resultieren.[247] Diese Grundsätze folgert die Lehre[248] allgemein aus Art. 149 Abs. 2 Lh, wonach der Schuldner durch den Abtretungsvertrag zwischen Zedent und Zessionar nicht weitergehend verpflichtet wird als durch den Vertrag, mit welchem er selbst das übertragene Schuldverhältnis eingegangen war. Es sind grundsätzlich nur solche Einwendungen zugelassen, die zum Zeitpunkt der Abtretung zumindest begründet waren.[249] Der Schuldner kann alle rechtsgeschäftlichen Mängel mit den Rechtsfolgen der Artt. 1290 ff. Cc, Ley 19 Comp.N., insbesondere die Nichtigkeit („nulidad“) oder Anfechtbarkeit („anulabilidad“)[250] der abgetretenen Forderung, aber auch des Grundgeschäfts der Abtretung, geltend machen. Er kann ferner einwenden, dass die übertragene Forde-

---

[242] Zu den Formerfordernissen einer Abtretungsanzeige bei Abtretung hypothekarisch gesicherter Forderungen vgl. oben – § 1 III 1 a bb (1) (a).

[243] Vgl. statt aller *Badenes Gasset*, Compraventa II, S. 1074.

[244] Vgl. *Audiencia Provincial de Tarragona* 24.2.1993, La Ley 1993, 303; *Pantaleón Prieto*, ADC 41 (1988), 1033, 1073; *ders.*, in: *Ministerio de Justicia* (Hrsg.), Comentario II^2, Art. 1527 Cc, I 3; *Gavidia Sánchez*, La cesión de créditos, S. 284.

[245] Vgl. *Pantaleón Prieto*, ADC 41 (1988), 1033, 1073 ff., 1076; *ders.*, in: *Ministerio de Justicia* (Hrsg.), Comentario II^2, Art. 1527 Cc, I 3 a, b.

[246] Vgl. *Lacruz Berdejo*, Elementos II/1^2, S. 301; *Pantaleón Prieto*, ADC 41 (1988), 1033, 1122 f.; *ders.*, in: *Ministerio de Justicia* (Hrsg.), Comentario II^2, Art. 1527 Cc, II 4; *ders.*, EJB I, S. 1021, 1024; *Navarro Pérez*, La cesión de créditos, S. 286. Zur Einordnung der Abtretung als kausales Rechtsgeschäft vgl. oben – § 1 II 1 a cc.

[247] Vgl. *Pantaleón Prieto*, ADC 41 (1988), 1033, 1123 f.; *ders.*, in: *Ministerio de Justicia* (Hrsg.), Comentario II^2, Art. 1527 Cc, II 5.

[248] Vgl. *Pantaleón Prieto*, ADC 41 (1988), 1033, 1116; *ders.*, in: *Ministerio de Justicia* (Hrsg.), Comentario II^2, Art. 1527 Cc, II 1; *ders.*, EJB I, S. 1021, 1024; *Navarro Pérez*, La cesión de créditos, S. 283 f.; *Gavidia Sánchez*, La cesión de créditos, S. 222 f.; *García de Enterría*, Contrato de factoring, S. 192.

[249] Vgl. *Gavidia Sánchez*, La cesión de créditos, S. 223.

[250] Zu Nichtigkeit und Anfechtbarkeit eines Rechtsgeschäfts vgl. oben – § 1 II 1 a cc (2).

rung zum Zeitpunkt der Abtretung bereits erloschen oder jedenfalls nicht mehr durchsetzbar war.

Die Aufrechnung des Schuldners gegenüber dem Zessionar mit einer ihm gegen den Zedenten zustehenden Forderung hat der Gesetzgeber in Art. 1198 Cc gesondert geregelt.[251] Für die Aufrechenbarkeit einer Forderung ist hiernach zu unterscheiden, ob der Schuldner der Abtretung zugestimmt (Art. 1198 Abs. 1 Cc) oder seine Zustimmung verweigert hat (Art. 1198 Abs. 2 Cc) oder die Forderung in Unkenntnis des Schuldners übertragen worden ist (Art. 1198 Abs. 3 Cc). In jedem Fall setzt die Aufrechnung jedoch voraus, dass die Gegenforderung des Schuldners zu einem Zeitpunkt entstanden ist, in dem der Schuldner noch keine Kenntnis von der Abtretung hatte. Macht der Schuldner die Einrede der Verjährung geltend, soll sich der Zessionar, sofern sich die Einrede gegen die übertragene Forderung richtet, die für den Verjährungsbeginn maßgebende Kenntnis des Zedenten (vgl. Art. 1968 Nr. 2 Cc) anrechnen lassen müssen.[252] Im übrigen kann der Schuldner dem Zessionar auch alle prozessualen Einreden entgegenhalten.[253]

Ein gegenüber dem Zedenten erklärter Einwendungsverzicht des Schuldners ist zulässig. Er wirkt im Verhältnis zum Zessionar fort.[254] Stimmt der Schuldner der Abtretung zu, wird darin zumeist ein konkludenter Einwendungsverzicht gesehen.[255]

c) Der „retracto litigioso“

Das gemeinspanische Recht hat mit Artt. 1535, 1536 Cc[256] eine gesetzliche Regelung geschaffen, die es dem Schuldner ermöglicht, eine gegen ihn gerichtete, im Verlauf eines Zivilprozesses abgetretene Forderung selbst zu erwerben, und zwar nicht in Höhe des Nominalwerts der Forderung, sondern lediglich zu dem Preis, der zwischen Zedent und Zessionar anlässlich der Abtretung vereinbart worden ist. Dieses Recht des Schuldners wird als „retracto litigioso“ bezeichnet. Überwiegend wird es als ein Vorkaufsrecht angesehen.[257] Es ist einem Gesetz des römischen Kaisers *Anastasius* aus dem Jahre 506, der sogenannten

251 Text in deutscher Übersetzung, vgl. Anhang – I 1 (unter Art. 1527 Cc).

252 Vgl. *Pantaleón Prieto*, ADC 41 (1988), 1033, 1118; *ders.*, in: *Ministerio de Justicia* (Hrsg.), Comentario II², Art. 1527 Cc, II 1 c.

253 Vgl. *Pantaleón Prieto*, ADC 41 (1988), 1033, 1118; *ders.*, in: *Ministerio de Justicia* (Hrsg.), Comentario II², Art. 1527 Cc, II 1 d.

254 Vgl. *Navarro Pérez*, La cesión de créditos, S. 287.

255 Zur Zustimmung des Schuldners vgl. oben – § 1 II 1 d aa.

256 Text in deutscher Übersetzung, vgl. Anhang – I 1.

257 Vgl. *Pantaleón Prieto*, in: *Ministerio de Justicia* (Hrsg.), Comentario II², Art. 1535 Cc, I 4 a; *García Cantero*, in: *Albaladejo/Díaz Alabart* (Hrsg.), Comentario XIX², Arts. 1535 y 1536 Cc, I (S. 755 f.).

lex Anastasiana (C. 4, 35, 22), nachgebildet.[258] Die *lex Anastasiana* bestimmte, dass ein Forderungskäufer, der eine Forderung zu einem Preis unter Nominalwert erwirbt, dem Schuldner gegenüber nur diesen Preis geltend machen darf.[259] Ziel des Gesetzes war es, dem spekulativen Handel mit zweifelhaften Forderungen aus Gründen des Allgemeinwohls und zur Aufrechterhaltung der öffentlichen Ordnung Einhalt zu gebieten. Nicht die Vermeidung von Gerichtsverfahren stand im Vordergrund, vielmehr sollte mit der Regelung verhindert werden, dass der Schuldner durch eine massive Geltendmachung billig aufgekaufter, gegen ihn gerichteter Forderungen in Bedrängnis geraten kann.[260] Art. 1535 Cc bildet daher nicht nur eine Verbotsnorm, sondern dient in erster Linie dem Schutz des Schuldners.

aa) Die Ausübung des „retracto litigioso"

Der Schuldner kann den „retracto litigioso" nur ausüben, wenn die Forderung zum Zeitpunkt der Abtretung „streitbefangen" war und entgeltlich übertragen wurde.[261] Die Streitbefangenheit einer Forderung („litigiosidad") tritt nach Art. 1535 Abs. 2 Cc mit der Erwiderung auf die Klage ein.[262] Im Zivilprozess hat die Versäumung der Klageerwiderungsfrist[263] durch den Schuldner nach Art. 541 LECiv grundsätzlich eine Verspätungspräklusion zur Folge. Das bedeutet, der Prozess wird so fortgeführt, als hätte der Schuldner fristgerecht auf die Klage erwidert. Die Präklusion der Klageerwiderungsfrist führt nach überwiegender Ansicht,[264] wie die Klageerwiderung selbst, ebenfalls zum Eintritt der Streitbefangenheit im Sinne von Art. 1535 Abs. 2 Cc. Die Streitbefangenheit ist von der Rechtshängigkeit („litispendencia") abzugrenzen. Letztere

---

[258] Vgl. *García Goyena*, Concordancias III, Art. 1466; *de Castro y Bravo*, ADC 6 (1953), 259, 265; eingehend *Navarro Pérez*, El retracto de créditos litigiosos, S. 5 ff.; *ders.*, La cesión de créditos, S. 252 ff.

[259] Vgl. den Originaltext der *lex Anastasiana* nebst Übersetzung in die spanische Sprache bei *Homs y Homs*, RJC 7 (1901), 273, 274 f.

[260] Vgl. *de Castro y Bravo*, ADC 6 (1953), 259, 266; *García Cantero*, in: *Albaladejo/Díaz Alabart* (Hrsg.), Comentario XIX^2, Arts. 1535 y 1536 Cc, I (S. 754 f.).

[261] Vgl. *Pantaleón Prieto*, in: *Ministerio de Justicia* (Hrsg.), Comentario II^2, Art. 1535 Cc, I 2 b; *Albaladejo*, Derecho Civil II/1^9, § 54, 2. (S. 331).

[262] Vgl. *Tribunal Supremo* 16.12.1969, Ar. Jur. 1969, Nr. 6144, S. 4080 f.; *García Cantero*, in: *Albaladejo/Díaz Alabart* (Hrsg.), Comentario XIX^2, Arts. 1535 y 1536 Cc, III 2; *Lacruz Berdejo*, Elementos II/1^2, S. 305; *Navarro Pérez*, La cesión de créditos, S. 257 f.; *ders.*, El retracto de créditos litigiosos, S. 102; *Pantaleón Prieto*, in: *Ministerio de Justicia* (Hrsg.), Comentario II^2, Art. 1535 Cc, I 3 a.

[263] Ist der Beklagte nach der Zustellung der Klageschrift vor Gericht erschienen (Artt. 525, 526 LECiv), wird ihm gemäß Art. 530 Abs. 1 LECiv eine Frist von 20 Tagen zur Klageerwiderung gesetzt.

[264] Vgl. *García Cantero*, in: *Albaladejo/Díaz Alabart* (Hrsg.), Comentario XIX^2, Arts. 1535 y 1536 Cc, III 2; *Navarro Pérez*, La cesión de créditos, S. 257 f.; *ders.*, El retracto de créditos litigiosos, S. 102 ff.; a.A. *Pantaleón Prieto*, in: *Ministerio de Justicia* (Hrsg.), Comentario II^2, Art. 1535 Cc, I 3 d.

beginnt nach der herrschenden Meinung[265] bereits mit der gerichtlichen Einreichung der Klage bzw. deren Zulassung durch den Richter.[266] Der „retracto litigioso" wird mittels einseitiger empfangsbedürftiger Willenserklärung des Schuldners ausgeübt.[267] Es gilt gemäß Art. 1535 Abs. 3 Cc eine Frist von neun Tagen. Die Frist ist eine Ausschlussfrist.[268] Sie beginnt mit der Geltendmachung der Forderung durch den Rechtsnachfolger im Prozess, wobei für den Fristbeginn die Kenntnis des Schuldners von dem Gläubigerwechsel vorauszusetzen ist.[269] Der „retracto litigioso" darf im übrigen nicht ausgeschlossen sein. Art. 1536 Cc enthält einen Katalog von Ausschlussgründen, der dem Schutz der Rechtsnachfolger in die Forderung dient, insbesondere der Gläubiger des Zedenten, denen die streitbefangene Forderung zum Zwecke der Erfüllung übertragen wird (Art. 1536 Nr. 2 Cc), sowie der Hypothekengläubiger, wenn die Forderung immobiliarhypothekarisch gesichert ist (Art. 1536 Nr. 3 Cc).[270] Die Aufzählung des Art. 1536 Cc ist abschließend.[271]

bb) Die Rechtsfolgen des „retracto litigioso"

Die Ausübung des „retracto litigioso" eröffnet dem Schuldner nach Art. 1535 Abs. 1 Cc das Recht, die abgetretene Forderung selbst zu erwerben, und zwar nicht zum Nominalwert, sondern lediglich in Höhe der vom Zessionar erbrachten Gegenleistung. Ersetzen muss der Schuldner dem Zessionar allerdings die Kosten, die diesem durch die Geltendmachung der Forderung entstehen, sowie die Zinsen, die der Zessionar seit Bewirkung der Gegenleistung an den Zedenten für den gezahlten Kaufpreis hätte erzielen können. Voraussetzung für den Forderungserwerb ist, dass der Schuldner die Leistung innerhalb der Frist des

---

265 Vgl. *Tribunal Supremo* 16.2.1974, Ar. Jur. 1974, Nr. 579; *Ramos Méndez*, Derecho procesal I^3, S. 451 (Einreichung); *Prieto-Castro y Ferrándiz*, Derecho procesal^4, S. 220; *Fairén Guillén*, Estudios de Derecho procesal, S. 491 ff., 506 (Zulassung).

266 Der Richter lässt die Klage zu, wenn die Klageschrift die Anforderungen des Art. 524 Abs. 1 LECiv erfüllt, d.h. die Parteien und den Anspruchsgrund bezeichnet sowie einen bestimmten Antrag enthält, vgl. *Ramos Méndez*, Derecho procesal I^3, S. 447.

267 Vgl. *Pantaleón Prieto*, in: *Ministerio de Justicia* (Hrsg.), Comentario II^2, Art. 1535 Cc, I 4 c.

268 Einmütige Auffassung, vgl. *Díez-Picazo*, Fundamentos II^5, Cap. XXX § 4, 31.; *García Cantero*, in: *Albaladejo/Díaz Alabart* (Hrsg.), Comentario XIX^2, Arts. 1535 y 1536 Cc, III 3; *Navarro Pérez*, La cesión de créditos, S. 265; *ders.*, El retracto de créditos litigiosos, S. 120; *Pantaleón Prieto*, in: *Ministerio de Justicia* (Hrsg.), Comentario II^2, Art. 1535 Cc, I 4 b.

269 Vgl. *Pantaleón Prieto*, in: *Ministerio de Justicia* (Hrsg.), Comentario II^2, Art. 1535 Cc, I 4 b. m.w.N.; *Lacruz Berdejo*, Elementos II/1^2, S. 305.

270 Vgl. *Pantaleón Prieto*, in: *Ministerio de Justicia* (Hrsg.), Comentario II^2, Art. 1536 Cc, I 3, 4.

271 Vgl. *Pantaleón Prieto*, in: *Ministerio de Justicia* (Hrsg.), Comentario II^2, Art. 1536 Cc, I 1; a.A. *Navarro Pérez*, El retracto de créditos litigiosos, S. 152 f.

Art. 1535 Abs. 3 Cc bewirkt (vgl. Artt. 1525, 1518 Cc).[272] Die materiellrechtliche Folge der Vereinigung von Forderung und Schuld bildet schließlich das Erlöschen des Schuldverhältnisses durch Konfusion.[273]

d) Die *lex Anastasiana* des navarresischen Rechts

Das Partikularrecht von Navarra ist der *lex Anastasiana* des römischen Rechts verhaftet geblieben.[274] Ley 511 Hs. 2 Comp.N. bestimmt, dass der Schuldner bei Abtretung der gegen ihn gerichteten Forderung von der Verpflichtung zur Leistung befreit wird, wenn er dem Zessionar den Preis erstattet, welchen dieser für die übertragene Forderung tatsächlich aufgewandt hat. Darüber hinaus muss der Schuldner lediglich Zinsen und diejenigen Kosten ersetzen, die dem Zessionar durch die Geltendmachung der Forderung entstanden sind. Im Unterschied zum gemeinspanischen Recht ist der Anwendungsbereich der navarresischen *lex Anastasiana* demzufolge nicht auf die Abtretung streitbefangener Forderungen begrenzt, sondern erstreckt sich auf jegliche Art der rechtsgeschäftlichen Forderungsübertragung, sofern diese nur entgeltlich ist.[275] Der Schuldner muss für die Ausübung seiner Rechte, anders als nach Art. 1535 Abs. 3 Cc, keine Fristen wahren.[276] Schließlich greift die *lex Anastasiana* zugunsten des Schuldners unabhängig von seiner Kenntnis oder Zustimmung zur Forderungsabtretung ein.[277]

---

[272] Vgl. *Pantaleón Prieto*, in: *Ministerio de Justicia* (Hrsg.), Comentario II^2, Art. 1535 Cc, I 4 c; *Navarro Pérez*, El retracto de créditos litigiosos, S. 133 f.

[273] Vgl. *García Cantero*, in: *Albaladejo/Díaz Alabart* (Hrsg.), Comentario XIX^2, Arts. 1535 y 1536 Cc, I (S. 755); *Navarro Pérez*, La cesión de créditos, S. 266; *Pantaleón Prieto*, in: *Ministerio de Justicia* (Hrsg.), Comentario II^2, Art. 1535 Cc, I 4 c.

[274] Zum Begriff der *lex Anastasiana* vgl. oben – § 1 III 2 c aa.

[275] Vgl. *Espín Canovas*, Manual III^6, S. 241; *Martínez de Aguirre*, RJN 18 (1994), 9, 12 f.; *Albaladejo*, Derecho Civil II/1^9, § 54, 2. (S. 330). Zu den interlokalen Gesetzeskollisionen, die sich ergeben können, vgl. unten – § 2 II 2.

[276] Vgl. *Martínez de Aguirre*, RJN 18 (1994), 9, 16.

[277] Vgl. *Martínez de Aguirre*, RJN 18 (1994), 9, 16.

IV. Die Abtretung im Verhältnis zu sonstigen Dritten

1. Die Person des „Dritten"

Nach spanischem Recht muss zwischen der Abtretung im Verhältnis zum Schuldner und der Abtretung im Verhältnis zu sonstigen Dritten unterschieden werden, da Art. 1526 Cc[278] für letztere eine Sonderregelung vorsieht. „Dritter" im Sinne des Art. 1526 Cc ist „jeder, der einen Nutzen aus dem abgetretenen Anspruch ziehen könnte".[279] Als potentielle Nutznießer kommen in erster Linie die Gläubiger des Zedenten oder des Zessionars in Betracht, die ein Interesse daran haben, in die abgetretene Forderung zu vollstrecken, ferner konkurrierende Zessionare bei Mehrfachabtretung derselben Forderung.[280] Nicht zu den „Dritten" zählen demgegenüber Zedent und Zessionar als Parteien des Abtretungsvertrages, auch nicht deren Erben oder Rechtsnachfolger (vgl. Art. 1257 Cc).[281] Der Schuldner ist nach der Rechtsprechung des *Tribunal Supremo* und überwiegender, wenngleich umstrittener Auffassung in der Lehre ebenfalls kein „Dritter" im Sinne von Art. 1526 Cc.[282]

2. Das Erfordernis des „sicheren Datums" der Abtretung

Die Wirkungen einer Abtretung im Verhältnis zu Dritten treten nach Art. 1526 Abs. 1 Cc erst ein, sobald das zeitliche Datum der Abtretung gemäß Artt. 1218, 1227 Cc[283] als sicher gilt („fecha cierta"). Die rechtliche Einordnung des „sicheren Datums" ist umstritten.[284] Nach der im Schrifttum vorherrschenden Meinung bildet das „sichere Datum" grundsätzlich keine Voraussetzung für die Wirksamkeit der Abtretung im Verhältnis zu Dritten.[285] Es bestimmt jedoch den Zeitpunkt des Übergangs der Forderung gegenüber den Gläubigern von

---

278 Text in deutscher Übersetzung, vgl. Anhang – I 1.

279 Vgl. *García Cantero*, in: *Albaladejo/Díaz Alabart* (Hrsg.), Comentario XIX², Arts. 1526 y 1527 Cc, V (S. 704); *García-Cruces González*, ADC 42 (1989), 377, 388 (Fn. 39); *ders.*, El contrato de factoring, S. 120 (Fn. 35).

280 Vgl. *Gavidia Sánchez*, La cesión de créditos, S. 207 ff., 209; *Díez-Picazo*, Fundamentos II⁵, Cap. XXX § 4, 18.

281 Vgl. *Madridejos Sarasola*, RDN 32 (1961), 381, 391; *Gavidia Sánchez*, La cesión de créditos, S. 207 ff., 208; *García Cantero*, in: *Albaladejo/Díaz Alabart* (Hrsg.), Comentario XIX², Arts. 1526 y 1527 Cc, V (S. 704); *Navarro Pérez*, La cesión de créditos, S. 132.

282 Vgl. *Tribunal Supremo* 26.4.1991, Ar. Jur. 1991, Nr. 3062, S. 4155, 4156; *Madridejos Sarasola*, RDN 32 (1961), 381, 391; *de Cossio y Corral*, Instituciones I, S. 345; *García Cantero*, in: *Albaladejo/Díaz Alabart* (Hrsg.), Comentario XIX², Arts. 1526 y 1527 Cc, V (S. 704); *Navarro Pérez*, La cesión de créditos, S. 131 f.; a.A. nur *Gavidia Sánchez*, La cesión de créditos, S. 208, 307 ff.

283 Text in deutscher Übersetzung, vgl. Anhang – I 1 (unter Art. 1526 Cc).

284 Zur Qualifikation des „sicheren Datums" im IPR vgl. Teil 3 – § 7 V 2 a.

285 Vgl. *Díez-Picazo*, Fundamentos II⁵, Cap. XXX § 4, 18; *García de Enterría*, Contrato de factoring, S. 171 ff.; Gavidia *Sánchez*, La cesión de créditos, S. 208 f.; a.A. *Navarro Pérez*, La cesión de créditos, S. 127 ff. (Wirksamkeitserfordernis).

Zedent und Zessionar und im Verhältnis konkurrierender Zessionare untereinander.[286] Das bedeutet, eine Abtretung, die kein „sicheres Datum" im Sinne von Art. 1526 Cc aufweist, ist zwar wirksam. Der Zessionar erwirbt die Forderung aber lediglich im Innenverhältnis bzw. im Verhältnis zum Schuldner;[287] sonstigen Dritten kann er die Abtretung nicht entgegenhalten.[288] Nach anderer Ansicht stellt das „sichere Datum" im Sinne von Art. 1526 Cc auch kein Kriterium für die Entscheidung von Prioritätskonflikten auf, sondern ist selbst nur Beweisregel.[289] Denn Art. 1526 Cc verweist zur Bestimmung des „sicheren Datums" auf die Beweismittelvorschriften der Artt. 1218, 1227 Cc.[290] Die Abtretungswirkungen im Verhältnis zu Dritten träten dieser Auffassung zufolge bereits mit der Einigung der Zessionsparteien im Grundgeschäft ein, womit letzterer *erga omnes*-Wirkung zukäme.

Gegen die Einordnung des Art. 1526 Cc als bloße Beweisregel spricht aber der klare Wortlaut der Vorschrift, wonach „die Abtretung einer Forderung im Verhältnis zu Dritten erst von dem Zeitpunkt an Wirkungen entfaltet, in dem ihr Datum ... als sicher angesehen werden muss". Auch systematisch steht die Norm in anderem Zusammenhang: Art. 1526 Cc ist Gegenstand des Abtretungsrechts, das der Gesetzgeber als einen speziellen Unterabschnitt des Kaufrechts geregelt hat, und gehört nicht, wie Artt. 1218, 1227 Cc, zum Beweismittelrecht. Insbesondere ist nicht davon auszugehen, dass der Gesetzgeber Art. 1526 Cc den Vorschriften über die Abtretung vorangestellt hätte, wenn der Norm kein eigenständiger materiellrechtlicher Gehalt, sondern lediglich Beweisfunktion zukäme. Die systematische Stellung des Art. 1526 Cc spricht daher für die Zugehörigkeit der Norm zum materiellen Recht.[291]

---

286 Vgl. *García de Enterría*, Contrato de factoring, S. 173 (Mehrfachabtretung); *de Eizaguirre*, RDBB 1990, 835, 847; *ders.*, Factoring, in: *Bernardo Villaverde* (Hrsg.), Nuevas entidades, S. 567, 616 (Konkurs des Zedenten).

287 Über die Voraussetzungen der Abtretung im Verhältnis zum Schuldner herrscht jedoch Streit, vgl. dazu oben – § 1 III 1.

288 Zur Nichteinwendbarkeit einer Abtretung gegenüber Dritten („inoponibilidad frente a terceros") vgl. oben – § 1 II 1 a cc (2).

289 Vgl. *Pantaleón Prieto*, ADC 41 (1988), 1033, 1083 ff., 1099 f.; *ders.*, in: *Ministerio de Justicia* (Hrsg.), Comentario II^2, Art. 1526 Cc, V 2; *ders.*, EJB I, S. 1021, 1023. In der herrschenden Lehre ist die Einordnung des Art. 1526 Cc als Beweisregel bislang kaum Gegenstand einer Kritik gewesen. Die Zurückhaltung mag darauf zurückzuführen sein, dass *Pantaleón Prieto*, lässt man seine Qualifikation des Art. 1526 Cc als Beweisregel einmal außer acht, der Verweisung auf die Regelung der Artt. 1218, 1227 Cc, wie die meisten anderen Autoren auch, eine Beweismittelbeschränkung auf den Urkundenbeweis entnimmt (näher hierzu – § 1 IV 3 a aa). Nur *Díez-Picazo* hat die inhaltliche Diskrepanz beider Auffassungen erkannt, vgl. Fundamentos II^5, Cap. XXX § 4, 18.

290 Die Artt. 1218, 1227 Cc regeln den Beweis mittels öffentlicher bzw. privater Urkunde, vgl. unten – § 1 IV 3.

291 Auch die im Schrifttum vielfach beanstandete Systemwidrigkeit dieser Einordnung vermag den erforderlichen Bezug zum Beweismittelrecht nicht herzustellen, vgl. oben – § 1 II 1 b aa.

Schließlich wird die Funktion des Art. 1526 Cc allgemein im Verkehrsschutz gesehen:[292] Im Konkurs des Zedenten kann die Abtretung dessen Gläubigern nur entgegengehalten werden, wenn sie das von Art. 1526 Cc geforderte „sichere Datum" aufweist. Die Gläubiger des Zessionars können auf die übertragene Forderung zugreifen, sobald diese das von Art. 1526 Cc geforderte „sichere Datum" trägt. Aber nicht nur die Gläubiger unterfallen dem Schutz des Art. 1526 Cc; auch (Erst-)Zessionare erhalten bei Mehrfachabtretung derselben Forderung die Möglichkeit, ihre einmal erworbene Rechtsposition gegenüber konkurrierenden (Zweit-)Zessionaren zu sichern. Die verkehrsschützende Funktion der Norm ist freilich insoweit einzuschränken, als das „sichere Datum" keinen absolut verlässlichen „Rechtsscheinstatbestand" zu schaffen vermag[293] und dem spanischen Recht ein gutgläubiger Forderungserwerb vom Nichtberechtigten unbekannt ist. Diese Einschränkung ändert aber nichts an dem materiellrechtlichen Gehalt des Art. 1526 Cc; eine Qualifikation als bloße Beweisregel scheidet somit aus. Die bloße Verweisung der Norm auf die Beweismittelvorschriften der Artt. 1218, 1227 Cc betrifft lediglich die Frage, mit welchen prozessualen Mitteln sich das sichere Datum als materielle Voraussetzung gegenüber Dritten nachweisen lässt.

3. Die Bestimmung des „sicheren Datums" der Abtretung

a) Das Erfordernis einer Abtretungsurkunde

Beispiel: Der Zedent verkauft und tritt seine Forderung an verschiedene Zessionare ab. Die Erstzession beruht auf einer mündlichen Vereinbarung, die Zweitzession wird privatschriftlich beurkundet.

aa) Die Beweismittelbeschränkung auf den Urkundenbeweis

Art. 1526 Abs. 1 Cc verweist zur Bestimmung des „sicheren Datums" auf die Beweismittelvorschriften der Artt. 1218 und 1227 Cc. Art. 1218 Cc regelt den Beweis mittels öffentlicher Urkunde („documento público"), Art. 1227 Cc durch Privaturkunde („documento privado"). Streitig ist, ob der Verweisung eine Beweismittelbeschränkung auf den Urkundenbeweis zu entnehmen ist, oder ob zum Nachweis des „sicheren Datums" auch andere Beweismittel herangezogen werden können.

---

[292] Vgl. *de Eizaguirre*, RDBB 1990, 835, 846 f.; *ders.*, Factoring, Factoring, in: *Bernardo Villaverde* (Hrsg.), Nuevas entidades, S. 567, 616; *Gavidia* Sánchez, La cesión de créditos, S. 208 f. (Gläubigerschutz); *García de Enterría*, Contrato de factoring, S. 172 (Konkurrierende Zessionare); *Puig Brutau*, Compendio II, S. 410; *Badenes Gasset*, Compraventa II, S. 1069; García *Cantero*, in: *Albaladejo/Díaz Alabart* (Hrsg.), Comentario XIX^2, Arts. 1526 y 1527 Cc, V (S. 703); *Navarro Pérez*, La cesión de créditos, S. 127.

[293] Zur Bestimmung des „sicheren Datums" vgl. unten – § 1 IV 3.

Überwiegend entnimmt die Lehre[294] der Verweisung des Art. 1526 Abs. 1 Cc auf die Vorschriften der Artt. 1218, 1227 Cc eine Beweismittelbeschränkung auf den Urkundenbeweis. Das bedeutet, eine Abtretung kann im Verhältnis zu Dritten nur dann Wirkung entfalten, wenn sie öffentlich oder privatschriftlich beurkundet worden ist. Die Beweismittelbeschränkung auf den Urkundenbeweis führt indirekt zu einem Formzwang, denn der Urkundenbeweis setzt in jedem Fall die Schriftlichkeit der Abtretung voraus. Wird demnach die Abtretung nur mündlich zwischen Zedent und Zessionar vereinbart, kann sie Dritten nicht entgegengehalten werden.[295] Aber auch die Schriftlichkeit einer Abtretung führt in der Regel nicht ohne weiteres zum Eintritt der Drittwirkungen. Meist muss eine öffentliche Beurkundung oder Registrierung der Abtretung hinzutreten. Im einzelnen:

bb) Die öffentliche Abtretungsurkunde

Wird die Abtretung öffentlich beurkundet, folgt die Gewissheit ihres Datums aus der Urkunde selbst. Denn eine öffentliche Urkunde trägt die Vermutung der Echtheit[296] und begründet gemäß Art. 1218 Abs. 1 Cc auch Dritten gegenüber Beweis für das Datum ihrer Ausstellung. Um als öffentlich zu gelten, muss die Urkunde gemäß Art. 1216 Cc von einem Notar oder einem für die Ausstellung zuständigen[297] öffentlichen Angestellten innerhalb der Grenzen seiner Amtsbefugnisse[298] und nach Maßgabe der gesetzlichen Formerfordernisse errichtet worden sein.

---

294 Vgl. *Madridejos Sarasola*, RDN 32 (1961), 381, 391 f.; *Badenes Gasset*, Compraventa II, S. 1068 f.; *Espín Canovas*, Manual III[6], S. 235 f.; *Puig Brutau*, Compendio II, S. 410; *Gavidia Sánchez*, La cesión de créditos, S. 207 ff., 211; *Díez-Picazo*, Fundamentos II[5], Cap. XXX § 4, 18.; *Díez-Picazo/Gullón*, Sistema II[7], S. 258; *dies.*, Instituciones I, S. 587; *Navarro Pérez*, La cesión de créditos, S. 127 ff.; *de Eizaguirre*, RDBB 1990, 835, 847; *García de Enterría*, Contrato de factoring, S. 171 ff.; *Pantaleón Prieto*, ADC 41 (1988), 1033, 1100; möglicherweise auch *García-Cruces González*, El contrato de factoring, S. 202 ff., 205; a.A. *de Cossio y Corral*, Instituciones I, S. 346; *García Cantero*, in: *Albaladejo/Díaz Alabart* (Hrsg.), Comentario XIX[2], Arts. 1526 y 1527 Cc, V; *Lacruz Berdejo*, Elementos II/1[2], S. 298, die ungeachtet der ausdrücklichen Verweisung des Art. 1526 Abs. 1 Cc eine Beweismittelbeschränkung auf den Urkundenbeweis ablehnen und andere Beweismittel zulassen.

295 Zum Begriff der „inoponibilidad frente a terceros“ vgl. oben – § 1 II 1 a cc (2).

296 Vgl. *Rodríguez Adrados*, in: *Ministerio de Justicia* (Hrsg.), Comentario II[2], Art. 1218 Cc, VIII.

297 Vgl. *Rodríguez Adrados*, in: *Ministerio de Justicia* (Hrsg.), Comentario II[2], Art. 1216 Cc, IV 2.

298 Vgl. *Rodríguez Adrados*, in: *Ministerio de Justicia* (Hrsg.), Comentario II[2], Art. 1216 Cc, IV 1.

cc) Die private Abtretungsurkunde

Private Urkunden vermögen die weitreichende Beweiskraft öffentlicher Urkunden grundsätzlich nur zwischen den vertragsschließenden Parteien zu erzielen.[299] Aber auch die Wirkungen privater Urkunden gegenüber Dritten werden durch Art. 1227 Cc noch von zusätzlichen Erfordernissen abhängig gemacht, nämlich von der Eintragung der Urkunde in ein öffentliches Register bzw. ihrer Aushändigung an eine öffentliche Amtsperson, oder von dem Tod einer der beiden unterzeichnenden Parteien. Streitig ist allerdings, ob die Wirkungen einer privaten Urkunde im Verhältnis zu Dritten überhaupt zwingend den Beweisregeln des Art. 1227 Cc unterworfen sind, oder ob zum Nachweis des Datums einer privaten Urkunde nicht auch andere Beweismittel zulässig sind. Nach der einen Auffassung[300] müssen die Anforderungen des Art. 1227 Cc erfüllt sein, damit die Wirkungen einer Abtretung im Verhältnis zu Dritten eintreten. Im Fallbeispiel würde folglich nur derjenige Zessionar die Forderung erwerben, welcher als erster die Voraussetzungen des Art. 1227 Cc erfüllte. Sollten Erst- und Zweitzessionar den Voraussetzungen des Art. 1227 Cc genügen, entschiede die Priorität.[301] Nach der Rechtsprechung und herrschenden Lehre[302] kann das Datum einer privaten Abtretungsurkunde über die Beweisregeln des Art. 1227 Cc hinaus dagegen grundsätzlich auch mit Hilfe anderer Beweismittel geführt werden. Der *Tribunal Supremo* hat die Zulässigkeit einer solchen Beweisführung aber davon abhängig gemacht, dass die Privaturkunde nicht das

---

299 Art. 1225 Cc bestimmt, dass einer Privaturkunde *inter partes* dieselbe Beweiskraft zukommt wie einer öffentlichen Urkunde. Voraussetzung ist nur, dass die Privaturkunde von den Parteien unterzeichnet wird, vgl. *Rodríguez Adrados*, in: *Ministerio de Justicia* (Hrsg.), Comentario II^2, Art. 1225 Cc, II b.

300 Vgl. *Manresa*, Comentario X, S. 342; *Madridejos Sarasola*, RDN 32 (1961), 381, 391 f.; *Badenes Gasset*, Compraventa II, S. 1068 f.; *Espín Canovas*, Manual III^6, S. 235; *Navarro Pérez*, La cesión de créditos, S. 127 ff.

301 In dem seltenen Fall, dass Erst- und Zweitzessionar den Anforderungen gleichzeitig genügen, d.h. unter dem jeweils selben Datum, werden zur Lösung des Prioritätskonflikts die für den Doppelverkauf beweglicher Sachen geltenden Bestimmungen des Art. 1473 Cc analog herangezogen. Nach Art. 1473 Abs. 1 Cc soll der Zeitpunkt der gutgläubigen Inbesitznahme der Forderung für die Priorität entscheidend sein. Die Inbesitznahme der Forderung richtet sich wiederum analog nach den für die Übergabe der Kaufsache geltenden Bestimmungen der Artt. 1462 ff. Cc. Für den Fall schließlich, dass keiner der Zessionare die Forderung gemäß Art. 1473 Cc in Besitz genommen hat, wird derjenige Zessionar vorrangig behandelt, welcher dem Schuldner die Abtretung als erster zur Kenntnis gebracht hat, vgl. *Manresa*, Comentario X, S. 349; *Badenes Gasset*, Compraventa II, S. 1075; *Navarro Pérez*, La cesión de créditos, S. 145 ff. Zu den Voraussetzungen der Artt. 1462 ff. Cc vgl. bereits oben – § 1 II 1 a bb (2).

302 *Tribunal Supremo* 22.6.1995, Ar. Jur. 1995, Nr. 4977, S. 6674, 6676; 6.3.1990, Ar. Jur. 1990, Nr. 1670, S. 2215, 2216; *Díez-Picazo*, Fundamentos II^5, Cap. XXX § 4, 18.; *de Eizaguirre*, RDBB 1990, 835, 847; *Gavidia Sánchez*, La cesión de créditos, S. 207 ff.; *García de Enterría*, Contrato de factoring, S. 171 ff.

einzige vorhandene Beweismittel darstellt.[303] Andernfalls verlangt auch die Rechtsprechung, dass die engen Voraussetzungen des Art. 1227 Cc erfüllt sind. Im Fallbeispiel könnte dieser Auffassung zufolge der Zweitzessionar, sollte er den Anforderungen des Art. 1227 Cc nicht genügt haben, die abgetretene Forderung dann nicht erwerben, wenn die private Abtretungsurkunde das einzige vorhandene Beweismittel bildet.

b) Die Eintragung der Abtretung in das Eigentumsregister

„Bezieht sich die Abtretung auf eine unbewegliche Sache", d.h. auf die rechtsgeschäftliche Übertragung einer Immobiliar- oder Mobiliarhypothek,[304] bestimmt sich ihr „sicheres Datum" gemäß Art. 1526 Abs. 2 Cc nach dem Datum ihrer Eintragung in das Eigentumsregister. Maßgebend ist gemäß Art. 24 Lh das Datum der Vorlage des Titels im Registeramt.[305] Ein gutgläubiger Forderungserwerb vom Nichtberechtigten ist unter den Voraussetzungen des Art. 34 Lh möglich.[306] Er setzt voraus, dass der Zessionar die Forderung entgeltlich[307] und redlich erworben hat und die Abtretung in das Eigentumsregister eingetragen wurde. Der gute Glaube des Zessionars in Bezug auf die Richtigkeit des Eigentumsregisters wird gemäß Art. 34 Abs. 2 Lh vermutet. Überwiegend erachtet es die Lehre als ausreichend, wenn die Gutgläubigkeit des Zessionars zum Zeitpunkt der Vollendung des Rechtserwerbs vorgelegen hat.[308]

---

[303] Abzustellen ist insoweit ist auf die Beweismittelvorschriften der Artt. 1214 ff. Cc, die insbesondere keine Parteivernehmung vorsehen.

[304] Vgl. *Díez-Picazo/Gullón*, Sistema II[7], S. 258; *dies.*, Instituciones I, S. 587.

[305] Vgl. *Lacruz Berdejo/Sancho Rebullida*, Elementos III bis[2], § 15, 79. Der nach Art. 248 Lh anzufertigende Eingangsvermerk hat gemäß Art. 17 Abs. 2 Lh eine Gültigkeitsdauer von 60 Tagen, die unter den Voraussetzungen des Art. 255 Lh auf 180 Tage verlängert werden kann.

[306] Vgl. *Díez-Picazo/Gullón*, Sistema II[7], S. 258; *dies.*, Instituciones I, S. 587; *Gavidia Sánchez*, La cesión de créditos, S. 215. Nach a.A. soll Art. 1473 Cc maßgebend sein. Für die Entscheidung eines Prioritätsstreits komme es entsprechend Art. 1473 Abs. 2 Cc grundsätzlich darauf an, welcher Zessionar die Abtretung als erster gutgläubig in das Eigentumsregister eingetragen habe. Fehle es an einer Eintragung, stehe die Forderung gemäß Art. 1473 Abs. 3 Hs. 1 Cc demjenigen Zessionar zu, welcher die Immobilie als erster gutgläubig in Besitz nehme, vgl. *Navaro Pérez*, La cesión de créditos, S. 150.

[307] Vgl. Art. 34 Abs. 3 Lh.

[308] Vgl. *Díez-Picazo*, Fundamentos III[4], Cap. XXI § 3, 14.; *Lacruz Berdejo/Sancho Rebullida*, Elementos III bis[2], § 21, 108.

V. Grenzen der Abtretung

1. Abtretungsverbote

Die Abtretbarkeit von Forderungen („transmisibilidad") folgt dem Grunde nach aus Art. 1112 Cc,[309] der bestimmt, dass „alle kraft einer Verpflichtung erworbenen Ansprüche nach Maßgabe der Gesetze übertragbar sind, wenn nicht das Gegenteil vereinbart worden ist".[310] Demzufolge kann die Abtretbarkeit einer Forderung entweder aufgrund eines gesetzlichen Abtretungsverbotes oder durch Parteivereinbarung ausgeschlossen sein.[311] Einer verbreiteten Auffassung zufolge kann die Nichtabtretbarkeit einer Forderung darüber hinaus in der mit ihrer Übertragung verbundenen Veränderung des Leistungsinhalts begründet liegen.[312]

a) Vertragliche Abtretungsverbote

aa) Die Wirksamkeit vertraglicher Abtretungsverbote

Vertragliche Abtretungsverbote können von den Vertragsparteien jederzeit vereinbart werden. Sie unterliegen keiner besonderen Form;[313] ihre Reichweite ist jedoch umstritten. Die herrschende Meinung[314] beschränkt die Wirksamkeit eines *pactum de non cedendo* auf das Verhältnis der Vertragsparteien, also auf das Verhältnis zwischen Altgläubiger und Schuldner der abgetretenen Forderung. Diese Beschränkung wird Art. 1257 Abs. 1 Cc entnommen, in dem bestimmt ist, dass „Verträge ihre Wirkungen nur zwischen den Parteien entfalten, die sie abschließen".[315] Dritten gegenüber wirke ein *pactum de non cedendo*

---

309 Text in deutscher Übersetzung, vgl. Anhang – I 1.

310 Im Partikularrecht von Navarra ergibt sich die Abtretbarkeit von Forderungen aus Ley 511 Hs. 1 Comp.N.

311 Vgl. *Badenes Gasset*, Compraventa II, S. 1066; *Díez-Picazo*, Fundamentos II[5], Cap. XXX § 4, 15.; *Espín Canovas*, Manual III[6], S. 242; *García de Enterría*, Contrato de factoring, S. 214; *García-Cruces González*, ADC 42 (1989), 377, 381; *Gavidia Sánchez*, La cesión de créditos, S. 172; *Madridejos Sarasola*, RDN 32 (1961), 381, 386; *Navarro Pérez*, La cesión de créditos, S. 76; *Pantaleón Prieto*, ADC 41 (1988), 1033, 1096; *ders.*, in: *Ministerio de Justicia* (Hrsg.), Comentario II[2], Art. 1526 Cc, IV 6 b; *ders.*, EJB I, S. 1021, 1023; *Sapena*, RCDI 30 (1957), 345, 346.

312 Vgl. *Pantaleón Prieto*, ADC 41 (1988), 1033, 1096; *ders.*, in: *Ministerio de Justicia* (Hrsg.), Comentario II[2], Art. 1526 Cc, IV 6 a; *Navarro Pérez*, La cesión de créditos, S. 67.

313 Vgl. *Navarro Pérez*, La cesión de créditos, S. 76; *Pantaleón Prieto*, ADC 41 (1988), 1033, 1098; *ders.*, in: *Ministerio de Justicia* (Hrsg.), Comentario II[2], Art. 1526 Cc, IV 6 e.

314 Vgl. *Díez-Picazo*, Fundamentos II[5], Cap. XXX § 4, 15.; *Díez-Picazo/Gullón*, Sistema II[7], S. 257; *García-Cruces González*, ADC 42 (1989), 377, 381; *ders.*, El contrato de factoring, S. 190; *Navarro Pérez*, La cesión de créditos, S. 76; wohl auch *Espín Canovas*, Manual III[6], S. 242; dagegen offengelassen von *Díez-Picazo/Gullón*, Instituciones I, S. 586.

315 Nach dem in Art. 1257 Cc verankerten Grundsatz wirken Verträge ausschließlich zwischen den Parteien, sind also nur relativ wirksam („principio de la relatividad del contrato"). Dem

lediglich, wenn diese im Zeitpunkt der Forderungsabtretung Kenntnis von dem vertraglichen Abtretungsverbot haben. Folgt man dem, wirken sich Verstöße gegen vertragliche Abtretungsverbote grundsätzlich nicht auf die Übertragung der Forderung aus, weder im Rechtsverhältnis zwischen Zedent und Zessionar noch in den Rechtsbeziehungen des Zessionars zum Schuldner oder sonstigen Dritten.[316] Die Abtretung ist mit anderen Worten im Innen- wie im Außenverhältnis, ungeachtet des vereinbarten (dem Zessionar unbekannten) Abtretungsverbots, uneingeschränkt wirksam.

Nach anderer Ansicht wirken vertragliche Abtretungsverbote nicht nur *inter partes*, sondern gegenüber jedermann, so dass Verstöße eine absolute Unwirksamkeit der Forderungsübertragung zur Folge haben.[317] Die rechtliche Grundlage wird in Art. 1112 Cc gesehen, nach dessen Wortlaut die Übertragbarkeit von Forderungen davon abhänge, dass die Parteien nicht das „Gegenteil [von Übertragbarkeit]", das bedeute Unabtretbarkeit in jeder Hinsicht, vereinbart hätten. Für die absolute Wirksamkeit eines *pactum de non cedendo* spreche auch, dass der Código civil eine dem italienischen Recht vergleichbare Regelung über die relative Wirksamkeit vertraglicher Abtretungsverbote nicht kenne.[318] Schließlich dürfe man die Interessen des Schuldners nicht außer acht lassen.[319] Vertragliche Abtretungsverbote würden gerade zu seinem Schutz aufgestellt, weshalb es auch gerechtfertigt sei, die Wirksamkeit verbotswidriger Zessionen grundsätzlich von der Genehmigung des Schuldners abhängig zu machen. Ob mit der Regelung des Art. 1112 Cc das Prinzip der relativen Vertragswirksamkeit tatsächlich durchbrochen wird, ist indes fraglich. Aus dem

---

entspricht es umgekehrt, dass der Código civil die Vertragswirkungen gegenüber Dritten in der Regel an besondere Publizitäts- oder Beweisformen knüpft (vgl. 1526 Cc). Der Grundsatz der relativen Vertragswirksamkeit wird nur in wenigen Ausnahmefällen durchbrochen: Den Parteien grundsätzlich gleichgestellt sind nach Art. 1257 Abs. 1 Hs. 2 Cc lediglich deren Erben. Eine weitere Ausnahme gilt im Grundsatz nach Art. 1257 Abs. 2 Cc für Verträge zugunsten Dritter. Zur Unterscheidung zwischen relativer Vertragswirksamkeit *inter partes* und im Verhältnis zu Dritten vgl. *Díez-Picazo*, Fundamentos I[4], Cap. XVI §§ 2, 3.

316 Der Schuldner kann dem Zessionar das Abtretungsverbot nur entgegenhalten, wenn dieser Kenntnis von ihm hatte, vgl. *Díez-Picazo*, Fundamentos II[5], Cap. XXX § 4, 15. In einem Prioritätskonflikt mit Dritten kommt das Prioritätsprinzip grundsätzlich zum Zuge, so dass beispielsweise die Gläubiger des Zedenten, die eine Forderung gegen den Schuldner pfänden wollen, sich auf den vertraglich vereinbarten Abtretungsausschluß nicht berufen können.

317 Vgl. *Pantaleón Prieto*, ADC 41 (1988), 1033, 1096; *ders.*, in: *Ministerio de Justicia* (Hrsg.), Comentario II[2], Art. 1526 Cc, IV 6 b; *ders.*, EJB I, S. 1021, 1023; *Gavidia Sánchez*, La cesión de créditos, S. 235; *García de Enterría*, Contrato de factoring, S. 214 f.

318 Vgl. *Pantaleón Prieto*, ADC 41 (1988), 1033, 1097. Art. 1260 Abs. 2 des italienischen Codice civile lautet: „Le parti possono escludere la cedibilità del credito, ma il patto non è opponibile al cessionario, se non si prova che egli lo conosceva al tempo della cessione."

319 Vgl. *Gavidia Sánchez*, La cesión de créditos, S. 235; *García de Enterría*, Contrato de factoring, S. 215.

Wortlaut der Norm ergibt sich allenfalls eine Rechtsgrundlage für vertragliche Abtretungsverbote; über deren Wirkungen sagt die Vorschrift jedoch nichts aus. Auch der Schuldnerschutzgedanke spricht angesichts der Systematik des spanischen Zessionsrechts,[320] das die Voraussetzungen einer Abtretung im Verhältnis zum Schuldner gesondert bestimmt, nicht zwingend für eine absolute Wirksamkeit vertraglicher Abtretungsverbote.[321]

bb) Die Genehmigung verbotswidriger Abtretungen durch den Schuldner

Ausgehend von der relativen Wirksamkeit vertraglicher Abtretungsverbote muss für den Forderungserwerb entscheidend darauf abgestellt werden, ob der Zessionar, an den die Forderung verbotswidrig abgetreten wurde, zum Zeitpunkt der Abtretung gutgläubig war. Kannte er das Abtretungsverbot nicht, steht dem Forderungserwerb, unabhängig von einem Einverständnis des Schuldners, nichts im Wege. Nur wenn der Zessionar Kenntnis von dem Abtretungsverbot hatte, dürfte der Forderungserwerb ausnahmsweise von der Genehmigung des Schuldners abhängig zu machen sein.[322] Für die Entscheidung eines Prioritätskonflikts bei verbotswidriger Mehrfachabtretung derselben Forderung ist die Zustimmung des Schuldners demnach grundsätzlich ohne Belang: Es erwirbt derjenige Zessionar die Forderung, dessen Abtretung als erste ein sicheres Datum gemäß Art. 1526 Cc aufweist.[323] Nur für den Fall, dass keiner der konkurrierenden Zessionare hinsichtlich der Abtretbarkeit der Forderung gutgläubig ist, wird die Genehmigung des Schuldners den Ausschlag für den Erwerb der Forderung geben müssen.[324]

---

320 Zur Systematik des spanischen Zessionsrechts vgl. oben – § 1 I 3 a.

321 Im übrigen ist zu berücksichtigen, dass der Schuldner die Möglichkeit erhielte, eine verbotswidrige Abtretung auch gegenüber Dritten durch eine nachträgliche Zustimmung zu genehmigen. Der Schuldner könnte dadurch in die Lage versetzt werden, einen Prioritätskonflikt nach seinen eigenen Vorstellungen zu entscheiden und damit, etwa im Fall einer verbotswidrigen Mehrfachabtretung derselben Forderung, einem Zessionar seiner Wahl zum Vorrang zu verhelfen. Ein schützenswertes Interesse des Schuldners an der Entscheidung eines Prioritätskonflikts erscheint, vor allem mit Rücksicht auf die Hinterlegungsmöglichkeit des Schuldners (vgl. Artt. 1176 ff. Cc, Ley 496 S. 1 Comp.N.), aber zumindest zweifelhaft, nicht zuletzt unter dem Aspekt, dass eine rechtsmissbräuchliche Genehmigung nicht ausgeschlossen werden könnte, vgl. *Díez-Picazo*, Fundamentos II^5, Cap. XXX § 4, 15.; a.A. *Pantaleón Prieto*, ADC 41 (1988), 1033, 1097; *ders.*, Comentario II^2, Art. 1526 Cc, IV 6 b, der die Genehmigung des Schuldners an Art. 7 Abs. 2 Cc messen will.

322 Vgl. *Díez-Picazo*, Fundamentos II^5, Cap. XXX § 4, 15.

323 Zur Bestimmung des „sicheren Datums“ einer Abtretung vgl. oben – § 1 IV 3.

324 Sieht man vertragliche Abtretungsverbote dagegen als absolut wirksam an, führt das Einverständnis des Schuldners zur Wirksamkeit der Forderungsübertragung gegenüber jedermann. Die Genehmigung wirkt *ex tunc*. Das hat im Prioritätskonflikt zur Folge, dass der Schuldner in den von Art. 7 Nr. 2 Cc gezogenen Grenzen wählen kann, ob bzw. zu wessen

b) Die Unabtretbarkeit einer Forderung kraft Leistungsinhalts

Eine Forderung gilt auch dann als unabtretbar, wenn durch die Abtretung der Leistungsinhalt verändert würde. Die Unabtretbarkeit kraft Leistungsinhalts umfasst zwei Fallgruppen,[325] Forderungen höchstpersönlicher Natur sowie unselbständige Ansprüche. Als nicht abtretbare, höchstpersönliche Ansprüche sind solche Ansprüche anzusehen, deren Inhalt unauflösbar mit der Person des Altgläubigers verbunden ist. Hierzu zählen insbesondere die in den Artt. 142 ff. Cc geregelten Unterhaltsansprüche. Ihre Unabtretbarkeit folgt bereits aus dem Gesetz: Gemäß Art. 151 Abs. 1 S. 1 Cc sind Unterhaltsansprüche „nicht auf Dritte übertragbar“. Die Unabtretbarkeit ist folglich eine absolute, bezieht sich jedoch nur auf künftige, gesetzlich geregelte Unterhaltsansprüche.[326] Zurückliegende Ansprüche können gemäß Art. 151 Abs. 2 Cc grundsätzlich abgetreten werden.[327] Nicht abtretbar aus Gründen der Personengebundenheit sind ferner die Ansprüche auf Bestellung von beschränkten dinglichen Rechten, wie etwa persönliche Dienstbarkeiten[328] und der Nießbrauch[329]. Unselbständig, da grundstücksgebunden, ist dagegen der Anspruch auf Bestellung einer Grunddienstbarkeit.[330] Er kann nur an den Grundstückseigentümer abgetreten werden.[331] Unselbständig sind auch die mit der abzutretenden Forderung verbundenen akzessorischen Nebenrechte.[332] Art. 1528 Cc nennt beispielhaft die für die Forderung bestellten Bürgschaften sowie Hypotheken und Pfandrechte. Sie können von der Forderung nicht getrennt und deshalb auch nicht selbständig übertragen werden.

c) Gesetzliche Abtretungsverbote

aa) Die schenkungsweise Übertragung künftiger Forderungen

Künftige Forderungen sind grundsätzlich abtretbar.[333] Ob dieser Grundsatz auch für die schenkungsweise Übertragung künftiger Forderungen gilt, ist

---

Gunsten er das Abtretungsverbot aufhebt, vgl. *Pantaleón Prieto*, ADC 41 (1988), 1033, 1097 f.; *ders.*, in: *Ministerio de Justicia* (Hrsg.), Comentario II[2], Art. 1526 Cc, IV 6 d.

325 Vgl. *Navarro Pérez*, La cesión de créditos, S. 68-73; *Pantaleón Prieto*, ADC 41 (1988), 1033, 1096; *ders.*, in: *Ministerio de Justicia* (Hrsg.), Comentario II[2], Art. 1526 Cc, IV 6 a; *ders.*, EJB I, S. 1021, 1023.

326 Vgl. *Díez-Picazo*, Fundamentos II[5], Cap. XXX § 4, 15.; *Navarro Pérez*, La cesión de créditos, S. 69.

327 *Tribunal Supremo* 10.11.1987, Ar. Jur. 1987, Nr. 8344, S. 7795, 7796.

328 Vgl. *Navarro Pérez*, La cesión de créditos, S. 71.

329 Vgl. Art. 525 Cc, Ley 425 Comp.N.

330 Vgl. Art. 534 Cc, Ley 395 Comp.N.

331 Vgl. *Navarro Pérez*, La cesión de créditos, S. 71.

332 Vgl. *Navarro Pérez*, La cesión de créditos, S. 72.

333 Zur Abtretung künftiger Forderungen vgl. unten – § 1 V 3.

jedoch fraglich. Art. 635 Abs. 1 Cc bestimmt, dass eine „Schenkung ... keine künftigen Güter umfassen [darf]". Als solche gelten gemäß Art. 635 Abs. 2 Cc diejenigen Güter, „über die der Schenker zum Zeitpunkt der Schenkung nicht verfügen kann". Aus diesen Bestimmungen hat die Lehre[334] ganz überwiegend ein Verbot für die schenkungsweise Abtretung künftiger Forderungen hergeleitet. Richtigerweise muss jedoch differenziert werden: Nach dem Willen des Gesetzgebers sollte mit der Regelung des Art. 635 Abs. 1 Cc lediglich eine Schenkung *aller* künftigen Güter ausgeschlossen werden.[335] Der Gesetzgeber wollte verhindern, dass der Schenker durch die Schenkung aller gegenwärtigen[336] und künftigen Güter schon zu Lebzeiten über sein Erbe verfügt.[337] Vor diesem Hintergrund kann der Vorschrift des Art. 635 Abs. 1 Cc grundsätzlich kein Abtretungsverbot entnommen werden. Eine Ausnahme wird nur für den speziellen Fall zu machen sein, dass künftige Forderungen als Bestandteil einer das gesamte künftige Vermögen umfassenden Schenkung übertragen werden sollen. Nach navarresischem Recht ist demgegenüber die schenkungsweise Übertragung künftiger Güter ausnahmslos zugelassen.[338]

bb) Unpfändbare Forderungen

Nicht abtretbar sind unpfändbare Forderungen. Dieser Grundsatz wird mangels einer gesetzlichen Regelung aus den Bestimmungen des Zivilprozessrechts über die Unpfändbarkeit[339] hergeleitet. Eine Ausnahme von dem Abtretungsverbot soll nur für den Fall gelten, dass die Leistung des Zessionars genau derjenigen Leistung, deren Erhalt durch das Pfändungsverbot sichergestellt werden sollte, entspricht.[340]

cc) Die Abtretungsverbote des Art. 1459 Cc

Für den Kauf stellt Art. 1459 Nr. 1-5 Cc Erwerbsverbote zu Lasten bestimmter Personen auf. Die herrschende Meinung wendet die *gesamte* Regelung auf den Forderungskauf an.[341] Erfasst werden der Vormund bzw. Gegenvor-

---

334 Vgl. *Madridejos Sarasola*, RDN 32 (1961), 381, 388; *Navarro Pérez*, La cesión de créditos, S. 161 f.; *Gavidia Sánchez*, La cesión de créditos, S. 217; *Pantaleón Prieto*, in: *Ministerio de Justicia* (Hrsg.), Comentario II^2, Art. 1526 Cc, IV 4 a; *ders.*, EJB I, S. 1021, 1023; offengelassen von *dems.*, ADC 41 (1988), 1033, 1094.

335 Vgl. *Albaladejo*, Derecho Civil II/2^9, § 98, 5. m.w.N.; *ders.*, Comentario I^2, Art. 635 Cc, I 2.

336 Die schenkungsweise Übertragung aller *gegenwärtigen* Güter ist gemäß Art. 634 Cc zulässig.

337 Vgl. Art. 1271 Abs. 2 Cc.

338 Vgl. Ley 150 Comp.N.

339 Vgl. Artt. 1449, 1451 f. LECiv.

340 Vgl. *Navarro Pérez*, La cesión de créditos, S. 73, 74.

341 Aufgrund des Wortlauts von Art. 1459 Nr. 5 S. 1 Cc („extendiéndose esta prohibición al acto de adquirir por cesión") geht eine Mindermeinung davon aus, dass der Gesetzgeber

mund im Hinblick auf den Erwerb von Forderungen solcher Personen, die unter seiner Vormundschaft stehen (Nr. 1); der Beauftragte im Hinblick auf den Erwerb von Forderungen, zu deren Veräußerung er beauftragt wurde (Nr. 2); der Testamentsvollstrecker im Hinblick auf den Erwerb von Forderungen des von ihm verwalteten Nachlasses (Nr. 3); die Angestellten im öffentlichen Dienst im Hinblick auf den Erwerb von Forderungen des Staates, der Gemeinden, der Ortschaften und der öffentlichen Einrichtungen, zu deren Verwaltung sie bestellt sind (Nr. 4 S. 1) sowie Richter und Sachverständige, sofern diese in irgendeiner Weise an dem Verkauf beteiligt sind (Nr. 4 S. 2); schließlich auch Kollegial- und Einzelrichter, Angehörige der Staatsanwaltschaft sowie Justizbeamte und Urkundsbeamte der Geschäftsstellen im Hinblick auf den Erwerb streitbefangener Forderungen, sofern sich die Streitbefangenheit auf die Gerichtsbehörde oder den Bezirk bezieht, in welchem sie ihr Amt verrichten (Nr. 5 S. 1). Letzteres Verbot erstreckt sich ferner auf Rechtsanwälte und Prozessbevollmächtigte, sofern sie an dem Rechtsstreit über die streitgegenständliche Forderung in Ausübung ihres Amtes beteiligt sind (Nr. 5 S. 3).

Die Rechtsprechung hat zwischen den einzelnen Verboten des Art. 1459 Cc bislang nicht unterschieden und ist anlässlich eines Verstoßes stets von einer ab-soluten Unwirksamkeit der Rechtsübertragung ausgegangen.[342] Die Lehre fordert demgegenüber, das verletzte Verbot müsse im öffentlichen Interesse aufgestellt sein, damit die Rechtsfolge der absoluten Unwirksamkeit gerechtfertigt sei. Eine solche Verletzung des öffentlichen Interesses komme ausschließlich bei einem Verstoß gegen die Bestimmungen des Art. 1459 Nr. 4 und 5 Cc in Betracht, wohingegen die Vorschriften der Nr. 1-3 ausschließlich dem Schutz privater Interessen dienten, so dass ein gegen sie gerichteter Verstoß den Forderungskauf nicht unwirksam („nulo“), sondern lediglich vernichtbar („anulable“) mache.[343]

---

nur in Nr. 5 ein Abtretungsverbot schaffen wollte, vgl. *Espín Canovas*, Manual III^6, S. 241 und *Pantaleón Prieto*, ADC 41 (1988), 1033, 1096; *ders.*, in: *Ministerio de Justicia* (Hrsg.), Comentario II^2, Art. 1526 Cc, IV 6 a; *ders.*, EJB I, S. 1021, 1023. Im Hinblick auf den Kauf als möglichen Rechtsgrund einer Abtretung erstreckt die herrschende Meinung das Abtretungsverbot jedoch zu Recht auch auf die Nr. 1-4, vgl. *Badenes Gasset*, Compraventa II, S. 1065; *Castán Tobeñas*, Derecho Civil III^{16}, S. 384; *Díez-Picazo*, Fundamentos II^5, Cap. XXX § 2, 4.; *García Cantero*, in: *Albaladejo/Díaz Alabart* (Hrsg.), Comentario XIX^2, Arts. 1526 y 1527 Cc, II; *Lacruz Berdejo*, Elementos II/1^2, S. 296, 299; *Navarro Pérez*, La cesión de créditos, S. 74 f.; *García-Cruces González*, ADC 42 (1989), 377, 381; *ders.*, El contrato de factoring, S. 114.

[342] Vgl. *Tribunal Supremo* 7.10.1987, Ar. Jur. 1987, Nr. 6764, S. 6346, 6347 sowie weitere Nachweise bei *García Cantero*, in: *Ministerio de Justicia* (Hrsg.), Comentario II^2, Art. 1459 Cc, IV.

[343] Vgl. *García Cantero*, in: *Albaladejo/Díaz Alabart* (Hrsg.), Comentario XIX^2, Art. 1459 Cc, VIII; *ders.*, in: *Ministerio de Justicia* (Hrsg.), Comentario II^2, Art. 1459 Cc, IV, jeweils m.w.N.

2. *Die Abtretung von Teilforderungen*

Die Abtretung von Teilforderungen wird auf der Grundlage des Art. 149 Abs. 1 Lh,[344] wonach hypothekarisch gesicherte Forderungen „ganz oder teilweise" abgetreten werden können, allgemein zugelassen.[345] Einschränkungen der Zulässigkeit bestehen lediglich unter dem Gesichtspunkt des Schuldnerschutzes: Der Schuldner dürfe durch die Teilabtretung nicht in unzumutbarer Weise benachteiligt werden, etwa weil die Teilung der Forderung einen nicht zu rechtfertigenden wirtschaftlichen Mehraufwand für ihn bedeute. In aller Regel werde die Schwelle der Unzumutbarkeit aber erst bei einer im Sinne von Art. 7 Nr. 2 Cc rechtsmissbräuchlichen Vielzahl von Teilabtretungen überschritten.[346] Für die Teilabtretung wird vorausgesetzt, dass die abzutretende Forderung teilbar und die Teilung nicht ausgeschlossen ist.[347] Die Teilabtretung bewirkt, dass dem Schuldner mehrere Gläubiger erwachsen, jeweils in Höhe bestimmter Teilbeträge der ursprünglichen Forderung. Die Teilforderungen sind selbständig und unabhängig von der zeitlichen Reihenfolge der Zessionen gleichrangig.[348] Eine Teilzahlung des Schuldners an den Zedenten, die auch dem Zessionar gegenüber wirksam ist, wird in analoger Anwendung von Art. 1174 Abs. 2 Cc grundsätzlich anteilig verrechnet.[349] Auch die Subrogation hinsichtlich des Teils einer Forderung ist gemäß Art. 1213 Cc zulässig.[350]

---

344 Vgl. auch Artt. 1878 Cc, 70 S. 1 LAR.

345 Vgl. *Pantaleón Prieto*, ADC 41 (1988), 1033, 1090-1093 (Abtretung eines Teils einer Forderung), 1096 (Abtretung eines Teils einer Forderungsmehrheit); *ders.*, in: *Ministerio de Justicia* (Hrsg.), Comentario II², Art. 1526 Cc, IV 3; *ders.*, EJB I, S. 1021, 1023; *Díez-Picazo*, Fundamentos II⁵, Cap. XXX § 4, 13.

346 Vgl. *Pantaleón Prieto*, ADC 41 (1988), 1033, 1091; *ders.*, in: *Ministerio de Justicia* (Hrsg.), Comentario II², Art. 1526 Cc, IV 3 a.

347 Vgl. *Pantaleón Prieto*, ADC 41 (1988), 1033, 1090; *ders.*, in: *Ministerio de Justicia* (Hrsg.), Comentario II², Art. 1526 Cc, IV 3 a; *ders.*, EJB I, S. 1021, 1023; *Díez-Picazo*, Fundamentos II⁵, Cap. XXX § 4, 13.

348 Vgl. *Pantaleón Prieto*, ADC 41 (1988), 1033, 1091; *ders.*, in: *Ministerio de Justicia* (Hrsg.), Comentario II², Art. 1526 Cc, IV 3 b; zustimmend *Díez-Picazo*, Fundamentos II⁵, Cap. XXX § 4, 13.

349 Zur analogen Anwendung der Artt. 1172 ff. Cc auf die Teilabtretung vgl. *Pantaleón Prieto*, ADC 41 (1988), 1092 m.w.N.: Die Artt. 1172-1174 Cc regeln zwar die Anrechnung der Leistung auf mehrere Forderungen, nach Art. 1172 Abs. 1 Cc jedoch nur „en favor de un solo acreedor". Folglich geht Art. 1174 Abs. 2 Cc an sich nicht von dem hier vorausgesetzten Fall einer Forderungsmehrheit verschiedener Gläubiger, sondern eines einzigen Gläubigers aus.

350 Vgl. *Albaladejo*, Derecho Civil II/1⁹, § 54, 5.

3. *Die Abtretung künftiger Forderungen*

Die Abtretung künftiger Forderungen ist nach überwiegender Auffassung[351] zulässig. Nur eine Mindermeinung[352] hält mit Rücksicht auf die Regelung des Art. 1529 Abs. 1 Cc, der seinem Wortlaut nach das Bestehen der zedierten Forderung zum Zeitpunkt der Abtretung voraussetzt, die rechtsgeschäftliche Übertragung künftiger Forderungen für unzulässig oder zumindest zweifelhaft. Die herrschende Lehre fordert demgegenüber für die Existenz der abzutretenden Forderung im Sinne von Art. 1529 Cc nur, dass diese nach Maßgabe der Artt. 1273, 1271 Abs. 1, 1261 Nr. 2 Cc zum Zeitpunkt der Abtretung hinreichend bestimmt oder wenigstens bestimmbar ist.

351 Vgl. *Madridejos Sarasola*, RDN 32 (1961), 381, 388 f.; *Navarro Pérez*, La cesión de créditos, S. 155 ff., 164; *Pantaleón Prieto*, ADC 41 (1988), 1033, 1094; *ders.*, in: *Ministerio de Justicia* (Hrsg.), Comentario II², Art. 1526 Cc, IV 4; *ders.*, EJB I, S. 1021, 1023; *García-Cruces González*, ADC 42 (1989), 377, 393 ff., 395; *ders.*, El contrato de factoring, S. 124 ff., 126; *de Eizaguirre*, RDBB 1990, 835, 844; *ders.*, EJB II, S. 3046, 3052; *Gavidia Sánchez*, La cesión de créditos, S. 216 ff.; *García de Enterría*, Contrato de factoring, S. 90 ff.

352 *Castán Tobeñas*, Derecho Civil III¹⁶, S. 387; *Navarro Pérez*, RGLJ 1972, 13, 23; *García Cantero*, in: *Albaladejo/Díaz Alabart* (Hrsg.), Comentario XIX², Arts. 1526 y 1527 Cc, I (S. 696); *Reichmann*, Spanien, in *Hadding/Schneider* (Hrsg.), Die Forderungsabtretung, S. 597, 611 f.

§ 2 Das spanische Kollisionsrecht

I. Internationales Privatrecht

1. Quellen und Grundlagen des spanischen IPR

a) Einheitliches Europäisches Kollisionsrecht

Spanien ist gemäß Art. 1 des am 18.5.1992 in Funchal geschlossenen EWG-Übereinkommens über den Beitritt des Königreichs Spaniens und der Portugiesischen Republik zu dem am 19. Juni 1980 in Rom zur Unterzeichnung aufgelegten Übereinkommen über das auf vertragliche Schuldverhältnisse anzuwendende Recht (EVÜ) der Konvention beigetreten und Vertragsstaat geworden.[353] Am 1.9.1993 ist das EVÜ für Spanien in Kraft getreten.[354] Als *loi uniforme* hat das Übereinkommen das autonome spanische IPR (Artt. 8-12 Cc) in seinem Anwendungsbereich vollständig verdrängt.[355] Seither bestimmt sich das auf eine Abtretung anzuwendende Recht *ausschließlich* nach Art. 12 EVÜ (Art. 33 Abs. 1 und 2 EGBGB).

b) Das frühere autonome spanische IPR

Die Kollisionsregeln der Artt. 8-12 Cc bleiben somit nur für diejenigen Konflikte maßgebend, welche vom sachlichen Anwendungsbereich des Übereinkommens nicht umfasst sind.[356]

Außerhalb des Anwendungsbereichs von Art. 19 Abs. 1 EVÜ (Art. 35 Abs. 2 EGBGB) ist für die Abgrenzung des Übereinkommens zum früheren autonomen spanischen IPR im übrigen die Verweisung des Art. 16 Abs. 1 Cc zu beachten. Diese Norm beruft zur Lösung interlokaler Gesetzeskonflikte die im vierten Kapitel des Einführungstitels des Código civil enthaltenen IPR-Normen.[357] Eine

---

[353] Vgl. die Nachweise Teil 3 – § 6 I 1.

[354] BOE Nr. 171 vom 19.7.1993, Nr. 189 vom 9.8.1993, abgedr. in: *Borrás Rodríguez u.a.* (Hrsg.), D. i. pr.[6], § 83.

[355] Vgl. *Virgós Soriano*, in: *Ministerio de Justicia* (Hrsg.), Comentario I[2], Art. 10 Nr. 5 Cc, VII; *Sánchez Lorenzo*, REDI XLV (1993), 131, 147; *Garcimartín Alférez*, REDI XLVI (1994), 446, 449.

[356] Vgl. *Virgós Soriano*, in: *Albaladejo/Díaz Alabart* (Hrsg.), Comentario I[2], Art. 10 Nr. 5, I 1; *Dutrey Guante*, in: *Fernández Rozas* (Hrsg.), Comercio internacional, n. 606 (S. 388). Der Anwendungsbereich des Art. 12 EVÜ (Art. 33 Abs. 1 und 2 EGBGB) umfasst die Abtretung vertraglicher *und* außervertraglicher Forderungen. Zwar ist der sachliche Anwendungsbereich des Übereinkommens gemäß Art. 1 Abs. 1 EVÜ ausdrücklich auf „vertragliche Schuldverhältnisse" beschränkt; den notwendigen Bezug zum Recht der vertraglichen Schuldverhältnisse schafft aber das schuldrechtliche Grundgeschäft der Abtretung, vgl. dazu ausführlich Teil 3 – § 6 I 2 b.

[357] Vgl. unten – § 2 II 1 a.

Anwendung des autonomen spanischen IPR auf interlokale Gesetzeskollisionen[358] wird ungeachtet der allseitigen Geltung des EVÜ daher nicht ausgeschlossen. Auf die Anknüpfungsgrundsätze des früheren autonomen spanischen IPR soll deshalb kurz eingegangen werden. Die Darstellung kann zudem Aufschluss über die künftige Auslegung und Anwendung des Art. 12 EVÜ (Art. 33 Abs. 1 und 2 EGBGB) durch spanische Gerichte geben.[359]

c) Zessionsstatut und Subrogation

Abtretung und Subrogation, die im spanischen Sachrecht als substantiell identische Rechtsinstitute gelten,[360] werden auch kollisionsrechtlich gleich behandelt.[361] Ohne Belang ist, dass eine Subrogation im Unterschied zur Abtretung nicht nur zwischen Altgläubiger und Drittem (Neugläubiger), sondern auch von letzterem mit dem Schuldner vereinbart werden kann: Treffen Schuldner und Dritter (Neugläubiger) für die Subrogation einer dem spanischen Recht unterliegenden Forderung eine abweichende Rechtswahl, bleiben die Rechte des Altgläubigers in jedem Fall über Art. 3 Abs. 2 S. 2 EVÜ (Art. 27 Abs. 2 S. 2 EGBGB) gewahrt.[362]

2. Die Anknüpfung der Abtretung nach früherem autonomem spanischem IPR

Die Darstellung des materiellen Rechts hat gezeigt, dass sich die Voraussetzungen einer Abtretung nicht einheitlich bestimmen, sondern im Verhältnis Zedent – Zessionar sowie in den Rechtsbeziehungen der Zessionsparteien zum Schuldner und zu sonstigen Dritten jeweils gesondert beurteilen.[363] Die systematische Aufspaltung der Abtretungsvoraussetzungen bildete zugleich die Grundlage für die Anknüpfung der Abtretung nach dem früher geltenden spanischen IPR. Zur Bestimmung des Zessionsstatuts wurde dementsprechend das Verhältnis zwischen Zedent und Zessionar von den Rechtsbeziehungen der Zessionsparteien zum Schuldner und sonstigen Dritten unterschieden.[364]

---

[358] Außerhalb des Geltungsbereichs von Art. 19 Abs. 1 EVÜ (Art. 35 Abs. 2 EGBGB) kommt eine Anwendung des spanischen Interlokalen Privatrechts insbesondere für die Lösung von rein innerspanischen Gesetzeskollisionen in Betracht, vgl. unten – § 2 II 2 b aa. Vgl. dagegen zu einer analogen Anwendung des EVÜ auf interlokale Gesetzeskollisionen unten – § 2 II 2 b bb.

[359] Vgl. unten – § 2 I 2, 3.

[360] Zu den Voraussetzungen und Wirkungen der Subrogation vgl. oben – § 1 I 2.

[361] Vgl. *Virgós Soriano*, in: *Ministerio de Justicia* (Hrsg.), Comentario I, Art. 10 Nr. 10 Cc, II 2; *ders.*, in: *Albaladejo/Díaz Alabart* (Hrsg.), Comentario I[2], Art. 10 Nr. 10 Cc, I 6; *González Campos u. a.*, D. i. pr.[6], n. 252.

[362] Zum Zustimmungserfordernis des Art. 1211 Cc vgl. oben – § 1 II 1 d bb.

[363] Vgl. oben – § 1 II-IV.

[364] Vgl. *Remiro Brotons*, in: *Albaladejo* (Hrsg.), Comentario I[1], Art. 10 Nr. 10 Cc, II 1.

a) Die Anknüpfung der Abtretung im Verhältnis Zedent – Zessionar

aa) Die Maßgeblichkeit des Vertragsstatuts

Die Rechtsbeziehungen zwischen Zedent und Zessionar unterlagen gemäß Art. 10 Nr. 5 Abs. 1 Cc[365] dem für den Abtretungsvertrag maßgebenden Vertragsstatut.[366] Dieses regelte das *gesamte* Rechtsverhältnis der Zessionsparteien: Es umfasste nicht nur die schuldrechtlichen Beziehungen zwischen Zedent und Zessionar, sondern auch den eigentlichen Forderungsübergang.[367] Da sich das Vertragsstatut nach dem früher geltenden IPR primär nach einem von den Parteien gewählten Recht bestimmte, war eine auf das interne Rechtsverhältnis der Zessionsparteien beschränkte Rechtswahl für die Abtretung grundsätzlich zulässig.[368]

bb) Die Bestimmung des Vertragsstatuts[369]

Das Vertragsstatut bestimmte sich gemäß Art. 10 Nr. 5 Abs. 1 S. 1 Hs. 1 Cc in erster Linie durch Rechtswahl der Parteien. Jedoch wurde die Parteiautonomie in zweifacher Hinsicht eingeschränkt: Art. 10 Nr. 5 Abs. 1 S. 1 Hs. 1 Cc bestimmte zum einen, dass die Rechtswahl der Parteien „ausdrücklich" sein muss; zum anderen bestimmte die Norm, dass zwischen der gewählten Rechtsordnung und dem Rechtsgeschäft, auf welches die Rechtswahl Bezug nimmt (Hauptvertrag), eine „Verbindung" bestehen muss. Das Erfordernis der „ausdrücklichen" Rechtswahl wurde weit ausgelegt. Es genügte schon die ausdrückliche Bezugnahme auf Vorschriften einer bestimmten Rechtsordnung. Wies der Hauptvertrag gemäß Art. 10 Nr. 5 Abs. 1 S. 1 Hs. 1 Cc eine Verbindung mit lediglich zwei Rechten auf, war für die Annahme einer Rechtswahl insoweit bereits der Ausschluss eines dieser beiden Rechte ausreichend.[370] Auch an die „Verbindung" zwischen der gewählten Rechtsordnung und dem Hauptvertrag wurden keine allzu hohen Anforderungen gestellt. Hier genügte es, wenn sich die Verbindung aus der Staatsangehörigkeit, dem Wohnsitz oder dem gewöhnlichen Aufenthalt der Parteien ergab. Die Verbindung zwischen dem gewählten Recht und dem Hauptvertrag konnte sich ferner aus dem Gegenstand ergeben,

---

365 Text in deutscher Übersetzung, vgl. Anhang – I 1.

366 Vgl. *Tribunal Supremo* 19.2.1993, REDI 45 (1993), 510, 511 = AC 1993, Nr. 655, S. 1613, 1616; *Virgós Soriano*, in: *Ministerio de Justicia* (Hrsg.), Comentario I², Art. 10 Nr. 10 Cc, II 2.

367 Vgl. *Remiro Brotons*, in: *Albaladejo* (Hrsg.), Comentario I¹, Art. 10 Nr. 10 Cc, II 1; *Forner Delaygua*, La cesión de contrato, n. 188 (S. 177 f.), n. 254 (S. 238).

368 A.A. *Reichmann*, Spanien, in *Hadding/Schneider* (Hrsg.), Die Forderungsabtretung, S. 597, 619 f., wonach sich die Wirksamkeit der Abtretung insgesamt nach dem Forderungsstatut beurteilt.

369 Vgl. die Darstellung bei *von Hoffmann/Ortiz-Arce*, RabelsZ 39 (1975), 647, 674 ff.

370 Vgl. *Puig Ferriol*, RDP 59 (1975), 699, 708; *Virgós Soriano*, in: *Ministerio de Justicia* (Hrsg.), Comentario I², Art. 10 Nr. 5 Cc, III 1.

auf den sich der Hauptvertrag bezog. Auch ein unmittelbarer Zusammenhang des Hauptvertrages mit einem Vertrag, für den die Parteien bereits zuvor eine Rechtswahl getroffen hatten, konnte zu der geforderten Verbindung führen. Selbst eine wirtschaftliche Verbindung wurde noch für ausreichend erachtet. Dagegen vermochte ein lediglich subjektives, wenngleich begründetes, Interesse der Parteien an der Anwendung einer bestimmten Rechtsordnung die Verbindung zwischen Hauptvertrag und gewähltem Recht nicht herzustellen.[371]

Mangels einer Rechtswahl bestimmte sich das Vertragsstatut subsidiär nach den objektiven Anknüpfungskriterien des Art. 10 Nr. 5 Abs. 1 S. 1 Hs. 2 Cc. Maßgebend war hiernach in erster Linie die gemeinsame Staatsangehörigkeit der Parteien, in zweiter Linie ihr gemeinsamer gewöhnlicher Aufenthalt, jeweils bezogen auf den Zeitpunkt des Vertragsschlusses, und zuletzt der Abschlussort. Die Anknüpfungsfolge war streng hierarchisch: Nur wenn ein vorangegangenes Anknüpfungsmoment ausgeschieden war, gelangte das nächstfolgende zur Anwendung.[372]

b) Die Anknüpfung der Abtretung im Verhältnis zum Schuldner und sonstigen Dritten

Im Verhältnis zum Schuldner und sonstigen Dritten beurteilte sich die Abtretung *einheitlich* nach dem Forderungsstatut.[373] Dessen Maßgeblichkeit folgte aus Art. 10 Nr. 10 S. 1 Cc,[374] der den Geltungsbereich des Schuldstatuts festlegte.[375] Zwar nahm die Norm auf die Veränderung eines Schuldverhältnisses – wie sie die Abtretung subjektiv in Gestalt des Gläubigerwechsels stets mit sich bringt – nicht ausdrücklich Bezug; vielmehr besagte sie ihrem Wortlaut nach nur, dass sich „das auf ein Schuldverhältnis anwendbare Recht ... auf die Voraussetzungen der Erfüllung und die Folgen der Nichterfüllung sowie auf sein Erlöschen [erstreckt]“. Diese Aufzählung war jedoch nicht abschließend. Die

[371] Vgl. *Virgós Soriano*, in: *Ministerio de Justicia* (Hrsg.), Comentario I^2, Art. 10 Nr. 5 Cc, III 2.

[372] Vgl. *Virgós Soriano*, in: *Ministerio de Justicia* (Hrsg.), Comentario I^2, Art. 10 Nr. 5 Cc, IV 1.

[373] Vgl. *Remiro Brotons*, in: *Albaladejo* (Hrsg.), Comentario I^1, Art. 10 Nr. 10 Cc, II 1 (S. 372), der die Lösung des Art. 16 Abs. 2 des Vorentwurfs zum EVÜ aus dem Jahre 1972, wonach die „Voraussetzungen, unter denen die Abtretung dem Schuldner *und Dritten* entgegengehalten werden kann“, dem Forderungsstatut unterliegen, ausdrücklich befürwortet, weil sie „perfekt auf unser [spanisches] Rechtssystem übertragbar seien“; vgl. im übrigen *Virgós Soriano*, in: *Ministerio de Justicia* (Hrsg.), Comentario I^2, Art. 10 Nr. 10 Cc, II 1.

[374] Text in deutscher Übersetzung, vgl. Anhang – I 1.

[375] Art. 10 Nr. 10 S. 1 Cc bestimmt den Geltungsbereich des vertraglichen und außervertraglichen Schuldstatuts, vgl. *Remiro Brotons*, in: *Albaladejo* (Hrsg.), Comentario I^1, Art. 10 Nr. 10 Cc, II 1 (S. 371 f.); *Virgós Soriano*, in: *Ministerio de Justicia* (Hrsg.), Comentario I^2, Art. 10 Nr. 10 Cc, I.

Lehre rechtfertigte die Geltung des Schuldstatuts für Veränderungen des Schuldverhältnisses insbesondere mit dem Grundsatz der einheitlichen Rechtsanwendung; dieser erfordere es, ein Schuldverhältnis von der Entstehung bis zu seinem Erlöschen einem einheitlichen Schuldstatut zu unterwerfen.[376] Erst in jüngerer Zeit wurde die Maßgeblichkeit des Forderungsstatuts für die Abtretung im Verhältnis zum Schuldner und sonstigen Dritten auch mit der Notwendigkeit des Schuldnerschutzes begründet.[377] Die Bestimmung des Forderungsstatuts unterlag den allgemeinen Anknüpfungsgrundsätzen der Artt. 8 ff. Cc. Wurde eine vertragliche Forderung abgetreten, galten dementsprechend die Anknüpfungsprinzipien des Art. 10 Nr. 5 Abs. 1 Cc.[378]

3. Die Anknüpfung der Abtretung nach Art. 12 EVÜ

Art. 12 EVÜ (Art. 33 Abs. 1 und 2 EGBGB) folgt der romanischen Rechtstradition. Demgemäß unterscheidet die Norm für die Bestimmung des auf eine Abtretung anzuwendenden Rechts – in Übereinstimmung mit den Leitlinien des früheren autonomen spanischen IPR[379] – das Verhältnis zwischen Zedent und Zessionar (Art. 12 Abs. 1 EVÜ respektive Art. 33 Abs. 1 EGBGB) von den Rechtsbeziehungen der Zessionsparteien zum Schuldner (Art. 12 Abs. 2 EVÜ respektive Art. 33 Abs. 2 EGBGB).[380] Im Verhältnis der Zessionsparteien zu sonstigen Dritten fehlt eine ausdrückliche Regelung des für die Abtretung maßgeblichen Statuts.[381]

Aufgrund des Wortlauts von Art. 12 Abs. 1 EVÜ (Art. 33 Abs. 1 EGBGB),[382] der nicht von den Beziehungen („relaciones"), sondern ausdrücklich nur von den Verpflichtungen („obligaciones") zwischen Zedent und Zessionar spricht, lässt sich die Norm aus der Sicht des spanischen Rechts, in dem die Abtretung *inter partes* nicht nur als konsensuales, sondern auch als obligatorisches Rechtsgeschäft konstruiert wird,[383] unterschiedlich interpretieren. Ausgehend

---

376 Vgl. *Virgós Soriano*, in: *Ministerio de Justicia* (Hrsg.), Comentario I^2, Art. 10 Nr. 10 Cc, I: „principio de *unidad de régimen jurídico*".

377 Vgl. *Virgós Soriano*, in: *Albaladejo/Díaz Alabart* (Hrsg.), Comentario I^2, Art. 10 Nr. 10 Cc, I 6; *González Campos u. a.*, D. i. pr.^{6}, n. 252; *Dutrey Guante*, in: *Fernández Rozas* (Hrsg.), Comercio internacional, n. 606 (S. 388); *Aguilar Benítez de Lugo*, Derecho civil internacional, S. 287.

378 Vgl. oben – § 2 I 2 a bb.

379 Zur Systematik des spanischen Zessionsrechts vgl. oben – § 1 I 3 a.

380 Zum systematischen Aufbau des Art. 12 EVÜ (Art. 33 Abs. 1 und 2 EGBGB) vgl. Teil 3 – § 6 I 4.

381 Zu den offenen Anknüpfungsfragen des Art. 12 EVÜ (Art. 33 Abs. 1 und 2 EGBGB vgl. Teil 3 – § 6 IV.

382 Die spanische Fassung des Art. 12 Abs. 1 EVÜ lautet: „Las obligaciones entre el cedente y el cesionario de un crédito se regirán por la Ley que, en virtud del presente Convenio, se aplique al contrato que les ligue.", abgedr. in *Borrás Rodríguez u. a.* , D. i. pr.^{6}, § 83.

383 Vgl. oben – § 1 II 1 a bb.

von dem Erfordernis eines Übertragungsaktes müsste man annehmen, dass die Norm lediglich das für die schuldrechtlichen Beziehungen zwischen Zedent und Zessionar maßgebende Recht umfasst. Dagegen wäre auf der Grundlage des Konsensualprinzips, wonach der Abtretungsvertrag keine Verpflichtungen zwischen den Zessionsparteien auslöst, Art. 12 Abs. 1 EVÜ (Art. 33 Abs. 1 EGBGB) dahin gehend zu interpretieren, als umfasse er nicht nur die schuldrechtlichen Beziehungen, sondern das gesamte Rechtsverhältnis der Zessionsparteien, also auch den Forderungsübergang *inter partes*.

Für diese Interpretation spricht, dass das frühere autonome spanische IPR vor dem Inkrafttreten des Art. 12 EVÜ (Art. 33 Abs. 1 und 2 EGBGB) die rechtsgeschäftliche Übertragung einer Forderung, entsprechend der Systematik des materiellen Rechts, im Verhältnis zwischen Zedent und Zessionar sowie in den Rechtsbeziehungen der Zessionsparteien zum Schuldner und sonstigen Dritten jeweils gesondert anknüpfte.[384] Angesichts dieser systematischen Übereinstimmung scheint man im spanischen IPR allgemein davon auszugehen, dass mit der Regelung keine Neuerungen gegenüber der alten Rechtslage verbunden sind. Demgemäß wird der Anwendungsbereich des Art. 12 Abs. 1 EVÜ (Art. 33 Abs. 1 EGBGB) auf die gesamten Rechtsbeziehungen der Zessionsparteien erstreckt.[385] Auch die Drittwirkungen einer Abtretung werden nach wie vor einheitlich dem Forderungsstatut unterworfen.

II. Interlokales Privatrecht

1. Quellen und Grundlagen des spanischen Interlokalen Privatrechts

Das Interlokale Privatrecht ist einheitlich in den Artt. 13-16 Cc geregelt.[386] Es bestimmt, welche spanische Teilrechtsordnung anwendbar ist, wenn interlokale Kollisionen zwischen dem gemeinspanischen Recht und einem Partikularrecht oder mehreren Partikularrechten untereinander, aber auch innerhalb eines solchen auftreten.[387]

[384] Vgl. oben – § 2 I 2.

[385] Vgl. *Virgós Soriano*, in: *Albaladejo/Díaz Alabart* (Hrsg.), Comentario I², Art. 10 Nr. 10 Cc, I 6; *González Campos u.a.*, D. i. pr.⁶, n. 252; *Dutrey Guante*, in: *Fernández Rozas* (Hrsg.), Comercio internacional, n. 606 (S.388); *Aguilar Benítez de Lugo*, Derecho civil internacional, S. 287.

[386] Vgl. die Darstellung bei *Staudinger*¹³*-Hausmann*, Anh. zu Art. 4 EGBGB, Rdnr. 248 ff.

[387] Zur interlokalen Rechtsspaltung im spanischen Privatrecht vgl. bereits oben – § 1 I 1.

a) Die Verweisung des Interlokalen Privatrechts auf die Normen des IPR

Das Interlokale Privatrecht enthält keine eigenen Kollisionsregeln, sondern verweist in Art. 16 Abs. 1 Cc[388] zur Lösung interlokaler Gesetzeskonflikte auf die im vierten Kapitel des Einführungstitels des Código civil enthaltenen Normen des Internationalen Privatrechts.[389] Die Verweisung auf das IPR erfolgt jedoch mit der Besonderheit, dass Verweisungen im spanischen Interlokalen Privatrecht stets Sachnormverweisungen sind (Art. 16 Abs. 2 Nr. 1 Cc) und das Personalstatut nicht durch die Staatsangehörigkeit,[390] sondern durch die „vecindad civil", d.h. die zivile Rechtsgebietszugehörigkeit einer Person zum gemeinspanischen Recht oder zu einem der Partikularrechte,[391] bestimmt wird (Art. 16 Abs. 1 Nr. 1 Cc). Soweit demnach das frühere autonome spanische IPR auch zur Lösung interlokaler Gesetzeskonflikte berufen ist, gelten in Bezug auf die Forderungsabtretung die Anknüpfungsgrundsätze des Art. 10 Nr. 5, 10 Cc.[392] Ist dabei das Personalstatut für die Ermittlung des anzuwendenden Rechts maßgebend, wie z.B. im Fall des Art. 10 Nr. 5 Abs. 1 Hs. 2 Alt. 1 Cc, der auf die gemeinsame Staatsangehörigkeit der Parteien zum Zeitpunkt des Vertragsschlusses abstellt, bestimmt sich dieses nicht nach der Staatsangehörigkeit (Art. 9 Nr. 1 S. 1 Cc), sondern durch die „vecindad civil" (Art. 16 Nr. 1 Abs. 1 Cc).[393]

b) Die Bestimmung des Personalstatuts durch die „vecindad civil"

Die „vecindad civil" bezeichnet die Zugehörigkeit einer Person zum gemeinspanischen Recht oder zu einem der Partikularrechte.[394] Sie ist in Art. 14 Cc[395] geregelt. Der Erwerb der „vecindad civil" erfolgt in erster Linie durch Geburt[396] oder Adoption.[397] Ist die zivile Rechtsgebietszugehörigkeit der Eltern zum Zeitpunkt der Geburt oder Adoption des Kindes verschieden, erwirbt das Kind die „vecindad civil" desjenigen Elternteils, zu welchem die Abstammung früher bestimmt worden ist, hilfsweise die „vecindad civil" des Geburtsortes und zuletzt diejenige des gemeinspanischen Rechts.[398] Die zivile Rechtsgebietszugehörigkeit wird ferner durch zweijährigen gewöhnlichen Aufenthalt erworben, wenn eine entsprechende Erklärung der betreffenden Person abgegeben und im Zivil-

388 Text in deutscher Übersetzung, vgl. Anhang – I 1.
389 Vgl. Artt. 8-12 Cc.
390 Vgl. Art. 9 Nr. 1 S. 1 Cc.
391 Zur Bestimmung des Personalstatuts durch die „vecindad civil" vgl. unten – § 2 II 1 b.
392 Vgl. oben – § 2 I 2.
393 Vgl. *Albaladejo*, RDP 60 (1976), 981, 992.
394 Vgl. *Jayme*, RabelsZ 55 (1991), 303, 306 m.w.N.
395 Text in deutscher Übersetzung, vgl. Anhang – I 1.
396 Art. 14 Nr. 2 Abs. 1 Cc.
397 Art. 14 Nr. 2 Abs. 2 Cc.
398 Art. 14 Nr. 3 Abs. 1 Cc.

standsregister eingetragen wird,[399] oder durch zehnjährigen gewöhnlichen Aufenthalt, wenn eine gegenteilige Erklärung nicht vorliegt.[400] Die Eheschließung bringt grundsätzlich keine Änderung mit sich; die Ehegatten können jedoch, solange sie nicht getrennt leben, jederzeit für die Rechtsgebietszugehörigkeit des anderen Ehegatten optieren.[401] Im Zweifel ist die „vecindad civil" des Geburtsortes maßgebend.[402]

Für Ausländer, welche die spanische Staatsangehörigkeit erwerben, gilt Art. 15 Nr. 1 und 2 Cc.[403] Sie müssen bei der Eintragung des Staatsangehörigkeitserwerbs wahlweise für die zivile Rechtsgebietszugehörigkeit des Wohnsitzes, des Geburtsortes, der „vecindad civil" ihrer Eltern, Adoptiveltern oder ihres Ehegatten optieren.[404]

Die Bestimmung des Personalstatuts bei Gesetzeskollisionen innerhalb eines Partikularrechts – z.B. „conflictos interinsulares" auf den Balearen oder „conflictos intercomarcales" in Katalonien – erfolgt gemäß Art. 15 Nr. 4 Cc[405] durch Bildung einer „subvecindad".[406] Maßgebend sind auch insoweit die Artt. 14 und 15 Cc; nur spricht der Código civil in diesen Fällen nicht von „vecindad civil", sondern lediglich von „dependencia personal". Die katalanische Compilación formuliert demgegenüber die „subvecindad" in Art. 3 Abs. 3 als „vecindad local".[407]

2. Interlokale Kollisionen im Zessionsrecht

Beispiel: G besitzt die spanische Staatsangehörigkeit und „vecindad civil" zu Katalonien. Seinen gewöhnlichen Aufenthalt hat G in Pamplona, Navarra. Er verkauft und überträgt eine ihm gegen S zustehende Kaufpreisforderung über 10 Mio ptas für 7,5 Mio ptas auf Z. S besitzt wie G die spanische Staatsangehörigkeit und die katalanische „vecindad civil". Als Z die auf ihn übertragene Forderung gegen S gerichtlich geltend macht, leistet S lediglich Zahlung in Höhe des Kaufpreises, den Z für die Forderung entrichtet hat (7,5 Mio ptas). Z verlangt Zahlung weiterer 2,5 Mio ptas. S beruft sich auf Ley 511 Comp.N.[408] Hiernach brauche er nicht in Höhe des Nominalwertes der Forderung (10 Mio ptas) leisten; vielmehr werde er von seiner Leistungspflicht schon dann befreit, wenn er Z den Kaufpreis für die abgetretene Forderung erstatte.

---

399 Art. 14 Nr. 5 1.º Cc.
400 Art. 14 Nr. 5 2.º Cc.
401 Art. 14 Nr. 4 Cc.
402 Art. 14 Nr. 6 Cc.
403 Text in deutscher Übersetzung, vgl. Anhang – I 1.
404 Vgl. *Mangold*, IPRax 1992, 391, 393.
405 Text in deutscher Übersetzung, vgl. Anhang – I 1.
406 *Jayme*, RabelsZ 55 (1991), 303, 306 f.
407 Deutsch (Übersetzung vom Verf.): „lokale Rechtsgebietszugehörigkeit".
408 Zur *lex Anastasiana* des navarresischen Rechts vgl. oben – § 1 III 2 d.

a) Die Bestimmung der maßgebenden Teilrechtsordnung durch das EVÜ

Besonderheiten gelten im Anwendungsbereich des EVÜ: Wegen Art. 19 Abs. 1 EVÜ (Art. 35 Abs. 2 EGBGB), wonach für die Bestimmung des nach dem Übereinkommen anzuwendenden Rechts in einem Mehrrechtsstaat, dessen Gebietseinheiten über jeweils eigene Rechtsnormen für vertragliche Schuldverhältnisse verfügen, jede Gebietseinheit als Staat gilt, beziehen sich die Verweisungen des EVÜ, die ausschließlich Sachnormverweisungen beinhalten,[409] stets unmittelbar auf die maßgebende Teilrechtsordnung. Eine Heranziehung Interlokalen Privatrechts scheidet in diesen Fällen bereits mangels einer interlokalen Kollision aus.[410]

aa) Die Bestimmung des Vertragsstatuts bei subjektiver Anknüpfung

Die Bestimmung des Vertragsstatuts bei subjektiver Anknüpfung nach Art. 3 EVÜ (Art. 27 EGBGB) bereitet keine Schwierigkeiten, wenn die Parteien von vornherein eine bestimmte Teilrechtsordnung wählen. In einem solchen Fall ist eine unproblematische Sachnormverweisung gegeben, die unmittelbar zur Anwendung des von den Parteien bezeichneten Teilrechts führt. Schwierig gestaltet sich die Bestimmung des Vertragsstatuts jedoch, wenn die Parteien lediglich die Maßgeblichkeit des „spanischen" Rechts vereinbaren, ohne eine Konkretisierung desselben vorzunehmen.

Wollten die Parteien in diesem Fall keine Gesamtverweisung treffen,[411] muss eine Auslegung des Parteiwillens erfolgen.[412] Nach *Jayme* ist der Parteiwille bei Verbraucherverträgen regelmäßig dahin gehend zu konkretisieren, dass das Teilrecht des Ortes gewählt wird, an dem die Parteien verhandeln und der Ver-

---

409 Vgl. Art. 15 EVÜ (Art. 35 Abs. 1 EGBGB).

410 Als Spezialvorschrift geht Art. 35 Abs. 2 EGBGB der Regelung des Art. 4 Abs. 3 EGBGB vor und bildet eine Ausnahme von dem dort normierten Grundsatz, dass bei einer Verweisung auf das Recht eines Staates mit mehreren Teilrechtsordnungen das Recht dieses Staates zu bestimmen habe, welche der Teilrechtsordnungen anzuwenden ist, vgl. *Kropholler*, IPR[3], § 52 II 5; *Reithmann/Martiny-Martiny*, Internationales Vertragsrecht[5], Rdnr. 170.

411 Eine Gesamtverweisung wird weder durch Art. 35 Abs. 1 EGBGB (Art. 15 EVÜ) noch durch Art. 4 Abs. 2 EGBGB ausgeschlossen, vgl. *Ferid*, IPR[3], Rdnr. 6-36; *Reithmann/Martiny-Martiny*, Internationales Vertragsrecht[5], Rdnr. 166; *Schröder*, IPRax 1987, 90, 92. Eine Gesamtverweisung auf spanisches Recht führt allerdings nicht weiter, weil das einheitlich geregelte Interlokale Privatrecht auf die Normen des Internationalen Privatrechts verweist (vgl. Art. 16 Abs. 1 Cc); dort herrscht im Bereich der internationalen Schuldverträge vorrangig die Parteiautonomie (vgl. Art. 10 Nr. 5 Abs. 1 Cc). Eine Bestimmung der maßgebenden Teilrechtsordnung könnte somit auch nach Interlokalem Privatrecht nur durch eine Auslegung des Parteiwillens erfolgen.

412 *Jayme*, IPRax 1989, 287, 288; *ders.*, IPRax 1990, 220, 222; *ders.*, Non-unified legal systems, in: *RAMON CARANDE* (Hrsg.), Principios, objetivos y métodos del d. i. pr., S. 103, 112.

braucher seine Vertragserklärung abgibt.[413] Im Bereich der familienrechtlichen Rechtswahl geht der Parteiwille nach *Stoll* grundsätzlich dahin, dass die Parteien, sofern das Interlokale Privatrecht eines Mehrrechtsstaates – wie auch hier – einheitlich geregelt ist, die danach wählbare Teilrechtsordnung für maßgebend erachten.[414]

Bei schuldrechtlicher Rechtswahl wird außerhalb des Verbrauchervertragsrechts wie folgt zu differenzieren sein: Haben die Parteien den Vertrag in Spanien geschlossen, dürfte der Parteiwille grundsätzlich dahin gehen, das Recht am Abschlussort zu wählen. Nur wenn sich aus der Gesamtheit der Umstände ergibt, dass die Parteien – hätten sie den Konflikt vorhergesehen – ein anderes Teilrecht wählen wollten, wäre dieses maßgebend.[415] Ist der Vertrag demgegenüber im Ausland geschlossen worden, dürfte eine Konkretisierung des Parteiwillens regelmäßig zum gemeinspanischen Recht führen. Für diese Lösung spricht, dass die Parteien mit der Verweisung auf „spanisches" Recht erkennbar zum Ausdruck bringen, dass sie von der territorialen Spaltung des spanischen Privatrechts keine Kenntnis haben.

bb) Die Bestimmung des Vertragsstatuts bei objektiver Anknüpfung

Die Bestimmung der maßgebenden Teilrechtsordnung an Hand der objektiven Anknüpfungskriterien der Artt. 4 ff. EVÜ (Artt. 28 ff. EGBGB) bereitet regelmäßig keine Schwierigkeiten. Hat die Partei, welche die vertragscharakteristische Leistung erbringt, ihren gewöhnlichen Aufenthalt in Navarra, so ist gemäß Artt. 4 Abs. 2, 19 Abs. 1 EVÜ (Artt. 28 Abs. 2, 35 Abs. 2 EGBGB) davon auszugehen, dass der Vertrag mit dem navarresischen Recht die engsten Verbindungen aufweist.[416] Die objektiven Anknüpfungskriterien der Artt. 4 ff. EVÜ (Artt. 28 ff. EGBGB) führen demnach automatisch zur Anwendung einer bestimmten Teilrechtsordnung.

b) Die Bestimmung der maßgebenden Teilrechtsordnung durch das spanische Interlokale Privatrecht

Eine Bestimmung der anzuwendenden Teilrechtsordnung durch das Interlokale Privatrecht kommt insbesondere in rein innerspanischen Kollisionen sowie immer dann in Betracht, wenn das Kollisionsrecht eines Nichtvertragsstaates des EVÜ, ohne die maßgebende Teilrechtsordnung zu bezeichnen, auf

---

[413] *Jayme*, IPRax 1990, 220, 222.

[414] Mangels eines einheitlichen Interlokalen Privatrechts soll diejenige Rechtsordnung wählbar sein, zu der die in Betracht kommende Person die engste Verbindung habe, vgl. *Stoll*, FS Keller, 511, 527.

[415] Vgl. den Diskussionsbeitrag von *Jayme*, in: *RAMON CARANDE* (Hrsg.), Principios, objetivos y métodos del d. i. pr., S. 134.

[416] Vgl. Bericht *Giuliano/Lagarde*, ABl. EG Nr. C 282, S. 1, 39.

das „spanische“ Recht verweist. Zwar ist das IPR der Schuldverträge auch in anderen Kodifikationen und Staatsverträgen vielfach vom Grundsatz der Sachnormverweisung geprägt. Im Unterschied zum Römischen Schuldvertragsübereinkommen wird aber eine dem Art. 19 Abs. 1 EVÜ (Art. 35 Abs. 2 EGBGB) vergleichbare Regelung, wonach bei Verweisung auf das Recht von Mehrrechtsstaaten jede Gebietseinheit als Staat anzusehen ist, regelmäßig fehlen. Sachnormverweisungen auf das „spanische“ Recht führen insoweit nicht unmittelbar zur Anwendung einer bestimmten Teilrechtsordnung. Deshalb muss die maßgebende Teilrechtsordnung an Hand des Interlokalen Privatrechts bestimmt werden. Gleiches gilt bei Gesamtverweisungen auf das „spanische“ Recht, die das spanische IPR annimmt.

Streitig ist jedoch, nach welchen Normen interlokale Kollisionen im Recht der vertraglichen Schuldverhältnisse entschieden werden sollen.[417] Das Interlokale Privatrecht verweist zur Lösung der interlokalen Kollisionen auf die im vierten Kapitel des Einführungstitels des Código civil enthaltenen Normen des autono-men spanischen IPR (Artt. 8-12 Cc).[418] Als *loi uniforme* hat das EVÜ jedoch nach seinem Inkrafttreten am 1.9.1993 die Artt. 8-12 Cc in seinem sachlichen Anwendungsbereich vollständig verdrängt.[419] Somit könnten die Übereinkommensvorschriften auch zur Lösung interlokaler Kollisionen berufen sein.[420]

aa) Anwendung des früheren autonomen spanischen IPR

Art. 19 Abs. 2 EVÜ stellt es den Vertragsstaaten, in denen verschiedene Gebietseinheiten über jeweils eigene Rechtsnormen für vertragliche Schuldverhältnisse verfügen, frei, das Übereinkommen auf Kollisionen zwischen den Rechtsordnungen dieser Gebietseinheiten anzuwenden. Bislang hat nur das Vereinigte Königreich von dieser Möglichkeit Gebrauch gemacht und das EVÜ für innerbritische Kollisionsfälle in Kraft gesetzt.[421] Der spanische Gesetzgeber hat zu der Frage der Anwendbarkeit des Übereinkommens auf innerspanische Kollisionsfälle noch nicht Stellung bezogen, weshalb sich das EVÜ allenfalls analog heranziehen ließe.[422]

---

417 Vgl. *Jayme/Mangold*, IPRax 1993, 352.
418 Vgl. oben – § 2 II 2 a.
419 Vgl. oben – § 2 I 1 a.
420 Vgl. *Jayme/Kohler*, IPRax 1993, 357, 368.
421 Vgl. *Jayme/Kohler*, IPRax 1990, 353, 358.
422 Vgl. *Garcimartín Alférez*, REDI XLVI (1994), 446, 450. Eine andere Auffassung vertritt *Kaye*, Private International Law, S. 362 f., wonach das EVÜ gemäß Art. 1 Abs. 1 i.V.m. Art. 19 Abs. 1 auf innerstaatliche Kollisionen unmittelbar Anwendung findet. Art. 19 Abs. 2 EVÜ eröffne betroffenen Vertragsstaaten lediglich die Möglichkeit, eine Anwendung des Übereinkommens ausdrücklich auszuschließen; ablehnend *Jayme/Kohler*, IPRax 1993, 357, 368 (Fn. 129).

In der Lehre ist indes der formelle Standpunkt anzutreffen, die Untätigkeit des Gesetzgebers schließe eine Anwendung des EVÜ auf interlokale Kollisionen in jedem Fall aus.[423] Für die Fortgeltung der Artt. 8-12 Cc wird insbesondere der Wortlaut des Art. 16 Abs. 1 Cc eingewandt, der nicht lediglich auf das IPR oder die Normen des IPR, sondern ausdrücklich auf die „im Kapitel IV enthaltenen Vorschriften" (Artt. 8-12 Cc) verweise.[424] Ferner wird eingewandt, dass die Kollisionsnormen des früheren autonomen spanischen IPR, auf die Art. 16 Abs. 1 Cc verweise, deutlich von interlokaler Rücksichtnahme auf die Partikularrechte der Comunidades Autónomas geprägt seien. Ausgehend von der im Interlokalen Privatrecht üblichen Bestimmung des Personalstatuts durch die „vecindad civil", habe der Gesetzgeber dem Geltungsanspruch der Partikularrechte durch die Wahl personenbezogener Anknüpfungsmomente im IPR, insbesondere auch im Schuldvertragsrecht,[425] umfassend Rechnung tragen wollen. Weil das EVÜ jedoch nicht personenbezogen anknüpfe, sondern auf den gewöhnlichen Aufenthalt einer Person abstelle, passe es für die Lösung interlokaler Konflikte nicht. Insoweit müsse die Übereinstimmung der Anknüpfungsgrundsätze im früher geltenden autonomen IPR und Interlokalen Privatrecht zu einer Fortgeltung der Artt. 8-12 Cc führen und eine analoge Anwendung des EVÜ auf innerspanische Konflikte ausschließen.[426] Überdies seien Staatsverträge im allgemeinen bald überholt und einer Änderung nur schwer zugänglich.[427]

Im Fallbeispiel[428] wäre – ausgehend von einer Fortgeltung des früheren autonomen spanischen IPR – die Frage, unter welchen Voraussetzungen S von seiner Leistungspflicht frei wird, gemäß Art. 16 Abs. 1 i.V.m. Art. 10 Nr. 10 S. 1, Nr. 5 Cc nach dem Schuldstatut der übertragenen Kaufpreisforderung zu entscheiden.[429] Mangels einer Rechtswahl der Parteien müsste auf die objektiven Anknüpfungskriterien des Art. 10 Nr. 5 Abs. 1 S. 1 Hs. 2 Cc zurückgegriffen werden.[430] Primär wäre jedoch nicht auf die gemeinsame Staatsangehörigkeit, sondern auf die gemeinsame Rechtsgebietszugehörigkeit der Parteien abzustellen (Art. 16 Abs. 1 Nr. 1 Cc).[431] Weil sowohl S als auch G die „vecindad civil" zum katalanischen Recht besitzen, entschiede in erster Linie das katalanische Recht. Dieses regelt die Forderungsabtretung aber nicht, so dass subsidiär die

[423] Vgl. *Aguilar Benítez de Lugo*, Derecho civil internacional, S. 259.

[424] Vgl. *Garcimartín Alférez*, REDI XLVI (1994), 446, 450.

[425] Vgl. Art. 10 Nr. 5 Abs. 1 Cc, der für die objektive Anknüpfung primär auf die gemeinsame Staatsangehörigkeit der Parteien abstellt.

[426] Vgl. *Virgós Soriano*, in: *Albaladejo/Díaz Alabart* (Hrsg.), Comentario I², Art. 10 Nr. 5 Cc, II 1; *Garcimartín Alférez*, REDI XLVI (1994), 446, 450.

[427] Vgl. den Diskussionsbeitrag von *González Campos*, in: *RAMON CARANDE* (Hrsg.), Principios, objetivos y métodos del d. i. pr., S. 132.

[428] Vgl. oben – § 2 II 2.

[429] Vgl. oben – § 2 II 1 a.

[430] Vgl. oben – § 2 I 2.

[431] Vgl. oben – § 2 II 1 b.

Artt. 1526 ff. Cc gälten (Art. 13 Abs. 2 Cc).[432] Nach Art. 1535 Cc kann sich der Schuldner auf die *lex Anastasiana* nur bei Abtretung streitbefangener Forderungen berufen.[433] S wäre, da die Forderung im Zeitpunkt der Abtretung nicht streitbefangen war, somit zur Zahlung weiterer 2,5 Mio ptas an Z verpflichtet. Eine Berufung auf die *lex Anastasiana* des navarresischen Rechts (Ley 511 Comp.N.) schiede aus.[434]

bb) Analoge Anwendung des EVÜ

Überzeugender sind die Argumente, die für eine analoge Anwendung des EVÜ auf innerspanische Konflikte sprechen. Art. 19 Abs. 2 EVÜ will Vertragsstaaten, die über mehrere Gebietseinheiten mit eigenständigen Rechtsregeln für vertragliche Schuldverhältnisse verfügen, die Möglichkeit belassen, innerstaatliche Konflikte durch ein eigenes Interlokales Kollisionsrecht zu lösen. Das spanische Interlokale Privatrecht enthält jedoch, streng genommen, keine eigenen Kollisionsnormen, sondern verweist in Art. 16 Abs. 1 Cc für die Entscheidung interlokaler Konflikte lediglich auf die Bestimmungen des IPR. Diese waren bislang in Art. 10 Nr. 5 und Nr. 10 Cc enthalten, sind aber durch das EVÜ verdrängt worden, das nun als *loi uniforme* gilt. Der universelle Charakter des EVÜ spricht daher für eine analoge Anwendung des Übereinkommens auf interlokale Kollisionsfälle.[435]

Außerdem lässt sich die vom Gesetzgeber gewünschte Übereinstimmung der Anknüpfung im Internationalen und Interlokalen Privatrecht – ausgehend von einer vollständigen Verdrängung des autonomen IPR – auch durch eine analoge Anwendung des EVÜ auf interlokale Kollisionen herstellen. Die Rücksichtnahme auf partikularrechtliche Besonderheiten darf demgegenüber nicht dazu führen, dass an der personenbezogenen Anknüpfung der Artt. 8 ff. Cc um jeden Preis festgehalten wird. Die Sorge des Gesetzgebers, der Anwendungsbereich der Partikularrechte werde durch Art. 16 Abs. 1 Cc vielleicht zu sehr eingeengt, bestand ohnehin hauptsächlich in den für die Partikularrechte wichtigen Sachgebieten, nämlich dem Ehegüterrecht und dem Erbrecht, wo die personenbezogene Anknüpfung von großer Bedeutung ist.[436] Im Schuldvertragsrecht bietet dagegen die Anknüpfung an den gewöhnlichen Aufenthalt oder die Niederlassung der Partei, die die vertragscharakteristische Leistung erbringt, regelmäßig die sachgerechtere Lösung.

---

432 Zur Reichweite des gemeinspanischen Rechts vgl. oben – § 1 I 1.

433 Vgl. oben – § 1 III 2 c.

434 Vgl. oben – § 1 III 2 d.

435 Vgl. *Jayme/Kohler*, IPRax 1993, 357, 368; *Sánchez Lorenzo*, REDI XLV (1993), 131, 144; *ders.*, Diskussionsbeitrag in: *RAMON CARANDE* (Hrsg.), Principios, objetivos y métodos del d. i. pr., S. 131; *Borrás Rodríguez*, Diskussionsbeitrag in: *RAMON CARANDE* (Hrsg.), Principios, objetivos y métodos del d. i. pr., S. 125, 127.

436 Vgl. *von Hoffmann/Ortiz-Arce*, RabelsZ 39 (1975), 647, 682.

Für eine analoge Anwendung des EVÜ auf innerspanische Konflikte spricht überdies, dass das Vereinigte Königreich das EVÜ für innerbritische Konflikte bereits in Kraft gesetzt hat.[437] Schließlich ist die klare Trennung internationaler und interlokaler Kollisionsfälle mitunter schwierig zu vollziehen. Eine Harmonisierung der spanischen Kollisionsrechte erleichterte insoweit die Rechtsanwendung.[438]

Im Fallbeispiel[439] wäre ausgehend von einer analogen Anwendung des EVÜ die Frage, unter welchen Voraussetzungen S von seiner Leistungspflicht frei wird, gemäß Art. 12 Abs. 2 EVÜ (Art. 33 Abs. 2 EGBGB) wiederum nach dem Forderungsstatut zu beurteilen.[440] Mangels einer Rechtswahl stellte Art. 4 Abs. 2 EVÜ (Art. 28 Abs. 2 EGBGB) auf das Recht am gewöhnlichen Aufenthalt derjenigen Partei ab, welche die vertragscharakteristische Leistung erbringt. Weil die Forderung des G auf Zahlung des Kaufpreises gerichtet ist, wäre mithin auf das Partikularrecht von Navarra als das Recht am Ort des gewöhnlichen Aufenthalts des Verkäufers G abzustellen. S könnte sich somit nach Ley 511 Comp.N. auf die *lex Anastasiana* berufen und die Zahlung weiterer 2,5 Mio ptas an Z verweigern.

---

[437] Vgl. *Borrás Rodríguez*, Les ordres plurilegislatifs dans le droit international privé actuel, in: *Académie du Droit International* (Hrsg.), Recueil des cours 249, S. 149, 305.

[438] *Jayme/Kohler*, IPRax 1993, 357, 368.

[439] Vgl. oben – § 2 II 2.

[440] Vgl. Teil 3 – § 6 III 2 b.

Teil 2:

Die Abtretung im Sach- und Kollisionsrecht anderer Vertragsstaaten des EVÜ

§ 3 Ausgangslage

I. Einheitliches Europäisches Kollisionsrecht

Das Internationale Privatrecht der Abtretung ist für die Mitgliedstaaten der EU durch Art. 12 EVÜ (Art. 33 Abs. 1 und 2 EGBGB) vereinheitlicht worden.[441] Die Gerichte der Vertragsstaaten sind gemäß Art. 18 EVÜ (Art. 36 EGBGB) verpflichtet, eine einheitliche Auslegung und Anwendung der vereinheitlichten Kollisionsnormen zu erreichen.[442] Notwendiger Bestandteil dieser einheitlichen Auslegung und Rechtsanwendung ist die Kollisionsrechtsvergleichung. Hiernach ist zu prüfen, wie das vereinheitlichte Kollisionsrecht in anderen Vertragsstaaten ausgelegt und angewandt wird; denn erst eine Berücksichtigung der ausländischen Rechtsprechung und Lehre schafft die Voraussetzungen für die von den Vertragsstaaten angestrebte einheitliche Anwendung der Übereinkommensvorschriften.[443]

Für die Gerichte der Bundesrepublik Deutschland folgt aus dem Erfordernis der Kollisionsrechtsvergleichung konkret, dass nicht unbesehen an der früheren Rechtsprechung zum Kollisionsrecht der Abtretung festgehalten werden darf, sondern stets zu prüfen ist, wie in anderen Vertragsstaaten die Bestimmungen des Art. 12 EVÜ (Art. 33 Abs. 1 und 2 EGBGB) ausgelegt und angewandt werden. Der Blick über die Grenze erhält im Rahmen der einheitlichen Auslegung nach Art. 18 EVÜ (Art. 36 EGBGB) umso mehr Bedeutung, als der *Europäische Gerichtshof* die Zuständigkeit für die Auslegung des Übereinkommens noch nicht erhalten hat.[444] Insbesondere wird es für die nationalen Gerichte, solange diesen die Vorlage bestimmter Auslegungsfragen verwehrt bleibt, auch keine bindenden Präjudizien geben.[445]

Um die einheitliche Auslegung des Art. 33 Abs. 1 und 2 EGBGB (Art. 12 EVÜ)[446] auf eine möglichst breite rechtsvergleichende Grundlage stellen zu können, soll nachfolgend ein Überblick über die Auslegung und Anwendung

---

[441] Vgl. ausführlich Teil 3 – § 6 I.

[442] Zu den Grundlagen und Methoden der einheitlichen Auslegung nach Art. 36 EGBGB vgl. Teil 3 – § 7 I.

[443] Vgl. *Kropholler*, Internationales Einheitsrecht, S. 280 ff.; *ders.*, ZVglRWiss 77 (1978), 1, 6.

[444] Zum Inkrafttreten der Auslegungsprotokolle vgl. Teil 3 – § 7 I 1 b.

[445] Eine Bindungswirkung an ausländische Entscheidungen dürfte, auch unter dem Gesichtspunkt der Einheitlichkeit der Rechtsanwendung, grundsätzlich abzulehnen sein, vgl. *Kropholler*, Internationales Einheitsrecht, S. 281 f. Zur Bindungswirkung an die Entscheidungen des *EuGH* vgl. Teil 3 – § 7 I 1 b. Zur Notwendigkeit einer supranationalen Auslegungsinstanz für die Anwendung des Art. 12 EVÜ (Art. 33 Abs. 1 und 2 EGBGB) vgl. *Stadler*, IPRax 2000, 104.

[446] Vgl. Teil 3 – § 7.

der Norm im vereinheitlichten Kollisionsrecht der Vertragsstaaten gegeben werden.[447]

II. Notwendigkeit der Sachrechtsvergleichung

Für die Bestimmung des sachlichen Anwendungsbereichs von Art. 33 Abs. 1 und 2 EGBGB (Art. 12 EVÜ), sind auch die unterschiedlichen Sachrechte der Vertragsstaaten einer vergleichenden Betrachtung zu unterziehen.[448] Nicht jeder Ausdruck der Vorschrift wird in den Vertragsstaaten des EVÜ einheitlich definiert. Vielmehr führen die Widersprüche der Sachnormen, deren Zweck in das Kollisionsrecht hineinwirkt, auf der Ebene des IPR insoweit zu Anpassungsproblemen. Hier gilt es mit Hilfe der Sachrechtsvergleichung bestehende Normwidersprüche zu erkennen und wenn möglich aufzulösen.[449] Die Sachrechtsvergleichung ist im übrigen für die Schaffung der zu fordernden EVÜ-eigenen, vertragsautonomen Begriffsdefinitionen unverzichtbar.[450] Zweckmäßigerweise wird sie sich nachfolgend auf die kollisionsrechtlich relevanten Fragen, die im dritten Teil dieser Arbeit ausführlich untersucht werden,[451] insbesondere auf die unterschiedlichen Systeme im Zessionsrecht der Vertragsstaaten sowie die verschiedenen Voraussetzungen der Forderungsübertragung, konzentrieren.

III. Auswahl der zu vergleichenden Rechte

Die Auswahl der zu vergleichenden Rechte wird mit der durch das EVÜ geschaffenen Kollisionsrechtsvereinheitlichung im Bereich der Forderungszession zwangsläufig auf die Rechtsordnungen der Vertragsstaaten begrenzt. Sie orientiert sich primär an denjenigen Rechtsordnungen, welche bei der Ausarbeitung des Übereinkommens maßgebend waren. Das sind die Rechtsordnungen der sechs ursprünglichen Vertragsstaaten, von denen nachfolgend Frankreich,[452] Belgien,[453] Italien[454] und England[455] sowie die Bundesrepublik Deutschland[456] in die rechtsvergleichende Untersuchung einbezogen werden. Spanien, dessen Sach- und Kollisionsrecht[457] bereits ausführlich dargestellt worden ist, und

---

[447] Vgl. den Abschnitt „Kollisionsrecht“ in den Länderberichten, unten – § 4.
[448] Vgl. *Kropholler*, ZVglRWiss 77 (1978), 1, 12 f.
[449] Vgl. *Kropholler*, ZVglRWiss 77 (1978), 1, 9.
[450] Zur Bildung vertragsautonomer Begriffsinhalte vgl. Teil 3 – § 7 II.
[451] Vgl. Teil 3 – § 7 II-V.
[452] Vgl. unten – § 4 I.
[453] Vgl. unten – § 4 II.
[454] Vgl. unten – § 4 III.
[455] Vgl. unten – § 4 IV.
[456] Vgl. unten – § 4 V.
[457] Vgl. Teil 1 – §§ 1, 2.

Österreich[458] treten hinzu. Die Einbeziehung Frankreichs, Italiens und Englands ist nicht allein unter dem Gesichtspunkt ihrer Eigenschaft als Gründerstaaten, sondern auch aufgrund der in Rechtsprechung und Lehre kontrovers geführten Diskussion über die Anknüpfung der Abtretungsvoraussetzungen angezeigt; die besondere Berücksichtigung Belgiens rechtfertigt sich wegen einer grundlegenden Reform des materiellen Abtretungsrechts und möglicher Auswirkungen auf das IPR. Ein besonderes Augenmerk gilt schließlich Österreich, dessen Abtretungsrecht nicht nur Züge des deutschen Rechts trägt, sondern auch besondere Übereinstimmungen mit den spanischen Zivilrechten aufweist.

[458] Vgl. unten – § 4 VI.

§ 4 Länderberichte

I. Frankreich

1. Sachrecht

Als Vorbild der romanischen Privatrechtsordnungen bildet der französische Code civil von 1804 in Teilen auch die Grundlage der Artt. 1526 ff. des spanischen Código civil von 1889.[459] Kennzeichnend für das spanische Abtretungsrecht ist die Aufspaltung der Abtretungsvoraussetzungen.[460] Sie bildet auch den Ausgangspunkt des französischen Abtretungsrechts (Artt. 1689 ff. Cc), das in gleicher Weise die Abtretungsvoraussetzungen im Verhältnis zwischen Zedent und Zessionar (Innenverhältnis) und den Rechtsbeziehungen der Zessionsparteien zum Schuldner und sonstigen Dritten (Außenverhältnis) jeweils gesondert beurteilt.

a) Die Abtretung im Verhältnis Zedent – Zessionar

Im Verhältnis Zedent – Zessionar bilden das Grundgeschäft der Abtretung und der Forderungsübergang selbst ein einheitliches Rechtsgeschäft, wobei der auf den Abschluss des Grundgeschäfts gerichtete Wille der Zessionsparteien die Einigung über den Forderungsübergang mitumfasst. Der Abtretungsvertrag wird, entsprechend den allgemeinen Prinzipien des französischen Zivilrechts,[461] als Konsensualvertrag aufgefasst, so dass die abzutretende Forderung bereits mit der Einigung der Zessionsparteien unmittelbar auf den Zessionar übertragen wird. Ein gesonderter, auf die Übertragung der Forderung gerichteter Publizitätsakt ist *inter partes* also nicht erforderlich.[462] Die Rechtsnatur der Abtretung ist kausal, der Forderungsübergang somit von der Wirksamkeit des Grundgeschäftes abhängig.[463]

b) Die Abtretung im Verhältnis zum Schuldner und sonstigen Dritten

Im Außenverhältnis (Schuldner und sonstige Dritte) geht die abzutretende Forderung, unabhängig von der Einigung der Zessionsparteien, erst mit der Einhaltung der von Art. 1690 Cc verlangten Formerfordernisse auf den Zessionar über. Das setzt voraus, dass dem Schuldner die Abtretung durch eine per Ge-

---

[459] Vgl. *García Goyena*, Concordancias III, Artt. 1457 ff.

[460] Vgl. Teil 1 – § 1 I 3.

[461] Vgl. Art. 1583 Cc.

[462] Vgl. *Carbonnier*, Droit civil 4[12], [123], S. 535; *Mazeaud/Mazeaud/Chabas*, Droit civil II/1[8], n. 1259; *Terré/Simler/Lequette*, Droit civil[5], n. 1192.

[463] Vgl. *Aubin*, FS Neumayer, S. 31 (Fn. 4); *Sonnenberger*, Französisches Handels- und Wirtschaftsrecht, S. 341.

richtsvollzieher zugestellte Urkunde angezeigt („signification") oder von ihm selbst mittels einer öffentlichen Urkunde angenommen wird („acceptation").[464] An die Beobachtung der Formerfordernisse des Art. 1690 Cc ist nicht nur die Forderungsübertragung im Verhältnis zum Schuldner geknüpft, auch Prioritätskonflikte werden hiernach entschieden. Hat demnach ein Zedent dieselbe Forderung mehrfach abgetreten, erwirbt nicht derjenige Zessionar die Forderung, auf welchen sie zuerst übertragen wurde, sondern derjenige, welcher als erster dem Schuldner die Abtretung angezeigt hat oder eine Annahme von ihm erwirken konnte.[465] Im Konkurs des Zedenten setzt ein Forderungserwerb des Zessionars voraus, dass „signification" oder „acceptation" der Abtretung bereits vor der Eröffnung des Konkursverfahrens vorgenommen worden sind.[466] Die bloße Kenntnis von der Abtretung ist für den Übergang der Forderung weder auf Seiten des Schuldners noch anderer Dritter ausreichend.[467]

2. Kollisionsrecht

a) Die Anknüpfung der Abtretung im Verhältnis Zedent – Zessionar

Die Unterscheidung zwischen Innen- und Außenverhältnis einer Abtretung lag auch dem früheren französischen IPR zugrunde. Im Verhältnis Zedent – Zessionar wurden die aus dem Grundgeschäft der Abtretung folgenden schuldrechtlichen Beziehungen und der Übergang der Forderung auch kollisionsrechtlich zusammengefasst und einheitlich beurteilt.[468] Heute wird dementsprechend das nach Art. 12 Abs. 1 EVÜ (Art. 33 Abs. 1 EGBGB) maßgebliche Vertragsstatut ganz überwiegend auf das gesamte rechtliche Verhältnis der Zessionsparteien (Grundgeschäft und Forderungsübergang) erstreckt.[469] Primär maßgebend ist danach das von den Zessionsparteien gewählte Recht (Artt. 3 ff. EVÜ

---

[464] Vgl. *Carbonnier*, Droit civil 4^{12}, [124], S. 537; *Terré/Simler/Lequette*, Droit civil^{5}, n. 1183.

[465] Vgl. *Carbonnier*, Droit civil 4^{12}, [124], S. 539; *Mazeaud/Mazeaud/Chabas*, Droit civil II/1^{8}, n. 1264; *Ghestin*, Traité de droit civil, n. 617. Ein gutgläubiger Forderungserwerb vom Nichtberechtigten liegt insoweit vor, als der Zedent zum Zeitpunkt der Zweitzession zumindest im Verhältnis zum Erstzessionar die Forderungsinhaberschaft bereits verloren hat und die Rechtsprechung den Erwerb der Forderung davon abhängig macht, dass der Zweitzessionar keine Kenntnis von der ersten Abtretung hatte, vgl. *Stadler*, Gestaltungsfreiheit, S. 640 m.w.N.

[466] Vgl. *Mazeaud/Mazeaud/Chabas*, Droit civil II/1^{8}, n. 1266; *Blaise/Desgorces*, Frankreich, in: *Hadding/Schneider* (Hrsg.), Die Forderungsabtretung, S. 245, 258; *Carbonnier*, Droit civil 4^{12}, [124], S. 540.

[467] Vgl. *Ghestin*, Traité de droit civil, n. 622.

[468] Vgl. *Rüegsegger*, Die Abtretung im IPR, S. 69; *Keller*, Zessionsstatut, S. 92; *Stadler*, Gestaltungsfreiheit, S. 704 f.

[469] Vgl. *Mayer*, D. i. pr.^{6}, n. 750: „L'ensemble des rapports entre cédant et cessionaire sera régi par la loi applicable au contrat de cession."

respektive Artt. 27 ff. EGBGB).[470] Mangels einer Rechtswahl wird auf die objektiven Anknüpfungsregeln der Artt. 4 ff. EVÜ (Artt. 28 ff. EGBGB) zurückgegriffen, d.h. in aller Regel auf das Recht am gewöhnlichen Aufenthalt bzw. am Ort der Niederlassung des Zedenten.[471]

Einer anderen Auffassung zufolge sollen von Art. 12 Abs. 1 EVÜ (Art. 33 Abs. 1 EGBGB) lediglich die schuldrechtlichen Beziehungen umfasst sein. Der Forderungsübergang selbst wird dagegen dem Forderungsstatut des Art. 12 Abs. 2 EVÜ (Art. 33 Abs. 2 EGBGB) unterworfen.[472]

b) Die Anknüpfung der Abtretung im Verhältnis zum Schuldner und sonstigen Dritten

Die französische Rechtsprechung bestimmte das Zessionsstatut im Verhältnis zum Schuldner und sonstigen Dritten stets einheitlich, und zwar entweder nach dem Wohnsitzrecht des Schuldners[473] oder nach dem Forderungsstatut.[474] Heute wird zwischen dem Verhältnis zum Schuldner und sonstigen Dritten unterschieden. Aufgrund des Wortlauts von Art. 12 Abs. 2 EVÜ (Art. 33 Abs. 2 EGBGB), der die „Voraussetzungen, unter denen die Übertragung dem Schuldner entgegengehalten werden kann", dem Forderungsstatut zuweist, geht man davon aus, dass sich die Abtretung im Verhältnis zum Schuldner allein nach diesem richtet.[475]

Streitig ist dagegen die Frage, welchem Recht der Forderungsübergang im Verhältnis zu sonstigen Dritten unterliegt. In der Lehre nimmt man an, dass diese Frage, die Art. 12 EVÜ (Art. 33 Abs. 1 und 2 EGBGB) nicht ausdrücklich regelt, vom Anwendungsbereich der Norm überhaupt nicht umfasst wird.[476]

---

[470] Vgl. *Battifol/Lagarde*, D. i. pr. II[7], n. 611; *Lagarde*, Rev. crit. dr. internat. privé 80 (1991), 287, 335; *Kassis*, Contrats internationaux, n. 404; *Loussouarn/Bourel*, D. i. pr.[5], n. 425; *Audit*, D. i. pr.[3], n. 762.

[471] *Gaudemet-Tallon*, Rev. trim. droit eur. 17 (1981), 215, 275; *Lagarde*, Rev. crit. dr. internat. privé (80) 1991, 287, 335; *Audit*, D. i. pr.[3], n. 762; vgl. auch *Loussouarn/Bourel*, D. i. pr.[5], n. 425, der nur auf das Wohnsitzrecht des Zedenten abstellt.

[472] Vgl. *Audit*, D. i. pr.[3], n. 762: „Mais la loi de la créance cedée s'applique au transfert proprement dit de la créance."

[473] Vgl. *Cour d'appel de Paris* 27.9.1984, Clunet 112 (1985), 664 mit Anm. *Diener*.

[474] Vgl. *Cour d'appel de Paris* 11.2.1969, Clunet 96 (1969), 918 mit Anm. *Kahn* = Rev. crit. dr. internat. privé 59 (1970), 459 mit Anm. *Dayant*.

[475] Vgl. *Cour d'appel de Grenoble* 13.9.1995, Rev. crit. dr. internat. privé 85 (1996), 666 mit Anm. *Pardoel; Mayer*, D. i. pr.[6], n. 750; *Kassis*, Contrats internationaux, n. 404; *Loussouarn/Bourel*, D. i. pr.[5], n. 425; vgl. zur Abgrenzung von Forderungsstatut und Wohnsitzrecht auch *Welter*, Diskussionsbeitrag in: *Hommelhoff/Jayme/Mangold* (Hrsg.), Europäischer Binnenmarkt, S. 121.

[476] Vgl. *Lagarde*, Rev. crit. dr. internat. privé 80 (1991), 287, 335 f.; *Sinay-Cytermann*, Rev. crit. dr. internat. privé 81 (1992), 35 ff.; *Ghestin*, Traité de droit civil, n. 617; *Kassis*,

Infolgedessen greift man zur Bestimmung des Zessionsstatuts auf die früher geltenden Kollisionsregeln des autonomen französischen IPR zurück. Überwiegend soll hiernach das Recht am Wohnsitzort des Schuldners maßgeblich sein.[477] Teilweise wird demgegenüber auf das Statut der übertragenen Forderung abgestellt.[478]

II. Belgien

1. Die Reform des materiellen Zessionsrechts

a) Die Wirkungen des Abtretungsvertrages – Eine Annäherung an das deutsche Recht

Das belgische Abtretungsrecht ist durch ein Reformgesetz vom 6. Juli 1994[479] grundlegend modifiziert worden.[480] Ziel der Neuregelung war es u.a., die starren Formalitäten des Art. 1690 Cc a.F.[481] möglichst aufzuheben. Die Abschwächung der Formvorschriften hatte zur Folge, dass das frühere, dem französischen Recht nachempfundene System der Aufspaltung der Abtretungsvoraussetzungen nun teilweise gefallen ist. Denn nach dem neu gefassten Art. 1690 Abs. 1 Cc treten die Wirkungen einer Abtretung im Verhältnis zu Dritten grundsätzlich bereits mit der Einigung der Zessionsparteien ein.[482] Eine formelle Abtretungsanzeige, wie sie Art. 1690 Cc bis zum Inkrafttreten der Neuregelung noch vorsah, ist nicht mehr erforderlich. Das bedeutet, die Abtretungsvoraussetzungen werden nach dem neuen Recht einheitlich beurteilt: Es genügt der Abschluss eines kausalen Abtretungsvertrages, um die Wirkungen der Abtretung nicht nur zwischen den vertragsschließenden Parteien, sondern gegenüber jedermann eintreten zu lassen. Dies entspricht dem System des deut-

---

Contrats internationaux, n. 405; *Loussouarn/Bourel*, D. i. pr.[5], n. 425; *Mayer*, D. i. pr.[6], n. 750 m.w.N.

[477] Vgl. *Lagarde*, Rev. crit. dr. internat. privé 80 (1991), 287, 335 f. m.w.N. zur Rspr.; *Sinay-Cytermann*, Rev. crit. dr. internat. privé 81 (1992), 35, 43; *Kassis*, Contrats internationaux, n. 405.

[478] Vgl. *Battifol/Lagarde*, D. i. pr. II[7], n. 611 (Fn. 2); *Audit*, D. i. pr.[3], n. 762; wohl auch *Gaudemet-Tallon*, Rev. trim. droit eur. 17 (1981), 215, 275, die meint, „l'article 12 reprend globalement les solutions adoptées par l'article 16 de l'avant-projet". Art. 16 eines Vorentwurfs zum EVÜ hatte die Übertragung der Forderung Dritten gegenüber ausdrücklich dem Statut der übertragenen Forderung unterworfen; vgl. die Nachweise in Teil 3 – § 7 III 1 b.

[479] MB 15.7.1994, S. 18625.

[480] Zum früheren Recht vgl. *Foriers*, Belgien, in: *Hadding/Schneider* (Hrsg.), Die Forderungsabtretung, S. 9 ff.; *von Bernstorff*, RIW 1994, 542, 543.

[481] Vgl. oben – § 4 I 1 b.

[482] Vgl. *van Ommeslaghe*, J. Trib. 114 (1995), 529, 532; *Franck*, RIW 1995, 598, 599.

schen Rechts, nach dem die abzutretende Forderung durch den Abschluss des (allerdings abstrakten) Verfügungsgeschäftes mit *erga omnes*-Wirkung auf den Zessionar übertragen wird.[483] Gleichwohl kann nur von einer Annäherung an das deutsche Abtretungsrecht gesprochen werden, denn der belgische Gesetzgeber hat die grundsätzlich einheitliche Beurteilung der Abtretungsvoraussetzungen nach Art. 1690 Abs. 1 Cc n.F. im Hinblick auf die Wirksamkeit der Abtretung im Verhältnis zum Schuldner wie auch zu sonstigen Dritten durch eine Reihe von Ausnahmeregelungen zum Teil erheblich eingeschränkt. Was die Forderungsübertragung im Verhältnis Zedent – Zessionar betrifft, hat die Reform hingegen keine Neuerungen gebracht, weshalb insoweit auf die zum französischen Recht gemachten Ausführungen verwiesen werden kann.[484]

b) Die Abtretung im Verhältnis zum Schuldner

Im Verhältnis zum Schuldner wird die Übertragung der Forderung nach Maßgabe des neu gefassten Art. 1690 Abs. 2 Cc wie bisher an die Abtretungsanzeige („notification“) bzw. die Anerkennung der Abtretung durch den Schuldner („reconnaissance“) geknüpft. Im Unterschied zum früheren Recht unterliegen jedoch weder die Notifikation noch die Anerkennung der Abtretung besonderen Formerfordernissen.[485] Demgemäß wird für die Wirksamkeit der Abtretung im Verhältnis zum Schuldner nur noch verlangt, dass die Zessionsparteien den Schuldner von der Übertragung der Forderung zumindest *schriftlich* in Kenntnis setzen.[486]

c) Die Entscheidung von Prioritätskonflikten

aa) Die Mehrfachabtretung derselben Forderung

Auch für die Entscheidung von Prioritätskonflikten wollte der Gesetzgeber von dem neuen Grundsatz, dass die Einigung der Zessionsparteien gegenüber

---

[483] Vgl. unten – § 4 V 1 a.

[484] Zum französischen Sachrecht vgl. oben – § 4 I 1 a.

[485] Vgl. *van Ommeslaghe*, J. Trib. 114 (1995), 529, 532 f.; *Franck*, RIW 1995, 598, 599; *Foriers/Grégoire*, Belgien, in: *Hadding/Schneider* (Hrsg.), Die Forderungsabtretung, S. 135, 139.

[486] Vgl. *Foriers/Grégoire*, Belgien, in: *Hadding/Schneider* (Hrsg.), Die Forderungsabtretung, S. 135, 139 m.w.N. Für eine Anerkennung der Abtretung durch den Schuldner genügt seine nur (objektive) Kenntnis nicht. Es muss subjektiv der Wille hinzutreten, den Zessionar als neuen Gläubiger anzuerkennen, vgl. *van Ommeslaghe*, J. Trib. 114 (1995), 529, 533. Ein Freiwerden von der Leistungsverpflichtung setzt nach Art. 1690 Abs. 1 Cc n.F. voraus, dass der Schuldner die Leistung an den Zedenten gutgläubig bewirkt. Streitig ist nur, unter welchen Voraussetzungen der „gute Glaube“ des Schuldners zerstört wird. Nach der einen Auffassung genügt Kenntnis des Schuldners, nach anderer Ansicht muss die Leistung an den Zedenten in der Absicht erfolgen, den Zessionar zu schädigen, vgl. *van Ommeslaghe*, J. Trib. 114 (1995), 529, 534 f.

Dritten wirkt, abweichen. Für den Fall einer Mehrfachabtretung derselben Forderung bestimmt Art. 1690 Abs. 3 Cc n.F., dass derjenige Zessionar die Forderung erwirbt, welcher als erster dem Schuldner die Abtretung mitgeteilt oder von diesem eine Anerkennung der Abtretung erwirkt hat. Maßgebend für den Forderungserwerb ist demnach nicht die Einigung der Zessionsparteien, sondern der Zeitpunkt der Notifikation oder Anerkennung der Abtretung durch den Schuldner. Der Erwerb der Forderung setzt auf Seiten des Zweitzessionars jedoch voraus, dass dieser keine Kenntnis von der Erstabtretung hatte. Der gute Glaube muss zum Zeitpunkt der Notifikation bzw. Anerkennung der Abtretung durch den Schuldner vorgelegen haben. Erhält also der Zweitzessionar zwar nach Abtretung der Forderung, aber noch vor der Benachrichtigung des Schuldners Kenntnis von der Erstzession, ist ein Forderungserwerb ausgeschlossen.[487]

bb) Der Schutz der Gläubigerordnung

Eine dritte Einschränkung erfährt der Grundsatz des Art. 1690 Abs. 1 Cc n.F. zu Gunsten der Gläubiger des Zedenten. Letztere müssen die Abtretung gemäß Art. 1690 Abs. 4 Cc n.F. nicht gegen sich gelten lassen, wenn der Drittschuldner mit befreiender Wirkung an sie leistet. Voraussetzung ist, dass Drittschuldner und Gläubiger des Zedenten zum Zeitpunkt der Leistungsbewirkung gutgläubig sind. Auf Seiten des Drittschuldners setzt die Gutgläubigkeit voraus, dass die Abtretung ihm weder notifiziert noch von ihm anerkannt worden ist.[488] Die Gläubiger des Zedenten sind in gutem Glauben, wenn sie von der Abtretung der Forderung keine Kenntnis haben.[489]

2. Auswirkungen der Reform auf das Kollisionsrecht

Die umfassende Reform des materiellen Rechts hat im Kollisionsrecht neue Diskussionen über die Anknüpfung der Abtretungsvoraussetzungen zur Folge gehabt. Ursprünglich ging die Lehre bei der Bestimmung des auf die Abtretung anzuwendenden Rechts, in Übereinstimmung mit der früheren Sachrechtslage,

---

[487] Vgl. *van Ommeslaghe*, J. Trib. 114 (1995), 529, 533. Es handelt sich insoweit um einen gutgläubigen Erwerb vom Nichtberechtigten, als der Zedent zum Zeitpunkt der Zweitzession zumindest im Verhältnis zum Erstzessionar die Forderungsinhaberschaft verloren hat, vgl. zur Parallele im französischen Recht oben – § 4 I 1 b.

[488] Vgl. oben – § 4 II 1 b. Zwar setzt die Gutgläubigkeit des Drittschuldners nach dem Wortlaut des Art. 1690 Abs. 4 Cc n.F. nur voraus, dass diesem die Abtretung noch nicht notifiziert worden ist. Es ist aber klar, dass der gute Glaube des Drittschuldners auch durch eine Anerkennung der Abtretung ausgeschlossen wird, vgl. *van Ommeslaghe*, J. Trib. 114 (1995), 529, 534.

[489] Vgl. *Foriers/Grégoire*, Belgien, in: *Hadding/Schneider* (Hrsg.), Die Forderungsabtretung, S. 135, 150. Der gute Glaube des Gläubigers muss die eigene Forderungszuständigkeit gegenüber dem Zedenten mitumfassen, vgl. *van Ommeslaghe*, J. Trib. 114 (1995), 529, 534.

von einer getrennten Anknüpfung der Abtretungsvoraussetzungen aus:[490] Das Verhältnis Zedent – Zessionar unterlag umfassend Art. 12 Abs. 1 EVÜ (Art. 33 Abs. 1 EGBGB), während die Drittwirkungen der Abtretung nach Inkrafttreten des Art. 12 Abs. 2 EVÜ (Art. 33 Abs. 2 EGBGB) in zunehmendem Maße einheitlich nach dem Forderungsstatut und nicht mehr nach dem Wohnsitzrecht des Schuldners beurteilt wurden.[491]

An der Maßgeblichkeit des Art. 12 Abs. 1 EVÜ (Art. 33 Abs. 1 EGBGB) für das *gesamte* Rechtsverhältnis der Zessionsparteien wird freilich unverändert festgehalten. Für die Anknüpfung der Abtretung *inter partes* kommt es somit entscheidend auf das Vertragsstatut der Artt. 3 ff. EVÜ (Artt. 27 ff. EGBGB) an; eine Rechtswahl wird insoweit für zulässig erachtet.[492] Sekundär ist auf die objektiven Anknüpfungsregeln der Artt. 4 ff. EVÜ (Artt. 28 ff. EGBGB) abzustellen. Auch für das auf die Abtretung im Verhältnis zum Schuldner anzuwendende Recht wird nach wie vor zwingend auf das Statut der übertragenen Forderung (Art. 12 Abs. 2 EVÜ respektive Art. 33 Abs. 2 EGBGB) abgestellt.[493] Streitig ist dagegen, inwieweit die Reform des materiellen Rechts auf die kollisionsrechtliche Beurteilung einer Abtretung im Verhältnis zu sonstigen Dritten durchschlägt. Überwiegend hält das belgische Schrifttum auch hier unverändert am Forderungsstatut fest. Die Reform hat jedoch die Frage aufgeworfen, ob die Drittwirkungen einer Abtretung, soweit diese nach Art. 1690 Abs. 1 Cc n.F. nun grundsätzlich keiner Publizität mehr bedürfen und bereits mit der Einigung der Zessionsparteien eintreten, nicht vielmehr dem für die Abtretungsvereinbarung maßgebenden Vertragsstatut, mithin Art. 12 Abs. 1 EVÜ (Art. 33 Abs. 1 EGBGB) unterliegen sollten.[494]

---

[490] Vgl. *Hanotiau*, J. Trib. 101 (1982), 749, 755.

[491] Vgl. *Franck*, RIW 1995, 598, 599; *van Ommeslaghe*, J. Trib. 114 (1995), 529, 540 (Fn. 122).

[492] Vgl. *van Ommeslaghe*, J. Trib. 114 (1995), 529, 540 m.w.N.

[493] Vgl. *van Ommeslaghe*, J. Trib. 114 (1995), 529, 540; *Franck*, RIW 1995, 598, 599; a.A. *Foriers/Grégoire*, Belgien, in: *Hadding/Schneider* (Hrsg.), Die Forderungsabtretung, S. 135, 155, welche die Abtretung der Forderung insgesamt grundsätzlich der Parteiautonomie des Art. 12 Abs. 1 EVÜ (Art. 33 Abs. 1 EGBGB) unterwerfen und das Forderungsstatut des Art. 12 Abs. 2 EVÜ (Art. 33 Abs. 2 EGBGB) nur bei Fehlen einer Rechtswahl für maßgebend erachten.

[494] Vgl. *van Ommeslaghe*, J. Trib. 114 (1995), 529, 540 m.w.N.

III. Italien

1. Sachrecht

a) Die Abtretung im Verhältnis Zedent – Zessionar

Systematisch folgt die Regelung der Abtretung im italienischen Codice civile (Artt. 1260-1267) dem französischen Recht. Dementsprechend ist für die Bestimmung der Abtretungsvoraussetzungen zwischen dem Innen- und Außenverhältnis einer Abtretung zu unterscheiden. Im internen Verhältnis zwischen Zedent und Zessionar fallen Grundgeschäft der Abtretung und Forderungsübergang zu einem einheitlichen Rechtsgeschäft zusammen.[495] Der Abtretungsvertrag wird, in Übereinstimmung mit den allgemeinen Grundsätzen des Zivilrechts, als Konsensualvertrag angesehen (vgl. Art. 1376 Cc). Er hat rechtsübertragende Wirkung, eines speziellen Übertragungsaktes bedarf es *inter partes* daher nicht.[496] Die Abtretung ist im übrigen kausal ausgestaltet und damit an die Wirksamkeit des Grundgeschäfts geknüpft.[497]

b) Die Abtretung im Verhältnis zum Schuldner

Im Außenverhältnis muss zwischen der Abtretung im Verhältnis zum Schuldner und sonstigen Dritten differenziert werden. Für den Schuldner gilt: Die Übertragung der Forderung setzt zwar nach Art. 1264 Abs. 1 Cc eine Abtretungsanzeige („notificazione") oder Annahme der Abtretung durch den Schuldner („accettazione") voraus; andererseits erzielt eine vor der Notifikation oder Annahme bewirkte Leistung des Schuldners an den Zedenten gemäß Art. 1264 Abs. 2 Cc schon dann keine befreiende Wirkung, wenn der Zessionar den Nachweis führen kann, dass der Schuldner zum Zeitpunkt der Leistungshandlung Kenntnis von der Abtretung hatte.

An diesem offenen Widerspruch hat sich ein Streit entfacht, ob die von Art. 1264 Abs. 1 Cc verlangten Formerfordernisse als Wirksamkeitsvoraussetzungen der Abtretung anzusehen sind oder nur den Zweck erfüllen, die befreiende Wirkung einer Leistung des Schuldners an den Altgläubiger auszuschließen.[498] Nach einer längeren Diskussion sind Rechtsprechung und Lehre sich heute überwiegend einig, dass der Schuldner, auch wenn die Abtretung ihm nicht angezeigt oder nicht von ihm angenommen worden ist, dem Zessionar gegenüber bereits aufgrund der Einigung der Zessionsparteien verpflichtet wird, er jedoch, solange ihm die Abtretung nicht bekannt ist, befreiend an den Altgläu-

---

[495] Vgl. *Dolmetta/Portale*, BBTC 48 (1985 I), 258, 260.
[496] Vgl. *Bianca*, Diritto civile IV, n. 295; *Rescigno*^{3}*-Astone*, Art. 1260 Cc, n. 1.
[497] Vgl. *Bianca*, Diritto civile IV, n. 298; *Rescigno*^{3}*-Astone*, Art. 1260 Cc, n. 2.
[498] Vgl. *Dolmetta/Portale*, BBTC 48 (1985 I), 258, 262.

biger leisten kann.[499] Das bedeutet, weder die Notifikation noch die Annahme oder Kenntnis der Abtretung bilden dem Schuldner gegenüber Wirksamkeitsvoraussetzungen, sondern erfüllen lediglich die Funktion, den guten Glauben des Schuldners zu zerstören, der im übrigen vermutet wird, wenn und soweit dieser zuvor an den Altgläubiger leistet.[500]

c) Die Entscheidung von Prioritätskonflikten

Andere Maßstäbe gelten für die Entscheidung von Prioritätskonflikten: Gemäß Art. 1265 Abs. 1 Cc erwirbt bei Mehrfachabtretung derselben Forderung nicht derjenige Zessionar die Forderung, welchem sie zuerst abgetreten wurde, sondern derjenige, welcher als erster dem Schuldner die Abtretung anzeigt bzw. eine vom Schuldner mit sicherem Datum („data certa") versehene Annahme der Abtretung erwirken kann.[501] Die Abtretungsanzeige an den Schuldner wirkt jedoch im Verhältnis zu Dritten – anders als im Verhältnis der Zessionsparteien zum Schuldner[502] – nach überwiegender Auffassung nur, wenn sie durch den zuständigen Gerichtsvollzieher gemäß Artt. 137 ff. Cpc förmlich zugestellt wird.[503] Die Annahme der Abtretung durch den Schuldner muss öffentlich oder privatschriftlich beurkundet werden. Das Datum der in einer Privaturkunde verkörperten Annahme gilt erst als sicher, wenn der Schuldner die eigens für den Beweis durch Privaturkunden aufgestellten Voraussetzungen des Art. 2704 Cc erfüllt hat.[504] Notifikation wie Annahme der Abtretung durch den Schuldner begründen zugunsten des Zessionars auch einen Vorrang gegenüber den Pfän-

---

[499] *Cassazione Civile* 17.10.1977, n. 4432, GI 1978, I, 267; *Perlingieri*, Cessione dei crediti, S. 167; *Bianca*, Diritto civile IV, n. 297; *Breccia*, Le obbligazioni, S. 790 f.; *Rescigno*[3]-*Astone*, Art. 1264 Cc, n. 1; a.A. (Wirksamkeitsvoraussetzung) *Panuccio*, EdD VI (1960), 846, 853; *Mancini*, La cessione dei crediti futuri a scopo di garanzia, S. 36 ff.; *ders.*, La cessione dei crediti, in: *Rescigno* (Hrsg.), Trattato di diritto privato IX, S. 379, 390; *Dolmetta/Portale*, BBTC 48 (1985 I), 258, 262; *von Bernstorff*, RIW 1994, 542, 546.

[500] Die Notifikation erfordert daher auch keine förmliche Zustellung gemäß Artt. 137 ff. Cpc, sondern muss nur objektiv geeignet sein, Kenntnis über die vorgenommene Abtretung zu verschaffen, vgl. *Cassazione Civile* 20.11.1976, GC 1976 Massimario, n. 4372 (S.1808); *Tribunale di Milano* 16.7.1984, BBTC 49 (1986 II), 91; *Tribunale di Pavia* 13.12.1985, GM 1986, 1081; *Rescigno*[3]-*Astone*, Art.1264 Cc, n. 2 m.w.N.; *Cian/Trabucchi*[5]-*Zaccaria*, Art. 1264 Cc, II 1.

[501] Vgl. *Bianca*, Diritto civile IV, n. 309; *Cian/Trabucchi*[5]-*Zaccaria*, Art. 1265 Cc, I 1; *Kindler*, Einführung in das italienische Recht, § 14, Rdnr. 43.

[502] Vgl. oben – § 4 III 1 b.

[503] Vgl. *Tribunale di Pavia* 13.12.1985, GM 1986, 1081; *Panuccio*, EdD VI (1960), 846, 876; *Dolmetta/Portale*, BBTC 48 (1985 I), 258, 264; *Rescigno*[3]-*Astone*, Art. 1265 Cc, n. 3 m.w.N.; *Cian/Trabucchi*[5]-*Zaccaria*, Art. 1265 Cc, III. (Einschreibebrief nicht ausreichend); dagegen: *Marani*, Notifica, accettazione e buona fede nella cessione dei crediti, S. 152 ff.; *Mancini*, La cessione dei crediti, in: *Rescigno* (Hrsg.), Trattato di diritto privato IX, S. 379, 392 f.

[504] Vgl. *Perlingieri*, Cessione dei crediti, S. 254; *Rescigno*[3]-*Astone*, Art. 1265 Cc, n. 4.

dungs- (Art. 2914 Nr. 2 Cc) und Konkursgläubigern (Art. 45 l. fall.) des Zedenten.[505]

2. Kollisionsrecht

a) Die Anknüpfung der Abtretung im Verhältnis Zedent – Zessionar

Auch das früher geltende italienische IPR[506] bestimmte das auf die Abtretungsvoraussetzungen anzuwendende Recht im Verhältnis Zedent – Zessionar und den Rechtsbeziehungen der Zessionsparteien zum Schuldner und sonstigen Dritten jeweils gesondert. Demgemäß wird Art. 12 Abs. 1 EVÜ (Art. 33 Abs. 1 EGBGB) allgemein dahin gehend aufgefasst, als erstrecke sich das für die „Verpflichtungen" zwischen Zedent und Zessionar maßgebende Vertragsstatut auf das *gesamte* rechtliche Verhältnis der Zessionsparteien, einschließlich des Forderungsübergangs.[507] Auch die Einordnung der Abtretung als kausales Rechtsgeschäft wird diesem Statut unterworfen.[508] Damit entscheidet das für die Rechtsbeziehungen zwischen Zedent und Zessionar maßgebende Vertragsstatut, welche Auswirkungen mit der Unwirksamkeit des Grundgeschäfts auf die Forderungsübertragung verbunden sind.

b) Die Anknüpfung der Abtretung im Verhältnis zum Schuldner und sonstigen Dritten

Die Voraussetzungen der Abtretung im Verhältnis zum Schuldner unterliegen nach allgemeiner Auffassung gemäß Art. 12 Abs. 2 EVÜ (Art. 33 Abs. 2 EGBGB) dem Forderungsstatut.[509] Streitig ist dagegen, mangels einer ausdrücklichen Regelung in Art. 12 EVÜ (Art. 33 Abs. 1 und 2 EGBGB), die Anknüpfung der Abtretung im Verhältnis zu sonstigen Dritten. In Übereinstimmung mit der früher herrschenden Lehre stellt das Schrifttum auch heute noch überwie-

---

[505] Vgl. allgemein *Bianca*, Diritto civile IV, n. 309; *Dolmetta/Portale*, BBTC 48 (1985 I), 258, 261; *Rescigno*[3]*-Torre*, Art. 2914 Cc, n. 3. (Forderungspfändung); *Maffei Alberti*[2]*-Zaccaria*, Art. 45 l. fall., n. 7 (Gesamtvollstreckung).

[506] Das italienische IPR ist durch ein Gesetz vom 31.5.1995 reformiert worden (abgedr. in IPRax 1996, 356 ff.). Für vertragliche Schuldverhältnisse verweist Art. 57 des italienischen IPR-Gesetzes auf das EVÜ, vgl. *Jayme/Kohler*, IPRax 1995, 343, 353. Es gilt somit Art. 12 EVÜ. Auf den Streit über die Bedeutung der Verweisung muss hier nicht eingegangen werden, vgl. dazu *Jayme/Kohler*, IPRax 1996, 377, 379.

[507] Mit Art. 12 EVÜ (Art. 33 EGBGB) wird insoweit keine Änderung gegenüber der bisherigen Rechtslage verbunden, vgl. *Dolmetta/Portale*, BBTC 48 (1985 I), 258, 261 (Fn. 10); *Vitta*, D. i. pr. III, S. 291 (Fn. 232); *Bonomi*, Eigentumsvorbehalt, S. 204; *Malatesta*, La cessione del credito nel d. i. pr., S. 164 ff., 169.

[508] Vgl. *Malatesta*, La cessione del credito nel d. i. pr., S. 164 ff., 169.

[509] Vgl. für die Rechtslage vor und nach Inkrafttreten des EVÜ *Dolmetta/Portale*, BBTC 48 (1985 I), 258, 261 (Fn. 10) m.w.N.

gend auf das Forderungsstatut ab.[510] Mit Rücksicht auf die vermeintliche Regelungslücke in Art. 12 EVÜ (Art. 33 Abs. 1 und 2 EGBGB) wird aber auch die Auffassung vertreten, dass der Forderungsübergang im Verhältnis zu sonstigen Dritten vom Anwendungsbereich der Norm nicht umfasst werde.[511] Zieht man für die Bestimmung des anzuwendenden Rechts insoweit autonome Anknüpfungsgrundsätze heran, was aus den Stellungnahmen jedoch nicht hervorgeht, wäre wiederum das Statut der übertragenen Forderung maßgebend. Damit wird Art. 12 EVÜ in Italien dahin gehend verstanden, als unterwerfe die Norm jegliche Drittwirkungen einer Abtretung dem Forderungsstatut.

IV. England

1. Sachrecht

a) Die Abtretung im Verhältnis Zedent – Zessionar

Auch das englische Recht differenziert bei der Bestimmung der Abtretungsvoraussetzungen nicht zwischen Verpflichtungs- und Verfügungsgeschäft einer Abtretung, sondern unterscheidet die internen Rechtsbeziehungen zwischen Zedent und Zessionar von dem rechtlichen Verhältnis der Zessionsparteien zum Schuldner und sonstigen Dritten.[512] Es kennt zwei Arten der Forderungszession, die Abtretung nach Common Law („legal assignment") und die Abtretung nach Equity-Recht („equitable assignment").[513] Das Common Law setzt in jedem Fall eine unbedingte Vollabtretung voraus.[514] Es knüpft den Übergang der Forderung im Innenverhältnis an die Schriftform der Abtretung;[515] wird sie nicht eingehalten, so ist die Abtretung gleichwohl in aller Regel nach dem Equity-Recht gültig, wenn die zu übertragende Forderung zumindest abtretbar ist.[516] Das Equity-Recht verlangt keine Formerfordernisse; es stellt lediglich einseitig auf den rechtsgeschäftlichen Willen des Zedenten zur Übertragung der Forderung ab. Dementsprechend wird eine Annahmeerklärung auf Seiten des Zessionars nicht verlangt; allerdings ist Kenntnis von der ihn begünstigenden Abtretung

---

[510] Vgl. *Bonomi*, Eigentumsvorbehalt, S. 205; *Malatesta*, La cessione del credito nel d. i. pr., S. 196 ff., 202; früher wurde vereinzelt auf das Recht der Forderungsbelegenheit abgestellt, vgl. *Vitta*, D. i. pr. III, S. 291 (Fn. 232) m.w.N.

[511] Vgl. *Annibale*, Riforma del sistema italiano di d. i. pr., S. 287 f. (Fn. 593) und die Parallele im französischen IPR, oben – § 4 I 2 b.

[512] Vgl. *Einsele*, ZVglRWiss 90 (1991), 1, 13.

[513] Vgl. allgemein zu dieser Unterscheidung *Klein*, WM 1978, 390, 391.

[514] Vgl. *Treitel*, The Law of Contract[9], S. 593 f.

[515] Vgl. Sec. 136 Law of Property Act 1925 („absolute assignment by writing under the hand of the assignor").

[516] Vgl. *Treitel*, The Law of Contract[9], S. 596. Zu den Ausnahmen vgl. *Klein*, WM 1978, 390, 395.

vorauszusetzen.[517] Damit geht die Forderung im Innenverhältnis grundsätzlich formlos, d.h. unmittelbar mit dem Zugang der Abtretungserklärung des Zedenten an den Zessionar auf diesen über.

b) Die Abtretung im Verhältnis zum Schuldner

Für das rechtliche Verhältnis der Zessionsparteien zum Schuldner gilt: Nach Common Law muss dem Schuldner die Abtretung angezeigt werden; die Anzeige muss schriftlich erfolgen.[518] Maßgebend für den Forderungsübergang ist der Zeitpunkt des Zugangs der Abtretungsanzeige.[519] Nach Equity-Recht setzt die Abtretung der Forderung demgegenüber auch im Verhältnis zum Schuldner keine besonderen Formerfordernisse voraus; eine Benachrichtigung ist daher nicht erforderlich.[520]

c) Die Abtretung im Verhältnis zu sonstigen Dritten

Für den Eintritt der Wirkungen einer Abtretung gegenüber sonstigen Dritten muss differenziert werden: Überträgt der Zedent dieselbe Forderung auf mehrere Zessionare, unterliegt die Priorität einer Abtretung sowohl nach Common Law als auch Equity-Recht der sog. Rule in „*Dearle* versus *Hall*“,[521] wonach derjenige Zessionar Vorrang genießt, welcher als erster dem Schuldner die Abtretung anzeigt. Entscheidend für den Forderungserwerb ist der Zeitpunkt des Zugangs der Abtretungsanzeige.[522] Auf den Zweitzessionar ist die Regelung jedoch nur anwendbar, wenn dieser keine Kenntnis von der Erstabtretung hat. Die Kenntnis darf nicht zum Zeitpunkt des Erwerbs der Forderung im Innenverhältnis vorliegen.[523] Grundsätzlich tritt der Forderungserwerb *inter partes* bereits mit dem Zugang der Abtretungserklärung an den Zweitzessionar ein.[524] Eine erst nach diesem Zeitpunkt erlangte Kenntnis von der Erstabtretung schadet selbst dann nicht, wenn der Zweitzessionar sie noch vor der Mitteilung an den Schuldner erhalten hat.[525] Somit kennt das englische Recht einen gutgläubigen Forderungserwerb vom Nichtberechtigten. Denn der Zedent hat, wenngleich er im Verhältnis zum Zweitzessionar uneingeschränkter Forderungsinhaber ist, bei Abgabe der Abtretungserklärung zumindest im Verhältnis zum Erstzessionar die Forderungsinhaberschaft bereits verloren.[526] Im Konkurs des

---

[517] Vgl. *Treitel*, The Law of Contract^9, S. 597.
[518] Vgl. Section 136 Law of Property Act 1925 („assignment ... of which express notice in writing has been given to the debtor“).
[519] Vgl. *Klein*, WM 1978, 390, 394.
[520] Vgl. *Treitel*, The Law of Contract^9, S. 597.
[521] Rule in *Dearle* versus *Hall* (1828) 3 Russ. 1.
[522] Vgl. *Klein*, WM 1978, 390, 396.
[523] Vgl. *Klein*, WM 1978, 390, 395.
[524] Vgl. oben – § 4 IV 1 a.
[525] Vgl. *Klein*, WM 1978, 390, 395.
[526] Vgl. die Parallele zum französischen Recht, oben – § 4 I 1 b.

Zedenten spielt die Anzeige der Abtretung an den Schuldner für den Forderungserwerb des Zessionars dagegen keine Rolle. Eine abgetretene Forderung fällt ohne weiteres aus der Konkursmasse, kann also gegenüber dem Konkursverwalter geltend gemacht werden.[527]

2. *Kollisionsrecht*

a) Die Anknüpfung der Abtretung im Verhältnis Zedent – Zessionar

Angesichts der Aufspaltung der Abtretungsvoraussetzungen im materiellen Recht ist auch im früheren englischen IPR das Verhältnis Zedent – Zessionar von den Rechtsbeziehungen der Zessionsparteien zum Schuldner und sonstigen Dritten unterschieden worden. Heute zieht man aus der Unterscheidung kollisionsrechtlich den Schluss, dass Art. 12 Abs. 1 EVÜ (Art. 33 Abs. 1 EGBGB) das *gesamte* Rechtsverhältnis der Zessionsparteien, einschließlich des Forderungsübergangs, umfasse.[528] Somit entscheidet nach englischer Rechtsauffassung das Vertragsstatut der Artt. 3 ff. EVÜ (Artt. 27 ff. EGBGB) auch über die Voraussetzungen der Abtretung *inter partes*.

Diese Lösung, die bereits vor dem Inkrafttreten des EVÜ der herrschenden Lehre entsprach,[529] wird heute in der englischen Literatur nicht mehr uneingeschränkt geteilt. Nach einer anderen Ansicht ist der Anwendungsbereich des Art. 12 Abs. 1 EVÜ (Art. 33 Abs. 1 EGBGB) auf die schuldrechtlichen Beziehungen der Zessionsparteien zu beschränken. Zur Begründung wird in erster Linie auf den Wortlaut abgestellt: Der Ausdruck „mutual obligations" („gegenseitige Verpflichtungen") schließe im Verhältnis Zedent – Zessionar eine Anwendung der Norm auf den eigentlichen Übertragungsvorgang begriffsnotwendig aus. Das entscheidende Argument wird allerdings darin gesehen, dass der sachliche Anwendungsbereich des EVÜ gemäß Art. 1 Abs. 1 auf „vertragliche Schuldverhältnisse" beschränkt sei.[530] Mit Rücksicht auf den „dinglichen" Charakter der Abtretung und die Parallele zum Sachenrecht wird insoweit auf das Recht der Forderungsbelegenheit zurückgegriffen.[531]

---

[527] Vgl. *Klein*, WM 1978, 390, 396; *Einsele*, ZVglRWiss 90 (1991), 1, 10.

[528] Vgl. *Dicey & Morris*, The Conflict of Laws II[13], Rule 118 (24-054); *Cheshire & North*, Private International Law[13], S. 959; *Kaye*, Private International Law, S. 323.

[529] Dazu *Einsele*, ZVglRWiss 90 (1991), 1, 11 f.

[530] Vgl. *Moshinsky*, L. Q. Rev. 109 (1992), 591, 602 ff., 615 f., der für den Fall, dass der Forderungsübergang *inter partes* vom sachlichen Anwendungsbereich des Übereinkommens doch umfasst werde, ebenfalls auf das zwischen Zedent und Zessionar maßgebende Vertragsstatut abstellt. Zu der Frage, ob Art. 12 EVÜ (Art. 33 Abs. 1 und 2 EGBGB) auch das für die Abtretung außervertraglicher Forderungen maßgebende Recht bestimmt vgl. Teil 3 – § 6 I 2 b.

[531] Vgl. *Moshinsky*, L. Q. Rev. 109 (1992), 591, 605 ff.

bb) Die Anknüpfung der Abtretung im Verhältnis zum Schuldner und sonstigen Dritten

Streitig ist auch die Anknüpfung der Abtretungsvoraussetzungen im Außenverhältnis. Die herrschende Lehre unterscheidet nicht zwischen der Abtretung im Verhältnis zum Schuldner und sonstigen Dritten, sondern unterwirft jegliche Drittwirkungen gemäß Art. 12 Abs. 2 EVÜ (Art. 33 Abs. 2 EGBGB) dem Forderungsstatut. Dieses entscheidet insbesondere auch über Prioritätskonflikte.[532] Nach anderer Ansicht soll demgegenüber zwischen dem für die Abtretung im Verhältnis zum Schuldner und im Verhältnis zu sonstigen Dritten maßgebenden Recht zu differenzieren sein: Aus Sicht des Schuldners werde das Zessionsstatut zwar durch Art. 12 Abs. 2 EVÜ (Art. 33 Abs. 2 EGBGB) bestimmt. Jedoch würden die Drittwirkungen der Abtretung vom Anwendungsbereich des Art. 12 EVÜ (Art. 33 Abs. 1 und 2 EGBGB) nicht umfasst, weshalb auch insoweit auf das Recht der Forderungsbelegenheit abzustellen sei.[533] Die Belegenheit einer Forderung befinde sich dort, wo die Forderung geltend gemacht werde, also am Wohnsitz des Schuldners.

V. Deutschland

1. Sachrecht

a) Die Trennung von Verpflichtung und Verfügung

Das deutsche Recht (§§ 398 ff. BGB) trennt zwischen Verpflichtungs- und Verfügungsgeschäft einer Abtretung. Während das der Abtretung zugrunde liegende schuldrechtliche Verpflichtungsgeschäfts lediglich obligatorisch wirkt und nur eine Verpflichtung des Zedenten zur Übertragung der Forderung begründet, geht diese erst mit Abschluss des Verfügungsgeschäftes auf den Zessionar über (Trennungsprinzip).[534] Das Verfügungsgeschäft wirkt absolut, d.h. nicht nur *inter partes*, sondern gegenüber jedermann. Als abstrakter Vertrag ist das Verfügungsgeschäft zudem unabhängig von der Wirksamkeit des ihm zugrunde liegenden Verpflichtungsgeschäfts (Abstraktionsprinzip).[535] Das deutsche Recht unterscheidet sich damit grundlegend von Systematik und Ausgestaltung der Abtretung in den bislang dargestellten Rechtsordnungen, die, bedingt durch eine Aufspaltung der Abtretungsvoraussetzungen, auch relative

---

[532] Vgl. *Dicey & Morris*, The Conflict of Laws II[13], Rule 118 (24-054; 24-057); *Cheshire & North*, Private International Law[13], S. 961; *Kaye*, Private International Law, S. 325 f.

[533] Vgl. *Moshinsky*, L. Q. Rev. 109 (1992), 591, 623 f.

[534] Vgl. *Nörr/Scheyhing*, Sukzessionen, § 2 I 3.

[535] MünchKomm[3]-*Roth*, § 398 BGB, Rdnr. 24; *Staudinger*[13]-*Busche*, § 398 BGB, Rdnr. 1 f. Zu Abstraktions- und Trennungsprinzip im deutschen Recht vgl. *Palandt*[60]-*Bassenge*, Einl. v § 854 BGB, Rdnr. 16.

Forderungsinhaberschaften zulassen. Dem deutschen Recht ist diese Sichtweise fremd: Für die Bestimmung der Abtretungsvoraussetzungen wird nicht zwischen dem Verhältnis Zedent – Zessionar und den Rechtsbeziehungen der Zessionsparteien zum Schuldner und sonstigen Dritten differenziert, vielmehr beurteilen sich die Abtretungsvoraussetzungen nach allen Seiten hin einheitlich.

b) Schuldnerschutz und Prioritätskonflikte

Der Schuldnerschutz richtet sich nach §§ 404 ff. BGB. Er umfasst vor allem den Erhalt von Einwendungen und Einreden sowie die schuldbefreiende Wirkung einer Leistung des Schuldners (§§ 407 ff. BGB). Eine Abtretungsanzeige ist für die Herbeiführung des Forderungsübergangs im Verhältnis der Zessionsparteien zum Schuldner nicht erforderlich.[536] Prioritätskonflikte werden nach dem Prioritätsprinzip entschieden. Maßgeblicher Zeitpunkt ist der Abschluss des abstrakten Verfügungsgeschäfts. Überträgt ein Zedent dieselbe Forderung mehrmals nacheinander auf verschiedene Zessionare, ist nur die zeitlich erste Abtretung wirksam.[537] Fällt der Zedent in Insolvenz, kommt ein Forderungserwerb des Zessionars nur in Betracht, wenn die Abtretung der Insolvenz zeitlich vorausgegangen und nicht anfechtbar ist. Der gute Glaube des Zessionars an die Verfügungsbefugnis bzw. die Gläubigereigenschaft des Zedenten wird grundsätzlich nicht geschützt, weshalb ein gutgläubiger Forderungserwerb vom Nichtberechtigten ausscheidet.[538]

2. Kollisionsrecht

a) Die einheitliche Anknüpfung der Abtretung

Angesichts der sachrechtlichen Trennung von Verpflichtungs- und Verfügungsgeschäft der Abtretung ging das deutsche IPR auch kollisionsrechtlich überwiegend von der Notwendigkeit einer getrennten Anknüpfung der schuldrechtlichen Verpflichtungen der Zessionsparteien einerseits (Vertragsstatut maßgebend) und der Forderungsübertragung andererseits (Forderungsstatut maßgebend) aus.[539]

---

[536] Vgl. *Staudinger*[13]*-Busche*, § 398 BGB, Rdnr. 23.
[537] Vgl. *BGH* 30.4.1959, BGHZ 30, 149, 151.
[538] Vgl. BGB-RGRK-*Weber*, § 398 BGB, Rdnr. 31, 109.
[539] Vgl. in der Rspr. *RG* 6.3.1917, WarnRspr. 1917, Nr. 113; *BGH* 28.10.1957, IPRspr. 1956-1957, Nr. 32 = WM 1957, 1574; 7.12.1961, IPRspr. 1960-1961, Nr. 157 = WM 1962, 263, 265; *OLG Hamburg* 19.3.1971, IPRspr. 1971, Nr. 23; *BGH* 23.2.1983, BGHZ 87, 19, 21 = IPRax 1984, 330 mit Anm. *Firsching* = IPRspr. 1983, Nr. 36 = WM 1983, 411, 412 = NJW 1983, 1487; 13.6.1984, IPRax 1985, 221, 222 mit Aufs. *Kötz*, 205 = IPRspr. 1984, Nr. 121 = ZIP 1984, 1405, 1408 = WM 1984, 1125 = NJW 1984, 2762 = DB 1984, 2192 = RIW/AWD 1985, 154; *OLG Köln* 26.6.1986, IPRax 1987, 239, 240 mit Aufs. *Sonnenberger*, 221 = NJW 1987, 1151; a.A. nur *OLG Hamm* 1.7.1982, in: *Schlechtriem/Magnus*, Int. Rspr., Art. 3 EKG, Nr. 29 (S. 150) mit Bespr. *Stoll*, FS Ferid II, S. 495, 506 f.

Die mit der IPR-Reform des Jahres 1986 verbundene Übernahme des Art. 12 EVÜ durch die Bestimmungen des Art. 33 Abs. 1 und 2 EGBGB hat an dieser Sichtweise nichts geändert: Die Norm ist, der materiellrechtlichen Zweiteilung entsprechend, von der Rechtsprechung und herrschenden Lehre dahin gehend ausgelegt worden, dass der Anwendungsbereich des Art. 33 Abs. 1 EGBGB (Art. 12 Abs. 1 EVÜ) lediglich das der Abtretung zugrunde liegende Verpflichtungsgeschäft umfasse, während sich die Übertragung der Forderung einheitlich nach dem in Art. 33 Abs. 2 EGBGB (Art. 12 Abs. 2 EVÜ) geregelten Forderungsstatut beurteile.[540]

(einheitliche Anknüpfung der Abtretungsvoraussetzungen an das Zessionsgrundstatut); im Schrifttum vgl. L. *von Bar*, IPR II, S.79; *Frankenstein*, IPR II, S. 253 f.; *Lewald*, IPR, S. 272; *Gutzwiller*, IPR, S. 1616; *Nussbaum*, IPR, S. 266; M. *Wolff*, RabelsZ 7 (1933), 791, 793; *ders.*, IPR[3], S. 152; *Raape*, IPR[5], § 47 I.; *Serick*, Eigentumsvorbehalt IV, § 52 V 6; *Staudinger*[10/11]*-Firsching*, Vor Art. 12 EGBGB, Rdnr. 597; *Schütze*, WM 1979, 962, 963; *Soergel/Siebert*[11]*-Kegel*, Vor Art. 7 EGBGB, Rdnr. 444; W.-H. *Roth*, Internationales Versicherungsvertragsrecht, S. 638; *Kötz*, IPRax 1985, 205; *Sonnenberger*, IPRax 1987, 221, 222; differenzierend *Zweigert*, RabelsZ 23 (1958), 643, 653; *Rabel*, The Conflict of Laws III[2], S. 395 ff., 410.

[540] Vgl. in der Rspr. *BGH* 28.4.1988, RIW 1988, 649, 650 = VersR 1988, 825 = NJW 1988, 3095, 3096; *OLG Stuttgart* 20.3.1989, RIW 1991, 159, 160; *OLG Celle* 20.4.1989, IPRspr. 1989, Nr. 58; *BGH* 26.9.1989, BGHZ 108, 353, 362 = IPRax 1991, 338, 341 mit Aufs. *Kronke/Berger*, 316 = NJW 1990, 242; 20.6.1990, BGHZ 111, 376, 379 = IPRax 1991, 248 mit Aufs. *Stoll* = RIW 1990, 670 = WM 1990, 1577, 1578; 26.11.1990, IPRax 1992, 43 mit Aufs. Chr. *von Bar*, 20 = EWiR 1991, 161 mit Anm. *Ebenroth* = RIW 1991, 158 = ZIP 1991, 98 = WM 1991, 193; *OLG Hamburg* 28.4.1992, NJW-RR 1993, 40 mit Bespr. *Wandt*, NZV 1993, 56; *LG Stuttgart* 16.9.1992, IPRax 1993, 330, 331 mit Aufs. *von Hoffmann/Höpping*, 302; *OLG Karlsruhe* 28.1.1993, IPRspr. 1993, Nr. 25 = RIW 1993, 505 = WM 1993, 893; *BGH* 24.2.1994, BGHZ 125, 196, 205 = IPRax 1995, 168 mit Aufs. *Gottwald*, 157 = WM 1994, 958, 960 = RIW 1995, 242, 243 f.; *OLG Köln* 25.5.1994, IPRax 1996, 270, 271 mit Aufs. *Thorn*, 257, das zwar auf das Forderungsstatut abstellt, dessen Maßgeblichkeit aber Art. 33 Abs. 1 EGBGB entnimmt; *OLG Düsseldorf* 15.12.1994, RIW 1995, 508, 509; *OLG Hamm* 8.2.1995, IPRax 1996, 197 mit Aufs. *Schlechtriem*, 184 = RIW 1997, 153; *OLG Koblenz* 19.10.1995, RIW 1996, 151, 152; *BGH* 8.12.1998, IPRax 2000, 128 mit Aufs. *Stadler*, 104 = JZ 1999, 404 mit Anm. *Kieninger*, 405 = NJW 1999, 940; offengelassen von *LG Hamburg* 11.7.1991, IPRspr. 1991, Nr. 56 = ZIP 1991, 1507, 1509; im Schrifttum vgl. *Ferid*, IPR[3], Rdnr. 6-121; *Eichenhofer*, Internationales Sozialrecht und IPR, S. 206; *Graf von Westphalen*, Exportfinanzierung[3], S. 492; Chr. *von Bar*, RabelsZ 53 (1989), 462, 467 f.; *ders.*, IPR II, Rdnr. 565; *ders.*, FS Lorenz, S. 273, 292; *ders.*, IPRax 1992, 20, 22 f.; *Welter*, Forderungsabtretung als Kreditsicherheit, S. 23, 27; *ders.*, Kreditvergabe, in: *Hadding/Welter* (Hrsg.), Rechtsfragen bei Bankleistungen im Europäischen Binnenmarkt, S. 25, 41; *Stoll*, FS Ferid II, S. 495, 507; *ders.*, IPRax 1991, 223; *Kronke/Berger*, IPRax 1991, 316, 320; *Ebenroth/Wilken*, JZ 1991, 1014, 1021 (Fn. 97); *Lüderitz*, IPR[2], Rdnr. 298; *Wandt*, Die Geschäftsführung ohne Auftrag im IPR, S. 175; *ders.*, NZV 1993, 56; *von Hoffmann/Höpping*, IPRax 1993, 302, 304; *von Bernstorff*, RIW 1994, 542 (Fn. 2); *Bette*, WM 1994, 1909, 1913; *ders.*, WM 1997, 797, 798; *Gottwald*, IPRax 1995, 157, 158; *Mangold*, Das IPR der Abtretung, in: *Hommelhoff/Jayme/Mangold* (Hrsg.), Europäischer Binnenmarkt, S. 81, 91; *Soergel*[12]*-von*

b) Die gespaltene Anknüpfung der Abtretung

Eine im Vordringen befindliche Auffassung spricht sich demgegenüber für eine differenzierte Anknüpfung der Abtretungsvoraussetzungen aus. Angesichts der Struktur des Art. 33 Abs. 1 und 2 EGBGB (Art. 12 EVÜ), der in Anlehnung an die romanischen Rechtsordnungen das Verhältnis zwischen Zedent und Zessionar (Abs. 1) von den Rechtsbeziehungen der Zessionsparteien zum Schuldner (Abs. 2) unterscheidet, wird für die Bestimmung des auf die Abtretung anzuwendenden Rechts nicht zwischen Verpflichtungs- und Verfügungsgeschäft der Abtretung getrennt, sondern, dem System der romanischen Rechtsordnungen folgend, das auf die Abtretung anzuwendende Recht im Verhältnis zwischen Zedent und Zessionar und den Rechtsbeziehungen der Zessionsparteien zum Schuldner und sonstigen Dritten jeweils gesondert bestimmt. Im Verhältnis Zedent – Zessionar beurteile sich der Forderungsübergang gemäß Art. 33 Abs. 1 EGBGB (Art. 12 Abs. 1 EVÜ) nach dem für die „Verpflichtungen" zwischen Zedent und Zessionar maßgebenden Vertragsstatut,[541] während sich die Übertragung der Forderung im Verhältnis der Zessionsparteien zum Schuldner gemäß Art. 33 Abs. 2 EGBGB (Art. 12 Abs. 2 EVÜ) nach dem Recht der übertragenen Forderung richte.

Uneinigkeit herrscht über die Anknüpfung der Abtretung im Verhältnis zu sonstigen Dritten: Nach der einen Auffassung soll gemäß Art. 33 Abs. 1 EGBGB (Art. 12 Abs. 1 EVÜ) das Vertragsstatut zwischen Zedent und Zessionar entscheiden.[542] Nach anderer Ansicht sind jegliche Drittwirkungen einer Abtretung gemäß Art. 33 Abs. 2 EGBGB (Art. 12 Abs. 2 EVÜ) nach dem

---

Hoffmann, Art. 33 EGBGB, Rdnr. 7; *Schlechtriem*, IPRax 1996, 184; *Reithmann/Martiny-Martiny*, Internationales Vertragsrecht[5], Rdnr. 307; *Staudinger*[13]*-Stoll*, Int SachenR, Rdnr. 348; *Schütze*, Das Dokumentenakkreditiv[4], Rdnr. 460; *Thorn*, IPRax 1996, 257, 258; *Kropholler*, IPR[3], § 52 VII 1; *Peltzer*, RIW 1997, 893 ff.; Münch-Komm[3]*-Martiny*, Art. 33 EGBGB, Rdnr. 2; *von Hoffmann*, Forderungsübertragung im IPR, in: *Hadding/Schneider* (Hrsg.), Die Forderungsabtretung, S. 3, 9 f.; *Kegel/Schurig*, IPR[8], § 18 VII 1; *Palandt*[60]*-Heldrich*, Art. 33 EGBGB, Rdnr. 3; *Erman*[10]*-Hohloch*, Art. 33 EGBGB, Rdnr. 1, 4.

541 Vgl. im Schrifttum *Siehr*, AWD/RIW 1973, 569, 582 (zum Vorentwurf des EVÜ); *Kaiser*, Verlängerter Eigentumsvorbehalt, S. 220; H. *Keller*, Zessionsstatut, S. 143 ff.; *von der Seipen*, Akzessorische Anknüpfung, S. 233 ff., 238; *Diehl-Leistner*, Internationales Factoring, S. 87 ff., 90; *Ebenroth*, EWiR 1991, 161 f.; *Einsele*, ZVglRWiss 90 (1991), 1 ff., 23; *dies.*, Wertpapierrecht, S. 474 ff.; *dies.*, RabelsZ 60 (1996), 417, 430 ff.; *Stadler*, Gestaltungsfreiheit, S. 698 ff., 714; *dies.*, IPRax 2000, 104; *Staudinger*[12]*-Hausmann*, Art. 33 EGBGB, Rdnr. 20 ff.; wohl auch *Mankowski*, Seerechtliche Vertragsverhältnisse im IPR, S. 265 ff., 267; in der Rspr. offengelassen von *LG Hamburg* 11.7.1991, IPRspr. 1991, Nr. 56 = ZIP 1991, 1507, 1509.

542 Vgl. *Einsele*, ZVglRWiss 90 (1991), 1 ff., 23; *dies.*, Wertpapierrecht, S. 474 ff.; *dies.*, RabelsZ 60 (1996), 417, 430 ff.; *Stadler*, Gestaltungsfreiheit, S. 698 ff., 714; *dies.*, IPRax 2000, 104; offengelassen von *LG Hamburg* 11.7.1991, IPRspr. 1991, Nr. 56 = ZIP 1991, 1507, 1509.

Forderungsstatut zu beurteilen.[543] Einer dritten Auffassung zufolge wird die Abtretung im Verhältnis zu sonstigen Dritten vom Anwendungsbereich des Art. 33 Abs. 1 und 2 EGBGB (Art. 12 EVÜ) nicht umfasst. Insoweit unterliege die Abtretung dem Niederlassungsrecht des Zedenten.[544] Diese Anknüpfung wird als Sonderanknüpfung – abweichend von der Herrschaft des Forderungsstatuts für die Singularzession – auch für den verlängerten Eigentumsvorbehalt und die Globalzession vertreten.[545]

VI. Österreich

1. Sachrecht

a) Die Trennung von Verpflichtung und Verfügung

Das österreichische Recht folgt der Lehre von *titulus* und *modus adquirendi* und der *iusta causa traditionis*.[546] Für das Verhältnis von Kauf und Eigentumserwerb gilt damit, den spanischen Zivilrechten entsprechend,[547] ein kausal ausgestaltetes Übergabeprinzip. Die Eigentumsübertragung stellt sich jedoch nicht als Wirkung des obligatorischen Grundgeschäfts dar (Einheitsprinzip), sondern setzt ein gesondert vorzunehmendes Verfügungsgeschäft voraus (Trennungsprinzip). Dieser Grundsatz gilt auch für Forderungszessionen (§§ 1392-1399 ABGB).[548] Dementsprechend unterscheidet das österreichische Recht zwischen dem der Abtretung zugrunde liegenden Verpflichtungsgeschäft und der Forderungsübertragung selbst, dem Verfügungsgeschäft der Abtretung. Im Unterschied zum deutschen Recht wird die Abtretung jedoch als *kausales* Verfügungsgeschäft qualifiziert.[549] Das bedeutet, auch dem österreichischen Recht ist eine Aufspaltung der Abtretungsvoraussetzungen fremd; vielmehr wird die abzutretende Forderung mit dem Zustandekommen des Verfügungsgeschäfts *erga omnes* auf den Zessionar übertragen; die Wirksamkeit der Forderungsübertragung hängt allerdings von der Gültigkeit des zugrunde liegenden Verpflichtungsgeschäftes ab (Kausalprinzip).

---

[543] Vgl. *Kaiser*, Verlängerter Eigentumsvorbehalt, S. 220.

[544] Vgl. *von Wilmowsky*, Europäisches Kreditsicherungsrecht, S. 429 ff.; *Kieninger*, RabelsZ 62 (1998), 678, 702 ff., 710; *dies.*, JZ 1999, 405, 406.

[545] Vgl. *LG Hamburg* 20.11.1980, IPRspr. 1980, Nr. 53 mit Bespr. *Jayme*, Clunet 112 (1985), 951, 959; *Stoll*, IPRax 1990, 223, 225 ff.; *Staudinger*[13]*-Stoll*, Int SachenR, Rdnr. 349 f.; *Kaiser*, Verlängerter Eigentumsvorbehalt, S. 202 ff.; MünchKomm[3]-*Kreuzer*, Nach Art. 38 EGBGB Anh. I, Rdnr. 93.

[546] Vgl. §§ 424, 425 ABGB.

[547] Vgl. Teil 1 – § 1 II 1 a bb (2) (a).

[548] Zur Anwendung des Systems von *titulus* und *modus* auf die Forderungsabtretung vgl. *Koziol*, DZWir 1993, 353.

[549] *Werner/Rinnewitz*, RIW 1984, 357; *Apathy*, Österreich, in: *Hadding/Schneider* (Hrsg.), Die Forderungsabtretung, S. 509, 511 f.; *Posch*, IPRax 1992, 51, 52.

b) Publizitätserfordernisse der Sicherungszession

Besonderheiten gelten für die Sicherungszession. Während die Abtretung einer Forderung grundsätzlich keines speziellen Übertragungsaktes bedarf, vielmehr bereits mit Abschluss des Verfügungsgeschäftes *erga omnes* auf den Zessionar übergeht, muss bei der Sicherungszession ein besonderer Publizitätsakt (*modus*) hinzutreten, damit die Forderungsübertragung nicht nur zwischen den vertragsschließenden Zessionsparteien, sondern auch gegenüber Dritten wirkt.[550] Bedeutung erlangt das Publizitätserfordernis insbesondere bei Mehrfachzessionen.[551] Maßgebend sind die Anforderungen an die Pfandrechtsbestellung.[552] Hiernach ist entweder der Schuldner von der Abtretung zu verständigen oder die Abtretung in den Büchern des Zedenten zu vermerken (sog. Zessions- oder Buchvermerk).[553]

2. Kollisionsrecht

Das EVÜ ist in Österreich am 1.12.1998 in Kraft getreten.[554] Um Aufschluss über die voraussichtliche Auslegung und Anwendung des Art. 12 EVÜ durch die österreichischen Gerichte zu erhalten,[555] ist zunächst ein Blick auf die vor dem Inkrafttreten der Norm geltenden autonomen Anknüpfungsgrundsätze geboten.

a) Die Anknüpfung der Abtretung nach früherem autonomem österreichischem IPR – § 45 IPRG

aa) Die Trennung von Verpflichtungs- und Verfügungsstatut

Das österreichische IPR-Gesetz enthält keine ausdrückliche Kollisionsnorm für die Forderungsabtretung. Rechtsprechung und Lehre haben zur Lösung grenzüberschreitender Sachverhalte § 45 IPRG herangezogen, wonach „ein Rechtsgeschäft, dessen Wirkungen begrifflich von einer bestehenden Verbindlichkeit abhängen, ... nach den Sachnormen des Staates zu beurteilen [ist], dessen Sachnormen für die Verbindlichkeit maßgebend sind". Das bedeutet, Zulässigkeit, Voraussetzungen und Wirkungen einer Abtretung sollen sich akzes-

550 Dazu *Jud*, Österreich, in: *Hadding/Schneider* (Hrsg.), Die Forderungsabtretung, S. 259, 282; *Koziol*, DZWir 1993, 353, 355.

551 Vgl. *Musger*, Diskussionsbeitrag in: *Hommelhoff/Jayme/Mangold* (Hrsg.), Europäischer Binnenmarkt, S. 120; *Apathy*, Österreich, in: *Hadding/Schneider* (Hrsg.), Die Forderungsabtretung, S. 509, 519.

552 Vgl. *Werner/Rinnewitz*, RIW 1984, 357, 360; *Jud*, Österreich, in: *Hadding/Schneider* (Hrsg.), Die Forderungsabtretung, S. 259, 277.

553 Vgl. *Jud*, Österreich, in: *Hadding/Schneider* (Hrsg.), Die Forderungsabtretung, S. 259, 280 ff.

554 Vgl. *Jayme/Kohler*, IPRax 1999, 401, 411; *Rudisch*, RabelsZ 63 (1999), 70 ff.

555 Vgl. unten – § 4 VI 2 b.

sorisch nach demjenigen Recht richten, welches für die abzutretende Forderung maßgebend ist.[556] Das Grundgeschäft der Abtretung richtet sich dagegen grundsätzlich nach eigenem Recht.[557] Damit schlug die sachrechtliche Unterscheidung zwischen Verpflichtungs- und Verfügungsgeschäft der Abtretung auch kollisionsrechtlich durch.

bb) Der Gleichlauf von Verpflichtungs- und Verfügungsstatut

Eine wichtige Ausnahme von diesem Grundsatz bildete die Anknüpfung der Sicherungszession. Primär richtete sich die schuldrechtliche Sicherungsabrede zwischen Zedent und Zessionar zwar nach dem von den Parteien gewählten Recht; fehlte jedoch eine Rechtswahl, unterlag sie als „abhängiges" Rechtsgeschäft, wie die Zession selbst, dem § 45 IPRG.[558] Die Abhängigkeit der Sicherungsabrede bestand gleich in doppelter Hinsicht, nämlich einerseits von der zu sichernden Verbindlichkeit, also dem Hauptschuldverhältnis zwischen Zedent und Zessionar, andererseits von der als Sicherungsmittel verwendeten abgetretenen Forderung. Die herrschende Meinung beurteilte die Sicherungsabrede nach dem Statut der als Sicherungsmittel verwendeten Forderung, weil zu dieser im Zweifel die stärkere Beziehung bestehe.[559] Kollisionsrechtlich kam es aufgrund dieser Zuordnung zu einem Gleichlauf von Verpflichtungs- und Verfügungsgeschäft der Abtretung, so dass die schuldrechtliche Sicherungsabrede und die Übertragung der Forderung sich gleichermaßen nach dem Forderungsstatut richteten.

b) Folgerungen für die Auslegung des Art. 12 EVÜ

Angesichts der grundsätzlichen Trennung von Verpflichtung und Verfügung steht zu erwarten, dass Art. 12 EVÜ (Art. 33 Abs. 1 und 2 EGBGB) in der Weise interpretiert werden wird, dass die Abtretung gemäß Art. 12 Abs. 2 EVÜ (Art. 33 Abs. 2 EGBGB) insgesamt nach dem Forderungsstatut, die obligatorischen Beziehungen der Zessionsparteien dagegen gemäß Art. 12 Abs. 1 EVÜ

---

[556] *OGH* 13.10.1983, JBl. 1984, 320, 322 mit Anm. *Schwimann*, 322 f. = ZfRV 26 (1985), 62 mit Anm. *Hoyer*, 65 ff.; *Posch*, IPRax 1992, 51, 53; *Koziol*, DZWir 1993, 353, 357; vgl. auch *Musger*, Diskussionsbeitrag in: *Hommelhoff/Jayme/Mangold* (Hrsg.), Europäischer Binnenmarkt, S. 120, 121.

[557] *Schwimann*, RIW 1983, 404, 408; *Werner/Rinnewitz*, RIW 1984, 357, 359.

[558] *OGH* 11.7.1990, IPRax 1992, 47 mit Aufs. *Posch*, 51; 18.9.1991, JBl. 1992, 652 mit Anm. *Schwimann*, 654.

[559] *OGH* 13.10.1983, JBl. 1984, 320 mit Anm. *Schwimann*, 322; 18.9.1991, JBl. 1992, 652 mit Anm. *Schwimann*, 654; *Schwimann*, RIW 1983, 404, 408; *Schwind*, IPR, Rdnr. 449; a.A. (Statut der zu sichernden Forderung) *Hoyer*, Anm. zu *OGH* 13.10.1983, ZfRV 26 (1985), 65, 66 f.; *Werner/Rinnewitz*, RIW 1984, 357, 359; *Koziol*, DZWir 1993, 353, 357; *Holzner*, ZfRV 35 (1994), 134, 135; offen gelassen von *Apathy*, Österreich, in: *Hadding/Schneider* (Hrsg.), Die Forderungsabtretung, S. 509, 535 f.

(Art. 33 Abs. 1 EGBGB) nach dem Zessionsgrundstatut beurteilt werden.[560] Diese Lösung entspräche den Anknüpfungsgrundsätzen der in Deutschland herrschenden Meinung.[561]

[560] Vgl. insbesondere *Schwimann*, IPR², S. 97 f.; *Posch*, IPRax 1992, 51, 54; *Musger*, Diskussionsbeitrag in: *Hommelhoff/Jayme/Mangold* (Hrsg.), Europäischer Binnenmarkt, S. 120, 121.

[561] Vgl. oben – § 4 V 2 a.

§ 5 Zusammenfassende Betrachtung

Im folgenden sollen rechtsvergleichend System und Ausgestaltung[562] sowie Voraussetzungen und Wirkungen[563] der Abtretung im materiellen Recht der Vertragsstaaten untersucht werden. Ziel dieser Untersuchung ist es, die Wesensmerkmale der rechtsgeschäftlichen Forderungsübertragung und ihre Auswirkungen auf die Anknüpfung der Abtretung im vereinheitlichten Kollisionsrecht[564] herauszuarbeiten, um damit aus rechtsvergleichender Sicht eine Grundlage für die einheitliche Auslegung des Art. 33 Abs. 1 und 2 EGBGB (Art. 12 EVÜ) zu schaffen.

I. Sachrechte

1. System und Ausgestaltung der Abtretung

a) Systeme der Forderungsübertragung

Die Darstellung der gesetzlichen Regelungen der Abtretung in den Vertragsstaaten des EVÜ hat gezeigt, dass sich im Geltungsbereich des Übereinkommens zwei unterschiedliche Systeme der rechtsgeschäftlichen Forderungsübertragung gegenüberstehen.[565] Im deutschen Rechtskreis werden die Abtretungsvoraussetzungen einheitlich bestimmt, während die romanischen Rechtsordnungen und das englische Recht zwischen den Rechtsbeziehungen der beteiligten Personen (Zessionsparteien, Schuldner und sonstige Dritte) unterscheiden und die Voraussetzungen der Abtretung innerhalb der bestehenden Rechtsbeziehungen jeweils gesondert beurteilen.

aa) Die Aufspaltung der Abtretungsvoraussetzungen

Den romanischen Rechtsordnungen[566] und dem englischen Recht[567] ist die Trennung zwischen Verpflichtungs- und Verfügungsgeschäft einer Abtretung fremd. Sie unterscheiden die internen Rechtsbeziehungen zwischen Zedent und Zessionar von den Rechtsbeziehungen der Zessionsparteien zum Schuldner und sonstigen Dritten. Die Abtretungsvoraussetzungen werden jeweils gesondert bestimmt. Während im Verhältnis Zedent – Zessionar die abzutretende Forderung

[562] Zu System und Ausgestaltung der Abtretung vgl. unten – § 5 I 1.
[563] Zu Voraussetzungen und Wirkungen der Abtretung vgl. unten – § 5 I 2.
[564] Zur Anknüpfung der Abtretung im Kollisionsrecht der Vertragsstaaten vgl. unten – § 5 II.
[565] Zu den verschiedenen Zessionssystemen vgl. *Zweigert/Kötz*, Rechtsvergleichung[3], § 33 II-IV.
[566] Vgl. oben – § 4 I-III. Zum System der Abtretung im spanischen Privatrecht vgl. Teil 1 – § 1 I 3 a.
[567] Vgl. oben – § 4 IV 1.

regelmäßig mit dem Abschluss des schuldrechtlichen Grundgeschäfts der Abtretung auf den Zessionar übergeht,[568] werden Voraussetzungen und Wirkungen einer Abtretung im Verhältnis zum Schuldner und sonstigen Dritten vielfach an die Einhaltung spezieller Formerfordernisse geknüpft. Diese können in einer Abtretungsanzeige oder Annahme bzw. Anerkennung der Abtretung durch den Schuldner oder einer Registrierung der Abtretung in den Büchern des Zedenten bestehen. Das spanische Recht knüpft die Wirkungen einer Abtretung im Verhältnis zu sonstigen Dritten an die Errichtung einer Abtretungsurkunde mit sicherem Datum.[569]

bb) Die Trennung von Verpflichtung und Verfügung

Der deutsche Rechtskreis trennt zwischen Verpflichtungs- und Verfügungsgeschäft einer Abtretung.[570] Während das der Abtretung zugrunde liegende Verpflichtungsgeschäft dem Zessionar lediglich einen schuldrechtlichen Anspruch auf Übertragung der Forderung verschafft, wird letztere in Erfüllung dieses Anspruchs erst mit Abschluss eines abstrakten oder kausalen Verfügungsgeschäftes auf den Zessionar übertragen. Das Verfügungsgeschäft wirkt nicht nur zwischen Zedent und Zessionar, sondern gegenüber jedermann, d.h. auch im Verhältnis zum Schuldner und sonstigen Dritten. Weitere, über die „dingliche" Einigung der Zessionsparteien hinausgehende Anforderungen, müssen nicht erfüllt sein, so dass sich die Voraussetzungen der Abtretung nach allen Seiten hin einheitlich beurteilen.

b) Die Einordnung der Abtretung als abstraktes oder kausales Rechtsgeschäft

aa) Die Auswirkungen des Grundgeschäfts auf die Forderungsübertragung

Die Einordnung einer Abtretung als abstraktes oder kausales Rechtsgeschäft entscheidet primär über die Frage, welche Auswirkungen mit der Unwirksamkeit des der Abtretung zugrunde liegenden Kausalgeschäfts auf die Abtretung selbst verbunden sind. Eine kausale Abtretung muss nicht nur ihren wirtschaftlichen Zweck erkennen lassen (inhaltliche Kausalität), sie bedarf auch eines gültigen Grundgeschäfts, um selbst wirksam zu sein (äußerliche Kausalität).[571]

---

[568] Eine Ausnahme bildet das Equity-Recht, das bereits eine einseitige Abtretungserklärung des Zedenten für ausreichend erachtet, wenn der Zessionar nur Kenntnis von der Abtretung hatte. Das Common Law knüpft den Übergang der Forderung im Innenverhältnis an die Schriftform der Abtretung, vgl. oben – § 4 IV 1 a.

[569] Vgl. Teil 1 – § 1 IV.

[570] Vgl. oben – § 4 V (Deutschland), VI (Österreich). Die Trennung von Verpflichtung und Verfügung ist auch der Standpunkt des schweizerischen Rechts, vgl. *von der Crone*, SJZ 93 (1997), 249 ff. Zum System der Abtretung im deutschen Rechtskreis vgl. *Zweigert/Kötz*, Rechtsvergleichung³, § 33 II.

[571] Vgl. Teil 1 – § 1 II 1 a cc.

Die Wirksamkeit eines abstrakten Forderungsübergangs beurteilt sich dagegen grundsätzlich unabhängig von der Wirksamkeit des ihm zugrunde liegenden Kausalgeschäfts.[572]

bb) Folgen der abstrakten oder kausalen Einordnung einer Abtretung für den Schutz des Schuldners und sonstiger Dritter

(1) Der Schutz des Schuldners

Die Einordnung einer Abtretung als abstraktes oder kausales Rechtsgeschäft entscheidet ferner über Fragen der inhaltlichen Ausgestaltung des Schuldnerschutzes.[573]

Es ist ein anerkannter Grundsatz, dass der Schuldner Einwendungen,[574] die im Zeitpunkt der Abtretung gegen den Zedenten begründet waren, auch dem Zessionar entgegenhalten kann. Auch kann sich der Schuldner auf Einwendungen berufen, die aus eigenen rechtlichen Beziehungen zum Zessionar resultieren und ferner die Unwirksamkeit der Abtretung im Verhältnis Zedent – Zessionar geltend machen.

Die Reichweite dieser letzten Einwendung wird maßgeblich von der Einordnung einer Abtretung als abstraktes oder kausales Rechtsgeschäft mitbestimmt. Bilden Forderungsübertragung und Grundgeschäft der Abtretung ein einheitliches, kausal ausgestaltetes, Rechtsgeschäft, dann ergeben sich die aus dem Verhältnis Zedent – Zessionar herrührenden Einwendungen des Schuldners allein aus dem Grundgeschäft der Abtretung.[575] Ist das Grundgeschäft unwirksam, kann infolge der Abhängigkeit der Abtretung von ihrem Rechtsgrund auch die Forderung nicht wirksam auf den Zessionar übertragen werden; der Zedent bleibt daher Forderungsinhaber. Der Schuldner kann sich insoweit auf die Unwirksamkeit der Abtretung im Verhältnis Zedent – Zessionar berufen.

Ist, wie nach spanischem Recht, der Forderungsübergang im Verhältnis zum Schuldner an keine weiteren Voraussetzungen, sondern ebenfalls an die kausale Einigung der Zessionsparteien geknüpft,[576] so erstreckt sich der Einwand der

---

[572] Das Abstraktionsprinzip wird nur in Ausnahmefällen durchbrochen, dann nämlich, wenn der Nichtigkeitsgrund, der das Verpflichtungsgeschäft unwirksam macht, auch dem Verfügungsgeschäft anhaftet (Fehleridentität), vgl. *Staudinger*[13]*-Busche*, Einl. zu §§ 398 ff. BGB, Rdnr. 20 ff.

[573] Zur Bedeutung dieser Einordnung für den kollisionsrechtlichen Schuldnerschutz vgl. Teil 3 – § 7 V 1 a.

[574] Der Begriff der „Einwendung“ ist nach dem hier zugrunde gelegten Verständnis weit zu fassen und erstreckt sich gleichermaßen auf rechtshindernde wie rechtsvernichtende Einwendungen.

[575] Vgl. Teil 1 – § 1 III 2 b.

[576] Vgl. Teil 1 – § 1 III 1.

Unwirksamkeit der Abtretung auch auf das Rechtsverhältnis der Zessionsparteien zum Schuldner. Dagegen sind nach deutschem Recht, das die Abtretung abstrakt ausgestaltet hat, Einwendungen des Schuldners aus dem der Abtretung zugrunde liegenden Kausalgeschäft in der Regel ausgeschlossen.[577] Der Schuldner ist infolge der Unabhängigkeit der Abtretung von ihrem Rechtsgrund auf Einwendungen aus dem abstrakten Verfügungsgeschäft der Abtretung beschränkt.

Somit wirkt sich die Einordnung einer Abtretung als abstraktes oder kausales Rechtsgeschäft unmittelbar auf Art und Umfang der dem Schuldner zustehenden Einwendungen aus. Zwar wird der Schuldner, sofern er nicht die Existenz oder Durchsetzbarkeit der abgetretenen Forderung bestreitet, sondern lediglich die Unwirksamkeit der Forderungsübertragung geltend macht, nicht von seiner Leistungspflicht befreit; eine unwirksame Abtretung muss er aber auch nicht gegen sich gelten lassen. Andernfalls würde dem Grundsatz, dass sich die Rechtsstellung des Schuldners durch Rechtsgeschäfte des Gläubigers, auf die der Schuldner keinen Einfluss hat, nicht verschlechtern darf, nur unzureichend Rechnung getragen.

Ungeachtet der Auswirkungen abstrakter und kausaler Zessionen auf Einwendungen des Schuldners aus den Rechtsbeziehungen zwischen Zedent und Zessionar ist die Geltung des Abstraktionsgrundsatzes im deutschen Recht mit Vorteilen für den Schuldner verbunden. Die abstrakte Zession schafft mehr Transparenz für den Schuldner. Wegen der Unabhängigkeit der Abtretung von dem ihr zugrunde liegenden Kausalgeschäft braucht der Schuldner im Unterschied zur kausalen Zession nicht noch prüfen, ob der Übertragung der Forderung auf den Zessionar ein wirksames Kausalgeschäft zugrunde liegt. Unsicherheiten im Hinblick auf die Forderungsinhaberschaft bleiben dem Schuldner auf diese Weise erspart.[578]

(2) Der Schutz sonstiger Dritter

Der Abstraktionsgrundsatz bezweckt in erster Linie die Sicherheit des Rechtsverkehrs.[579] Er bringt damit nicht nur dem Schuldner, sondern auch sonstigen Dritten Vorteile. Bei Abtretung einer Forderung tritt seine verkehrsschützende Funktion in besonderem Maße hervor, wenn dem anzuwendenden Recht ein gutgläubiger Forderungserwerb vom Nichtberechtigten unbekannt ist.[580] Hier gilt: Der Zessionar soll sich nicht darum kümmern müssen, ob der Zedent

---

[577] Vgl. *Palandt*[60]*-Heinrichs*, § 404 BGB, Rdnr. 2; *Staudinger*[13]*-Busche*, § 404 BGB, Rdnr. 5.

[578] Vgl. *Guldener*, Zession im IPR, S. 61. Zur Bedeutung des Abstraktionsprinzips für den kollisionsrechtlichen Schuldnerschutz vgl. Teil 3 – § 7 V 1 a aa.

[579] Vgl. *Larenz*, Allgemeiner Teil[7], § 18 II d), § 22 III c).

[580] Hier kann der Verkehrsschutz allein noch durch das Abstraktionsprinzip bewerkstelligt werden.

die Forderung aufgrund eines gültigen Kausalgeschäfts erworben hatte oder nicht. Aber nicht nur der Zessionar, auch dessen Gläubiger werden geschützt: Diese können sich darauf verlassen, dass der Zessionar, sobald er die Forderung erworben hat, deren Inhaber geworden ist und etwaige Mängel des Kausalgeschäfts, das dem Erwerb der Forderung zugrunde liegt, seine Forderungsinhaberschaft nicht beeinträchtigen. Deshalb können Gläubiger des Zessionars die übertragene Forderung pfänden lassen, ohne dass ihnen der Zedent Mängel aus dem der Abtretung zugrunde liegenden Kausalgeschäft entgegenhalten könnte.

2. Voraussetzungen und Wirkungen der Abtretung

a) Die Abtretung im Verhältnis Zedent – Zessionar

Im Verhältnis zwischen Zedent und Zessionar ist die Übertragung der Forderung regelmäßig an den Abschluss eines (kausalen oder abstrakten) Abtretungsvertrages geknüpft. Voraussetzungen und Wirkungen des Abtretungsvertrages werden in den Rechtsordnungen der Vertragsstaaten jedoch unterschiedlich beurteilt.

aa) Die relative Forderungsinhaberschaft

Liegt der Abtretung systematisch eine Aufspaltung der Rechtsbeziehungen zugrunde, werden also die Abtretungsvoraussetzungen im Verhältnis Zedent – Zessionar und in den Rechtsbeziehungen der Zessionsparteien zum Schuldner und sonstigen Dritten jeweils gesondert bestimmt,[581] so führt die Einigung der Zessionsparteien auf Seiten des Zessionars in aller Regel zu einer relativen Forderungsinhaberschaft. Das bedeutet, der Zessionar wird durch den Abschluss des Abtretungsvertrages nur im Verhältnis zum Zedenten Inhaber der Forderung. Ist die Abtretung im Verhältnis zum Schuldner und sonstigen Dritten darüber hinaus an spezielle Formerfordernisse geknüpft, muss der Zessionar diese zunächst erfüllen. Solange er den gestellten Formerfordernissen nicht nachkommt, bleibt der Zedent im Verhältnis zum Schuldner und/oder sonstigen Dritten nach wie vor Inhaber der Forderung. Der Zedent erhält insoweit die Möglichkeit, ein zweites Mal über die Forderung zu verfügen. Insbesondere das französische und englische Recht anerkennen einen gutgläubigen Forderungserwerb des Zweitzessionars von einem zumindest im Verhältnis zum Erstzessionar nicht mehr verfügungsberechtigten Zedenten.[582] Andere Rechtsordnungen lassen für den Forderungserwerb im Verhältnis zu sonstigen Dritten zwar grundsätzlich die Einigung der Zessionsparteien genügen, knüpfen aber den Übergang der Forderung im Verhältnis zu den Gläubigern von Zedent und Zessionar sowie konkurrierender Zessionare untereinander an die Einhaltung be-

[581] System der romanischen Rechtsordnungen, vgl. oben – § 5 I 1 a aa.
[582] Vgl. oben – § 4 I 1 b (Frankreich), IV 1 c (England).

stimmter Formerfordernisse.[583] Letztlich führen auch solche Regelungen lediglich zu relativen Forderungsinhaberschaften.

bb) Die absolute Forderungsinhaberschaft

Beruht die Übertragung der Forderung auf einem (kausal oder abstrakt ausgestalteten) Verfügungsgeschäft,[584] wirkt sie demgegenüber absolut, d.h. nicht nur im internen Verhältnis zwischen Zedent und Zessionar, sondern gegenüber jedermann. Der Zessionar wird danach absoluter Forderungsinhaber, er erwirbt die abgetretene Forderung auch im Verhältnis zum Schuldner und sonstigen Dritten.[585]

b) Die Abtretung im Verhältnis zum Schuldner und sonstigen Dritten

aa) Formerfordernisse

(1) Die Form als Wirksamkeitsvoraussetzung der Abtretung

Soweit sich die Abtretungsvoraussetzungen im Verhältnis zum Schuldner und sonstigen Dritten jeweils gesondert bestimmen, wird der Forderungsübergang ihnen gegenüber regelmäßig an die Einhaltung spezieller Formerfordernisse geknüpft. Nicht selten kommt es dabei zu einem Gleichlauf der Abtretungsvoraussetzungen im Verhältnis zum Schuldner und sonstigen Dritten.[586] Insbesondere das französische Recht bestimmt die Drittwirkungen einer Abtretung einheitlich und macht den Forderungsübergang deshalb nicht nur im Verhältnis zum Schuldner, sondern auch gegenüber sonstigen Dritten von einer förmlichen Abtretungsanzeige oder Annahme der Abtretung durch den Schuldner abhängig (Art. 1690 Cc). Wird dieselbe Forderung mehrfach abgetreten, ist ein Forderungserwerb durch den Zweitzessionar nur möglich, wenn dieser über die Erfüllung der genannten Formerfordernisse hinaus auch keine Kenntnis von der Erstzession hat, im Hinblick auf die Forderungsinhaberschaft des Zedenten also gutgläubig ist.[587] Auch das österreichische Recht knüpft bei einer Sicherungszession den Forderungsübergang im Verhältnis zum Schuldner und sonstigen Dritten an die Notifikation oder Annahme der Abtretung durch den Schuldner,

---

[583] Vgl. die Regelungen des spanischen (§ 1 IV), belgischen (§ 4 II 1 c) und italienischen Rechts (§ 4 III 1 c). Zur Form als Entscheidungskriterium im Prioritätskonflikt vgl. unten – § 5 I 2 b bb.

[584] System des deutschen Rechtskreises, vgl. oben – § 5 I 1 a bb.

[585] Vgl. die Regelungen des deutschen (§ 4 V 1 a) und österreichischen Rechts (§ 4 VI 1 a).

[586] Zur internationalprivatrechtlichen Qualifikation der Formerfordernisse gegenüber Dritten vgl. Teil 3 – § 7 V 2 a.

[587] Vgl. oben – § 4 I 1 b.

gestattet aber insoweit auch einen Zessionsvermerk in den Büchern des Zedenten.[588]

(2) Die Form als Kriterium für die Entscheidung von Prioritätskonflikten

Andere Rechtsordnungen lassen für den Übergang einer Forderung im Verhältnis zum Schuldner und sonstigen Dritten grundsätzlich die Einigung der Zessionsparteien in dem der Abtretung zugrunde liegenden Kausalgeschäft genügen.

Lediglich für die Entscheidung von Prioritätskonflikten soll es hiernach auf die Einhaltung spezieller Formerfordernisse ankommen. Das belgische Recht verlangt insoweit eine zumindest schriftliche Anzeige oder Annahme der Abtretung durch den Drittschuldner, wobei sowohl auf Seiten des die Forderung erwerbenden Zweitzessionars als auch der Gläubiger des Zedenten, an die der Drittschuldner mit befreiender Wirkung leistet, guter Glaube gegeben sein muss, also keine Kenntnis von der (Erst-)Zession vorliegen darf, Art. 1690 Abs. 3, 4 Cc. Soweit Prioritätskonflikte gegeben sind, laufen damit die an den Forderungsübergang zu stellenden Formerfordernisse im Verhältnis zum Schuldner und sonstigen Dritten gleich.[589]

Auch das italienische Recht macht die Entscheidung von Prioritätskonflikten unter konkurrierenden Zessionaren sowie im Verhältnis zu den Gläubigern des Zedenten von der förmlichen Anzeige oder Annahme der Abtretung durch den Drittschuldner abhängig (Art. 1265 Cc). Für die Annahme einer Abtretung wird, soweit sie mittels einer privaten Urkunde erfolgt, zusätzlich ein sicheres Datum verlangt. Insoweit differenziert das italienische Recht klar zwischen den Anforderungen einer Abtretung im Verhältnis zum Schuldner und gegenüber sonstigen Dritten. Formerfordernisse bestehen, soweit ein Prioritätskonflikt vorliegt, nur gegenüber letzteren.[590]

Nach englischem Equity-Recht kann eine Abtretung im Verhältnis zu Dritten grundsätzlich formlos erfolgen; wird jedoch dieselbe Forderung mehrfach abgetreten, richtet sich die Entscheidung eines Prioritätskonflikts unter konkurrierenden Zessionaren stets nach der Anzeige der Abtretung an den Schuldner. Derjenige Zweitzessionar, welcher dem Schuldner die Abtretung als erster anzeigt, erwirbt die Forderung. Er darf von der Erstzession jedoch keine Kenntnis

[588] Vgl. oben – § 4 VI 1 b.
[589] Zu Voraussetzungen und Wirkungen einer Abtretung im Verhältnis zu sonstigen Dritten nach belgischem Recht vgl. oben – § 4 II 1 a, c.
[590] Zur Lösung von Prioritätskonflikten nach italienischem Recht vgl. oben – § 4 III 1 c.

haben, sondern muss bezüglich der Forderungsinhaberschaft des Zedenten in gutem Glauben handeln.[591]

Besondere Bestimmungen enthält das spanische Recht, das den Eintritt der Abtretungswirkungen im Verhältnis zu sonstigen Dritten, nicht jedoch im Verhältnis zum Schuldner, an die Errichtung einer öffentlichen oder privaten Abtretungsurkunde mit sicherem Datum knüpft (Art. 1526 Cc). Wird die Urkunde nur privatschriftlich errichtet, ist ihr Datum grundsätzlich erst dann als sicher anzusehen, wenn sie in ein öffentliches Register eingetragen oder an eine Amtsperson ausgehändigt worden ist (Art. 1227 Cc). Lässt sich der Nachweis des Datums der Privaturkunde auch durch andere Beweismittel führen, sind solche jedoch zulässig.[592]

bb) Verfügungsgeschäft

In den Rechtsordnungen des deutschen Rechtskreises werden die Abtretungsvoraussetzungen demgegenüber einheitlich, auch im Verhältnis zum Schuldner und sonstigen Dritten, an den Abschluss eines wirksamen Verfügungsgeschäftes geknüpft.[593] *Erga omnes* geht die abzutretende Forderung deshalb erst aufgrund der „dinglichen" Einigung der Zessionsparteien auf den Zessionar über. Spezielle Formerfordernisse müssen nicht erfüllt sein.[594]

II. Kollisionsrecht

Ausgehend von den systematischen Grundsätzen im Sachrecht der Vertragsstaaten bildeten sich in den nationalen Kollisionsrechten unterschiedliche Anknüpfungsgrundsätze für die Abtretung heraus. Im System derjenigen Rechtsordnungen, welche sachrechtlich eine Aufspaltung der Abtretungsvoraussetzungen vornehmen,[595] wurde die Abtretung auch kollisionsrechtlich im Verhältnis zwischen Zedent und Zessionar und den Rechtsbeziehungen der Zessionsparteien zum Schuldner und sonstigen Dritten jeweils gesondert angeknüpft. Diejenigen Rechtsordnungen, welche die Abtretungsvoraussetzungen einheitlich bestimmen,[596] neigten demgegenüber auch im Kollisionsrecht überwiegend einer einheitlichen Anknüpfung der Abtretungsvoraussetzungen zu.

---

[591] Insoweit stimmen die Anforderungen an einen Forderungserwerb nach Equity-Recht und Common Law überein. Zur Lösung von Prioritätskonflikten nach englischem Recht vgl. oben – § 4 IV 1 c.

[592] Zu den Voraussetzungen und Wirkungen einer Abtretung im Verhältnis zu sonstigen Dritten nach spanischem Recht vgl. Teil 1 – § 1 IV.

[593] Vgl. bereits oben – § 5 I 1 a bb.

[594] Besonderheiten gelten nur für die Sicherungszession nach österreichischem Recht, vgl. oben – § 4 VI 1 b.

[595] Vgl. oben – § 5 I 1 a aa.

[596] Vgl. oben – § 5 I 1 a bb.

Die Vereinheitlichung des Kollisionsrechts der Abtretung durch Art. 12 EVÜ (Art. 33 Abs. 1 und 2 EGBGB) hat die unterschiedlichen Sichtweisen der Vertragsstaaten nicht beseitigen können. Für die Auslegung und Anwendung der Norm wird in aller Regel unbesehen auf die früheren Anknüpfungsgrundsätze zurückgegriffen. Dementsprechend soll nachfolgend auf der Grundlage des Art. 12 EVÜ (Art. 33 Abs. 1 und 2 EGBGB) zwischen der gespaltenen Anknüpfung der Abtretungsvoraussetzungen einerseits und der einheitlichen Bestimmung des auf die Abtretung anzuwendenden Rechts andererseits differenziert werden.

1. Die gespaltene Anknüpfung der Abtretungsvoraussetzungen

a) Die Anknüpfung der Abtretung im Verhältnis Zedent – Zessionar

Wo die Abtretungsvoraussetzungen gesondert angeknüpft werden, beurteilt man die Übertragung einer Forderung im Verhältnis zwischen Zedent und Zessionar regelmäßig nach dem für das Grundgeschäft der Abtretung maßgebenden Vertragsstatut (Art. 12 Abs. 1 EVÜ – Art. 33 Abs. 1 EGBGB).[597] Diesem Statut wird auch die Einordnung einer Abtretung als abstraktes oder kausales Rechtsgeschäft entnommen. Mit Rücksicht auf den Wortlaut des Art. 12 Abs. 1 EVÜ (Art. 33 Abs. 1 EGBGB), der sich nur auf die „Verpflichtungen“ der Zessionsparteien bezieht, ist vereinzelt aber auch die Auffassung anzutreffen, dass sich der Anwendungsbereich der Norm auf die schuldrechtlichen Beziehungen zwischen Zedent und Zessionar beschränke. Der Forderungsübergang *inter partes* soll danach dem autonomen nationalen Kollisionsrecht der Vertragsstaaten unterliegen.[598]

b) Die Anknüpfung der Abtretung im Verhältnis zum Schuldner

Dagegen wird die Übertragung einer Forderung im Verhältnis zum Schuldner – systemübergreifend – nach dem Statut der abgetretenen Forderung beurteilt. Mit dieser Anknüpfung soll auch im Kollisionsrecht deutlich gemacht werden, dass sich die Rechtsstellung des Schuldners durch Rechtsgeschäfte des Gläubigers, die dem Einfluss des Schuldners entzogen sind, nicht verschlechtern darf.[599] Art. 12 Abs. 2 EVÜ (Art. 33 Abs. 2 EGBGB) bringt dies nunmehr für

---

[597] Vgl. Teil 1 – § 2 I 3 (Spanien) und oben – § 4 I 2 a (Frankreich), II 2 (Belgien), III 2 a (Italien), IV 2 a (England). Vgl. ferner – § 4 V 2 b (Deutschland).

[598] Für eine autonome Bestimmung des Zessionsstatuts *inter partes*: *Moshinsky*, L. Q. Rev. 109 (1992), 591, 615 f.; *Kieninger*, RabelsZ 62 (1998), 678, 689.

[599] Vgl. *BGH* 26.11.1990, IPRax 1992, 43, 44 mit Aufs. Chr. *von Bar*, 20; 24.2.1994, BGHZ 125, 196, 205 = IPRax 1995, 168, 171 mit Aufs. *Gottwald*, 157; *Ferid*, IPR[3], Rdnr. 6-120; Chr. *von Bar*, RabelsZ 53 (1989), 462, 467 ff.; *ders.*, IPR II, Rdnr. 565; *Einsele*, ZVglRWiss 90 (1991), 1, 17; *Kronke/Berger*, IPRax 1991, 316, 390; *Kropholler*, IPR[3], § 52 VII 1; *Staudinger*[12]*-Hausmann*, Art. 33 EGBGB, Rdnr. 25.

eine Reihe von Einzelfragen, die das Verhältnis der Zessionsparteien zum Schuldner betreffen und die ausdrücklich dem Forderungsstatut zugewiesen sind, klar zum Ausdruck.

c) Die Anknüpfung der Abtretung im Verhältnis zu sonstigen Dritten

aa) Anknüpfungsmethoden

Die Anknüpfung der Abtretung im Verhältnis zu sonstigen Dritten wird von Art. 12 EVÜ (Art. 33 Abs. 1 und 2 EGBGB) nicht ausdrücklich geregelt. Vor allem in Frankreich scheint man deshalb auf dem Standpunkt zu stehen, dass die Drittwirkungen von der Norm nicht umfasst würden, weshalb das anzuwendende Recht autonom bestimmt werden müsse.[600] Auch in anderen Vertragsstaaten findet die von der französischen Rechtsprechung und Lehre geübte Zurückhaltung Gefolgschaft.[601] In Deutschland wird nicht recht klar, ob die von der Rechtsprechung für die Drittwirkungen einer Abtretung entwickelten Anknüpfungsgrundsätze auf eine einheitliche Auslegung des Art. 33 Abs. 1 und 2 EGBGB (Art. 12 EVÜ) zurückgehen[602] oder einem Rückgriff auf das autonome IPR entspringen.[603]

Ungeachtet dessen besteht in den Vertragsstaaten des EVÜ mehrheitlich die Tendenz, das auf eine Abtretung im Verhältnis zu sonstigen Dritten anzuwendende Recht im Wege der einheitlichen Auslegung des Art. 12 EVÜ (Art. 33 Abs. 1 und 2 EGBGB) zu bestimmen. Die einheitliche Auslegung führt jedoch zu unterschiedlichen Ergebnissen: Einerseits werden die Drittwirkungen einer Abtretung dem für die „Verpflichtungen" zwischen Zedent und Zessionar maß-

[600] Vgl. die Nachweise oben – § 4 I 2 b.

[601] Vgl. *Moshinsky*, L. Q. Rev. 109 (1992), 591, 616 ff.; *Annibale*, Riforma del sistema italiano di d. i. pr., S. 287 f. (Fn. 593); *Kieninger*, RabelsZ 62 (1998), 678, 689 ff.

[602] Vgl. Art. 36 EGBGB (Art. 18 EVÜ).

[603] Zweifel an der einheitlichen Auslegung des Art. 33 Abs. 1 und 2 EGBGB durch den *Bundesgerichtshof* erheben *Peltzer*, RIW 1997, 893, 896 und *Kieninger*, RabelsZ 62 (1998), 678, 690 (Fn. 54). Eine ausdrückliche Bezugnahme auf Art. 36 EGBGB (Art. 18 EVÜ) enthält lediglich ein Urteil des *LG Hamburg* vom 11.7.1991, IPRspr. 1991, Nr. 56 = ZIP 1991, 1507, 1509. Darin wird die Frage, ob die Wirksamkeit einer Abtretung „aufgrund Art. 36 EGBGB unter Berücksichtigung der Auffassungen in den anderen Vertragsstaaten des Übereinkommens über das auf vertragliche Schuldverhältnisse anzuwendende Recht vom 19.6.1980 ... nach dem im Verhältnis zwischen Zedent und Zessionar maßgebenden Recht zu beurteilen" sei, offen gelassen, weil Forderungs- und Zessionsgrundstatut gleichermaßen zu einer Anwendung des deutschen Rechts führten.

gebenden Vertragsstatut entnommen,[604] andererseits wird entscheidend auf das Forderungsstatut abgestellt.[605]

Eine Übereinstimmung der Anknüpfung nach Art. 12 EVÜ (Art. 33 Abs. 1 und 2 EGBGB) mit den früher geltenden nationalen Kollisionsrechten der Vertragsstaaten besteht nur auf der Ebene des Forderungsstatuts. Denn in keinem der früher geltenden nationalen Kollisionsrechte sind die Wirkungen einer Abtretung gegenüber sonstigen Dritten – in entsprechender Anwendung von Art. 12 Abs. 1 EVÜ (Art. 33 Abs. 1 EGBGB) – nach dem im Verhältnis zwischen Zedent und Zessionar maßgebenden Vertragsstatut beurteilt worden.

bb) Anknüpfungsmomente

Die Maßgeblichkeit des Forderungsstatuts für die Abtretung im Verhältnis zu sonstigen Dritten überwiegt in den Vertragsstaaten, und zwar gleichgültig, ob auf der Grundlage autonomer Anknüpfungsgrundsätze oder kraft einer einheitlichen Auslegung des Art. 12 EVÜ (Art. 33 Abs. 1 und 2 EGBGB).[606] Die Anknüpfung der Drittwirkungen an das Wohnsitzrecht des Schuldners, die vornehmlich in der französischen Rechtsprechung und Lehre Befürworter gefunden hat, ist dagegen auf dem Rückzug.[607] Vereinzelt soll das Recht der Forderungsbelegenheit den Ausschlag geben.[608] Seit dem Inkrafttreten des Art. 12 EVÜ (Art. 33 Abs. 1 und 2 EGBGB) werden die Drittwirkungen einer Abtretung aber auch dem für das Verhältnis zwischen Zedent und Zessionar maßgebenden Vertragsstatut entnommen.[609] Schließlich wird insbesondere in der deutschen Lehre seit langem die Notwendigkeit einer Sonderanknüpfung der Abtretung im Verhältnis zu sonstigen Dritten für den verlängerten Eigentumsvorbehalt und die Globalzession betont. In diesen Fällen soll entscheidend auf das Recht am ge-

---

604 Vgl. *Hoge Raad* 16.5.1997, Nederlandse Jurisprudentie 1998, Nr. 585, S. 3316 ff., mit Bespr. *Joustra*, IPRax 1999, 280; *Einsele*, ZVglRWiss 90 (1991), 1 ff.; *dies.*, Wertpapierrecht, S. 474 ff.; *dies.*, RabelsZ 60 (1996), 417, 430 ff.; *Stadler*, Gestaltungsfreiheit, S. 707 ff.; *dies.*, IPRax 2000, 104 ff.

605 Vgl. *BGH* 20.6.1990, BGHZ 111, 376 = IPRax 1991, 248 mit Aufs. *Stoll*, 223; 26.11.1990, IPRax 1992, 43, 44 mit Aufs. Chr. *von Bar*, 20; 8.12.1998, IPRax 2000, 125 mit Aufs. *Stadler*, 104; *von Hoffmann/Höpping*, IPRax 1993, 302, 303 f.; *Mangold*, Das IPR der Abtretung, in: *Hommelhoff/Jayme/Mangold* (Hrsg.), Europäischer Binnenmarkt, S. 81, 89 f.; *Soergel*[12]*-von Hoffmann*, Art. 33 EGBGB, Rdnr. 12; *Basedow*, ZEuP 1997, 615, 622 f.; *Peltzer*, RIW 1997, 893, 897 f.; *von Hoffmann*, Forderungsübertragung im IPR, in: *Hadding/Schneider* (Hrsg.), Die Forderungsabtretung, S. 3, 12 f.; *Staudinger*[12]*-Hausmann*, Art. 33 EGBGB, Rdnr. 27.

606 Vgl. die Nachweise Teil 1 – § 2 I 3 (Spanien) und oben – § 4 I 2 b (Frankreich), II 2 (Belgien), III 2 b (Italien), IV 2 b (England), V 2 (Deutschland), VI 2 b (Österreich).

607 Vgl. oben – § 4 I 2 b.

608 Vgl. *Moshinsky*, L. Q. Rev. 109 (1992), 591, 623 f.; früher *Zweigert*, RabelsZ 23 (1958), 643, 653; *Vitta*, D. i. pr. III, S. 291 (Fn. 232).

609 Vgl. *Hoge Raad* 16.5.1997, Nederlandse Jurisprudentie 1998, Nr. 585, S. 3316 ff., mit Bespr. *Joustra*, IPRax 1999, 280 sowie die Nachweise oben – § 4 V 2 b.

wöhnlichen Aufenthalt bzw. auf das Niederlassungsrecht des Zedenten abzustellen sein.[610] Jüngst ist diese Anknüpfung auch für Singularzessionen befürwortet worden.[611]

2. Die einheitliche Anknüpfung der Abtretungsvoraussetzungen

Die einheitliche Anknüpfung der Abtretungsvoraussetzungen gemäß Art. 12 EVÜ (Art. 33 Abs. 1 und 2 EGBGB) beruht auf der kollisionsrechtlichen Trennung von Verpflichtung und Verfügung. Während hiernach die schuldrechtlichen Verpflichtungen zwischen Zedent und Zessionar dem für das Grundgeschäft der Abtretung maßgeblichen Vertragsstatut folgen (Art. 12 Abs. 1 EVÜ respektive Art. 33 Abs. 1 EGBGB), unterliegt die Abtretung als Verfügung über die Forderung insgesamt dem Forderungsstatut (Art. 12 Abs. 2 EVÜ respektive Art. 33 Abs. 2 EGBGB).[612]

---

[610] Vgl. *LG Hamburg* 20.11.1980, IPRspr. 1980, Nr. 53 mit Bespr. *Jayme*, Clunet 112 (1985), 951, 959; *Stoll*, IPRax 1991, 223, 225 ff.; *Staudinger*[13]*-Stoll*, Int SachenR, Rdnr. 349 f.; *Kaiser*, Verlängerter Eigentumsvorbehalt, S. 202 ff. sowie die Nachweise oben – § 4 V 2 b.

[611] Vgl. *von Wilmowsky*, Europäisches Kreditsicherungsrecht, S. 429 ff.; *Kieninger*, RabelsZ 62 (1998), 678, 702 ff.

[612] Vgl. die Nachweise oben – § 4 V 2 a (Deutschland), VI 2 b (Österreich).

Teil 3:

Die Anknüpfung der Abtretung im deutschen und europäischen Internationalen Privatrecht

§ 6 Quellen und Grundlagen

I. Art. 12 EVÜ – Art. 33 Abs. 1 und 2 EGBGB

1. Einheitliches Europäisches Kollisionsrecht

Das Kollisionsrecht der rechtsgeschäftlichen Forderungsübertragung ist für die Mitgliedstaaten der EU durch Art. 12 des Römischen Schuldvertragsübereinkommens vom 19.6.1980[613] vereinheitlicht worden.[614] Das Übereinkommen,

---

[613] EWG-Übereinkommen über das auf vertragliche Schuldverhältnisse anzuwendende Recht, BGBl. 1986 II, S. 810 = ABl. EG Nr. L 266 vom 9.10.1980, S. 1 = *Jayme/Hausmann*[10], Nr. 70.

[614] Die Abtretung wird vom sachlichen Anwendungsbereich des Wiener UN-Übereinkommens über Verträge über den internationalen Warenkauf vom 11.4.1980 (UN-Kaufrecht, BGBl. 1989 II, S. 588 = *Jayme/Hausmann*[10], Nr. 77) nicht geregelt, vgl. *OLG Hamm* 8.2.1995, IPRax 1996, 197 mit Aufs. *Schlechtriem*, 184; Chr. *von Bar*, IPR I, Rdnr. 68; *Stoll*, FS Ferid II, S. 495; *Herber/Czerwenka*, Internationales Kaufrecht, Art. 4, Rdnr. 21; *Staudinger*[13]*-Magnus*, Art. 4 CISG, Rdnr. 57; *Schlechtriem*, Internationales UN-Kaufrecht, Rdnr. 41; *Schlechtriem*[3]*-Ferrari*, Art. 4 CISG, Rdnr. 38. Wird eine dem UN-Kaufrecht unterliegende Forderung übertragen, muss daher ein ergänzendes Recht als Forderungsstatut ermittelt werden. Über die Vorgehensweise herrscht Streit. Während *Stoll*, IPRax 1993, 75, 78, mit Rücksicht auf das Vereinheitlichungsgebot des Einheitlichen Kaufrechts eine Gewinnung spezifischer Kollisionsregeln verlangt und für die Abtretung auf das Recht am Ort der Niederlassung des Schuldners abstellt, wird überwiegend zu Recht das IPR der *lex fori* für maßgeblich erachtet, vgl. *OLG Hamm*, 20.6.1983, NJW 1984, 1307; 8.2.1995, IPRax 1996, 197 mit Aufs. *Schlechtriem*, 184; *Keller*, Zessionsstatut, S. 220; Chr. *von Bar*, RabelsZ 53 (1989), 462, 469; *ders.*, IPR II, Rdnr. 566; *Reinhart*, UN-Kaufrecht, Art. 7, Rdnr. 9; *Herber/Czerwenka*, Internationales Kaufrecht, Art. 7, Rdnr. 15; *Staudinger*[13]*-Magnus*, Art. 7 CISG, Rdnr. 59 f.; *Schlechtriem*, Internationales UN-Kaufrecht, Rdnr. 33; MünchKomm[3]*-Martiny*, Art. 33 EGBGB, Rdnr. 6; *Staudinger*[12]*-Hausmann*, Art. 33 EGBGB, Rdnr. 32; *Schlechtriem*[3]*-Ferrari*, Art. 7 CISG, Rdnr. 57. Der Vorschlag *Stolls* gefährdet den inneren Entscheidungseinklang. Überdies wäre fraglich, in welchem Umfang die Abtretung dem Niederlassungsrecht des Schuldners unterliegen soll. Die Reichweite des kollisionsrechtlichen Schuldnerschutzes ist bereits im Anwendungsbereich des Art. 33 Abs. 2 EGBGB (Art. 12 Abs. 2 EVÜ) umstritten, vgl. unten – § 6 III 2. Welche Auswirkungen mit der Abtretung einer dem UN-Kaufrecht unterliegenden Forderung auf den von Art. 57 Abs. 1 CISG an die Niederlassung des Verkäufers (Zedenten) geknüpften Zahlungsort verbunden sind, ist demgegenüber vertragsautonom, d.h. an Hand der allgemeinen Grundsätze des UN-Kaufrechts zu entscheiden (Art. 7 Abs. 2 2. Alt. CISG), vgl. *Gebauer*, IPRax 1999, 432, 434. Hiernach ist wegen Art. 57 Abs. 2 CISG, wonach ein Wechsel der Niederlassung des Verkäufers nach Vertragsschluss automatisch eine Verlagerung des Zahlungsortes mit sich bringt, auch bei Abtretung einer dem UN-Kaufrecht unterliegenden Forderung von einer Verlagerung des Zahlungsortes (auf die Niederlassung des Zessionars) auszugehen, vgl. *Staudinger*[13]*-Magnus*, Art. 57 CISG, Rdnr. 18; *Schlechtriem*[3]*-Hager*, Art. 57 CISG, Rdnr. 8; a.A. *Herber/Czerwenka*, Internationales Kaufrecht, Art. 57, Rdnr. 10; *Piltz*, Internationales Kaufrecht, § 4, Rdnr. 140. Der Schuldnerschutz, der gemäß Art. 33 Abs. 2 EGBGB (Art. 12 Abs. 2 EVÜ) zwingend dem durch das IPR der *lex fori* zu bestimmenden Forderungsstatut – als dem ergänzenden Vertragsstatut – unterliegt, wird

das für die Bundesrepublik Deutschland am 1.4.1991 im Verhältnis zu den sechs ursprünglichen Vertragsstaaten,[615] Belgien, Dänemark, Frankreich, Italien, Luxemburg und dem Vereinigten Königreich sowie Griechenland[616] in Kraft getreten ist, gilt heute ferner im Verhältnis zu den Niederlanden[617] und Irland[618] sowie Portugal und Spanien.[619] Jüngst ist das Übereinkommen auch für Schweden (1.10.1998), Österreich (1.12.1998) und Finnland (1.4.1999) in Kraft getreten.[620]

Art. 12 EVÜ ist in der Bundesrepublik Deutschland aber kein unmittelbar anwendbares Recht, denn der deutsche Gesetzgeber hat in Art. 1 Abs. 2 des Zustimmungsgesetzes zum EVÜ ausdrücklich angeordnet, „dass die in den Artikeln 1 bis 21 des Übereinkommens enthaltenen Vorschriften innerstaatlich keine unmittelbare Anwendung finden".[621] Dementsprechend sind die Bestimmungen der Artt. 1-21 EVÜ im Zuge der Neuregelung des deutschen Internationalen Vertragsrechts zum 1.9.1986[622] größtenteils in das autonome IPR inkorporiert

---

von einer Verlagerung des Zahlungsortes auf die Niederlassung des Zessionars nicht berührt: Der Schuldner kann, solange er von der Abtretung keine Kenntnis erlangt, schuldbefreiend an der Niederlassung des Zedenten (Verkäufers) leisten.

615 Vgl. Bekanntmachung vom 12.7.1991, BGBl. 1991 II, S. 871.

616 Im Verhältnis zu Griechenland ist das EVÜ gemäß Art. 4 Abs. 1 des EWG-Übereinkommens von Luxemburg über den Beitritt der Republik Griechenland zu dem am 19.6.1980 in Rom zur Unterzeichnung aufgelegten Übereinkommen über das auf vertragliche Schuldverhältnisse anzuwendende Recht vom 10.4.1984 (Erstes Beitrittsübereinkommen), BGBl. 1988 II, S. 563, 564 und dem hierzu ergangenen Zustimmungsgesetz vom 6.6.1988, BGBl. 1988 II, S. 562 in Kraft getreten, vgl. Bekanntmachung vom 12.7.1991, BGBl. 1991 II, S. 871.

617 Seit 1.9.1991, vgl. Bekanntmachung vom 9.7.1992, BGBl. 1992 II, S. 550.

618 Seit 1.1.1992, vgl. Bekanntmachung vom 9.7.1992, BGBl. 1992 II, S. 550.

619 Im Verhältnis zu Spanien und Portugal ist das EVÜ gemäß Art. 5 Abs. 2 des EWG-Übereinkommens von Funchal über den Beitritt des Königreichs Spanien und der Portugiesischen Republik zu dem am 19.6.1980 in Rom zur Unterzeichnung aufgelegten Übereinkommen über das auf vertragliche Schuldverhältnisse anzuwendende Recht vom 18.5.1992 (Zweites Beitrittsübereinkommen), BGBl. 1995 II, S. 307 = ABl. EG Nr. L 333 vom 18.11.1992, S. 1 = *Jayme/Hausmann*[10], Nr. 74, und dem hierzu ergangenen Zustimmungsgesetz vom 10.4.1995, BGBl. 1995 II, S. 306, am 1.9.1995 in Kraft getreten, vgl. Bekanntmachung vom 26.9.1995, BGBl. 1995 II, S. 908.

620 Vgl. *Jayme/Kohler*, IPRax 1999, 401, 411 m.w.N. Zum Stand der Ratifikationen des Brüsseler Übereinkommens über den Beitritt der Republik Österreich, der Republik Finnland und des Königreichs Schweden zu dem am 19.6.1980 in Rom zur Unterzeichnung aufgelegten Übereinkommen über das auf vertragliche Schuldverhältnisse anzuwendende Recht sowie zu dem Ersten und dem Zweiten Protokoll über die Auslegung des Übereinkommens durch den Gerichtshof vom 29.11.1996 (Drittes Beitrittsübereinkommen), BGBl. 1998 II, S. 1422 = *Jayme/Hausmann*[10], Nr. 75, vgl. *Jayme/Kohler*, IPRax 2000, 454, 463.

621 Zustimmungsgesetz vom 25.7.1986, BGBl. 1986 II, S. 809.

622 Gesetz zur Neuregelung des Internationalen Privatrechts vom 25.7.1986, BGBl. 1986 I, S. 1142 ff.

worden.[623] Hierbei wurde Art. 12 EVÜ, bis auf wenige redaktionelle Änderungen, von Art. 33 Abs. 1 und 2 EGBGB übernommen. Konflikte zwischen beiden Normen sind auch nach dem Inkrafttreten des Art. 12 EVÜ ausgeschlossen. Maßgebend ist allein Art. 33 Abs. 1 und 2 EGBGB. Die Gerichte der Bundesrepublik Deutschland sind gemäß Art. 36 EGBGB jedoch verpflichtet, bei der Auslegung und Anwendung des Art. 33 Abs. 1 und 2 EGBGB zu berücksichtigen, dass die ihm zugrunde liegende Regelung des Art. 12 EVÜ in den Vertragsstaaten einheitlich ausgelegt und angewandt werden soll.[624] Auch Art. 33 Abs. 1 und 2 EGBGB gilt im übrigen nicht uneingeschränkt. Er wird im Anwendungsbereich der UNIDROIT-Konvention von Ottawa über internationales Factoring,[625] die für die Bundesrepublik Deutschland am 1.12.1998 in Kraft getreten ist[626] und materielles Einheitsrecht für internationale Factoring-Verträge schafft, verdrängt.[627]

---

[623] Die Inkorporationslösung sollte im Interesse der Überschaubarkeit des geltenden deutschen IPR und der Verhinderung einer drohenden Rechtszersplitterung ausschließen, dass das EVÜ als *loi uniforme* in seinem sachlichen Anwendungsbereich die neu geschaffenen Artt. 27-34 EGBGB verdrängt, vgl. *Palandt*[60]*-Heldrich*, Vorbem. zu Art. 27 EGBGB, Rdnr. 1; *Sandrock*, RIW 1986, 841, 843. Sie ist vielfach auf Kritik gestoßen, vgl. insbesondere die Empfehlung der Kommission an die Bundesrepublik Deutschland vom 15.1.1985, „alle durch ihre Verfassung gegebenen Möglichkeiten auszuschöpfen", damit das Übereinkommen unmittelbar anwendbar ist, ABl. EG Nr. L 44 vom 14.2.1985, S. 42 f.; vgl. ferner *Kohler*, EuR 1984, 155 ff.; *von Hoffmann*, IPRax 1984, 10 ff.; *Jayme/Kohler*, IPRax 1985, 65, 69; *Nolte*, IPRax 1985, 71, 76.

[624] Zu Art. 36 EGBGB (Art. 18 EVÜ) und den Methoden der einheitlichen Auslegung vgl. unten – § 7 I.

[625] UNIDROIT-Konvention von Ottawa über internationales Factoring vom 28.5.1988 („Ottawa-Konvention"), BGBl. 1998 II, S. 172 = *Jayme/Hausmann*[10], Nr. 78.

[626] Vgl. *Weller*, RIW 1999, 161 ff. Die Ottawa-Konvention war nach Maßgabe ihres Art. 14 bereits am 1.5.1995 für Frankreich, Italien und Nigeria in Kraft getreten, sechs Monate nachdem diese Staaten die Ratifikationsurkunde hinterlegt hatten, vgl. *Zaccaria*, IPRax 1995, 279.

[627] Zum internationalen Anwendungsbereich der Ottawa-Konvention vgl. *Zaccaria*, IPRax 1995, 279 ff.; *Ferrari*, RIW 1996, 181 ff.; *Basedow*, ZEuP 1997, 615, 628 ff.; *Weller*, RIW 1999, 161, 162 f.

2. Die Begriffe der Statuten und der Forderung in Art. 33 EGBGB (Artt. 12 und 13 EVÜ)

a) Die Begriffe der Statuten

Für die Bestimmung des auf die Abtretung gemäß Art. 33 Abs. 1 und 2 EGBGB (Art. 12 EVÜ) anzuwendenden Rechts wird nachfolgend zwischen drei Statuten unterschieden: Zessionsgrundstatut, Forderungsstatut und Zessionsstatut.[628]

aa) Zessionsgrundstatut

Das „Zessionsgrundstatut" (oder „Verpflichtungsstatut")[629] ist das auf die schuldrechtlichen Beziehungen zwischen Zedent und Zessionar anzuwendende Recht.

bb) Forderungsstatut

„Forderungsstatut" meint das Recht, dem die übertragene Forderung unterliegt.

cc) Zessionsstatut

Der Ausdruck „Zessionsstatut" bezeichnet das auf die *Übertragung* der Forderung anzuwendende Recht.[630]

b) Der Begriff der Forderung

Art. 33 Abs. 1 und 2 EGBGB geht auf Art. 12 EVÜ, Art. 33 Abs. 3 EGBGB auf Art. 13 EVÜ zurück. Während die Bestimmungen über die Legalzession in Art. 13 EVÜ ausdrücklich auf den Übergang vertraglicher Forderungen beschränkt worden sind, hat der deutsche Gesetzgeber in Art. 33 Abs. 3 EGBGB von einer derartigen Beschränkung abgesehen und dehnte den Anwendungsbereich der Norm – systemwidrig unter dem Abschnitt „vertragliche Schuld-

---

[628] Die Terminologie ist nicht einheitlich, jedoch hat sich diese Unterscheidung im deutschen IPR durchgesetzt, vgl. *Stadler*, Gestaltungsfreiheit, S. 699; *dies.*, IPRax 2000, 104, 105 (Fn. 14).

[629] Vgl. auch *Lüderitz*, IPR^2, Rdnr. 298: „Abtretungsgrundstatut".

[630] Anders *Ferid*, IPR^3, Rdnr. 6-120, und *Hartwieg*, ZIP 1998, 2137, 2139, die als „Zessionsstatut" das auf die schuldrechtlichen Beziehungen zwischen Zedent und Zessionar anzuwendende Recht bezeichnen.

verhältnisse“[631] – auf den gesetzlichen Übergang *außervertraglicher* Forderungen aus.[632]

Art. 12 EVÜ (Art. 33 Abs. 1 und 2 EGBGB) enthält keine dem Art. 13 EVÜ vergleichbare Beschränkung auf die rechtsgeschäftliche Übertragung „vertraglicher“ Forderungen. Der Wortlaut der Norm spricht lediglich von der Abtretung „einer Forderung“, nicht aber „einer vertraglichen Forderung“. Andererseits hat der deutsche Gesetzgeber das Kollisionsrecht der rechtsgeschäftlichen Forderungsübertragung im Ersten Unterabschnitt des Fünften Abschnitts des EGBGB über das auf „Vertragliche Schuldverhältnisse“ anzuwendende Recht geregelt. Auch der Anwendungsbereich des EVÜ ist gemäß Art. 1 Abs. 1 des Übereinkommens auf „vertragliche Schuldverhältnisse“ beschränkt. Dieser Bedeutungszusammenhang könnte für eine Beschränkung der Anwendungsbereiche von Art. 33 Abs. 1 und 2 EGBGB sowie Art. 12 EVÜ auf vertragliche Forderungen sprechen.

Gerade der ausdrückliche Bezug des EVÜ zum Recht der vertraglichen Schuldverhältnisse bildete auch den Anlass für die oben genannte Beschränkung der Bestimmungen über die Legalzession auf den Übergang vertraglicher Forderungen.[633] Dieser Bezug wird jedoch bei der rechtsgeschäftlichen Übertragung einer Forderung – im Unterschied zur Legalzession – bereits durch das der Abtretung zugrunde liegende schuldrechtliche Verpflichtungsgeschäft hergestellt, weshalb es einer dem Art. 13 EVÜ vergleichbaren Beschränkung des Art. 12 EVÜ (Art. 33 Abs. 1 und 2 EGBGB) auf vertragliche Forderungen nicht bedurfte. Der Begriff der „Forderung“ in Art. 12 EVÜ (Art. 33 Abs. 1 und 2 EGBGB) umfasst demnach gleichermaßen vertragliche wie außervertragliche Forderungen.[634]

---

[631] Insoweit nimmt Art. 33 Abs. 3 EGBGB nicht an der einheitlichen Auslegung nach Art. 36 EGBGB teil, vgl. *Jayme*, IPRax 1986, 265, 266; *Stoll*, FS Müller-Freienfels, S. 631, 634; *von Bar*, RabelsZ 53 (1989), 462, 481.

[632] Vgl. die Begründung des Regierungsentwurfs, BT-Drs. 10/504 vom 20.10.1983, S. 20, 83 = *Pirrung*, IPR, S. 182.

[633] Vgl. Bericht *Giuliano/Lagarde*, ABl. EG Nr. C 282 vom 31.10.1980, S. 1, 35.

[634] Vgl. *Keller*, Zessionsstatut, S. 169 f.; Chr. *von Bar*, RabelsZ 53 (1989), 462, 467; *ders.*, IPR II, Rdnr. 564; *Anton*, Private International Law², S. 626; *Moshinsky*, L. Q. Rev. 109 (1992), 591, 614; *Cheshire & North*, Private International Law¹³, S. 963; *Soergel*¹²*-von Hoffmann*, Art. 33 EGBGB, Rdnr. 1, 2; *Kropholler*, IPR³, § 52 VII 1; MünchKomm³-*Martiny*, Art. 33 EGBGB, Rdnr. 5; *Reithmann/Martiny-Martiny*, Internationales Vertragsrecht⁵, Rdnr. 300.

3. *Die Anwendung des Zessionsstatuts auf andere Formen der rechtsgeschäftlichen Forderungsübertragung*

Nach dem auf die Abtretung anzuwendenden Recht richten sich auch andere Formen der rechtsgeschäftlichen Forderungsübertragung. Neben der Forderungsverpfändung[635] und der rechtsgeschäftlichen Subrogation,[636] die der Abtretung funktional gleichsteht, unterliegt auch die Einziehungsermächtigung dem Zessionsstatut. Sie ist internationalprivatrechtlich als Abtretung zu qualifizieren, denn Grundsätze und Wertungen, die hinter den Anknüpfungsregeln des Art. 33 Abs. 1 und 2 EGBGB (Art. 12 EVÜ) stehen, etwa das kollisionsrechtliche Schuldnerschutzgebot, lassen sich ohne weiteres auf die Einziehungsermächtigung übertragen.[637]

4. *Grundlagen der Bestimmung des Zessionsstatuts: die Aufspaltung der Rechtsbeziehungen*

a) Der systematische Aufbau des Art. 33 Abs. 1 und 2 EGBGB

Art. 33 Abs. 1 und 2 EGBGB würde heute anders lauten, beruhte die Vorschrift nicht auf Art. 12 EVÜ, sondern hätte der deutsche Gesetzgeber sie als eine autonome deutsche Kollisionsnorm zu fassen gehabt. Hiervon ausgehend wäre Art. 33 Abs. 1 EGBGB, der das „für die Verpflichtungen zwischen dem bisherigen und dem neuen Gläubiger" maßgebende Recht regelt, mit großer Wahrscheinlichkeit gestrichen worden,[638] während Art. 33 Abs. 2 EGBGB,

[635] Vgl. Chr. *von Bar*, RabelsZ 53 (1989), 462, 474; *ders.*, IPR II, Rdnr. 572; *Soergel*[12]*-von Hoffmann*, Art. 33 EGBGB, Rdnr. 16; *Reithmann/Martiny-Martiny*, Internationales Vertragsrecht[5], Rdnr. 312; *von Hoffmann*, Forderungsübertragung im IPR, in: *Hadding/Schneider* (Hrsg.), Die Forderungsabtretung, S. 3, 17; einschränkend *Kaiser*, Verlängerter Eigentumsvorbehalt, S. 227. Zur Forderungsverpfändung nach spanischem Recht vgl. Teil 1 – § 1 II 1 b cc (2).

[636] Vgl. *Gerth*, WM 1984, 793, 797; *Sonnenberger*, IPRax 1987, 221, 223; Chr. *von Bar*, RabelsZ 53 (1989), 462, 475 f.; *ders.*, IPR II, Rdnr. 574; *Diehl-Leistner*, Internationales Factoring, S. 96; *Soergel*[12]*-von Hoffmann*, Art. 33 EGBGB, Rdnr. 16; MünchKomm[3]-*Martiny*, Art. 28 EGBGB, Rdnr. 245 b; *von Hoffmann*, Forderungsübertragung im IPR, in: *Hadding/Schneider* (Hrsg.), Die Forderungsabtretung, S. 3, 17. Zur den Voraussetzungen und Wirkungen einer „subrogación convencional" und ihrer Anknüpfung nach spanischem IPR vgl. Teil 1 – § 1 I 2, § 2 I 1 c.

[637] Vgl. *BGH* 24.2.1994, BGHZ 125, 196, 205 = IPRax 1995, 168, 170 f. mit Aufs. *Gottwald*, 157; *Schack*, Internationales Zivilverfahrensrecht, Rdnr. 558; *Soergel*[12]*-von Hoffmann*, Art. 33 EGBGB, Rdnr. 16; *Reithmann/Martiny-Martiny*, Internationales Vertragsrecht[5], Rdnr. 301; MünchKomm[3]-*Martiny*, Art. 33 EGBGB, Rdnr. 5 a; *von Hoffmann*, Forderungsübertragung im IPR, in: *Hadding/Schneider* (Hrsg.), Die Forderungsabtretung, S. 3, 17; *Palandt*[60]*-Heldrich*, Art. 33 EGBGB, Rdnr. 2. Zu den Voraussetzungen und Wirkungen einer Einziehungsermächtigung nach spanischem Recht vgl. Teil 1 – § 1 II 1 b cc (1).

[638] Vgl. die Denkschrift der Bundesregierung zum EVÜ, BT-Drs. 10/503 vom 20.10.1983, S. 21, 30 = *Pirrung*, IPR, S. 334, 341, wonach im Hinblick auf die nach Art. 12 Abs. 1

nach dem „die Übertragbarkeit [der Forderung], das Verhältnis zwischen neuem Gläubiger und Schuldner, die Voraussetzungen, unter denen die Übertragung dem Schuldner entgegengehalten werden kann, und die befreiende Wirkung einer Leistung durch den Schuldner“ dem Recht der übertragenen Forderung unterliegen, vermutlich eine weitaus kürzere Fassung erhalten hätte und in Anlehnung an § 14 des Ersten IPR-Entwurfs von Albert *Gebhard* über die „Räumliche Herrschaft der Rechtsnormen“ aus dem Jahre 1881 wohl schlicht dahin gehend lauten würde, dass sich

> „die Abtretung einer Forderung nach dem Recht des Staates beurteilt, dem die übertragene Forderung unterliegt“.[639]

Mit einer solchen Kollisionsnorm hätte der deutsche Gesetzgeber klarstellen können, dass die Abtretungsvoraussetzungen einheitlich anzuknüpfen sind und dem Forderungsstatut unterliegen.[640] Diese Lösung würde sich aus Sicht eines autonomen deutschen Gesetzgebers als „logisch“ darstellen: Sie korrespondiert mit den Grundsätzen des deutschen Sachrechts, das zwischen den schuldrechtlichen Verpflichtungen der Zessionsparteien aus dem Grundgeschäft einerseits und der Abtretung selbst, dem abstrakten Verfügungsgeschäft, andererseits, unterscheidet, und würde insoweit nicht nur dem deutschen Trennungs- und Abstraktionsprinzip, sondern auch dem im Kollisionsrecht relevanten Schuldnerschutzgebot, wonach sich die Rechtsposition des Schuldners durch Rechtsgeschäfte des Gläubigers, die dem Einfluss des Schuldners entzogen sind, nicht verschlechtern darf, umfassend Rechnung tragen.[641]

Vor der Entstehung des EVÜ ist es im autonomen deutschen IPR jedoch nie zu einer solchen Regelung gekommen. Der Entwurf *Gebhards* wurde bereits frühzeitig, im September 1887, „einem gestellten Antrage zufolge als selbstverständlich gestrichen. Man war der Meinung: Die Frage, ob eine Forderung gültig auf eine andere Person übertragen werden könne, beziehungsweise übertragen worden sei, berühre die Rechtsstellung des Schuldners und das Schuldverhältniß, auf welchem die Forderung beruhe, dermaßen, dass begründete Zweifel darüber nicht obwalten könnten, dass die Uebertragung nach keinem anderen

---

EVÜ (Art. 33 Abs. 1 EGBGB) vorzunehmende Anknüpfung der „Verpflichtungen“ zwischen Zedent und Zessionar „gegenüber anderen Schuldverträgen ... keine Besonderheiten [bestehen]“.

639 § 14 des Ersten IPR-Entwurfs von *Gebhard*, abgedr. in: *Hartwieg/Korkisch*, Die geheimen Materialien zur Kodifikation des deutschen Internationalen Privatrechts 1881-1896, S. 63, lautet: „Die Abtretung einer Forderung wird nach dem Rechte beurteilt, welches über die Forderung entscheidet“.

640 Früher wurde das Zessionsstatut einfach durch Verweisung auf das Schuldstatut der abgetretenen Forderung bestimmt, vgl. *Staudinger*[13]-*Stoll*, Int SachenR, Rdnr. 348.

641 Vgl. *Reithmann/Martiny-Martiny*, Internationales Vertragsrecht[5], Rdnr. 307; *Peltzer*, RIW 1997, 893, 898 f.

Rechte zu beurtheilen sei, als nach demjenigen Rechte, welchem das Schuldverhältniß unterstehe."[642]

Gut hundert Jahre später, meint Christian *von Bar*, sei der Entwurf Albert *Gebhards* nun doch – wenn auch mit aufwendigerem Wortlaut – Gesetz geworden: Zessionsstatut sei, so sage es Art. 33 Abs. 2 EGBGB, das Recht des Staates, dem die abzutretende Forderung unterliege.[643] Dieser Schluss liegt freilich nicht auf der Hand. Art. 33 Abs. 1 und 2 EGBGB (Art. 12 EVÜ) folgt in seinem systematischen Aufbau nämlich nicht der Unterscheidung des deutschen Rechts, das zwischen Verpflichtungs- und Verfügungsgeschäft einer Abtretung trennt, sondern lehnt sich an die Ausgestaltung der Abtretung in den Rechtsordnungen der anderen Vertragsstaaten an. Systematisch wird dort eine Aufspaltung des Abtretungsvorgangs nach Rechtsbeziehungen vorgenommen, weshalb sich Voraussetzungen und Wirkungen einer Forderungsübertragung *inter partes* sowie im Verhältnis der Zessionsparteien zum Schuldner und sonstigen Dritten jeweils gesondert beurteilen. In den nationalen Kollisionsrechten hat diese Unterscheidung zu einer differenzierten Bestimmung des Zessionsstatuts in jedem der vorgenannten Rechtsverhältnisse geführt.[644] Auch Art. 33 Abs. 1 und 2 EGBGB (Art. 12 EVÜ) folgt diesem System: Während Art. 33 Abs. 1 EGBGB (Art. 12 Abs. 1 EVÜ) auf die „Verpflichtungen" zwischen Zedent und Zessionar Bezug nimmt, regelt Art. 33 Abs. 2 EGBGB (Art. 12 Abs. 2 EVÜ) eine Reihe von Einzelfragen, die das Verhältnis der Zessionsparteien zum Schuldner betreffen. Eine ausdrückliche Regelung des Zessionsstatuts fehlt jedoch.[645]

b) Folgerungen für die Untersuchung

Ausgehend von dem systematischen Aufbau des Art. 33 Abs. 1 und 2 EGBGB (Art. 12 EVÜ) soll für die Bestimmung des Zessionsstatuts nachfolgend zwischen dem Verhältnis Zedent – Zessionar und den Rechtsbeziehungen der Zessionsparteien zum Schuldner und sonstigen Dritten jeweils unterschieden werden. In Anlehnung an den Wortlaut des Art. 33 Abs. 1 EGBGB (Art. 12 Abs. 1 EVÜ), wonach die Norm im Verhältnis zwischen Zedent und Zessionar

---

[642] Vgl. das Protokoll der 693. Sitzung der Ersten Kommission zur Ausarbeitung des Entwurfs eines bürgerlichen Gesetzbuchs vom 14.9.1887, abgedr. in: *Hartwieg/Korkisch*, Die geheimen Materialien zur Kodifikation des deutschen Internationalen Privatrechts 1881-1896, S. 90, 97.

[643] Chr. *von Bar*, RabelsZ 53 (1989), 462, 467; *ders.*, IPR II, Rdnr. 565.

[644] Zu den Systemen der rechtsgeschäftlichen Forderungsübertragung und der Herausbildung entsprechender Anknüpfungsgrundsätze vgl. Teil 2 – § 5 I 1 a, II.

[645] Vgl. *Einsele*, ZVglRWiss 90 (1991), 1, 3 f.; *Diehl-Leistner*, Internationales Factoring, S. 88; *Moshinsky*, L. Q. Rev. 109 (1992), 591, 615 f.; *Mangold*, Das IPR der Abtretung, in: *Hommelhoff/Jayme/Mangold* (Hrsg.), Europäischer Binnenmarkt, S. 81, 83; *Staudinger*[13]-*Stoll*, Int SachenR, Rdnr. 348; *Stadler*, Gestaltungsfreiheit, S. 699; *dies.*, IPRax 2000, 104, 105; *Schwimann*, IPR[2], S. 98.

aber lediglich die „Verpflichtungen“ der Zessionsparteien umfasst, ist *inter partes* zunächst nur auf die Bestimmung des für die schuldrechtlichen Beziehungen maßgeblichen Rechts einzugehen.[646] Anschließend soll der Anwendungsbereich des Art. 33 Abs. 2 EGBGB (Art. 12 Abs. 2 EVÜ), mit dem primär die Abtretung im Verhältnis der Zessionsparteien zum Schuldner angesprochen ist, für die darin ausdrücklich geregelten Einzelfragen bestimmt werden.[647] Den Kern der Untersuchung bildet die Bestimmung des Zessionsstatuts.[648]

II. Die Anknüpfung der schuldrechtlichen Beziehungen zwischen Zedent und Zessionar

1. Die Maßgeblichkeit des Zessionsgrundstatuts

Die schuldrechtlichen Beziehungen („Verpflichtungen“) zwischen Zedent und Zessionar richten sich gemäß Art. 33 Abs. 1 EGBGB (Art. 12 Abs. 1 EVÜ) nach dem Recht des Staates, dem der Vertrag zwischen ihnen unterliegt. Abzustellen ist auf die Artt. 27 ff. EGBGB (Artt. 3 ff. EVÜ).[649] Primär kommt es somit auf ein von den Zessionsparteien gewähltes Recht an (Art. 27 Abs. 1 EGBGB). Eine nachträgliche Rechtswahl darf weder die Formgültigkeit des Vertrages nach Art. 11 EGBGB noch die Rechte Dritter beeinträchtigen (Art. 27 Abs. 2 S. 2 EGBGB). Fehlt es an einer Rechtswahl, ist für die Ermittlung des Vertragsstatuts auf die objektiven Anknüpfungsregeln der Artt. 28 ff. EGBGB zurückzugreifen.

---

[646] Zur Anknüpfung der schuldrechtlichen Beziehungen zwischen Zedent und Zessionar vgl. unten – § 6 II.

[647] Zur Anknüpfung der von Art. 33 Abs. 2 EGBGB (Art. 12 Abs. 2 EVÜ) ausdrücklich geregelten Einzelfragen vgl. unten – § 6 III.

[648] Vgl. unten – § 7.

[649] Vgl. *OLG Köln* 26.6.1986, IPRax 1987, 239, 240 mit Aufs. *Sonnenberger*, 221; *OLG Hamburg*, NJW-RR 1993, 40 mit Aufs. *Wandt*, NZV 1993, 56; *Keller*, Zessionsstatut, S. 143; *Ferid*, IPR[3], Rdnr. 6-122; Chr. *von Bar*, RabelsZ 53 (1989), 462, 465; *ders.*, IPR II, Rdnr. 564; *Einsele*, ZVglRWiss 90 (1991), 1, 2; *dies.*, RabelsZ 60 (1996), 417, 430; *Kronke/Berger*, IPRax 1991, 316, 320; *Soergel*[12]*-von Hoffmann*, Art. 33 EGBGB, Rdnr. 2, 6; *Stadler*, Gestaltungsfreiheit, S. 699; *Reithmann/Martiny-Martiny*, Internationales Vertragsrecht[5], Rdnr. 307; *Kropholler*, IPR[3], § 52 VII 1; *Peltzer*, RIW 1997, 893; MünchKomm[3]-*Martiny*, Art. 33 EGBGB, Rdnr. 4; *Staudinger*[12]*-Hausmann*, Art. 33 EGBGB, Rdnr. 18; *Kegel/Schurig*, IPR[8], § 18 VII 1; *Palandt*[60]*-Heldrich*, Art. 33 EGBGB, Rdnr. 2; *Erman*[10]*-Hohloch*, Art. 33 EGBGB, Rdnr. 3.

2. *Der Geltungsbereich des Zessionsgrundstatuts*

a) Die Maßgeblichkeit der Artt. 31, 32 EGBGB

Der Geltungsbereich des Zessionsgrundstatuts richtet sich nach Artt. 31 und 32 EGBGB.[650] Das Zessionsgrundstatut entscheidet daher insbesondere, welche Anforderungen an das Zustandekommen und die Wirksamkeit des Grundgeschäfts der Abtretung zu stellen sind (Art. 31 Abs. 1 EGBGB). Es bestimmt insoweit die Voraussetzungen des Vertragsschlusses durch Angebot und Annahme, ferner Voraussetzungen und Rechtsfolgen der durch Irrtum, Täuschung, Drohung oder Anwendung von Gewalt hervorgerufenen Willensmängel, insbesondere die Anfechtbarkeit des Grundgeschäfts[651] sowie den Eintritt seiner Nichtigkeit,[652] z.B. wegen eines Verstoßes gegen gesetzliche Bestimmungen oder die guten Sitten.[653]

Gemäß Art. 32 EGBGB unterliegt auch die Auslegung des Grundgeschäfts dem Zessionsgrundstatut (Art. 32 Abs. 1 Nr. 1 EGBGB). Ferner entscheidet dieses über die Erfüllung der durch das Grundgeschäft entstandenen schuldrechtlichen Verpflichtungen (Art. 32 Abs. 1 Nr. 2, Abs. 2 EGBGB). Wird durch den Abschluss des Grundgeschäfts die Forderung im Innenverhältnis noch nicht auf den Zessionar übertragen, sondern lediglich eine Verpflichtung zur Übertragung der Forderung begründet, und setzt die Erfüllung dieser Verpflichtung den Abschluss eines abstrakten oder kausalen Verfügungsgeschäfts voraus, so richtet sich das Verfügungsgeschäft nach den dafür maßgeblichen Vorschriften.[654] Ob diese Vorschriften selbständig nach Art. 33 Abs. 2 EGBGB (Art. 12 Abs. 2 EVÜ) oder unselbständig nach Art. 33 Abs. 1 EGBGB (Art. 12 Abs. 1 EVÜ) anzuknüpfen sind,[655] ist demnach keine Frage, die dem Regelungsgegenstand des Art. 32 Abs. 1 Nr. 2 EGBGB unterfällt.

Das Zessionsgrundstatut entscheidet ferner über die Folgen einer Nichterfüllung der zwischen Zedent und Zessionar begründeten Vertragspflichten (Art. 32 Abs. 1 Nr. 3 EGBGB), also z.B. über die Voraussetzungen einer Haftung des Zedenten für Verität und Bonität der übertragenen Forderung.[656] Ferner richten

---

650 Vgl. Chr. *von Bar*, RabelsZ 53 (1989), 462, 466; *ders.*, IPR II, Rdnr. 564, 567; *ders.*, IPRax 1992, 20, 22 f.; *Soergel*[12]*-von Hoffmann*, Art. 33 EGBGB, Rdnr. 6; *Erman*[10]*-Hohloch*, Art. 33 EGBGB, Rdnr. 3.

651 Zur Anfechtbarkeit eines Rechtsgeschäfts nach spanischem Recht vgl. Teil 1 – § 1 II 1 a cc (2) (b).

652 Zur Nichtigkeit eines Rechtsgeschäfts nach spanischem Recht vgl. Teil 1 – § 1 II 1 a cc (2) (a).

653 Vgl. *Palandt*[60]*-Heldrich*, Art. 31 EGBGB, Rdnr. 3.

654 Vgl. *Palandt*[60]*-Heldrich*, Art. 32 EGBGB, Rdnr. 4.

655 Zur Anknüpfung des Verfügungsgeschäfts einer Abtretung vgl. unten – § 7 V 2.

656 Vgl. *Ferid*, IPR[3], Rdnr. 6-122; *Soergel*[12]*-von Hoffmann*, Art. 33 EGBGB, Rdnr. 6; *Reithmann/Martiny-Martiny*, Internationales Vertragsrecht[5], Rdnr. 307; MünchKomm[3]*-Martiny*,

sich nach ihm das Erlöschen der Vertragspflichten und deren Verjährung (Art. 32 Abs. 1 Nr. 4 EGBGB).

Schließlich ergeben sich aus dem Zessionsgrundstatut auch die Folgen einer Nichtigkeit des Grundgeschäfts (Art. 32 Abs. 1 Nr. 5 EGBGB respektive Art. 38 EGBGB). Wird die Forderung nach dem Zessionsstatut wirksam auf den Zessionar übertragen, obgleich das Grundgeschäft der Abtretung unwirksam ist (Fall einer abstrakten Zession), kann der Zedent gegen den Zessionar nach Art. 32 Abs. 1 Nr. 5 EGBGB einen Anspruch auf Rückübertragung der Forderung geltend machen.[657] Setzt umgekehrt nach dem Zessionsstatut die Abtretung ein wirksames Grundgeschäft voraus (Fall einer kausalen Zession), wird die abzutretende Forderung bei Unwirksamkeit des Grundgeschäfts erst gar nicht auf den Zessionar übertragen. Aus Sicht des Zessionsgrundstatuts ist dann auch keine Rückabwicklung erforderlich.[658] Auf die umstrittene Frage, welches Recht als Zessionsstatut darüber zu entscheiden hat, ob die Übertragung einer Forderung eines gültigen Grundgeschäfts bedarf, also abstrakt oder kausal ausgestaltet ist, wird noch einzugehen sein.[659]

b) Abgrenzungen

Die Voraussetzungen, die an die Rechts-, Geschäfts- und Handlungsfähigkeit der Zessionsparteien zu stellen sind, unterliegen nicht dem nach Artt. 27 ff. EGBGB zu bestimmenden Vertragsstatut, sondern richten sich gemäß Artt. 7, 12 EGBGB nach eigenem Recht.[660] Hinsichtlich der Form des Grundgeschäfts[661] kommen die Vergünstigungen des Art. 11 Abs. 1 EGBGB zum Tragen: Neben dem maßgeblichen Geschäftsrecht genügt insoweit die Einhaltung des Ortsstatuts.[662] Erfolgt der Vertragsabschluß unter Mitwirkung eines Stell-

---

Art. 33 EGBGB, Rdnr. 4; *Erman*[10]*-Hohloch*, Art. 33 EGBGB, Rdnr. 3. Zur Haftung des Zedenten für Verität und Bonität der übertragenen Forderung nach spanischem Recht vgl. Teil 1 – § 1 II 2 b.

[657] Vgl. Chr. *von Bar*, RabelsZ 53 (1989), 462, 466; *ders.*, IPR II, Rdnr. 564; *ders.*, IPRax 1992, 20, 23; MünchKomm[3]*-Martiny*, Art. 33 EGBGB, Rdnr. 8. Falls nötig, hat der Zessionar einen bereicherungsrechtlichen Ersatz zu leisten. Ist gemeinspanisches Recht Zessionsgrundstatut, können sich entsprechende Rückforderungsansprüche des Zedenten gemäß Artt. 1895 ff. Cc aus Quasikontrakt („cobro de lo indebido" [„Zahlung eines indebitum"]) ergeben. Ist navarresisches Recht Zessionsgrundstatut, gelangen demgegenüber die Leyes 508 f. Comp.N. („enriquecimiento sin causa" [„ungerechtfertigte Bereicherung"]) zur Anwendung.

[658] Vgl. Chr. *von Bar*, RabelsZ 53 (1989), 462, 466 (Fn. 21); *ders.*, IPR II, Rdnr. 564 (Fn. 737).

[659] Zur kollisionsrechtlichen Einordnung einer Abtretung als abstraktes oder kausales Rechtsgeschäft vgl. unten – § 7 V 1.

[660] Vgl. Chr. *von Bar*, RabelsZ 53 (1989), 462, 466 f.; *ders.*, IPR II, Rdnr. 564.

[661] Zur Form des Grundgeschäfts nach spanischem Recht vgl. Teil 1 – § 1 II 1 c.

[662] Vgl. Chr. *von Bar*, RabelsZ 53 (1989), 462, 466; *ders.*, IPR II, Rdnr. 564.

vertreters,[663] entscheidet über dessen Vertretungsmacht das Stellvertretungsstatut, d.h. bei rechtsgeschäftlicher Bevollmächtigung in aller Regel das Recht des Wirkungslandes.[664]

III. Die Anknüpfung der Abtretung im Verhältnis zum Schuldner

1. Die Maßgeblichkeit des Forderungsstatuts

Das auf eine Abtretung im Verhältnis zum Schuldner anzuwendende Recht richtet sich gemäß Art. 33 Abs. 2 EGBGB (Art. 12 Abs. 2 EVÜ) nach dem Forderungsstatut. Diese Anknüpfungsregel beruht auf dem allgemein anerkannten, auch im Kollisionsrecht geltenden, Grundsatz, dass sich die Rechtsstellung des Schuldners durch Rechtsgeschäfte des Gläubigers, die seiner Einflussnahme entzogen sind, nicht verschlechtern darf.[665] Art. 33 Abs. 2 EGBGB (Art. 12 Abs. 2 EVÜ) stellt dies durch eine Aufzählung bestimmter Einzelfragen, die das Verhältnis der Zessionsparteien zum Schuldner betreffen, ausdrücklich klar. Die Ermittlung des Forderungsstatuts richtet sich nach den für die übertragene Forderung geltenden Anknüpfungsgrundsätzen, gleichgültig, ob die Forderung aus einem vertraglichen oder gesetzlichen Schuldverhältnis stammt.[666] Vertragliche Ansprüche folgen somit dem Vertragsstatut der Artt. 27 ff. EGBGB (Artt. 3 ff. EVÜ),[667] deliktische Forderungen dem Deliktsstatut (Art. 40 EGBGB),[668] Ansprüche aus ungerechtfertigter Bereicherung dem Bereicherungsstatut (Art. 32 Abs. 1 Nr. 5 EGBGB respektive Art. 38 EGBGB),[669] usw.

2. Der Geltungsbereich des Forderungsstatuts

Der Geltungsbereich des Forderungsstatuts wird von Art. 33 Abs. 2 EGBGB (Art. 12 Abs. 2 EVÜ) ausdrücklich (nur) auf die „Übertragbarkeit [der Forderung], das Verhältnis zwischen neuem Gläubiger und Schuldner, die Voraussetzungen, unter denen die Übertragung [der Forderung] dem Schuldner entgegengehalten werden kann, und die befreiende Wirkung einer Leistung durch den Schuldner" erstreckt. Auf die umstrittene Frage, ob der Norm aus Gründen des kollisionsrechtlichen Schuldnerschutzes auch offene Anknüpfungsfragen, speziell die Beurteilung des Verfügungsgeschäfts einer Abtretung sowie die

---

[663] Vgl. Art. 37 Nr. 3 EGBGB (Art. 1 Abs. 2 lit. f) EVÜ).
[664] Vgl. *Reithmann/Martiny-Hausmann*, Internationales Vertragsrecht^5, Rdnr. 1716 ff.
[665] Zum kollisionsrechtlichen Schuldnerschutzgebot vgl. die Nachweise Teil 2 – § 5 II 1 b.
[666] Vgl. oben – § 6 I 2 b; Chr. *von Bar*, RabelsZ 53 (1989), 462, 468 f.; *ders.*, IPR II, Rdnr. 566; *Palandt*^{60}*-Heldrich*, Art. 33 EGBGB, Rdnr. 2; *Erman*^{10}*-Hohloch*, Art. 33 EGBGB, Rdnr. 4.
[667] Vgl. *BGH* 12.5.1993, RIW 1993, 846, 847 und *OLG Koblenz* 19.10.1995, RIW 1996, 151 (Handelsvertretervertrag).
[668] Vgl. *OLG Hamburg* 28.4.1992, NJW-RR 1993, 40 mit Bespr. *Wandt*, NZV 1993, 56.
[669] Vgl. *BGH* 23.2.1983, BGHZ 87, 19, 21 = IPRax 1984, 330 mit Anm. *Firsching*.

Einordnung einer Abtretung als abstraktes oder kausales Rechtsgeschäft, zuzuordnen sind, wird im Zuge der einheitlichen Auslegung noch einzugehen sein.[670] Im folgenden sind zunächst die Rahmenbedingungen des kollisionsrechtlichen Schuldnerschutzes nach Maßgabe des Art. 33 Abs. 2 EGBGB (Art. 12 Abs. 2 EVÜ) zu bestimmen.

a) Die Übertragbarkeit der Forderung

Das Statut der Übertragbarkeit entscheidet, ob die abzutretende Forderung übertragen werden kann.[671] Unstreitig unterliegen dem Forderungsstatut insoweit Voraussetzungen und Wirkungen vertraglicher Abtretungsverbote sowie sonstige Einschränkungen der Abtretbarkeit, wie sie sich aus dem Leistungsinhalt der abzutretenden Forderung oder aufgrund gesetzlicher Abtretungsverbote ergeben können.[672] Das Statut der Übertragbarkeit entscheidet darüber hinaus, inwieweit Teilforderungen,[673] bedingte und künftige[674] Forderungen abgetreten werden können.[675]

b) Das Verhältnis zwischen neuem Gläubiger und Schuldner

Im Verhältnis Zessionar – Schuldner herrscht ebenfalls das Forderungsstatut, denn die Rechtsposition des Schuldners darf sich durch den Inhaberwechsel nicht zu seinem Nachteil verändern. Das Forderungsstatut entscheidet daher über den Inhalt der abgetretenen Forderung, d.h. insbesondere, ob und inwieweit sich der Schuldner auf Einwendungen stützen kann, die im Zeitpunkt der Abtretung gegen den Zedenten begründet waren.[676] Ferner entscheidet das Forderungsstatut, ob und inwieweit dem Schuldner auch Einwendungen zustehen, die aus dem rechtlichen Verhältnis der Zessionsparteien bzw. aus eigenen Rechtsbeziehungen zum Zessionar resultieren.

---

670 Vgl. unten – § 7, insbesondere § 7 V 1, 2.

671 *LG Stuttgart* 16.9.1992, IPRax 1993, 330, 331; *Ferid*, IPR³, Rdnr. 6-121; *Graf von Westphalen*, Exportfinanzierung³, S. 493; Chr. *von Bar*, RabelsZ 53 (1989), 462, 469 f.; *ders.*, IPR II, Rdnr. 567; *Diehl-Leistner*, Internationales Factoring, S. 92; MünchKomm³-*Martiny*, Art. 33 EGBGB, Rdnr. 9; *Staudinger*¹²-*Hausmann*, Art. 33 EGBGB, Rdnr. 26; *Erman*¹⁰-*Hohloch*, Art. 33 EGBGB, Rdnr. 6.

672 Zur Abtretbarkeit von Forderungen, insbesondere den Wirkungen vertraglicher und gesetzlicher Abtretungsverbote nach spanischem Recht vgl. Teil 1 – § 1 V 1.

673 Zur Abtretbarkeit von Teilforderungen nach spanischem Recht vgl. Teil 1 – § 1 V 2.

674 Streitig für die Vorausabtretung künftiger Forderungen durch Globalzession oder verlängerten Eigentumsvorbehalt, vgl. unten – § 7 V 3. Zur Abtretbarkeit künftiger Forderungen nach spanischem Recht vgl. Teil 1 – § 1 V 3.

675 Vgl. *Graf von Westphalen*, Exportfinanzierung³, S. 493; Chr. *von* Bar, RabelsZ 53 (1989), 462, 475; *ders.*, IPR II, Rdnr. 572; *Diehl-Leistner*, Internationales Factoring, S. 92; *Reithmann/Martiny-Martiny*, Internationales Vertragsrecht⁵, Rdnr. 302; *Basedow*, ZEuP 1997, 615, 620; *Staudinger*¹²-*Hausmann*, Art. 33 EGBGB, Rdnr. 26.

676 Vgl. MünchKomm³-*Martiny*, Art. 33 EGBGB, Rdnr. 10; *Basedow*, ZEuP 1997, 615, 621 f.; *Staudinger*¹²-*Hausmann*, Art. 33 EGBGB, Rdnr. 28.

Das Forderungsstatut bestimmt, soweit das Verhältnis zwischen Schuldner und Zessionar betroffen ist, darüber hinaus, ob und gegebenenfalls unter welchen Voraussetzungen sich der Schuldner auf die *lex Anastasiana* berufen darf.[677] Die *lex Anastasiana* des römischen Rechts eröffnete dem Schuldner grundsätzlich die Möglichkeit, an den Zessionar nur denjenigen Betrag zu zahlen, den dieser selbst an den Zedenten geleistet hatte.[678] Heute sind die auf der *lex Anastasiana* beruhenden Regelungen der Vertragsstaaten regelmäßig nur als prozessuale Rechte ausgestaltet.[679] Das bedeutet, der Schuldner kann sich nur bei Abtretung einer Forderung im Zivilprozess auf die *lex Anastasiana* berufen. Wenngleich mit der Geltendmachung der *lex Anastasiana* dann in der Regel auch prozessuale Wirkungen verbunden sind (Senkung der Prozesskosten, Entlastung der Gerichte), ist heute unstreitig, dass die auf der *lex Anastasiana* beruhenden Regelungen aufgrund ihrer Zweckrichtung als Schuldnerschutzvorschriften zu qualifizieren sind.[680] Eine Anknüpfung der *lex Anastasiana* als Teil des Prozessrechts der *lex fori* scheidet daher aus.[681]

Soweit das Forderungsstatut über den Inhalt der abgetretenen Forderung entscheidet, dürfen Zedent und Zessionar ohne Zustimmung des Schuldners nicht vereinbaren, dass die Abtretung sich nach einem anderen Recht richten soll.[682] Zulässig ist nur eine nachträgliche Rechtswahl zwischen Zessionar und Schuldner, sofern die Rechte des Zedenten nicht beeinträchtigt werden (Art. 27 Abs. 2 S. 2 EGBGB).[683]

---

[677] Vgl. *Frankenstein*, IPR II, S. 262; *Lewald*, IPR, S. 274; *Raape*, IPR[5], § 47 I 1; *Soergel/Siebert*[11]*-Kegel*, Vor Art. 7 EGBGB, Rdnr. 445; *Keller*, Zessionsstatut, S. 81; *Ferid*, IPR[3], Rdnr. 6-121; Chr. *von Bar*, RabelsZ 53 (1989), 462, 471; *ders.*, IPR II, Rdnr. 568; *Reithmann/Martiny-Martiny*, Internationales Vertragsrecht[5], Rdnr. 308; MünchKomm[3]*-Martiny*, Art. 33 EGBGB, Rdnr. 11; *Staudinger*[12]*-Hausmann*, Art. 33 EGBGB, Rdnr. 28.

[678] Nur das Recht von Navarra blieb der *lex Anastasiana* des römischen Rechts verhaftet, vgl. Teil 1 – § 1 III 2 d.

[679] Zum „retracto litigioso" des gemeinspanischen Rechts (Art. 1535 Cc) vgl. Teil 1 – § 1 III 2 c. Vgl. im übrigen den „retrait litigieux" des belgischen und französischen Rechts (Art. 1699 Cc).

[680] Vgl. Teil 1 – § 1 III 2 c.

[681] Vgl. *Guldener*, Zession im IPR, S. 81 ff.

[682] *Reithmann/Martiny-Martiny*, Internationales Vertragsrecht[5], Rdnr. 308; MünchKomm[3]-*Martiny*, Art. 33 EGBGB, Rdnr. 10.

[683] Vgl. *OLG Köln* 22.4.1994, IPRax 1995, 393 mit Aufs. *Reinhart*, 365, 367 ff.; Chr. *von Bar*, RabelsZ 53 (1989), 462, 468, 470; *Soergel*[12]*-von Hoffmann*, Art. 33 EGBGB, Rdnr. 9; MünchKomm[3]*-Martiny*, Art. 27 EGBGB, Rdnr. 69 b.

c) Die Voraussetzungen, unter denen die Übertragung der Forderung dem Schuldner entgegengehalten werden kann[684]

Der Überblick über die Sachrechte der Vertragsstaaten hat gezeigt, dass die Übertragung einer Forderung im Verhältnis zum Schuldner vielfach an die Einhaltung spezieller Formerfordernisse geknüpft ist. Insbesondere das französische Recht macht die Forderungsübertragung im Verhältnis zum Schuldner gemäß Art. 1690 Cc von der Benachrichtigung des Schuldners durch die förmliche Zustellung einer Abtretungsanzeige („signification") bzw. von der Annahme der Abtretung durch den Schuldner mittels einer öffentlichen Urkunde („acceptation") abhängig.[685] Auch das österreichische Recht verlangt für die Wirksamkeit einer Sicherungsabtretung im Verhältnis zum Schuldner eine Verständigung des Schuldners oder eine Registrierung der Abtretung in den Büchern des Zedenten.[686] In anderen Vertragsstaaten des EVÜ gelten ähnliche Formerfordernisse.[687]

Als Voraussetzung für die Wirksamkeit einer Abtretung im Verhältnis zum Schuldner muss die Qualifikation solcher Formerfordernisse im IPR als ein Problem der Unterscheidung zwischen Sacherfordernis und Formvorschrift angesehen werden.[688] Für diese Unterscheidung ist maßgeblich auf die Funktion des Formerfordernisses, und zwar vom Standpunkt der ausländischen Rechtsordnung, abzustellen.[689] Dient das Formerfordernis dem Schutz des Schuldners, weil es eine auf die Übertragung der Forderung gerichtete Publizität schafft, ist es kollisionsrechtlich als Sacherfordernis, nicht als Formvorschrift zu qualifizieren.[690] Die Abtretungsanzeige verfolgt das Ziel, den Schuldner von der Abtretung in Kenntnis zu setzen, ihn gegebenenfalls auch vor ungerechtfertigter Inanspruchnahme zu schützen. Auch die Registrierung einer Abtretung, wie durch den Zessionsvermerk nach österreichischem Recht, verschafft dem Schuldner die Möglichkeit, sich von der Abtretung Kenntnis zu verschaffen. Formerfordernisse gegenüber dem Schuldner stellen somit Publizitätsformen dar, die als

---

[684] *Giuliano/Lagarde* definieren die „Voraussetzungen, unter denen die Übertragung [der Forderung] dem Schuldner entgegengehalten werden kann" als die Voraussetzungen für die Übertragbarkeit der Forderung im Verhältnis zum Schuldner, sowie ferner diejenigen Modalitäten, die beachtet werden müssen, damit die Abtretung gegenüber dem Schuldner wirksam wird, vgl. Bericht *Giuliano/Lagarde*, ABl. EG Nr. C 282 vom 31.10.1980, S. 1, 35.

[685] Vgl. Teil 2 – § 4 I 1 b.

[686] Sog. Buch- oder Zessionsvermerk, vgl. Teil 2 – § 4 VI 1 b.

[687] Vgl. die Länderberichte, Teil 2 – § 4 sowie den Überblick bei *von Bernstorff*, RIW 1994, 542, 543 ff.

[688] Vgl. *Aubin*, FS Neumayer, S. 31, 38.

[689] Vgl. *BGH* 9.12.1958, BGHZ 29, 137, 139 = IPRspr. 1958-59, Nr. 112, S. 390 f.; 12.1.1967, IPRspr. 1966-67, Nr. 19, S. 66 = NJW 1967, 1177.

[690] Vgl. *Aubin*, FS Neumayer, S. 31, 40; *Soergel*[12]*-von Hoffmann*, Art. 33 EGBGB, Rdnr. 10.

Sacherfordernis zu qualifizieren sind.[691] Im Rahmen des Art. 33 Abs. 2 EGBGB (Art. 12 Abs. 2 EVÜ) zählen sie zu den Voraussetzungen, „unter denen die Übertragung [der Forderung] dem Schuldner entgegengehalten werden kann". Eine alternative Anknüpfung an das Ortsstatut scheidet somit aus.[692]

Stellt deutsches Recht das Forderungsstatut, ist im Verhältnis Zedent – Zessionar der Abschluss eines abstrakten Verfügungsgeschäftes vorauszusetzen, damit die Übertragung der Forderung (auch) dem Schuldner wirksam entgegengehalten werden kann.[693] Umstritten ist allerdings, ob es der Schuldnerschutz erfordert, das abstrakte Verfügungsgeschäft über die in Art. 33 Abs. 2 EGBGB ausdrücklich genannten Wirkungen hinaus dem Forderungsstatut zu unterwerfen.[694]

d) Die befreiende Wirkung einer Leistung durch den Schuldner

Dem Forderungsstatut ist ferner zu entnehmen, welche Voraussetzungen erfüllt sein müssen, damit die Leistung des Schuldners befreiende Wirkung hat:[695] Während einige Rechtsordnungen die Gutgläubigkeit des Schuldners hinsichtlich der Abtretung der Forderung im Zeitpunkt der Leistungsbewirkung voraussetzen,[696] ist nach französischem Recht für die befreiende Wirkung einer Leistung durch den Schuldner nicht auf dessen Kenntnis von der Abtretung, sondern allein auf die ihm gegenüber erfolgte Abtretungsanzeige oder Annahme der Abtretung abzustellen.[697]

---

691 Vgl. *Guldener*, Zession im IPR, S. 6 f.; *Aubin*, FS Neumayer, S. 31, 40.

692 *Gaudemet-Tallon*, Rev. trim. droit eur. 17 (1981), 215, 275; *Aubin*, FS Neumayer, S. 31, 44; *Graf von Westphalen*, Exportfinanzierung[3], S. 493 f.; Chr. *von Bar*, RabelsZ 53 (1989), 462, 473; *ders.*, IPR II, Rdnr. 570; *Moshinsky*, L. Q. Rev. 109 (1992), 591, 617; *Soergel*[12]-*von Hoffmann*, Art. 33 EGBGB, Rdnr. 10; *Reithmann/Martiny-Martiny*, Internationales Vertragsrecht[5], Rdnr. 303; MünchKomm[3]-*Martiny*, Art. 33 EGBGB, Rdnr. 12; a.A. *Koziol*, DZWir 1993, 353, 356.

693 Vgl. unten – § 7 V 2 a. Das abstrakte Verfügungsgeschäft wirkt *erga omnes*, vgl. Teil 2 – § 4 V 1 a. Zur Parallele im österreichischen Recht (kausales Verfügungsgeschäft) vgl. Teil 2 – § 4 VI 1 a.

694 Zur Anknüpfung abstrakter und kausaler Verfügungsgeschäfte vgl. unten – § 7 V 1, 2.

695 Vgl. *Kaiser*, Verlängerter Eigentumsvorbehalt, S. 221; Chr. *von Bar*, RabelsZ 53 (1989), 462, 471; *ders.*, IPR II, Rdnr. 568; *Soergel*[12]-*von Hoffmann*, Art. 33 EGBGB, Rdnr. 11; *Reithmann/Martiny-Martiny*, Internationales Vertragsrecht[5], Rdnr. 305; MünchKomm[3]-*Martiny*, Art. 33 EGBGB, Rdnr. 13; *Staudinger*[12]-*Hausmann*, Art. 33 EGBGB, Rdnr. 31.

696 Vgl. die Regelung der Artt. 1527, 1164 Cc des gemeinspanischen Rechts, Teil 1 – § 1 III 2 a.

697 Vgl. Teil 2 – § 4 I 1 b.

e) Abgrenzungen

Ist für die Abtretung nach dem Forderungsstatut der Abschluss eines Verfügungsgeschäftes erforderlich,[698] beurteilen sich Rechts-, Geschäfts- und Handlungsfähigkeit der Zessionsparteien nach eigenem Recht. Maßgebend sind die Artt. 7 und 12 EGBGB.[699] Verfügt ein Stellvertreter über die abzutretende Forderung,[700] so richtet sich die Wirksamkeit der Stellvertretung nach dem für sie maßgeblichen Stellvertretungsstatut.[701] Die Form der Abtretung unterliegt gemäß Art. 11 Abs. 1 EGBGB dem Geschäftsstatut, d.h. dem auf die Übertragung der Forderung anzuwendenden Recht (Zessionsstatut), alternativ dem Ortsrecht,[702] also dem Recht des Staates, in dem die Abtretung vorgenommen wurde.[703]

IV. Offene Anknüpfungsfragen

1. Die kollisionsrechtliche Einordnung einer Abtretung als abstraktes oder kausales Rechtsgeschäft

Bedingt durch den systematischen Aufbau des Art. 33 Abs. 1 und 2 EGBGB (Art. 12 EVÜ), der im Unterschied zum deutschen Recht nicht zwischen Verpflichtungs- und abstraktem Verfügungsgeschäft einer Abtretung differenziert, sondern in Anlehnung an die romanischen Rechtsordnungen lediglich das Verhältnis Zedent – Zessionar von den Rechtsbeziehungen der Zessionsparteien

---

[698] Vgl. oben – § 6 III 2 c cc.

[699] Vgl. Chr. *von Bar*, RabelsZ 53 (1989), 462, 471 f.; *ders.*, IPR II, Rdnr. 569; *Staudinger*[12]-*Hausmann*, Art. 33 EGBGB, Rdnr. 34.

[700] Vgl. Art. 37 Nr. 3 EGBGB (Art. 1 Abs. 2 lit. f) EVÜ).

[701] Im Falle einer rechtsgeschäftlichen Bevollmächtigung entscheidet das Recht des Wirkungslandes als Vollmachtsstatut, vgl. *OLG Koblenz* 19.10.1995, RIW 1996, 151, 152; Chr. *von Bar*, RabelsZ 53 (1989), 462, 472; *ders.*, IPR II, Rdnr. 569; vgl. ferner *von Hoffmann/Höpping*, IPRax 1993, 302, 305; *Staudinger*[12]-*Hausmann*, Art. 33 EGBGB, Rdnr. 36.

[702] Eine Ausschaltung des Ortsrechts durch eine analoge Anwendung von Art. 11 Abs. 5 EGBGB auf die Forderungsabtretung als Verfügungsgeschäft scheidet aus, vgl. *von Hoffmann/Höpping*, IPRax 1993, 302, 304; *Staudinger*[12]-*Hausmann*, Art. 33 EGBGB, Rdnr. 35.

[703] Vgl. *OLG Karlsruhe* 28.1.1993, IPRspr. 1993, Nr. 25; *Ferid*, IPR[3], Rdnr. 6-121; *Kaiser*, Verlängerter Eigentumsvorbehalt, S. 182 f.; Chr. *von Bar*, RabelsZ 53 (1989), 462, 472; *ders.*, IPR II, Rdnr. 570; *von Hoffmann/Höpping*, IPRax 1993, 302, 304; *Reithmann/Martiny-Martiny*, Internationales Vertragsrecht[5], Rdnr. 304; *Soergel*[12]-*von Hoffmann*, Art. 33 EGBGB, Rdnr. 15; MünchKomm[3]-*Martiny*, Art. 33 EGBGB, Rdnr. 16; *Staudinger*[12]-*Haus-mann*, Art. 33 EGBGB, Rdnr. 35; *Palandt*[60]-*Heldrich*, Art. 33 EGBGB, Rdnr. 2; *Erman*[10]-*Hohloch*, Art. 33 EGBGB, Rdnr. 7.

zum Schuldner unterscheidet,[704] fehlt eine ausdrückliche Regelung für die kollisionsrechtliche Einordnung einer Abtretung als abstraktes oder kausales Rechtsgeschäft.[705]

2. *Die Anknüpfung des Forderungsübergangs inter partes*

Auch für das auf den Forderungsübergang *inter partes* anzuwendende Recht enthält Art. 33 Abs. 1 und 2 EGBGB (Art. 12 EVÜ) keine ausdrückliche Regelung. Die Norm bezieht sich in ihrem Abs. 1 lediglich auf die „Verpflichtungen" zwischen Zedent und Zessionar. Ausgehend von einer Aufspaltung der Rechtsbeziehungen, wie sie systematisch den meisten Zessionsrechten der Vertragsstaaten zugrunde liegt, eröffnet dieser Begriff einen weiten Interpretationsspielraum.[706] Aus der Sicht des deutschen Rechts, das strikt zwischen Verpflichtungs- und Verfügungsgeschäft einer Abtretung unterscheidet, fehlt dagegen eine ausdrückliche Regelung des Verfügungsgeschäfts. Fraglich ist daher, welchem Statut die Voraussetzungen für das Zustandekommen und die Wirksamkeit des Verfügungsgeschäfts, also z.B. die abstrakte Einigung der Zessionsparteien oder die Sittenwidrigkeit eines Verfügungsgeschäfts bei Globalzession, unterliegen sollen.[707]

3. *Die Anknüpfung der Abtretung im Verhältnis zu sonstigen Dritten*

Die Anknüpfung der Abtretung im Verhältnis zu anderen Dritten als dem Schuldner ist ebenfalls nicht ausdrücklich in Art. 33 Abs. 1 und 2 EGBGB (Art. 12 EVÜ) geregelt.[708] Zwar stimmen die Voraussetzungen für die Wirksamkeit einer Abtretung im Verhältnis zum Schuldner und sonstigen Dritten in den Rechtsordnungen der Vertragsstaaten vielfach überein;[709] gleichwohl wird im Sach- und Kollisionsrecht klar zwischen den Beteiligten differenziert. Das Statut der Drittwirkungen ist somit offen.[710]

---

[704] Zum systematischen Aufbau des Art. 33 Abs. 1 und 2 EGBGB (Art. 12 EVÜ) vgl. oben – § 6 I 4.

[705] Dazu im folgenden – § 7 II 2, III 3 b, V 1, VI 1 a.

[706] Zur Auslegung des Begriffs „Verpflichtungen" vgl. unten – § 7 II 1.

[707] Vgl. insbesondere unten – § 7 V 2.

[708] Zu den Lösungen der Vertragsstaaten vgl. Teil 2 – § 5 II 1 c.

[709] Anders insbesondere das spanische Recht, das zwischen den Voraussetzungen einer Abtretung im Verhältnis zum Schuldner und sonstigen Dritten unterscheidet vgl. Teil 1 – § 1 III, IV.

[710] Zur Anknüpfung der Abtretung im Verhältnis zu sonstigen Dritten vgl. unten – § 7 II 3, III 3 c, V 3, VI 1 c.

§ 7 Einheitliche Auslegung des Art. 33 EGBGB

Das Zessionsstatut soll für die oben dargestellten offenen Anknüpfungsfragen[711] nachfolgend durch eine einheitliche Auslegung des Art. 33 Abs. 1 und 2 EGBGB (Art. 12 EVÜ) bestimmt werden.[712] Ziel der einheitlichen Auslegung wird sein, eine in den Vertragsstaaten des EVÜ konsensfähige Lösung herauszuarbeiten. Die einheitliche Auslegung wird sich nach einer Darstellung von Grundlagen und Methoden[713] an den herkömmlichen Auslegungskriterien orientieren. Danach ist Art. 33 Abs. 1 und 2 EGBGB (Art. 12 EVÜ) an Hand seines Wortlauts und systematischen Aufbaus,[714] seiner Entstehungsgeschichte[715] und der ihm zugrunde liegenden Wertungen[716] einheitlich auszulegen. Kollisionsrechtlich relevante Zusammenhänge zwischen dem Zessionsstatut und dem Statut der *cessio legis* nach Art. 33 Abs. 3 EGBGB (Art. 13 EVÜ) werden gegebenenfalls berücksichtigt.[717] Ergänzend sind die aus der Sach- und Kollisionsrechtsvergleichung gewonnenen Erkenntnisse heranzuziehen.[718] Schließlich soll die einheitliche Auslegung des Art. 33 Abs. 1 und 2 EGBGB (Art. 12 EVÜ) auch in einem gemeinschaftsbezogenen Kontext stehen: Neben den Vorgaben des primären Gemeinschaftsrechts wird sich die Bestimmung des Zessionsstatuts hiernach insbesondere an dem zu fordernden europäischen Integrationszusammenhang ausrichten.

I. Art. 36 EGBGB und die Methoden der einheitlichen Auslegung

1. Grundlagen: Art. 36 EGBGB (Art. 18 EVÜ)

a) Das Gebot der einheitlichen Auslegung

Art. 36 EGBGB (Art. 18 EVÜ) bestimmt, dass „bei der Auslegung und Anwendung der für vertragliche Schuldverhältnisse geltenden Vorschriften [des EGBGB] zu berücksichtigen [ist], dass die ihnen zugrundeliegenden Regelungen [des EVÜ] in den Vertragsstaaten einheitlich ausgelegt und angewandt werden sollen".[719] Die Vorschrift erfüllt im wesentlichen zwei Aufgaben: Sie

---

711 Vgl. oben – § 6 IV.
712 Vgl. Art. 36 EGBGB (Art. 18 EVÜ).
713 Vgl. unten – § 7 I 1, 2.
714 Vgl. unten – § 7 II.
715 Vgl. unten – § 7 III.
716 Vgl. unten – § 7 V.
717 Vgl. unten – § 7 IV.
718 Vgl. Teil 2 – § 5.
719 Art. 36 EGBGB beruht auf Art. 18 EVÜ, wonach bei „Auslegung und Anwendung der ... einheitlichen Vorschriften [des EVÜ] ihrem internationalen Charakter und dem Wunsch Rechnung zu tragen [ist], eine einheitliche Auslegung und Anwendung dieser Vorschriften zu erreichen." Der Text des Art. 36 EGBGB („ist zu berücksichtigen") geht über den Wortlaut des Art. 18 EVÜ („ist Rechnung zu tragen") hinaus, vgl. *Staudinger*[12]*-Reinhart*,

hat in erster Linie eine *narrative* Funktion, indem sie deutsche Gerichte darauf hinweist, dass die für vertragliche Schuldverhältnisse geltenden Normen des EGBGB nicht dem autonomen, sondern dem vereinheitlichten IPR, nämlich dem Römischen Schuldvertragsübereinkommen entstammen.[720] Ferner erfüllt Art. 36 EGBGB die Funktion, die Gerichte der Bundesrepublik Deutschland zu verpflichten, bei der Auslegung und Anwendung der auf dem EVÜ beruhenden Kollisionsnormen des EGBGB die Vorschriften des Übereinkommens zu berücksichtigen, um auf diese Weise die von den Vertragsstaaten angestrebte Rechtseinheit zu erreichen. Letztere könnte verloren gehen oder erheblich abgeschwächt werden, wenn die Auslegung der vereinheitlichten Rechtsnormen des EVÜ (EGBGB) in den einzelnen Vertragsstaaten stark voneinander abweichen würde und Widersprüche in der Rechtsprechung nicht behoben werden könnten. Insbesondere mit den Geboten der Gerechtigkeit und Rechtssicherheit stünde es nicht in Einklang, wenn ein bestimmter Sachverhalt einer voraussichtlich unterschiedlichen Beurteilung unterläge, je nachdem, in welchem Vertragsstaat er vor ein Gericht gebracht würde. Das Gebot der einheitlichen Auslegung des Art. 36 EGBGB ist deshalb zwingend. Es begründet für die Gerichte der Bundesrepublik Deutschland, ebenso wie Art. 18 EVÜ für die übrigen Vertragsstaaten, eine bindende Verpflichtung, nicht nur eine Empfehlung.[721]

b) Die Auslegungszuständigkeit des *Europäischen Gerichtshofes*

Um die einheitliche Auslegung der Übereinkommensvorschriften durch eine supranationale Auslegungsinstanz sicherzustellen, haben die Vertragsstaaten zwei Protokolle unterzeichnet, die dem *EuGH* die Kompetenz für die Auslegung des EVÜ übertragen sollen.[722] Die Auslegungsprotokolle sollen verhin-

---

Art. 36 EGBGB, Rdnr. 45. Er beruht auf einer Beschlußempfehlung des Rechtsausschusses des Deutschen Bundestages, der „damit dem Postulat einer einheitlichen Auslegung so weit entsprechen [wollte], wie dies – ohne förmliches Auslegungsprotokoll aller Vertragsstaaten – heute überhaupt möglich ist.“, vgl. BT-Drs. 10/5632, S. 45, abgedr. in: *Pirrung*, IPR, S. 185. Art. 36 EGBGB gilt – ebenso wie Art. 18 EVÜ – unabhängig von einer künftigen Auslegungszuständigkeit des *EuGH*, vgl. Bericht *Giuliano/Lagarde*, ABl. EG Nr. C 282 vom 31.10.1980, S. 38.

720 Zur narrativen Funktion des Art. 36 EGBGB vgl. *Jayme*, Narrative Normen im IPR, S. 15.

721 Vgl. *Mansel*, JZ 1991, 529, 531; *Reinhart*, RIW 1994, 445, 451; *ders.*, IPRax 1995, 365, 368; *Staudinger*[12]*-Reinhart*, Art. 36 EGBGB, Rdnr. 43 ff.; MünchKomm[3]*-Martiny*, Art. 36 EGBGB, Rdnr. 7.

722 Erstes Brüsseler Protokoll bestreffend die Auslegung des am 19. Juni 1980 in Rom zur Unterzeichnung aufgelegten Übereinkommens über das auf vertragliche Schuldverhältnisse anzuwendende Recht durch den Gerichtshof der Europäischen Gemeinschaften vom 19.12.1988, ABl. EG Nr. L 48 vom 20.2.1989, S. 1 ff., abgedr. in *Jayme/Hausmann*[10], Nr. 71 und Zweites Brüsseler Protokoll zur Übertragung bestimmter Zuständigkeiten für die Auslegung des am 19. Juni 1980 in Rom zur Unterzeichnung aufgelegten Übereinkommens über das auf vertragliche Schuldverhältnisse anzuwendende Recht durch den

dern, dass sich in den Vertragsstaaten des EVÜ eine unterschiedliche Rechtsprechung zu dem Übereinkommen entwickelt und verfestigt. Da beide Auslegungsprotokolle aber noch nicht in Kraft sind,[723] liegt es vorläufig allein an den nationalen Gerichten der Vertragsstaaten, eine einheitliche Spruchpraxis herauszubilden, um auf diese Weise die mit dem Übereinkommen verfolgte Rechtseinheit zu erreichen.[724]

Wie sich die künftige Auslegungszuständigkeit des *EuGH* im Verhältnis zur Bundesrepublik Deutschland auswirken wird, ist ungewiss. Gemäß Art. 1 Abs. 2 des Zustimmungsgesetzes zum EVÜ findet das Übereinkommen in der Bundesrepublik Deutschland keine unmittelbare Anwendung.[725] Maßgebend sind allein die Vorschriften des EGBGB, und diese kann der *EuGH* nicht auslegen.[726] Zwar besteht Einigkeit, dass die zugrunde liegenden Vorschriften des EVÜ über Art. 36 EGBGB zumindest mittelbar durch den *EuGH* ausgelegt werden können. Die Begründung einer Bindungswirkung für deutsche Gerichte an die Entscheidungen des *EuGH* wird der Vorschrift des Art. 36 EGBGB jedoch weithin abgesprochen.[727]

In der Befürchtung, die Auslegungszuständigkeit des *EuGH* werde deshalb im Verhältnis zur Bundesrepublik Deutschland leerlaufen, haben die Vertragsstaaten – auf Vorschlag der deutschen Delegation – das erste der beiden Auslegungsprotokolle zum EVÜ bewusst so gefasst, dass die Auslegung durch den *EuGH* nicht das Übereinkommen selbst, sondern lediglich Regelungen betreffen muss, die in dem Übereinkommen enthalten sind.[728] Mit dieser Formulierung sollte zum Ausdruck gebracht werden, dass die deutschen Gerichte dem *EuGH* auch solche Auslegungsfragen vorlegen können, die sich aus der Anwendung von Vorschriften des EGBGB ergeben, wenn nur das EVÜ diesen Vorschriften zugrunde liegt. Die Vertragsstaaten einigten sich darauf, dass deutsche Gerichte dem *EuGH* in einem solchen Fall nicht die betreffende Vorschrift des EGBGB,

---

Gerichtshof der Europäischen Gemeinschaften vom 19.12.1988, ABl. EG Nr. L 48 vom 20.2.1989, S. 17 ff., abgedr. in *Jayme/Hausmann*[10], Nr. 72.

723 Zum Stand der Ratifikationen vgl. *Jayme/Kohler*, IPRax 1999, 401, 411.

724 Vgl. *Jayme*, IPR für Europa, S. 34; *Martiny*, ZEuP 1993, 298, 304; *Kropholler*, IPR[3], § 52 I 2.

725 Vgl. oben – § 6 I 1.

726 Vgl. *Kohler*, EuR 1984, 155, 168 ff; ferner die Empfehlung der Kommission vom 15.1.1985 an die Bundesrepublik Deutschland, die Umsetzung des EVÜ in innerstaatliches Recht so zu vollziehen, dass deutsche Gerichte unmittelbar auf den Wortlaut des Übereinkommens zurückgreifen können, ABl. EG Nr. L 44 vom 14.2.1985, S. 42 f.

727 Vgl. *Jayme/Kohler*, IPRax 1989, 337, 343 und ihnen folgend *Ebke*, Erste Erfahrungen mit dem EG-SchV, S. 91; *Pirrung*, Einführung des EG-SchV, S. 63; a.A. *Junker*, RabelsZ 55 (1991), 674, 695.

728 Vgl. Art. 3 Abs. 1 S. 1 des Ersten Auslegungsprotokolls.

sondern nur die zugrunde liegende Regelung des EVÜ vorzulegen hätten.[729] Im Schrifttum ist diese Lösung nicht für ausreichend erachtet worden. Vielfach wurde eine Streichung von Art. 1 Abs. 2 des Zustimmungsgesetzes zum EVÜ,[730] zumindest aber ein Hinweis in Art. 36 EGBGB gefordert, durch den die deutschen Gerichte auf die Vorlagemöglichkeit an den *EuGH* aufmerksam gemacht würden.[731] Der deutsche Gesetzgeber ist keinem dieser Vorschläge gefolgt, hat aber in Art. 2 Abs. 1 Nr. 1 des zu den beiden Auslegungsprotokollen ergangenen Zustimmungsgesetzes[732] nunmehr ausdrücklich festgelegt, dass die dem *EuGH* durch deutsche Gerichte vorgelegten Auslegungsfragen nicht die Bestimmungen des EGBGB, sondern nur die zugrunde liegenden Regelungen des EVÜ bezeichnen dürfen.[733] Hieraus folgt nun eine Bindungswirkung für deutsche Gerichte an die Entscheidungen des *EuGH*. Die angesprochene Problematik ist jedoch nur formell gelöst.

c) Die einheitliche Auslegung des Art. 33 Abs. 1 und 2 EGBGB durch deutsche Gerichte und den *Europäischen Gerichtshof*

Eine einheitliche Auslegung des Art. 33 Abs. 1 und 2 EGBGB durch deutsche Gerichte setzt nach alledem voraus, dass die Norm auf der Grundlage des Art. 12 EVÜ interpretiert wird. Praktisch müssen die Gerichte so verfahren, als sei nicht Art. 33 Abs. 1 und 2 EGBGB, sondern Art. 12 EVÜ für sie unmittelbar anwendbares innerstaatliches Recht.[734] Dieser Technik entspricht es, dass dem *EuGH*, sobald ihm die Zuständigkeit für die Auslegung des Übereinkommens übertragen ist, ausschließlich Fragen betreffend die Auslegung des Art. 12 EVÜ, nicht jedoch des Art. 33 Abs. 1 und 2 EGBGB, zur Vorabentscheidung vorgelegt werden können.[735] Die Vorlage einer Auslegungsfrage an den *EuGH* setzt nach Art. 2 des Ersten Auslegungsprotokolls voraus, dass das vorlegende Gericht eine Entscheidung des Gerichtshofs zum Erlass seines Urteils für

---

729 Bericht *Tizzano*, ABl. EG Nr. C 219 vom 3.9.1990, S. 13.

730 *Jayme/Kohler*, IPRax 1989, 337, 343; *Junker*, RabelsZ 55 (1991), 674, 695; *Pirrung*, Einführung des EG-SchV, 69 f.; *Reinhart*, RIW 1996, 445, 451.

731 *Kropholler* formuliert in Stellungnahmen und Gutachten, S. 171, 175, folgenden Vorschlag: „Auslegungsfragen, die sich auf die in diesem Übereinkommen enthaltenen Regelungen beziehen, können dem Gerichtshof der Europäischen Gemeinschaften nach Maßgabe des Ersten Auslegungsprotokolls vom 19. Dezember 1988 vorgelegt werden.“; zustimmend *Junker*, RabelsZ 55 (1991), 674, 695.

732 Abgedr. in *Jayme/Kohler*, IPRax 1996, 377, 387.

733 Der Wortlaut des Zustimmungsgesetzes greift den von *Kropholler*, Stellungnahmen und Gutachten, S. 171, 174, gemachten Vorschlag inhaltlich auf.

734 Vgl. *Junker*, RabelsZ 55 (1991), 674, 694 f.

735 Vgl. Art. 2 Abs. 1 Nr. 1 des Zustimmungsgesetzes zu den Auslegungsprotokollen, abgedr. in *Jayme/Kohler*, IPRax 1996, 377, 387. In der Praxis werden sich bei Art. 12 EVÜ und Art. 33 Abs. 1 und 2 EGBGB, deren Wortlaut von wenigen redaktionellen Änderungen abgesehen übereinstimmt, stets gleiche Auslegungsfragen stellen.

erforderlich hält.[736] Im Unterschied zum EuGVÜ besteht jedoch keine Vorlageverpflichtung.[737] Auf Antrag der zuständigen Stelle eines Vertragsstaates kann der *EuGH* gemäß Art. 3 Abs. 1 Satz 1 des Ersten Auslegungsprotokolls auch dann zu einer Auslegungsfrage Stellung nehmen, wenn Entscheidungen von Gerichten dieses Staates der Auslegung widersprechen, die durch den *EuGH* oder in einer Entscheidung eines nach Maßgabe des Art. 2 a) des Ersten Auslegungsprotokolls vorlageberechtigten Gerichts eines anderen Vertragsstaates gegeben wurde.[738]

Ein solcher Fall ist nach Inkrafttreten des Art. 12 EVÜ (Art. 33 Abs. 1 und 2 EGBGB) im Jahre 1991 nun erstmals mit den sich widersprechenden Urteilen des *Hoge Raad* der Niederlande[739] und des *Bundesgerichtshofs*[740] eingetreten. Während der *Hoge Raad* das auf eine Abtretung im Verhältnis zu Dritten anzuwendende Recht vorbehaltlich der Regelung des Art. 33 Abs. 2 EGBGB (Art. 12 Abs. 2 EVÜ) dem Zessionsgrundstatut entnimmt, richten sich nach der Auffassung des *Bundesgerichtshofs* jegliche Drittwirkungen einer Abtretung gemäß Art. 33 Abs. 2 EGBGB (Art. 12 Abs. 2 EVÜ) nach dem Forderungsstatut. Ob der *Bundesgerichtshof* nach Inkrafttreten der Auslegungsprotokolle eine Vorlage betreffend die Auslegung des Art. 33 Abs. 1 und 2 EGBGB (Art. 12 EVÜ) erwägen wird, ist aufgrund der bislang ergangenen Entscheidungen jedoch fraglich. Diese Entscheidungen gehen nämlich davon aus, dass Art. 33 Abs. 1 und 2 EGBGB (Art. 12 EVÜ) für das Kollisionsrecht der rechtsgeschäftlichen Forderungsübertragung keine neuen Grundsätze aufgestellt, sondern den früheren Rechtszustand lediglich festgeschrieben habe.[741] Insbesondere den Instanzgerichten hat diese Spruchpraxis ganz überwiegend suggeriert, dass zwischen der Regelung des Art. 33 Abs. 1 und 2 EGBGB (Art. 12 EVÜ) und dem früher geltenden autonomen deutschen Kollisionsrecht eine unproblematische Übereinstimmung bestehe und daher unbesehen auf frühere innerstaatliche Anknüpfungsgrundsätze zurückgegriffen werden könne.[742]

---

736 Vorlageberechtigt sind gemäß Art. 2 a) des Ersten Auslegungsprotokolls die obersten Gerichtshöfe des Bundes.

737 Vgl. Bericht *Tizzano*, ABl. EG Nr. C 219 vom 3.9.1990, S. 13 f.

738 Diese Regelung ist gemäß Art. 3 Abs. 1 Satz 2 des Ersten Auslegungsprotokolls nur auf rechtskräftige Entscheidungen anwendbar. Sie bleiben von der durch den *EuGH* auf einen solchen Antrag gegebenen Auslegung unberührt (vgl. Art. 3 Abs. 2 des Ersten Auslegungsprotokolls).

739 *Hoge Raad* 16.5.1997, Nederlandse Jurisprudentie Nr. 585, S. 3316 ff., mit Bespr. *Joustra*, IPRax 1999, 280. Zu den Einzelheiten dieser Entscheidung vgl. unten – § 7 V 3.

740 *BGH* 8.12.1998, IPRax 2000, 128 mit Aufs. *Stadler*, 104.

741 Vgl. *BGH* 20.6.1990, BGHZ 111, 376, 381 f. = IPRax 1991, 248 mit Aufs. *Stoll*, 223.

742 Vgl. *OLG Hamburg* 28.4.1992, NJW-RR 1993, 40 mit Bespr. *Wandt*, NZV 1993, 56. Zu dieser Haltung dürfte auch das Schrifttum nicht unwesentlich beigetragen haben, vgl. insbesondere *Firsching*, IPRax 1981, 37, 42: „Die Regelung ist klar.“; *Ferid*, IPR[3], Rdnr. 6-120: „Diese Kollisionsnorm entspricht dem bisherigen Rechtszustand und ist auch klar.“; *Lorenz*, IPRax 1987, 269, 276: „Für die rechtsgeschäftliche Übertragung einer

2. Methoden der einheitlichen Auslegung des Art. 33 Abs. 1 und 2 EGBGB (Art. 12 EVÜ)

a) Der Grundsatz der vertragsautonomen Auslegung

Ungeachtet der soeben skizzierten Entscheidungspraxis deutscher Gerichte ebnet Art. 36 EGBGB den Weg zu einer „vertragsautonomen" Auslegung des Art. 33 Abs. 1 und 2 EGBGB.[743] Das bedeutet: Obgleich die Norm in das nationale deutsche Kollisionsrecht eingestellt wurde, sind allein die für Staatsverträge geltenden Auslegungsgrundsätze heranzuziehen.[744] Die Auslegung muss sich insoweit von den Regeln des nationalen Rechts lossagen und das auf die Abtretung anzuwendende Recht vertragsautonom, d.h. eigenständig, bestimmen. Im Kontext der mit dem EVÜ verfolgten Rechtseinheit ist die vertragsautonome Auslegung stets auch gleichbedeutend mit einer einheitlichen Auslegung des Übereinkommens.[745]

b) Die Kriterien der einheitlichen Auslegung

Die einheitliche Auslegung nach Art. 36 EGBGB orientiert sich an den herkömmlichen Auslegungskriterien, dem Wortlaut, der Entstehungsgeschichte und dem Bedeutungszusammenhang einer Norm, ferner den Grundsätzen und Wertungen, die ihr zugrunde liegen.[746] Rechtsvergleichende Überlegungen müssen einbezogen werden.[747]

Forderung hat Art. 12 EuIPRÜ eine von Art. 33 I, II EGBGB übernommene Regelung gebracht, die für das deutsche Recht keine inhaltliche Neuerung bringt"; Chr. *von Bar*, RabelsZ 53 (1989), 462, 465: „Ausgangspunkt des deutschen Kollisionsrechts der rechtsgeschäftlichen Forderungsübertragung ist auch nach dem 1.9.1986 eine klare und einfach zu handhabende Zweiteilung geblieben".

743 Vgl. *Junker*, RabelsZ 55 (1991), 674, 694; *Reithmann/Martiny-Martiny*, Internationales Vertragsrecht[5], Rdnr. 19; MünchKomm[3]-*Martiny*, Art. 36 EGBGB, Rdnr. 6.

744 Konkretisiert werden die Auslegungsgrundsätze für Staatsverträge in Artt. 31-33 der Wiener Vertragsrechts-Konvention, BGBl. 1985 II, S. 939 f., näher hierzu *Junker*, RabelsZ 55 (1991), 674, 677 ff.

745 Vgl. *Martiny*, RabelsZ 45 (1981), 427, 436.

746 Vgl. *Kropholler*, Internationales Einheitsrecht, S. 258 ff.; *Reinhart*, RIW 1994, 445, 449; *Staudinger*[12]-*Reinhart*, Art. 36 EGBGB, Rdnr. 28 ff.; MünchKomm[3]-*Martiny*, Art. 36 EGBGB, Rdnr. 15 ff.

747 Zur Notwendigkeit einer rechtsvergleichenden Auslegung vgl. bereits Teil 2 – § 3; eingehend *Kropholler*, Internationales Einheitsrecht, S. 278 ff.; *Martiny*, RabelsZ 45 (1981), 427, 441 ff.

aa) Wortlaut

Die wörtliche Auslegung orientiert sich primär am gewöhnlichen Wortsinn.[748] Für die Auslegung von Staatsverträgen gilt jedoch der Grundsatz, dass der auszulegenden Norm nicht ohne weiteres die im nationalen Recht verankerten Begriffsvorstellungen zugrunde gelegt werden dürfen, weil sich das Ziel einer einheitlichen Rechtsanwendung so nicht erreichen ließe. Werden demnach die Begriffe des Art. 33 Abs. 1 und 2 EGBGB (Art. 12 EVÜ) in den Vertragsstaaten unterschiedlich definiert, erwächst die Notwendigkeit, vertragsautonome Begriffsinhalte zu bilden.[749] Im Zweifel ist der Wortlaut des Art. 33 Abs. 1 und 2 EGBGB (Art. 12 EVÜ) jedoch erst in anderen Vertragssprachen heranzuziehen, denn der Text des EVÜ ist in allen Vertragssprachen gleichermaßen verbindlich.[750]

bb) Entstehungsgeschichte

Die Entstehungsgeschichte einer Norm gibt Aufschluss über die Intentionen des Normgebers.[751] Weil Art. 33 Abs. 1 und 2 EGBGB auf Art. 12 EVÜ beruht, ist maßgeblich auf den Willen der Vertragsstaaten abzustellen. Als Auslegungshilfe dienen die entstehungsgeschichtlichen Materialien zum EVÜ.[752] Praktisch bedeutsam sind die veröffentlichten Quellen, insbesondere der von Mario *Giuliano* und Paul *Lagarde* verfasste Übereinkommensbericht, dem im Rahmen der einheitlichen Auslegung nach Art. 36 EGBGB eine überragende Bedeutung zukommt.[753] Der Bericht erläutert, welche Überlegungen für die Formulierung des Art. 12 EVÜ (Art. 33 Abs. 1 und 2 EGBGB) ausschlaggebend waren. Er enthält

---

748 Vgl. *Kropholler*, Internationales Einheitsrecht, S. 264.

749 Vgl. unten – § 7 II.

750 Vgl. *Kropholler*, Internationales Einheitsrecht, S. 266; *Staudinger*[12]*-Reinhart*, Art. 36 EGBGB, Rdnr. 30. Für die sechs ursprünglichen Vertragsstaaten folgt die Verbindlichkeit der Übereinkommenstexte aus Art. 33 EVÜ, für Griechenland ergibt sie sich aus Art. 2 Abs. 2 S. 2 des Ersten Beitrittsübereinkommens, für Portugal und Spanien aus Art. 3 Abs. 2 S. 2 des Zweiten Beitrittsübereinkommens zum EVÜ, vgl. jeweils die Nachweise oben – § 6 I 1. Auf eine Heranziehung des deutschen Übereinkommenstextes kann indes verzichtet werden, da die deutsche Fassung des Art. 12 EVÜ mit dem Wortlaut des Art. 33 Abs. 1 und 2 EGBGB, von redaktionellen Änderungen abgesehen, übereinstimmt.

751 *Kropholler*, Internationales Einheitsrecht, S. 274; *ders.*, IPR[3], § 9 V 1 c; MünchKomm[3]-*Martiny*, Art. 36 EGBGB, Rdnr. 18.

752 Vgl. *Staudinger*[12]*-Reinhart*, Art. 36 EGBGB, Rdnr. 32 sowie im einzelnen die Nachweise unten – § 7 III 1.

753 Vgl. *Basedow*, NJW 1986, 2971, 2977; *Reithmann/Martiny-Martiny*, Internationales Vertragsrecht[5], Rdnr. 21. Als Auslegungshilfe gedacht, ist die Kommentierung insbesondere auch in der Absicht verfasst worden, den Gerichten der Vertragsstaaten die Anwendung des Übereinkommens zu erleichtern und zu einer einheitlichen Auslegung der Konvention beizutragen, vgl. die Denkschrift der Bundesregierung zum EVÜ, BT-Drs. 10/503 vom 20.10.1983, S. 21, 22, abgedr. in *Pirrung*, IPR, S. 334, 335.

darüber hinaus rechtsvergleichende Hinweise auf die Rechtsordnungen anderer Vertragsstaaten.

cc) Bedeutungszusammenhang

Auch aus dem Bedeutungszusammenhang, in dem die auszulegende Norm steht, können Erkenntnisse für die einheitliche Auslegung gewonnen werden.[754] Art. 33 Abs. 1 und 2 EGBGB (Art. 12 EVÜ) wirft die Frage auf, ob ein logisch-systematischer Zusammenhang mit den Regeln über die Anknüpfung der Legalzession gemäß Art. 33 Abs. 3 S. 1 EGBGB besteht. Weil die *cessio legis* an die Stelle der rechtsgeschäftlichen Forderungsübertragung tritt und insoweit nur den Rechtsverkehr vereinfacht, könnte es aus systematischer Sicht geboten sein, rechtsgeschäftliche Abtretung und Legalzession kollisionsrechtlich gleichzubehandeln.[755] Allerdings ist zu berücksichtigen, dass Art. 33 Abs. 3 S. 1 EGBGB nur insoweit an der einheitlichen Auslegung nach Art. 36 EGBGB teilnimmt, als vertragliche Forderungen betroffen sind.[756]

dd) Grundsätze und Wertungen des IPR

Schließlich besteht die Aufgabe der einheitlichen Auslegung nach Art. 36 EGBGB darin, die Grundsätze und Wertungen herauszuarbeiten, die der auszulegenden Norm zugrunde liegen.[757] Als Wertungsgesichtspunkte sind dabei insbesondere die kollisionsrechtlichen Interessen der Beteiligten sowie das Ziel internationaler Entscheidungsgleichheit zu berücksichtigen.[758] Neben den bereits erwähnten Auslegungskriterien kommt der Auslegung nach dem Sinn und Zweck des Art. 33 Abs. 1 und 2 EGBGB (Art. 12 EVÜ) eine vorrangige Bedeutung zu. Sie wird insbesondere dann ausschlaggebend sein, wenn andere Kriterien, etwa der Wortlaut oder die Entstehungsgeschichte, zu keinem klaren Ergebnis führen.[759]

---

754 *Kropholler*, Internationales Einheitsrecht, S. 271; *ders.*, IPR^3, § 9 V 1 b.

755 Zu den systematischen Parallelen zwischen Abtretung und Legalzession vgl. unten – § 7 IV.

756 Vgl. *Jayme*, IPRax 1986, 265, 266.

757 *Kropholler*, Internationales Einheitsrecht, S. 276 f.; *ders.*, IPR^3, § 9 V 1 e; *Junker*, RabelsZ 55 (1991), 674, 678.

758 Vgl. unten – § 7 V.

759 *Kropholler*, IPR^3, § 9 V 1 e.

c) Die Auslegungsgrundsätze des Gemeinschaftsrechts

Das EVÜ ist kein unmittelbares Gemeinschaftsrecht. Die Schaffung von einheitlichen Kollisionsnormen im Bereich des Vertragsrechts hat das EVÜ jedoch zu einem Instrument der europäischen Integration gemacht.[760] Bei der einheitlichen Auslegung der kollisionsrechtlichen Bestimmungen über die rechtsgeschäftliche Forderungsübertragung nach Art. 36 EGBGB (Art. 18 EVÜ) kommen daher auch die für die Auslegung von Gemeinschaftsrecht geltenden Prinzipien grundsätzlich zum Tragen.[761]

aa) Integrationsfreundliche Auslegung

Das Prinzip der integrationsfreundlichen Auslegung besagt, dass staatsvertragliche Normen im Zuge der fortschreitenden europäischen Integration im Zweifel nicht restriktiv, sondern weit auszulegen sind. Autonome Rechtsanwendungsinteressen der Vertragsstaaten haben sich dieser Zielsetzung unterzuordnen und müssen einer einheitlichen Auslegung und Anwendung der von Art. 33 Abs. 1 und 2 EGBGB (Art. 12 EVÜ) geschaffenen, vereinheitlichten Kollisionsregeln für die rechtsgeschäftliche Forderungsübertragung im Zweifel weichen.[762] Konkret gilt es, einer weiteren Auseinanderentwicklung des IPR der Vertragsstaaten entgegenzutreten und Art. 33 Abs. 1 und 2 EGBGB (Art. 12 EVÜ) dahin gehend auszulegen, dass offene Anknüpfungsfragen nicht durch das autonome IPR, sondern primär mit Hilfe des vereinheitlichten Kollisionsrechts gelöst werden.[763]

bb) Gemeinschaftsrechtskonforme Auslegung

Das Gebot der gemeinschaftsrechtskonformen Auslegung verlangt, die Normen des IPR so zu interpretieren, dass den Grundfreiheiten des EG-Vertrags weitestgehend entsprochen wird.[764] Die Grundfreiheiten bauen auf einer privatautonomen Gestaltung der Rechtsverhältnisse auf, weshalb das Kollisionsrecht den durch die Grundfreiheiten gewährten Schutz am ehesten durch eine parteiautonome Gestaltung des anwendbaren Rechts gewährleisten kann (Art. 3 EVÜ

760 Zur Bedeutung des EVÜ für die rechtliche Integration Europas und zu seiner Stellung im System des europäischen Kollisionsrechts vgl. *Jayme*, IPR für Europa, S. 5 ff., 32 ff.

761 Vgl. *Junker*, RabelsZ 55 (1991), 674, 682 f.

762 Vgl. *Junker*, RabelsZ 55 (1991), 674, 683.

763 In der Präambel des EVÜ haben die Vertragsstaaten das gemeinsame Ziel formuliert, die Rechtsvereinheitlichung auf dem Gebiet des Internationalen Privatrechts fortzusetzen. Dem Bekenntnis zu einer solchen Zielsetzung ist zugleich eine Aufforderung an die Gerichte zu entnehmen, die Bestimmungen des Übereinkommens integrationsfreundlich, d.h. *weit* auszulegen.

764 Vgl. *Junker*, RabelsZ 55 (1991), 674, 682 m.w.N.

– Art. 27 EGBGB). Auch die von Art. 56 EGV[765] geschützte Freiheit des Kapital- und Zahlungsverkehrs, der die rechtsgeschäftliche Übertragung von Forderungen mitumfasst,[766] rückt damit die Parteiinteressen an die erste Stelle. Die Freiheit der Rechtswahl, die das EVÜ zu seinem Leitprinzip macht, wird aber durch eine Reihe von Vorschriften, darunter Art. 12 Abs. 2 EVÜ (Art. 33 Abs. 2 EGBGB), erheblich eingeschränkt. Grund für diese Begrenzung sind berechtigte Schutzinteressen Dritter, insbesondere des Schuldners, die gewahrt bleiben müssen. Vor diesem Hintergrund ist eine Abwägung der auf dem Spiele stehenden kollisionsrechtlichen Interessen der Beteiligten geboten, bei der die Schutz- und Publizitätsinteressen Dritter dem Rechtsanwendungsinteresse der Zessionsparteien gegenüberzustellen sind.[767]

II. Wortlaut und systematischer Aufbau der Norm

1. Die „Verpflichtungen" zwischen Zedent und Zessionar

Anknüpfungsgegenstand des Art. 33 Abs. 1 EGBGB (Art. 12 Abs. 1 EVÜ) sind die „Verpflichtungen" zwischen Zedent und Zessionar. Der Begriff wurde für das EVÜ nicht erst neu geschaffen, sondern hat in den Rechtssprachen der Vertragsstaaten eine eigenständige Bedeutung erlangt. Eine vertragsautonome, objektive Interpretation des Begriffs „Verpflichtungen", losgelöst von nationalen Begriffsinhalten, gestaltet sich daher schwierig. Grundsätzlich wird man jedoch sagen können, dass die in der Bundesrepublik Deutschland vorhandenen Begriffsvorstellungen nicht ohne weiteres den in das EGBGB inkorporierten Übereinkommensvorschriften zugrunde gelegt werden dürfen. Sonst könnte das mit dem EVÜ verfolgte Ziel einer einheitlichen Rechtsanwendung in den Vertragsstaaten nicht erreicht werden.[768] Die Interpretation des Wortlauts von Art. 33 Abs. 1 EGBGB (Art. 12 Abs. 1 EVÜ) erfordert deshalb auch eine rechtsvergleichende Betrachtung, mit der das in der Bundesrepublik Deutschland zugrunde gelegte Begriffsverständnis den Vorstellungen anderer Vertragsstaaten des EVÜ gegenübergestellt und nationale Bedeutungsunterschiede aufgezeigt werden. Auf der Grundlage der gewonnenen Erkenntnisse kann dem Begriff „Verpflichtungen" dann, wenn möglich, eine vertragsautonome, konsensfähige Definition gegeben werden.

---

[765] I.d.F. des Vertrages von Amsterdam zur Änderung des Vertrages über die Europäische Union, der Verträge zur Gründung der Europäischen Gemeinschaften sowie einiger damit zusammenhängender Rechtsakte vom 2.10.1997, BGBl. 1998 II, S. 386, abgedr. in *Jayme/Hausmann*[10], Nr. 0, in Kraft getreten am 1.5.1999, Bekanntmachung vom 6.4.1999, BGBl. 1999 II, S. 296.

[766] Vgl. *von Wilmowsky*, Europäisches Kreditsicherungsrecht, S. 375, 409 ff.

[767] Vgl. im einzelnen unten – § 7 V.

[768] Vgl. oben – § 7 I 2 b aa.

a) Begriffsinhalte im autonomen IPR der Vertragsstaaten

aa) Deutscher Rechtskreis

Innerhalb des deutschen Rechtskreises[769] wird zwischen Verpflichtungs- und Verfügungsgeschäft einer Abtretung differenziert (Trennungsprinzip).[770] Während das der Abtretung zugrunde liegende schuldrechtliche Verpflichtungsgeschäft lediglich eine Verpflichtung des Zedenten zur Übertragung der Forderung begründet, wird diese in Erfüllung der eingegangenen Verpflichtung erst mit dem Abschluss des (abstrakten oder kausalen) Verfügungsgeschäfts auf den Zessionar übertragen. Die schuldrechtliche Einigung der Zessionsparteien entfaltet somit keine übertragende Wirkung, sie begründet lediglich „Verpflichtungen" zwischen Zedent und Zessionar. Angesichts der Trennung von Verpflichtung und Verfügung liegt es auf der Hand, den Wortlaut der Begriffs „Verpflichtungen" in Art. 33 Abs. 1 EGBGB (Art. 12 Abs. 1 EVÜ) dahin gehend auszulegen, als umfasse die Norm im Verhältnis zwischen Zedent und Zessionar lediglich die schuldrechtlichen Beziehungen.[771] Das Verfügungsgeschäft der Abtretung und damit auch das für den Forderungsübergang *inter partes* maßgebende Recht würde demgemäß von Art. 33 Abs. 1 EGBGB (Art. 12 Abs. 1 EVÜ) nicht geregelt.

bb) Romanischer Rechtskreis

Den romanischen Rechtsordnungen ist die Trennung von Verpflichtung und Verfügung fremd. Die Voraussetzungen einer Abtretung werden *inter partes* sowie im Verhältnis der Zessionsparteien zum Schuldner und sonstigen Dritten jeweils gesondert bestimmt. Im Verhältnis Zedent – Zessionar fallen Grundgeschäft und Forderungsübertragung zu einem einheitlichen Rechtsgeschäft zu-

---

769 Vgl. Teil 2 – § 4 V, VI.

770 Zu dieser Unterscheidung *Kegel*, FS Mann, S. 57 ff. Rechtsgeschäfte, die eine Vermögensverschiebung zum Gegenstand haben, werden nach deutschem Recht, ihren Wirkungen entsprechend, grundsätzlich in Verpflichtungen und Verfügungen unterteilt. Verpflichtungen wirken nicht unmittelbar auf bestehende subjektive Rechte ein, sondern bereiten eine solche Einwirkung lediglich vor, indem sie einen oder mehrere schuldrechtliche Ansprüche gegen den Verpflichteten geben. Verfügungen sind demgegenüber unmittelbar darauf gerichtet, bestehende subjektive Rechte zu verändern, zu übertragen oder aufzuheben. Regelmäßig bildet die Verpflichtung den für die Verfügung erforderlichen Rechtsgrund; umgekehrt liegt der Zweck einer Verfügung meist in der Erfüllung einer zugrunde liegenden obligatorischen Verbindlichkeit. Die Abtretung bezeichnet nach § 398 S. 1 BGB den Vertrag zwischen Zedent und Zessionar, durch den die Forderung auf letzteren übertragen wird. Weil der Vertragsschluss in Form eines Gläubigerwechsels unmittelbar zu einer Änderung der bestehenden Rechtsverhältnisse führt, zählt die Abtretung zu den Verfügungen, vgl. § 398 S. 2 BGB.

771 Vgl. *Soergel*[12]*-von Hoffmann*, Art. 33 EGBGB, Rdnr. 7; *Kieninger*, RabelsZ 62 (1998), 678, 698.

sammen (Einheitsprinzip). Die Forderung geht bereits aufgrund der schuldrechtlichen Einigung der Zessionsparteien unmittelbar auf den Zessionar über. Weil die Rechtsbeziehungen der Beteiligten auch kollisionsrechtlich voneinander unterschieden werden und sich Art. 12 EVÜ (Art. 33 Abs. 1 und 2 EGBGB) in seinem systematischen Aufbau an diese Unterscheidung anlehnt, geht man im IPR allgemein davon aus, dass Art. 12 Abs. 1 EVÜ (Art. 33 Abs. 1 EGBGB) das gesamte Rechtsverhältnis der Zessionsparteien, also auch den Forderungsübergang *inter partes*, umfasse.[772] Der in der Vorschrift enthaltene Begriff „obligations“[773] wird somit nicht in seinem herkömmlichen (obligatorischen) Wortsinn verstanden.[774] Er wird in den romanischen Zessionsrechten auch regelmäßig nicht gebraucht; vielmehr beschreibt man den Regelungsgegenstand des Art. 12 Abs. 1 EVÜ (Art. 33 Abs. 1 EGBGB) auf der Grundlage der zessionsrechtlichen Systematik umfassender mit den „relations“ oder „rapports“ zwischen Zedent und Zessionar.[775]

cc) England

Das englische Zessionsrecht stimmt mit der Systematik der romanischen Rechtsordnungen überein.[776] Nur nach Common Law ist für die Übertragung einer Forderung im Verhältnis zwischen Zedent und Zessionar die Schriftform der Abtretung vorauszusetzen. Eine bloße Einigung der Zessionsparteien genügt insoweit nicht. Wird die Schriftform nicht eingehalten, ist die Abtretung gleichwohl in aller Regel nach Equity-Recht wirksam. Im Kollisionsrecht zieht man aus der sachrechtlichen Unterscheidung der Rechtsbeziehungen und dem hiermit übereinstimmenden systematischen Aufbau des Art. 12 EVÜ (Art. 33 Abs. 1

---

[772] Vgl. die Nachweise in Teil 1 – § 2 I 3 (Spanien) und Teil 2 – § 4 I 2 a (Frankreich), II 2 (Belgien), III 2 a (Italien).

[773] Die französische Fassung des Art. 12 Abs. 1 EVÜ (Art. 33 Abs. 1 EGBGB) spricht von „obligations entre le cédant et le cessionaire“, die italienische Fassung von „obbligazioni tra cedente e cessionario“, jeweils abgedr. in *Pirrung*, IPR, S. 320 f. Die spanische Fassung lautet „obligaciones entre el cedente y el cesionario“, abgedr. in *Borrás Rodríguez u.a.*, D. i. pr.^{6}, § 83.

[774] Ungeachtet ihrer konsensualen Ausrichtung sind die romanischen Rechtsordnungen mit den Rechtsbegriffen der „obligations“ / „obbligazioni“ / „obligaciones“ durchaus vertraut; denn das Konsensualprinzip wird nicht immer streng durchgeführt, vgl. *Ferrari*, ZEuP 1993, 52, 72 ff. Insbesondere die italienische Rechtsprechung hat anerkannt, dass die dinglichen Wirkungen eines Vertrages kraft Parteiwillens abbedungen werden können. Darüber hinaus hat das italienische Recht den obligatorischen Kaufvertrag (vendita obbligatoria) als eigenständiges Rechtsinstitut entwickelt, vgl. *Jayme*, FS Mühl, S. 339, 342. Im spanischen Recht sind Verträge aufgrund des geltenden Traditionsprinzips grundsätzlich verpflichtend. Auch der Abtretungsvertrag wird teilweise als verpflichtendes Rechtsgeschäft angesehen, vgl. Teil 1 – § 1 II 1 a bb.

[775] Vgl. *Battifol*, Rev. trim. droit eur. 11 (1975), 181, 185; *Foyer*, Clunet 1976, 555, 639; *Gaudemet-Tallon*, Rev. trim. droit eur. 17 (1981), 215, 275; *Battifol/Lagarde*, D. i. pr. II^7, n. 611; *Kassis*, Contrats internationaux, n. 404.

[776] Zur Aufspaltung der Rechtsbeziehungen im englischen Recht vgl. Teil 2 – § 4 IV 1 a.

und 2 EGBGB) vorwiegend den Schluss, dass Art. 12 Abs. 1 EVÜ (Art. 33 Abs. 1 EGBGB) nicht nur die schuldrechtlichen Beziehungen, sondern das gesamte Rechtsverhältnis der Zessionsparteien, einschließlich des Forderungsübergangs, umfasst.[777] Ungeachtet des Wortlauts der Norm, die lediglich von „mutual obligations" spricht,[778] wird der Regelungsgegenstand dementsprechend auf die „relationship" zwischen Zedent und Zessionar erstreckt.[779] Andererseits ist die Begrenzung des sachlichen Anwendungsbereichs der Konvention auf vertragliche Schuldverhältnisse, auch zum Anlass genommen worden, Art. 12 Abs. 1 EVÜ (Art. 33 Abs. 1 EGBGB) auf die schuldrechtlichen Beziehungen der Zessionsparteien zu beschränken.[780]

b) Bildung vertragsautonomer Begriffsinhalte

Die unterschiedlichen nationalen Begriffsinhalte der Vertragsstaaten des EVÜ zeigen, dass die Bedeutung, die dem in Art. 33 Abs. 1 EGBGB (Art. 12 Abs. 1 EVÜ) enthaltenen Begriff „Verpflichtungen" nach deutschem Verständnis zugrunde liegt, international eher eine Ausnahme bildet. Zwar kommt dem Begriff „Verpflichtungen" in allen Rechtsordnungen grundsätzlich dieselbe normative Bedeutung zu; der Abtretungsvertrag wird jedoch überwiegend als Konsensualvertrag konzipiert. Vor diesem Hintergrund ist fraglich, ob sich die deutsche Rechtsauffassung auf der Ebene des vereinheitlichten Kollisionsrechts durchsetzen soll.

Gegen eine Begrenzung des Art. 33 Abs. 1 EGBGB (Art. 12 Abs. 1 EVÜ) auf die schuldrechtlichen Beziehungen der Zessionsparteien spricht der systematische Aufbau der Norm, der sich maßgeblich an der Ausgestaltung der Abtretung in den romanischen Rechtsordnungen orientiert. Diese Ausrichtung hat im deutschen IPR dazu geführt, dass dem Begriffsverständnis jener Rechtsordnungen im Rahmen der einheitlichen Auslegung des Art. 33 Abs. 1 und 2 EGBGB (Art. 12 EVÜ) vielfach eine Vorbildfunktion zuerkannt wurde.[781] Hier-

---

777 Vgl. Teil 2 – § 4 IV 2 a.

778 Die englische Fassung des Art. 12 Abs. 1 EVÜ lautet: „The mutual obligations of assignor and assignee under a voluntary assignment of a right against another person („the debtor") shall be governed by the law which under this Convention applies to the contract between the assignor and assignee.", abgedr. in *Pirrung*, IPR, S. 320.

779 Vgl. *Moshinsky*, L. Q. Rev. 109 (1992), 591, 597; *Kaye*, Private International Law, S. 322.

780 Vgl. *Moshinsky*, L. Q. Rev. 109 (1992), 591, 615 f.

781 Die Maßgeblichkeit des Zessionsgrundstatuts für den Forderungsübergang *inter partes* als Folge dieser systematischen Überlegungen ist von *Siehr* (AWD/RIW 1973, 569, 582) bereits auf der Grundlage eines Vorentwurfs zum EVÜ aus dem Jahre 1972 (vgl. die Nachweise unten – § 7 III 1 a bb) formuliert worden. *Siehr* beschreibt Art. 16 Abs. 1 des Vorentwurfs, der inhaltlich mit dem heutigen Art. 12 Abs. 1 EVÜ übereinstimmt, als eine für den deutschen Juristen nur schwer verständliche Regelung, weil sie nicht klar zwischen Verpflichtungs- und Verfügungsgeschäft einer Abtretung abgrenze, sondern in Anlehnung an die romanische Rechtstradition zwischen der internen Wirkung einer als Kausalge-

nach würde der Forderungsübergang *inter partes* von dem Ausdruck „Verpflichtungen" mitumfasst. Der Indiziencharakter dieser Lösung wird durch die insoweit eindeutige Rechtslage in den Vorbildrechtsordnungen zusätzlich verstärkt.[782]

Andererseits kann ein unbedingter Vorrang der durch die Vorbildrechtsordnungen des EVÜ vermittelten Begriffsinhalte gegenüber den abweichenden Vorstellungen des deutschen Rechts(kreises) aufgrund der angestrebten Autonomie des Einheitsrechts nicht ohne weiteres anzuerkennen sein.[783] Einschränkend wirkt sich insoweit aus, dass der in Art. 33 Abs. 1 EGBGB (Art. 12 Abs. 1 EVÜ) enthaltene Begriff „Verpflichtungen" mit der im Abtretungsrecht vorherrschenden Begriffspraxis jener Vorbildrechtsordnungen gerade nicht übereinstimmt. Die sachrechtliche Unterscheidung der Rechtsbeziehungen zwischen Zedent und Zessionar von dem Verhältnis der Zessionsparteien zum Schuldner und sonstigen Dritten hat auch im Kollisionsrecht jener Staaten dazu geführt, dass nicht nur von den „obligations", sondern regelmäßig von den „relations" zwischen Zedent und Zessionar die Rede ist.[784] Der Ausdruck „Verpflichtungen" stimmt also, weil die Abtretung regelmäßig als konsensuales Rechtsgeschäft verstanden wird, gerade nicht mit der Systematik der Abtretung in den Vorbildrechtsordnungen überein. Dies könnte dafür sprechen, dass sich der Wortlaut des Art. 33 Abs. 1 EGBGB (Art. 12 Abs. 1 EVÜ) an die im deutschen Recht typische Unterscheidung zwischen Verpflichtung und Verfügung anlehnt.[785] Auch darf nicht unberücksichtigt bleiben, dass der Kreis der Vertragsstaaten des EVÜ seit seinem Inkrafttreten im Jahre 1991 ständig erweitert worden ist,[786] wodurch der Einfluss der Vorbildrechtsordnungen in dem hier maßgeblichen Zusammenhang nachgelassen hat. In Österreich hat sich die Tren-

---

schäft ausgestalteten Zession *inter partes* und der Außenwirkung einer Abtretung unterscheide. Dieser Sichtweise entsprechend umfasse der Abs. 1 der Norm, obgleich auch dieser lediglich von dem auf die „Verpflichtungen" zwischen Zedent und Zessionar anzuwendenden Recht spricht, nicht nur die obligatorischen Beziehungen der Zessionsparteien, sondern „auch die – wir müssten sagen – dinglichen Wirkungen der Zession zwischen Zedent und Zessionar"; vgl. ferner H. *Keller*, Zessionsstatut, S. 146 ff; *Kaiser*, Verlängerter Eigentumsvorbehalt, S. 219 ff.; *Ebenroth*, EWiR 1991, 161, 162; *Einsele*, ZVglRWiss 90 (1991), 1, 13 ff.; *dies.*, Wertpapierrecht, S. 475 ff.; *dies.*, RabelsZ 60 (1996), 417, 431 ff.; *Stadler*, Gestaltungsfreiheit, S. 707.

782 Vgl. *Mankowski*, Seerechtliche Vertragsverhältnisse im IPR, S. 267.

783 Vgl. *Kropholler*, Internationales Einheitsrecht, S. 280.

784 Auch im spanischen Recht, das jedoch nicht zu den Vorbildrechtsordnungen des EVÜ zählt, ist nicht nur von den „obligaciones", sondern stets von den „relaciones" zwischen Zedent und Zessionar die Rede, vgl. statt aller *Virgós Soriano*, in: *MJ* (Hrsg.), Comentario I², Art. 10 Nr. 10 Cc, II 2.

785 Zur Kommentierung der Vorschrift durch den Bericht *Giuliano/Lagarde* vgl. unten – § 7 III.

786 Vgl. die Nachweise oben – § 6 I 1.

nung von Verpflichtung und Verfügung auch kollisionsrechtlich durchgesetzt.[787]

Eine Maßgeblichkeit des Art. 33 Abs. 1 EGBGB (Art. 12 Abs. 1 EVÜ) für den Forderungsübergang *inter partes* lässt sich aufgrund des systematischen Aufbaus der Norm somit nicht überzeugend begründen. Vielmehr ist auch eine Interpretation des Begriffs „Verpflichtungen" im Sinne der Begriffsvorstellungen des deutschen Rechts und daraus folgend eine Beschränkung des Anwendungsbereichs der Norm auf die schuldrechtlichen Beziehungen zwischen Zedent und Zessionar nicht von vornherein ausgeschlossen.[788] Eine Konsensfähigkeit dieser Lösung erscheint jedoch angesichts der systematischen Unterschiede der Zessionsrechte nicht gegeben. Die systematischen Besonderheiten und hieraus resultierende Bedeutungsunterschiede erfordern deshalb die Heranziehung weiterer Interpretationsmethoden.

2. Die Einordnung einer Abtretung als abstraktes oder kausales Rechtsgeschäft

Die Einordnung einer Abtretung als abstraktes oder kausales Rechtsgeschäft ist in Art. 33 Abs. 1 und 2 EGBGB (Art. 12 EVÜ) nicht ausdrücklich geregelt. Der Abs. 2 stellt jedoch durch seinen Wortlaut, insbesondere den Ausdruck „Voraussetzungen, unter denen die Übertragung [der Forderung] dem Schuldner entgegengehalten werden kann", klar, dass *jegliche Voraussetzungen einer Abtretung im Verhältnis zum Schuldner* dem Forderungsstatut zu entnehmen sind. Auch die Einordnung einer Abtretung als abstraktes oder kausales Rechtsgeschäft bildet aus Sicht des Schuldners eine Abtretungsvoraussetzung, denn sie entscheidet ihm gegenüber, wer Inhaber der Forderung ist. Ferner bestimmt sie, ob und inwieweit sich der Schuldner auf Einwendungen aus dem Verhältnis Zedent – Zessionar berufen kann.[789] Ist die Abtretung kausal ausgestaltet, kann der Schuldner infolge der Rechtsgrundabhängigkeit der Abtretung gegebenenfalls die Unwirksamkeit des zugrunde liegenden Kausalgeschäfts und damit auch des Forderungsübergangs geltend machen; dagegen ist ihm dieser Einwand bei abstrakt ausgestalteter Zession regelmäßig verwehrt.[790] Als „[Voraussetzung], unter [der] die Übertragung [der Forderung] dem Schuldner entgegengehalten werden kann", ist die abstrakte oder kausale Einordnung einer Abtretung somit unbeschadet der Möglichkeit des Schuldners, mit befreiender Wirkung an den Zessionar zu leisten, gemäß Art. 33 Abs. 2 EGBGB dem Forderungsstatut zuzuordnen.[791]

---

[787] Vgl. Teil 2 – § 4 VI 2.
[788] Vgl. *Reithmann/Martiny-Martiny*, Internationales Vertragsrecht[5], Rdnr. 307.
[789] Vgl. bereits oben – § 6 III 2 b.
[790] Vgl. zum Ganzen Teil 2 – § 5 I 1 b.
[791] Vgl. Chr. *von Bar*, IPRax 1992, 20, 22, nach dem Art. 33 Abs. 2 EGBGB (Art. 12 Abs. 2 EVÜ) insoweit lediglich zu eng gefasst sei.

3. Die Anknüpfung der Abtretung im Verhältnis zu sonstigen Dritten

Beispiel: Der in Deutschland niedergelassene Zedent G ist Inhaber einer dem spanischen Recht unterliegenden Forderung gegen S, die er an einen deutschen Kunden Z verkauft und abtritt. Für den Kaufvertrag soll vereinbarungsgemäß deutsches Recht gelten. Nachdem über das Vermögen des G das Insolvenzverfahren eröffnet worden ist, macht der Insolvenzverwalter gegenüber Z geltend, die abgetretene Forderung zähle zur Insolvenzmasse; denn zwischen G und S sei ein Abtretungsverbot vereinbart gewesen. Z wendet ein, davon habe er nichts gewusst.

Art. 33 Abs. 1 und 2 EGBGB (Art. 12 EVÜ) enthält keine ausdrückliche Regelung für die Anknüpfung einer Abtretung im Verhältnis zu sonstigen Dritten. Angesichts des Wortlauts von Art. 33 Abs. 1 EGBGB (Art. 12 EVÜ), der nur auf die „Verpflichtungen zwischen dem bisherigen und dem neuen Gläubiger" Bezug nimmt, kommt eine Anwendung des Zessionsgrundstatuts nicht in Betracht.[792] Aus dem Wortlaut des Art. 33 Abs. 2 EGBGB (Art. 12 Abs. 2 EVÜ) ergibt sich im übrigen, dass mit der „Übertragbarkeit" einer Forderung die Abtretung im Verhältnis zu sonstigen Dritten zumindest teilweise dem Forderungsstatut zugewiesen ist. Der Begriff der „Übertragbarkeit" meint nicht etwa nur die Übertragbarkeit einer Forderung im Verhältnis zum Schuldner. Vielmehr unterscheidet der Wortlaut des Art. 33 Abs. 2 EGBGB (Art. 12 Abs. 2 EVÜ) zwischen der „Übertragbarkeit [einer Forderung]" einerseits und den „Voraussetzungen, unter denen die Übertragung [einer Forderung] dem Schuldner entgegengehalten werden kann", andererseits. Durch den Bericht *Giuliano/Lagarde* wird insoweit klargestellt, dass die Voraussetzungen der Übertragbarkeit einer Forderung im Verhältnis zum Schuldner im Rahmen des Art. 12 Abs. 2 EVÜ (Art. 33 Abs. 2 EGBGB) von den Worten „Voraussetzungen, unter denen die Übertragung [der Forderung] dem Schuldner entgegengehalten werden kann" mitumfasst sind.[793] Deshalb muss der Begriff der „Übertragbarkeit" einen eigenständigen Sinngehalt aufweisen und kann sich nicht auf die Rechtsbeziehungen der Zessionsparteien zum Schuldner beschränken.

Das auf die „Übertragbarkeit" einer Forderung anzuwendende Recht bestimmt insbesondere Voraussetzungen und Wirkungen vertraglicher Abtretungsverbote. Es entscheidet, inwieweit Teilforderungen und bedingte Forderungen, aber auch künftige Forderungen abgetreten werden können.[794] Ob ein vertragliches Abtretungsverbot, wie nach deutschem Recht, absolut, d.h. gegenüber jedermann wirkt,[795] oder ob es, wie nach spanischem Recht, nur relativ, d.h. nur zwischen den vertragsschließenden Parteien, wirkt,[796] ist aus Sicht der

792 So aber *Einsele*, ZVglRWiss 90 (1991), 1, 4.

793 Vgl. Bericht *Giuliano/Lagarde*, ABl. EG Nr. C 282 vom 31.10.1980, S. 1, 35.

794 Zur Reichweite des Statuts der „Übertragbarkeit" vgl. bereits oben – § 6 III 2 a.

795 Vgl. aber § 354 a HGB.

796 Zu Voraussetzungen und Wirkungen vertraglicher Abtretungsverbote nach spanischem Recht vgl. Teil 1 – § 1 V 1 a.

Dritten, insbesondere der Gläubiger des Zedenten, aber auch der Zessionare von weitreichender Bedeutung. So entscheidet die relative oder absolute Wirkung vertraglicher Abtretungsverbote über die Frage, ob eine Forderung von der zwischen Zedent und Zessionar vereinbarten Vorausabtretung umfasst und damit gegebenenfalls einem Zugriff der Gläubiger auf das Vermögen des Zedenten entzogen ist. Während relative Abtretungsverbote in aller Regel einen gutgläubigen Forderungserwerb durch den Zessionar (zu Lasten der Gläubiger) ermöglichen,[797] ist ein solcher bei absoluter Wirkung eines Abtretungsverbotes (zugunsten der Gläubiger) nach deutschem Recht ausgeschlossen.[798] Im Fallbeispiel unterliegt die abgetretene Forderung und damit auch deren Übertragbarkeit gemäß Art. 33 Abs. 2 EGBGB (Art. 12 Abs. 2 EVÜ) dem spanischen Recht. Das bedeutet, Z kann die Forderung gutgläubig erwerben, soweit er von dem vertraglichen Abtretungsverbot keine Kenntnis hat. In diesem Fall ist ein Zugriff des Insolvenzverwalters ausgeschlossen.

Sind nach alledem bestimmte Abtretungswirkungen im Verhältnis zu sonstigen Dritten mit der „Übertragbarkeit“ dem Forderungsstatut zugewiesen, spricht der Wortlaut des Art. 33 Abs. 2 EGBGB (Art. 12 Abs. 2 EVÜ), der bereits die Abtretung im Verhältnis zum Schuldner ausdrücklich dem Forderungsstatut unterwirft, dafür, jegliche Drittwirkungen einer Abtretung dem Forderungsstatut zu entnehmen. Eine gesonderte Anknüpfung der Drittwirkungen an das Zessionsgrundstatut nach Art. 33 Abs. 1 EGBGB (Art. 12 Abs. 1 EVÜ) oder das Recht am gewöhnlichen Aufenthalt oder der Niederlassung des Zedenten würde angesichts der Geltung des Forderungsstatuts für die „Übertragbarkeit“ der Forderung zwangsläufig zu einer Aufspaltung des für die Abtretungsvoraussetzungen im Verhältnis zu sonstigen Dritten maßgeblichen Rechts führen. Eine solche Aufspaltung brächte aus Sicht der Dritten aber keine Vorteile; insbesondere würde die Vorhersehbarkeit des auf eine Abtretung anzuwendenden Rechts erheblich eingeschränkt.[799]

---

797 Zum insoweit gutgläubigen Forderungserwerb nach spanischem Recht vgl. Teil 1 – § 1 V 1 a bb; vgl. im übrigen *Kötz*, Europäisches Vertragsrecht I, § 14 C II 5.

798 Vgl. *Palandt*[60]*-Heinrichs*, § 399 BGB, Rdnr. 11.

799 Näher hierzu unten – § 7 V 3 c.

III. Entstehungsgeschichtliche Quellen

1. Die entstehungsgeschichtlichen Materialien zum EVÜ

Art. 33 Abs. 1 und 2 EGBGB beruht auf Art. 12 EVÜ. Für die Zwecke der einheitlichen Auslegung ist daher maßgeblich auf den Willen der Verfasser des Übereinkommens über das auf vertragliche Schuldverhältnisse anzuwendende Recht abzustellen. Primäre Erkenntnisquellen sind die veröffentlichten Materialien zum EVÜ, insbesondere die Kommentierung des Art. 12 EVÜ in dem Übereinkommensbericht von *Giuliano* und *Lagarde*.[800] Für die Auslegung ist ferner der Vorentwurf zu dem Übereinkommen aus dem Jahre 1972 heranzuziehen.[801] Diese Ursprungsfassung regelt die Abtretung in Art. 16. Sie wird in einem gesonderten Bericht von *Giuliano*, *Lagarde* und *van Sasse van Ysselt* erläutert.[802] Schließlich ist die Kommentierung des Art. 12 EVÜ durch die Denkschrift der Bundesregierung zum EVÜ zu berücksichtigen,[803] wenngleich diese lediglich die Sicht der Bundesrepublik Deutschland als einem von sechs Vertragsstaaten, die bei der Ausarbeitung des Übereinkommens maßgeblich waren, wiedergeben kann.

a) Veröffentlichte Materialien

aa) Der Bericht *Giuliano/Lagarde*[804]

Giuliano stellt eingangs seiner Kommentierung fest, dass die Auslegung des Art. 12 Abs. 1 EVÜ keine Schwierigkeiten bereite: Die „Beziehungen" zwischen Zedent und Zessionar einer Forderung unterlägen nach dieser Vorschrift eindeutig dem auf die Abtretungsvereinbarung anzuwendenden Recht. Ungeachtet dessen geht aus dem Bericht hervor, dass sich die Mehrheit der Vertragsstaaten bei der Abfassung des Art. 12 Abs. 1 EVÜ zunächst auf eine andere Formulierung geeinigt hatte, deren Text mit dem heutigen Wortlaut der Vorschrift nicht übereinstimmt. Diese Fassung sollte eine einfachere und elegantere Form erhalten und dahin gehend lauten, dass bei „Übertragung einer Forderung durch Vereinbarung die Beziehungen zwischen Zedent und Zessionar durch das

---

[800] ABl. EG Nr. C 282 vom 31.10.1980, S. 1-47 = BT-Drs. 10/503, S. 36-79 = *Pirrung*, IPR, S. 342-369.

[801] Vorentwurf eines Übereinkommens über das auf vertragliche und außervertragliche Schuldverhältnisse anwendbare Recht, Dok. XIV/398/72-D-; deutscher Text abgedr. in RabelsZ 38 (1974), 211-219; *Staudinger*[10/11]*-Firsching*, Vor Art. 12 EGBGB, Rdnr. 140.

[802] Rapport *Giuliano/Lagarde/van Sasse van Ysselt*, Riv. dir. int. priv. proc. 9 (1973), 198-260 = *Lando/von Hoffmann/Siehr* (Hrsg.), European private international law of obligations, S. 241-314.

[803] Denkschrift der Bundesregierung zu dem Übereinkommen über das auf vertragliche Schuldverhältnisse anzuwendende Recht, BT-Drs. 10/503 vom 20.10.1983, S. 21-31 = *Pirrung*, IPR, S. 334-341.

[804] Vgl. Bericht *Giuliano/Lagarde*, ABl. EG Nr. C 282 vom 31.10.1980, S. 34 f.

auf diese Vereinbarung anzuwendende Recht geregelt werden". Später sei diese Formulierung jedoch wegen der Auslegungsschwierigkeiten, die sie im deutschen Recht hätte hervorrufen können, wieder aufgegeben worden. Aus Sicht des deutschen Rechts hätte nämlich mit dem Ausdruck „Übertragung einer Forderung durch Vereinbarung" nur das abstrakte Verfügungsgeschäft gemeint sein können, und dieses hätte die Wirkungen einer Abtretung im Verhältnis zum Schuldner mitumfasst; durch Art. 12 Abs. 2 EVÜ werde eine solche Zuordnung aber ausdrücklich ausgeschlossen. Die jetzige Fassung des Art. 12 Abs. 1 EVÜ, die den Anwendungsbereich der Norm mit den „Verpflichtungen zwischen Zedent und Zessionar" beschreibt, sei von den Vertragsstaaten schließlich gewählt worden, um in denjenigen Rechtssystemen, welche die Abtretung als Kausalgeschäft verstehen, die Annahme zu vermeiden, dass das auf die Abtretungsvereinbarung anzuwendende Recht auch die Voraussetzungen für die Wirksamkeit der Abtretung gegenüber dem Schuldner bestimmt.

bb) Der Vorentwurf von 1972

Der endgültigen Fassung des EVÜ ging ein von den Vertragsstaaten erarbeiteter Vorentwurf aus dem Jahre 1972 voraus. Er enthält erste Artikelvorschläge und Lösungen für das auf vertragliche und außervertragliche Schuldverhältnisse anzuwendende Recht und wird in einem von *Giuliano/Lagarde/van Sasse van Ysselt* erstellten Bericht erläutert. Die Abtretung ist in Art. 16 des Vorentwurfs geregelt, dessen Abs. 2[805] von dem heutigen Art. 12 Abs. 2 EVÜ (Art. 33 Abs. 2 EGBGB) abweicht. Hiernach unterlagen dem Forderungsstatut nicht nur diejenigen Voraussetzungen, unter denen eine Abtretung *dem Schuldner* entgegengehalten werden kann, sondern auch die Voraussetzungen einer Abtretung im Verhältnis zu sonstigen Dritten. Diese Bestimmung, erklärt *Giuliano*,[806] umfasse die im internen Recht bestimmter Staaten vorgesehenen Maßnahmen, wie die Abtretungsanzeige des französischen Rechts, die als *conditio sine qua non* angesehen würden, damit eine Abtretung dem Schuldner und sonstigen Dritten wirksam entgegengehalten werden könne. Weshalb diese Regelung von dem heutigen Art. 12 Abs. 2 EVÜ (Art. 33 Abs. 2 EGBGB) nicht wörtlich übernommen worden ist, geht aus den veröffentlichten Quellen zu dem Übereinkommen, insbesondere aus dem späteren Übereinkommensbericht von *Giuliano/Lagarde*, nicht hervor.[807]

---

805 Art. 16 Abs. 2 des Vorentwurfs lautet: „Das Recht, dem die ursprüngliche Forderung untersteht, bestimmt deren Übertragbarkeit, das Verhältnis zwischen Zessionar und Schuldner sowie die Voraussetzungen, unter denen die Abtretung dem Schuldner und Dritten entgegengehalten werden kann."

806 Vgl. Rapport *Giuliano/Lagarde/van Sasse van Ysselt*, Riv. dir. int. priv. proc. 9 (1973), 198, 247 = *Lando/von Hoffmann/Siehr* (Hrsg.), European private international law of obligations, S. 241, 298 f.

807 Vgl. nunmehr *Kieninger*, RabelsZ 62 (1998), 678, 689 ff. und dazu unten – § 7 III 2.

cc) Die Denkschrift der Bundesregierung

Die Denkschrift der Bundesregierung zum EVÜ begrenzt den Anwendungsbereich des Art. 12 Abs. 1 EVÜ in Übereinstimmung mit den Begriffsvorstellungen des deutschen Rechts[808] auf die schuldrechtlichen Beziehungen zwischen Zedent und Zessionar. Dementsprechend präzise wird der Anknüpfungsgegenstand der Norm, anders als durch den Bericht *Giuliano/Lagarde*, nicht mit den „Beziehungen“,[809] sondern in Anlehnung an den Wortlaut mit den „Verpflichtungen“ zwischen Zedent und Zessionar definiert. An dem ausschließlich schuldrechtlichen Bezug dieses Begriffs lässt die Denkschrift keine Zweifel aufkommen: Sie betont, dass gegenüber anderen „Schuldverträgen“ keine Besonderheiten bestünden. Das Forderungsstatut bestimme demgegenüber nach Maßgabe des Art. 12 Abs. 2 EVÜ die Voraussetzungen für die Wirksamkeit der Forderungsabtretung.[810]

b) Unveröffentlichte Materialien

Kieninger[811] hat unter Bezugnahme auf ein bislang unveröffentlichtes Dokument der Kommission der Europäischen Gemeinschaften auf ein Protokoll der Sitzung der Gruppe „Internationales Privatrecht“ vom 19.9.-23.9.1977 in Dublin aufmerksam gemacht, aus dem hervorgehe, dass die in Art. 16 Abs. 2 des Vorentwurfs zum EVÜ aus dem Jahre 1972[812] enthaltene Regelung betreffend die Voraussetzungen für die Wirksamkeit einer Abtretung im Verhältnis zu sonstigen Dritten auf Betreiben der dänischen und irischen Delegationen entfallen sei. Die Vertreter dieser Delegationen hätten argumentiert, eine Kollisionsregel für die Rechtsbeziehungen der Zessionsparteien zu Dritten passe nicht zum Gegenstand des EVÜ, weil das Übereinkommen nur für Schuldverträge gelte.[813] Auch die Maßgeblichkeit des Forderungsstatuts sei unpassend, insbesondere im Konkurs, und entspreche im Fall Irlands nicht der Lösung des nationalen Kollisionsrechts, welches das Verhältnis zwischen mehreren Zessio-

---

808 Vgl. oben – § 7 II 1 a aa.

809 Vgl. Bericht *Giuliano/Lagarde*, ABl. EG Nr. C 282 vom 31.10.1980, S. 34.

810 Vgl. die Denkschrift der Bundesregierung zum EVÜ, BT-Drs. 10/503 vom 20.10.1983, S. 21, 30 = *Pirrung*, IPR, S. 334, 341. Wörtlich heißt es darin, dass mit den „Voraussetzungen, unter denen die Übertragung [einer Forderung] dem Schuldner entgegengehalten werden kann ... auch die Voraussetzungen der Wirksamkeit der Forderungsabtretung“ gemeint seien. Demgegenüber definieren *Giuliano/Lagarde* die „Voraussetzungen, unter denen die Übertragung [einer Forderung] dem Schuldner entgegengehalten werden kann“ als diejenigen Voraussetzungen, welche erfüllt sein müssen, damit die Abtretung *gegenüber dem Schuldner* wirksam wird, vgl. Bericht *Giuliano/Lagarde*, ABl. EG Nr. C 282 vom 31.10.1980, S. 35.

811 *Kieninger*, RabelsZ 62 (1998), 678, 689 ff.

812 Vgl. die Nachweise oben – § 7 III 1 b.

813 Dieser Einwand vermag nicht zu überzeugen. Zur Herstellung des erforderlichen schuldrechtlichen Bezuges bei Abtretung einer Forderung vgl. oben – § 6 I 2 b.

naren an den Wohnsitz des Schuldners anknüpfe. Die deutsche Delegation habe eine Regelung dieser praktisch wichtigen Fragen in dem Übereinkommen gewünscht, sich jedoch nicht durchsetzen können. Zwar habe man sich zunächst auf Vorschlag der französischen Delegation geeinigt, nur die Rechtsbeziehungen zwischen dem Schuldner und sonstigen Dritten, nicht dagegen die übrigen Fragen, wie das Verhältnis zwischen verschiedenen Zessionaren bei Mehrfachabtretung, zu regeln. Aber auch diese Teilregelung sei in der endgültigen auf dieser Sitzung angenommenen Fassung fallengelassen worden.

2. Folgerungen für die offenen Anknüpfungsfragen

Für die Bestimmung des auf die offenen Anknüpfungsfragen[814] anzuwendenden Rechts sind auf der Grundlage der entstehungsgeschichtlichen Materialien unterschiedliche Lösungen entwickelt worden. Regelmäßig wird dabei alternativ auf die Maßgeblichkeit des Zessionsgrundstatuts oder des Forderungsstatuts abgestellt. Vereinzelt ist auch die Auffassung anzutreffen, die offenen Anknüpfungsfragen hätten nach dem Willen der Vertragsstaaten nicht von Art. 33 Abs. 1 und 2 EGBGB (Art. 12 EVÜ) umfasst sein sollen, weshalb insoweit lediglich eine Anknüpfung nach den Grundsätzen des autonomen Kollisionsrechts in Betracht komme. Im einzelnen:

a) Die Maßgeblichkeit des Zessionsgrundstatuts

Ausgehend von Struktur und Aufbau des Art. 33 Abs. 1 und 2 EGBGB (Art. 12 EVÜ), der das Verhältnis Zedent – Zessionar (Abs. 1) von den Rechtsbeziehungen der Zessionsparteien zum Schuldner (Abs. 2) trennt, ist die Kommentierung *Giulianos*, wonach Art. 12 Abs. 1 EVÜ das auf die „Beziehungen" zwischen Zedent und Zessionar anzuwendende Recht regele, dahin gehend interpretiert worden, dass nach dem Willen der Vertragsstaaten der Ausdruck „Verpflichtungen" nicht nur die schuldrechtlichen Beziehungen, sondern das gesamte Rechtsverhältnis der Zessionsparteien einschließlich des Forderungsübergangs umfassen sollte.[815] Für diese Interpretation spreche, dass eine Parallele zwischen dem von *Giuliano* verwendeten Begriff „Beziehungen" und der Begriffspraxis im Kollisionsrecht jener Rechtsordnungen bestehe, welche Art. 12 EVÜ (Art. 33 Abs. 1 und 2 EGBGB) zugrunde liegen.[816] Auch in diesen Rechtsordnungen werde Art. 12 Abs. 1 EVÜ (Art. 33 Abs. 1 EGBGB) regelmäßig auf die „Beziehungen" zwischen Zedent und Zessionar erstreckt und der Forderungsübergang *inter partes* dementsprechend nach dem Zessionsgrundstatut beurteilt.

---

814 Vgl. oben – § 6 IV.

815 Vgl. *Keller*, Zessionsstatut, S. 149 f.; *Kaiser*, Verlängerter Eigentumsvorbehalt, S. 219 f.; *Stadler*, Gestaltungsfreiheit, S. 714.

816 Zu den Begriffsinhalten im autonomen IPR der Vertragsstaaten vgl. oben – § 7 II 1 a.

Die Maßgeblichkeit des Zessionsgrundstatuts für die Abtretung vorbehaltlich der von Art. 33 Abs. 2 EGBGB (Art. 12 Abs. 2 EVÜ) geregelten Einzelfragen wird im übrigen damit begründet, dass die Vertragsstaaten die ursprüngliche Fassung des Art. 12 Abs. 1 EVÜ, wonach bei „Übertragung einer Forderung durch Vereinbarung die Beziehungen zwischen Zedent und Zessionar durch das auf diese Vereinbarung anzuwendende Recht geregelt werden“ sollten, nur aufgegeben hätten, um sicherzustellen, dass nicht auch die Wirksamkeit einer Abtretung *gegenüber dem Schuldner* nach dem auf die Abtretungsvereinbarung anzuwendenden Recht beurteilt werde.[817] Lasse die Abtretung demzufolge das Verhältnis der Zessionsparteien zum Schuldner und damit auch den Anwendungsbereich des Art. 12 Abs. 2 EVÜ unberührt, unterfalle sie dem Zessionsgrundstatut.

b) Die Maßgeblichkeit des Forderungsstatuts

Hiergegen ist die Änderung der ursprünglichen Textfassung des Art. 12 Abs. 1 EVÜ („Übertragung einer Forderung durch Vereinbarung“) auch als ein Hinweis auf die Maßgeblichkeit des Forderungsstatuts gewertet worden. Gerade die Berücksichtigung von Auslegungsschwierigkeiten im deutschen Recht lasse vermuten, die deutsche Delegation habe durchsetzen können, dass mit der Formulierung „Verpflichtungen“ bewusst ein Begriff gewählt worden sei, der das Verfügungsgeschäft der Abtretung (und damit auch den Forderungsübergang *inter partes*) aus dem Anwendungsbereich des Zessionsgrundstatuts heraushalten sollte.[818] Soweit die ursprüngliche Textfassung des Art. 12 Abs. 1 EVÜ im übrigen aufgegeben worden sei, um in kausalen Rechtssystemen die Annahme zu vermeiden, das auf die Abtretungsvereinbarung anzuwendende Recht umfasse auch die Wirksamkeit der Abtretung im Verhältnis zum Schuldner,[819] liege der Änderung insbesondere die Überlegung zugrunde, dass der abstrakte Zessionsvertrag zwischen Zedent und Zessionar nach deutschem Recht nicht nur *inter partes*, sondern *erga omnes* und damit auch im Verhältnis zum Schuldner wirke. Da Voraussetzungen und Wirkungen einer Abtretung im Verhältnis zum Schuldner nach dem Willen der Vertragsstaaten aber dem Forderungsstatut unterliegen sollen, sei beabsichtigt gewesen, das abstrakte Verfügungsgeschäft

---

817 Vgl. *Einsele*, ZVglRWiss 90 (1991), 1, 3 ff.; *dies.*, Wertpapierrecht, S. 475 ff.; *dies.*, RabelsZ 60 (1996), 417, 431 ff. Wörtlich heißt es in dem Bericht *Giuliano/Lagarde*, ABl. EG Nr. C 282 vom 31.10.1980, S. 35: „Die jetzige Fassung wurde schließlich deshalb gewählt, um in den Rechtssystemen, welche die Abtretung als Kausalgeschäft verstehen, die Annahme zu vermeiden, dass das auf die Abtretungsvereinbarung anzuwendende Recht auch die Voraussetzungen für die Wirksamkeit der Abtretung gegenüber dem Schuldner bestimmt.“

818 Vgl. H. *Keller*, Zessionsstatut, S. 152; *Diehl-Leistner*, Internationales Factoring, S. 88 f.

819 Vgl. Bericht *Giuliano/Lagarde*, ABl. EG Nr. C 282 vom 31.10.1980, S. 35.

(und damit zwangsläufig auch den Forderungsübergang *inter partes*) Art. 12 Abs. 2 EVÜ (Art. 33 Abs. 2 EGBGB) zu unterwerfen.[820]

c) Die Anwendung autonomer Anknüpfungsregeln

Vereinzelt wird den entstehungsgeschichtlichen Materialien entnommen, dass Art. 33 Abs. 1 und 2 EGBGB (Art. 12 EVÜ) keine Regelung für die offenen Anknüpfungsfragen enthalte. Gegen eine Maßgeblichkeit des Zessionsgrundstatuts spreche der in Art. 33 Abs. 1 EGBGB (Art. 12 Abs. 1 EVÜ) enthaltene Begriff „Verpflichtungen", der nach den Begriffsvorstellungen der Vertragsstaaten eine übertragende Wirkung ausschließe,[821] und aus diesem Grund bewusst und nicht etwa nur zufällig von den Delegationen gewählt worden sei. Dass Art. 33 Abs. 1 EGBGB (Art. 12 Abs. 1 EVÜ) somit nur etwas Selbstverständliches regele, nämlich nur das auf einen Schuldvertrag anzuwendende Recht, werde von *Giuliano*, der ausdrücklich betone, dass die Auslegung der Norm keine Schwierigkeiten bereite, hervorgehoben.[822]

Der Anwendungsbereich des Art. 33 Abs. 2 EGBGB (Art. 12 EVÜ) gehe über die ausdrücklich geregelten Einzelfragen nicht hinaus. Insbesondere ergebe sich aus dem Umstand, dass die in Art. 16 Abs. 2 des Vorentwurfs zum EVÜ enthaltene ursprüngliche Textfassung, nach der die Voraussetzungen einer Abtretung im Verhältnis zu sonstigen Dritten noch ausdrücklich dem Forderungsstatut zugewiesen waren, nicht übernommen worden sei, dass man diesen Aspekt der Forderungsübertragung auch aus dem Anwendungsbereich des Art. 12 Abs. 2 EVÜ (Art. 33 Abs. 2 EGBGB) bewusst ausgeklammert habe.[823] Nun werde diese Interpretation durch (bislang) unveröffentlichte Materialien bestätigt.[824]

820 *von Hoffmann/Höpping*, IPRax 1993, 302, 303; *Soergel*[12]*-von Hoffmann*, Art. 33 EGBGB, Rdnr. 7; *ders.*, Forderungsübertragung im IPR, in: *Hadding/Schneider* (Hrsg.), Die Forderungsabtretung, S. 3, 9 f.

821 Zu den Begriffsinhalten im autonomen IPR der Vertragsstaaten vgl. oben – § 7 II 1 a.

822 *Kieninger*, RabelsZ 62 (1998), 678, 689. Vgl. auch die Denkschrift der Bundesregierung zum EVÜ, BT-Drs. 10/503 vom 20.10.1983, S. 21, 30 = *Pirrung*, IPR, S. 334, 341, wonach im Verhältnis zu anderen „Schuldverträgen" keine Besonderheiten bestehen.

823 Vgl. *Sinay-Cytermann*, Rev. crit. dr. internat. privé 81 (1992), 35, 42.

824 Vgl. *Kieninger*, RabelsZ 62 (1998), 678, 690 und zum Inhalt dieser Materialien oben – § 7 III 1 b.

3. Die Intentionen der Vertragsstaaten

a) Die Anknüpfung des Forderungsübergangs *inter partes*

Ausgangspunkt der Meinungsverschiedenheiten über die Anknüpfung des Forderungsübergangs *inter partes* ist aus entstehungsgeschichtlicher Sicht die Änderung einer ursprünglichen Textfassung des Art. 12 Abs. 1 EVÜ (Art. 33 Abs. 1 EGBGB). Hiernach sollten bei „Übertragung einer Forderung durch Vereinbarung die Beziehungen zwischen Zedent und Zessionar durch das auf diese Vereinbarung anzuwendende Recht geregelt werden". Offenbar wollten die Vertragsstaaten demnach die Abtretung im Verhältnis zwischen Zedent und Zessionar umfassend, d.h. einschließlich des Forderungsübergangs, durch Art. 12 Abs. 1 EVÜ (Art. 33 Abs. 1 EGBGB) regeln. Später ist die Änderung dieser ursprünglichen Fassung von *Giuliano*[825] mit der Absicht begründet worden, man habe in kausalen Rechtssystemen die Annahme vermeiden wollen, dass das auf die Abtretungsvereinbarung anzuwendende Recht die Voraussetzungen für die Wirksamkeit der Abtretung im Verhältnis zum Schuldner einschließe. Anlass dieser Befürchtung war die Ausgestaltung der Abtretung im deutschen Recht, wonach mit den Worten „Übertragung einer Forderung durch Vereinbarung" nur das abstrakte Verfügungsgeschäft hätte gemeint sein können, und dieses hätte, so *Giuliano*,[826] die Wirksamkeit der Abtretung im Verhältnis zum Schuldner mitumfasst.

Daraus folgt: Die Vertragsstaaten wollten offensichtlich Überschneidungen der Anwendungsbereiche von Art. 12 Abs. 1 und 2 EVÜ (Art. 33 Abs. 1 und 2 EGBGB) zu Lasten des Schuldners ausschließen. Auf der Grundlage des systematischen Aufbaus der Norm, die klar zwischen den Rechtsbeziehungen der Zessionsparteien und der Abtretung im Verhältnis zum Schuldner unterscheidet, spricht somit nichts dagegen, den Forderungsübergang *inter partes*, soweit dieser nicht auch die Voraussetzungen der Abtretung im Verhältnis zum Schuldner bestimmt, dem Zessionsgrundstatut zu unterwerfen.[827] Für diese Absicht der Vertragsstaaten spricht die ausdrückliche Bezugnahme *Giulianos* auf kausale Rechtssysteme,[828] denn diese ermitteln die Voraussetzungen des Forderungs-

[825] Bericht *Giuliano/Lagarde*, ABl. EG Nr. C 282 vom 31.10.1980, S. 35.

[826] Bericht *Giuliano/Lagarde*, ABl. EG Nr. C 282 vom 31.10.1980, S. 34.

[827] Vgl. *Einsele*, ZVglRWiss 90 (1991), 1, 3 ff.; *dies.*, Wertpapierrecht, S. 475 ff.; *dies.*, RabelsZ 60 (1996), 417, 431 ff.; *Stadler*, Gestaltungsfreiheit, S. 700, wonach aus dem Bericht *Giulano/Lagarde* hervorgehe, dass die Delegationen bei der Abfassung des Art. 12 EVÜ (Art. 33 Abs. 1 und 2 EGBGB) offenbar so sehr darauf bedacht gewesen seien, eine hinreichende Unterscheidung zwischen der Wirksamkeit der Abtretung *inter partes* und im Verhältnis zum Schuldner zum Ausdruck zu bringen, dass man ersteres – zumindest was den Forderungsübergang anbelangt – in Art. 12 Abs. 1 EVÜ (Art. 33 Abs. 1 EGBGB) aus den Augen verloren habe.

[828] Bericht *Giuliano/Lagarde*, ABl. EG Nr. C 282 vom 31.10.1980, S. 35; a.A. *Kieninger*, RabelsZ 62 (1998), 678, 689.

übergangs *inter partes* und im Verhältnis zum Schuldner stets gesondert. Zudem setzt *Giuliano* den in Art. 12 Abs. 1 EVÜ (33 Abs. 1 EGBGB) enthaltenen Begriff der „Verpflichtungen“ zwischen Zedent und Zessionar ungeachtet seines engen Wortlauts mit dem Ausdruck der „Beziehungen“ gleich.[829]

Andererseits geht aus der Kommentierung *Giulianos*, man habe die frühere Fassung des Art. 12 Abs. 1 EVÜ (Art. 33 Abs. 1 EGBGB) wieder aufgegeben, weil „im deutschen Recht ... der Ausdruck „Übertragung“ einer Forderung durch Vereinbarung die Wirkungen der Forderungsabtretung gegenüber dem Schuldner *mitumfasst* [hätte]: durch Artikel 12 Absatz 2 [werde] dies dagegen ausdrücklich ausgeschlossen“,[830] hervor, dass die Vertragsstaaten offenbar nicht von einer Aufspaltung des auf die Forderungsverfügung anzuwendenden Rechts ausgegangen sind. Vielmehr hat man den Besonderheiten des deutschen Rechts, das die Abtretungsvoraussetzungen im Unterschied zu anderen Rechtsordnungen einheitlich bestimmt, durch die Änderung der ursprünglichen Fassung umfassend Rechnung tragen wollen.

Wäre die Intention der Vertragsstaaten dahin gegangen, das für die Forderungsverfügung maßgebliche Statut aufzuspalten, hätte es näher gelegen, die ursprüngliche Textfassung unverändert beizubehalten. Gerade die Beschränkung des Anwendungsbereichs von Art. 12 Abs. 1 EVÜ (Art. 33 Abs. 1 EGBGB) auf die „Verpflichtungen“ zwischen Zedent und Zessionar spricht jedoch dafür, dass nicht nur eine redaktionelle, sondern eine inhaltliche Änderung der Vorschrift bezweckt war.

Sie beruht auf der einsichtigen Erwägung, dass nach deutschem Recht die abstrakte Forderungsverfügung gegenüber *jedermann*, d.h. auch im Verhältnis zum Schuldner wirkt.[831] Insoweit hätte eine Beurteilung der Forderungsverfügung im Verhältnis Zedent – Zessionar wegen Art. 12 Abs. 2 EVÜ (Art. 33 Abs. 2 EGBGB) im deutschen Recht zu Auslegungsschwierigkeiten und in kausalen Rechtssystemen zu der Annahme führen können, das Zessionsgrundstatut und nicht das Forderungsstatut bestimme die Abtretungsvoraussetzungen im Verhältnis zum Schuldner;[832] aus diesem Grund sollte nach dem Willen der Vertragsstaaten die abstrakte Forderungsverfügung von Art. 12 Abs. 1 EVÜ (Art. 33 Abs. 1 EGBGB) nicht umfasst werden.[833]

---

829 Bericht *Giuliano/Lagarde*, ABl. EG Nr. C 282 vom 31.10.1980, S. 34.

830 Bericht *Giuliano/Lagarde*, ABl. EG Nr. C 282 vom 31.10.1980, S. 34 f.

831 Vgl. *Soergel*[12]*-von Hoffmann*, Art. 33 EGBGB, Rdnr. 7.

832 Bericht *Giuliano/Lagarde*, ABl. EG Nr. C 282 vom 31.10.1980, S. 35.

833 Diese Lösung gibt die Sicht der Bundesrepublik Deutschland insoweit wieder, als die Abtretungsvoraussetzungen gemäß der Denkschrift der Bundesregierung allein Art. 12 Abs. 2 EVÜ (Art. 33 Abs. 2 EGBGB) zu entnehmen sind, vgl. BT-Drs. 10/503 vom 20.10.1983, S. 21, 30 = *Pirrung*, IPR, S. 334, 341.

Nach alledem ist davon auszugehen, dass die Vertragsstaaten mit der Neufassung des ursprünglichen Textentwurfs bewusst eine Unterscheidung zwischen der Anknüpfung des Forderungsübergangs *inter partes* einerseits und der Anknüpfung der abstrakten Forderungsverfügung andererseits treffen wollten. Während der Forderungsübergang *inter partes* hiernach grundsätzlich dem Zessionsgrundstatut des Art. 12 Abs. 1 EVÜ (33 Abs. 1 EGBGB) unterliegt, sollte sich die abstrakte Forderungsverfügung aus Gründen des Schuldnerschutzes nach dem Forderungsstatut richten. Eine Aufspaltung des auf die Forderungsverfügung anzuwendenden Rechts ist von den Vertragsstaaten nicht in Betracht gezogen worden.[834]

b) Die kollisionsrechtliche Einordnung einer Abtretung als abstraktes oder kausales Rechtsgeschäft

Auf die kollisionsrechtliche Einordnung einer Abtretung als abstraktes oder kausales Rechtsgeschäft wird in den entstehungsgeschichtlichen Quellen nicht ausdrücklich Bezug genommen. Aus der Kommentierung *Giulianos*[835] geht allerdings hervor, dass die Vertragsstaaten definitiv ausschließen wollten, dass das auf die Abtretungsvereinbarung anzuwendende Recht auch die Voraussetzungen für die Wirksamkeit einer Abtretung *gegenüber dem Schuldner* bestimmt.[836] Da die Einordnung der Abtretung als abstraktes oder kausales Rechtsgeschäft auch als Abtretungsvoraussetzung im Verhältnis zum Schuldner zu qualifizieren ist,[837] sollte sie nach dem Willen der Vertragsstaaten folgerichtig Art. 12 Abs. 2 EVÜ (Art. 33 Abs. 2 EGBGB) unterliegen und dem Forderungsstatut entnommen werden.[838] Ließe man über diese Einordnung, die auch das Verhältnis Zedent – Zessionar betrifft, demgegenüber das Zessionsgrundstatut entscheiden, könnten sich für den nach dem Forderungsstatut gewährten Schuldnerschutz nicht unerhebliche Einschränkungen ergeben. Insoweit würde der Anwendungsbereich des Art. 12 Abs. 2 EVÜ (Art. 33 Abs. 2

834 Diese Lösung würde den Wortlaut des Begriffs „Verpflichtungen" erklären: Nur im deutschen Recht, das zwischen Verpflichtungs- und Verfügungsgeschäft einer Abtretung unterscheidet, kann der Begriff der „Verpflichtungen" kollisionsrechtlich eindeutig zugeordnet werden. Denjenigen Rechtsordnungen, die Art. 33 Abs. 1 und 2 EGBGB (Art. 12 EVÜ) zugrunde liegen, ist dieser Begriff im Zusammenhang mit der Abtretung jedoch fremd, vgl. bereits oben – § 7 II 1 b.

835 Bericht *Giuliano/Lagarde*, ABl. EG Nr. C 282 vom 31.10.1980, S. 35.

836 Dazu insbesondere *Einsele*, ZVglRWiss 90 (1991), 1, 3 f.; *dies.*, Wertpapierrecht, S. 476; *dies.*, RabelsZ 60 (1996), 417, 432.

837 Die Einordnung einer Abtretung als abstraktes oder kausales Rechtsgeschäft entscheidet nicht nur über die Frage, wer Inhaber einer Forderung ist, sie bestimmt u.a. auch, welche Einwendungen der Schuldner dem Zessionar aus der Kausalbeziehung der Zessionsparteien entgegenhalten kann, vgl. Teil 2 – § 5 I b bb (1).

838 Vgl. Bericht *Giuliano/Lagarde*, ABl. EG Nr. C 282 vom 31.10.1980, S. 34 f.; Denkschrift der Bundesregierung, BT-Drs. 10/503 vom 20.10.1983, S. 21, 30 = *Pirrung*, IPR, S. 334, 341.

EGBGB) tangiert.[839] Dies wäre mit der klar formulierten (entgegenstehenden) Absicht der Vertragsstaaten jedoch nicht vereinbar. Auch eine Anknüpfung der abstrakten oder kausalen Ausgestaltung einer Abtretung nach autonomem Kollisionsrecht muss angesichts der Bedeutung dieser Einordnung für den kollisionsrechtlichen Schuldnerschutz außer Betracht bleiben.

c) Die Anknüpfung der Abtretung im Verhältnis zu sonstigen Dritten

Anders als Art. 16 Abs. 2 des Vorentwurfs zum EVÜ, der die Abtretung im Verhältnis zu sonstigen Dritten noch ausdrücklich dem Forderungsstatut unterwarf, enthält Art. 12 Abs. 2 EVÜ (Art. 33 Abs. 2 EGBGB) keine derartige Regelung. Die Vernachlässigung dieser ursprünglichen Textfassung hat zu der verbreiteten Annahme geführt, dass Art. 12 Abs. 2 EVÜ (Art. 33 Abs. 2 EGBGB) lediglich das Zessionsstatut im Verhältnis zum Schuldner, nicht auch im Verhältnis zu sonstigen Dritten bestimme.[840] In der Konsequenz dieser restriktiven Interpretation muss das für die Abtretung maßgebliche Recht im Verhältnis zu sonstigen Dritten dem autonomen Kollisionsrecht der Vertragsstaaten entnommen werden.

Tatsächlich wird die Maßgeblichkeit des Art. 12 EVÜ (Art. 33 Abs. 1 und 2 EGBGB) für die Abtretung im Verhältnis zu sonstigen Dritten aber weder durch veröffentlichte noch unveröffentlichte Materialien zum EVÜ ausgeschlossen. Die veröffentlichten Materialien, insbesondere die Kommentierung des Art. 12 EVÜ durch *Giuliano*, nehmen zu der Frage, weshalb die frühere Fassung wieder aufgegeben wurde, keine Stellung. Aus den unveröffentlichten Materialien geht lediglich hervor, dass die Vertragsstaaten sich nicht auf eine *ausdrückliche* Regelung der Abtretung im Verhältnis zu sonstigen Dritten verständigen konnten.[841] Folglich stehen einer Anwendbarkeit des Art. 12 EVÜ (Art. 33 Abs. 1 und 2 EGBGB) auf die Abtretung im Verhältnis zu sonstigen Dritten keine durchgreifenden Bedenken entgegen.[842]

Die frühere Regelung des Art. 16 Abs. 2 des Vorentwurfs zum EVÜ, wonach sich die Abtretung im Verhältnis zu sonstigen Dritten nach dem Forderungsstatut bestimmen sollte, spricht für die mehrheitliche Absicht der Vertragsstaaten, das Zessionsstatut dem Art. 12 Abs. 2 EVÜ (Art. 33 Abs. 2 EGBGB) zu ent-

---

[839] Zu den Auswirkungen der kollisionsrechtlichen Einordnung einer Abtretung als abstraktes oder kausales Rechtsgeschäft auf den Schuldnerschutz vgl. unten – § 7 V 1.

[840] Vgl. *Lagarde*, Rev. crit. dr. internat. privé 80 (1991), 287, 335; *Sinay-Cytermann*, Rev. crit. dr. internat. privé 81 (1992), 35, 42; *Diehl-Leistner*, Internationales Factoring, S. 95; *Kassis*, Contrats internationaux, n. 405; *Malatesta*, La cessione del credito nel d. i. pr., S. 200 ff.; *Stadler*, Gestaltungsfreiheit, S. 700; *dies.*, IPRax 2000, 104, 108 ff.; *Kieninger*, RabelsZ 62 (1998), 678, 690.

[841] Vgl. oben – § 7 III 1 b.

[842] Vgl. *Hoge Raad* 16.5.1997, Nederlandse Jurisprudentie Nr. 585, S. 3316 ff., mit Bespr. *Joustra*, IPRax 1999, 280, 282; *Struycken*, Lloyd's Marit. Com. L. Q. 24 (1998), 345, 347.

nehmen. Diese Lösung ist in den Vertragsstaaten seinerzeit auch überwiegend auf Zustimmung gestoßen.[843] Angesichts der breiten Konsensfähigkeit dieser Lösung kann, gerade auch vor dem Hintergrund der unveröffentlichten Dokumente, die fehlende Bezugnahme *Giulianos* auf die Gründe für die Änderung der früheren Fassung des Art. 12 Abs. 2 EVÜ in dem späteren Übereinkommensbericht nur dahin gehend gedeutet werden, dass sich die Vertragsstaaten den Weg zu einer integrationsfreundlichen Auslegung und Anwendung der Norm nicht von vornherein verbauen wollten.[844]

IV. Systematische Parallelen zwischen rechtsgeschäftlicher Abtretung und Legalzession

Abtretung und Legalzession haben gleichermaßen die Übertragung einer Forderung zum Gegenstand. Die *cessio legis* tritt lediglich an die Stelle des rechtsgeschäftlichen Übertragungsaktes und erleichtert auf diese Weise den Rechtsverkehr. Aus dieser grundsätzlichen Parallele könnte im IPR auf eine kollisionsrechtliche Gleichbehandlung beider Rechtsinstitute zu schließen sein.[845] Weil eine übereinstimmende Anknüpfung von Abtretung und Legalzession im Rahmen der einheitlichen Auslegung nach Art. 36 EGBGB (Art. 18 EVÜ) als systematisches Argument zu berücksichtigen wäre,[846] soll nachfolgend untersucht werden, ob beide Rechtsinstitute kollisionsrechtlich gleichlaufen.

---

[843] Vgl. für Frankreich *Foyer*, Clunet 1976, 555, 639; *Battifol*, Rev. trim. droit eur. 11 (1975), 181, 185; für Deutschland *Siehr*, AWD/RIW 1973, 569, 583; für England *Lip-stein*, Comments on Arts. 1 to 21 of the Draft Convention, in: *Lando/von Hoffmann/Siehr* (Hrsg.), European Private International Law of Obligations, S. 155, 161; für Dänemark jedoch insgesamt einschränkend *Lando*, RabelsZ 38 (1974), 6, 47. Auch spätere Vertragsstaaten haben die Regelung des Art. 16 Abs. 2 des Vorentwurfs zum EVÜ ausdrücklich begrüßt, so für Spanien *Remiro Brotons*, in: *Albajadejo* (Hrsg.), Commentario I[1], Art. 10 Nr. 10 Cc II 1 (S. 372).

[844] In der Präambel des EVÜ sind die Vertragsstaaten darin überein gekommen, einer weiteren Auseinanderentwicklung des IPR der Vertragsstaaten entgegenzuwirken, vgl. oben – § 7 I 2 c aa.

[845] Vgl. bereits W.-H. *Roth*, Internationales Versicherungsvertragsrecht, S. 640; *Einsele*, ZVglRWiss 90 (1991), 1, 18 ff.; *dies.*, Wertpapierrecht, S. 477 ff.; *dies.*, RabelsZ 60 (1996), 417, 433 ff.

[846] MünchKomm[3]-*Martiny*, Art. 33 EGBGB, Rdnr. 8; *Mankowski*, Seerechtliche Vertragsverhältnisse im IPR, S. 267.

1. Die Anknüpfung der Legalzession im IPR

Das Statut der *cessio legis* ist in Art. 33 Abs. 3 S. 1 EGBGB geregelt.[847] Trifft hiernach einen Dritten die Verpflichtung, den Gläubiger einer Forderung zu befriedigen, so bestimmt „das für die Verpflichtung des Dritten maßgebende Recht [Zessionsgrundstatut[848]], ob er die Forderung des Gläubigers gegen den Schuldner gemäß dem für deren Beziehungen maßgebenden Recht [Forderungsstatut[849]] ganz oder zu einem Teil geltend zu machen berechtigt ist". Im Unterschied zu Art. 33 Abs. 1 und 2 EGBGB macht die Norm deutlich, dass sich der Forderungsübergang bei der Legalzession nach dem Zessionsgrundstatut, d.h. nach dem für die Verpflichtung des Dritten (des potentiellen Neugläubigers) maßgebenden Recht richtet. Dieses entscheidet über die Berechtigung des Dritten zur Geltendmachung der Forderung.[850] Es bestimmt ferner die Voraussetzungen, die bei gesetzlichem Forderungsübergang vorliegen müssen.[851]

Der Schuldnerschutz richtet sich demgegenüber nach dem Forderungsstatut, d.h. nach demjenigen Recht, welches für die Beziehungen zwischen Altgläubiger und Schuldner maßgebend ist. Wie bei der Abtretung gilt auch bei der Legalzession der Grundsatz, dass sich die Rechtsstellung des Schuldners durch den Gläubigerwechsel nicht verschlechtern darf.[852] Die Reichweite des kollisionsrechtlichen Schuldnerschutzes ist jedoch umstritten.[853]

---

847 Art. 33 Abs. 3 S. 1 EGBGB entspricht Art. 13 Abs. 1 EVÜ, geht jedoch über dessen Anwendungsbereich hinaus. Während Art. 13 Abs. 1 EVÜ auf vertragliche Forderungen beschränkt ist, gilt Art. 33 Abs. 3 S. 1 EGBGB auch für den Übergang außervertraglicher Forderungen, vgl. oben – § 6 I 2 b. Insoweit nimmt Art. 33 Abs. 3 S. 1 EGBGB an der einheitlichen Auslegung nach Art. 36 EGBGB nicht teil, vgl. *Jayme*, IPRax 1986, 265, 266.

848 Zum Begriff des Zessionsgrundstatuts bei der Legalzession vgl. *Wandt*, ZVglRWiss 86 (1987), 272, 280; Chr. *von Bar*, RabelsZ 53 (1989), 462, 476; *ders.*, IPR II, Rdnr. 575.

849 Zum Begriff des Forderungsstatuts bei der Legalzession vgl. *Wandt*, ZVglRWiss 86 (1987), 272, 280.

850 *Reithmann/Martiny-Martiny*, Internationales Vertragsrecht[5], Rdnr. 316; Münch-Komm[3]-*Martiny*, Art. 33 EGBGB, Rdnr. 22.

851 Vgl. *Wandt*, ZVglRWiss 86 (1987), 272, 281; MünchKomm[3]-*Martiny*, Art. 33 EGBGB, Rdnr. 23.

852 Allgemeine Ansicht, vgl. *Böhner*, IPRax 1985, 15, 16; Chr. *von Bar*, RabelsZ 53 (1989), 462, 477; *ders.*, IPR II, Rdnr. 576; *Wandt*, Die Geschäftsführung ohne Auftrag im IPR, S. 175; *Einsele*, ZVglRWiss 90 (1991), 1, 19 ff.; *dies.*, Wertpapierrecht, S. 477; *dies.*, RabelsZ 60 (1996), 417, 433; *Kropholler*, IPR[3], § 52 VII 2; MünchKomm[3]-*Martiny*, Art. 33 EGBGB, Rdnr. 25.

853 Dazu nachfolgend – § 7 IV 2.

2. Systematische Parallelen zwischen rechtsgeschäftlicher Abtretung und Legalzession

Ausgehend von dem systematischen Aufbau der Kollisionsregeln über die rechtsgeschäftliche Abtretung und Legalzession, die jeweils das Verhältnis zwischen Alt- und Neugläubiger von deren Rechtsbeziehungen zum Schuldner unterscheiden, soll nachfolgend untersucht werden, ob und inwieweit die Anknüpfungsgegenstände des Zessionsgrundstatuts bzw. der durch die Anwendung des Forderungsstatuts gewährte kollisionsrechtliche Schuldnerschutz übereinstimmen und gegebenenfalls in einen für die einheitliche Auslegung nach Art. 36 EGBGB (Art. 18 EVÜ) nutzbaren systematischen Zusammenhang gestellt werden können.

Ein kollisionsrechtlicher Gleichlauf beider Rechtsinstitute würde voraussetzen, dass sich die Abtretung vorbehaltlich der von Art. 33 Abs. 2 EGBGB (Art. 12 Abs. 2 EVÜ) ausdrücklich geregelten Einzelfragen nach dem von Art. 33 Abs. 1 EGBGB (Art. 12 Abs. 1 EVÜ) zu bestimmenden Zessionsgrundstatut richtet.[854] Dementsprechend müsste der Anwendungsbereich des Forderungsstatuts bei Abtretung und Legalzession deckungsgleich sein. Welche Reichweite dem kollisionsrechtlichen Schuldnerschutz durch das Forderungsstatut im Anwendungsbereich des Art. 33 Abs. 3 S. 1 EGBGB (Art. 13 Abs. 1 EVÜ) zukommen soll, ist jedoch umstritten.

Anders als Art. 33 Abs. 2 EGBGB (Art. 12 Abs. 2 EVÜ), der seine umfassende Zuständigkeit für den Schuldnerschutz durch eine Aufzählung diesbezüglicher Einzelaspekte herausstellt, trifft Art. 33 Abs. 3 S. 1 EGBGB (Art. 13 Abs. 1 EVÜ) keine derartige Konkretisierung. Lediglich, dass der Inhalt der nach dem Zessionsgrundstatut auf den Dritten übergegangenen Forderung unverändert bleiben muss, dem Schuldner also Einreden und Einwendungen erhalten bleiben sollen, entspricht allgemeiner Ansicht.[855] Auch die Frage, ob der Schuldner von dem Übergang der Forderung zu benachrichtigen ist und unter welchen Voraussetzungen seine Leistung schuldbefreiende Wirkung hat, ist unstreitig nach dem Forderungsstatut zu beurteilen.[856]

---

[854] Kollisionsrechtliche Abgrenzungsprobleme zwischen dem Forderungsübergang *inter partes* und dem Schuldnerschutz bestehen im Rahmen einer Legalzession insoweit nicht, als eine abstrakte oder kausale Einordnung von Legalzessionen nicht vorgenommen wird. Bei der Forderungsabtretung erlangt diese Einordnung jedoch Bedeutung für den Umfang des kollisionsrechtlichen Schuldnerschutzes, vgl. unten – § 7 V 1.

[855] Vgl. *Wandt*, ZVglRWiss 86 (1987), 272, 281; *Soergel*[12]*-von Hoffmann*, Art. 33 EGBGB, Rdnr. 23; MünchKomm[3]*-Martiny*, Art. 33 EGBGB, Rdnr. 25.

[856] Vgl. *Wandt*, ZVglRWiss 86 (1987), 272, 281; *ders.*, Produkthaftung, Rdnr. 68; *Soergel*[12]*-von Hoffmann*, Art. 33 EGBGB, Rdnr. 23; MünchKomm[3]*-Martiny*, Art. 33 EGBGB, Rdnr. 25; *Erman*[10]*-Hohloch*, Art. 33 EGBGB, Rdnr. 10.

Die Meinungsverschiedenheiten konzentrieren sich auf die Frage, ob auch die „Übertragbarkeit" der Forderung aus Gründen des Schuldnerschutzes dem Forderungsstatut unterfallen muss. Nach verbreiteter Ansicht soll sich die Übertragbarkeit einer Forderung bei gesetzlichem Forderungsübergang nach dem Zessionsgrundstatut bestimmen.[857] Anders als der Zessionar bei Abtretung einer Forderung erbringe der Dritte (Neugläubiger) im Rahmen einer Legalzession regelmäßig eine Vorleistung, so dass der Schuldnerschutz kollisionsrechtlich hinter dem Erwerbsinteresse des Dritten an der Forderung zurückzutreten habe. Diese Ansicht teilt auch die Rechtsprechung.[858]

Dagegen sollen sich nach der herrschenden Lehre die Anforderungen an die Übertragbarkeit einer Forderung auch bei gesetzlichem Forderungsübergang aus Gründen des Schuldnerschutzes zwingend nach dem Forderungsstatut richten.[859] Im folgenden soll das Statut für die Übertragbarkeit einer Forderung bei gesetzlichem Forderungsübergang durch eine einheitliche Auslegung des Art. 33 Abs. 3 S. 1 EGBGB (Art. 13 Abs. 1 EVÜ) ermittelt werden. Methodisch ist insoweit auf die allgemeinen Grundsätze des Art. 36 EGBGB (Art. 18 EVÜ) zurückzugreifen.[860]

Nach dem Wortlaut des Art. 33 Abs. 3 S. 1 EGBGB (Art. 13 Abs. 1 EVÜ) wird einerseits die Berechtigung des Dritten zur Geltendmachung der Forderung dem Zessionsgrundstatut zugewiesen. Andererseits sollen sich die Modalitäten der Geltendmachung nach dem Forderungsstatut richten. Demzufolge differenziert die Norm zwischen der Berechtigung des Dritten – dem „Ob" – und der späteren Geltendmachung der Forderung – dem „Wie" –. „Ob [der Dritte] die Forderung [...] geltend zu machen berechtigt ist", hängt aber notwendig auch

---

857 Vgl. *Mansel*, Direktansprüche, S. 44; Chr. *von Bar*, RabelsZ 53 (1989), 462, 478 ff.; *ders.*, IPR II, Rdnr. 577; *Wandt*, ZVglRWiss 90 (1991), 272, 286; *Lüderitz*, IPR[2], Rdnr. 298; *Kropholler*, IPR[3], § 52 VII 2.

858 Vgl. *OLG Stuttgart*, 25.7.1990, IPRspr. 1990, Nr. 45 = VersR 1991, 1042: schweizerisches Zessionsgrundstatut, das im Unterschied zum früheren deutschen Recht (§ 847 Abs. 1 S. 2 BGB a.F.) die Übertragbarkeit von Forderungen auf Schmerzensgeld anerkennt, macht einen Schmerzensgeldanspruch, der deutschem Forderungsstatut unterliegt, ohne weiteres verfügbar.

859 Vgl. H. *Keller*, Zessionsstatut, S. 167 ff.; W.-H. *Roth*, Internationales Versicherungsvertragsrecht, S. 641; *Eichenhofer*, Internationales Sozialrecht und IPR, S. 206; *Einsele*, ZVglRWiss 90 (1991), 1, 19; *Soergel*[12]*-von Hoffmann*, Art. 33 EGBGB, Rdnr. 24; *Reithmann/Martiny-Martiny*, Internationales Vertragsrecht[5], Rdnr. 319; MünchKomm[3]*-Martiny*, Art. 33 EGBGB, Rdnr. 26; *Staudinger*[12]*-Hausmann*, Art. 33 EGBGB, Rdnr. 50; *von Hoffmann*, Forderungsübertragung im IPR, in: *Hadding/Schneider* (Hrsg.), Die Forderungsabtretung, S. 3, 21; *Erman*[10]*-Hohloch*, Art. 33 EGBGB, Rdnr. 10; zum früheren Recht vgl. bereits *Rabel*, Conflict of Laws III[2], S. 447; *Beemelmans*, RabelsZ 29 (1965), 511, 519; *Siehr*, AWD/RIW 1973, 569, 583; *Staudinger*[10/11]*-Firsching*, vor Art. 12 EGBGB, Rdnr. 598.

860 Zu Art. 36 EGBGB (Art. 18 EVÜ) und den Methoden der einheitlichen Auslegung vgl. oben – § 7 I.

von der Übertragbarkeit der Forderung ab. Somit spricht der Wortlaut der Norm dafür, die Übertragbarkeit der Forderung nach dem Zessionsgrundstatut zu beurteilen.[861]

Ungeachtet dessen hatte Art. 17 des Vorentwurfs zum EVÜ,[862] eine frühere Fassung des heutigen Art. 13 EVÜ, die „Übertragbarkeit" noch ausdrücklich dem Forderungsstatut zugewiesen. In dem Bericht zu dem Vorentwurf von *Giuliano/Lagarde/van Sasse van Ysselt*[863] wird die Maßgeblichkeit des Forderungsstatuts mit der Notwendigkeit des Schuldnerschutzes begründet. Warum die Regelung dennoch von dem späteren Art. 13 EVÜ nicht übernommen wurde, geht aus den entstehungsgeschichtlichen Materialien nicht hervor. Vielfach ist aus der kommentarlosen Streichung die Schlussfolgerung gezogen worden, dass die Delegationen eine inhaltliche Änderung der Regelung überhaupt nicht beabsichtigt hätten.[864]

Gegen diese These spricht allerdings die Kommentierung des heutigen Art. 13 EVÜ in dem Bericht *Giuliano/Lagarde*,[865] wonach das auf die Verpflichtung des Dritten anzuwendende Recht (Zessionsgrundstatut) über die Frage entscheide, ob und in welchem Ausmaß der Dritte befugt sei, die Forderung des Altgläubigers gegen den Schuldner gemäß dem für deren Beziehungen maßgebenden Recht (Forderungsstatut) geltend zu machen. Die Berechtigung zur Geltendmachung der Forderung, zu der notwendig auch deren Übertragbarkeit zählt, wird danach ausdrücklich dem Zessionsgrundstatut zugewiesen.[866] Auch die Denkschrift der Bundesregierung zu Art. 13 EVÜ rechnet die „Übertragbarkeit" einer Forderung zum Zessionsgrundstatut: „Ob die Forderung des Gläubigers ... auf den Dritten [übergehe] und ihn [berechtige], den Schuldner aufgrund der Gläubigerforderung ... in Anspruch zu nehmen, ... [bestimme] sich ... nach dem Recht, auf dem die Verpflichtung des Dritten zur Schuldtilgung [beruhe]."[867] Mithin sprechen die Art. 13 EVÜ zugrunde liegenden Materialien dafür, die Übertragbarkeit einer Forderung dem Zessionsgrundstatut zu entnehmen.

---

861 Vgl. H. *Keller*, Zessionsstatut, S. 167.

862 Vgl. die Nachweise oben – § 7 III 1.

863 Rapport *Giuliano/Lagarde/van Sasse van Ysselt*, Riv. dir. int. priv. proc. 9 (1973), 198, 248 = *Lando/von Hoffmann/Siehr* (Hrsg.), European Private International Law of Obligations, S. 241, 300.

864 Vgl. H. *Keller*, Zessionsstatut, S. 168; *Soergel*[12]*-von Hoffmann*, Art. 33 EGBGB, Rdnr. 24; *Staudinger*[12]*-Hausmann*, Art. 33 EGBGB, Rdnr. 50; *von Hoffmann*, Forderungsübertragung im IPR, in: *Hadding/Schneider* (Hrsg.), Die Forderungsabtretung, S. 3, 21.

865 Bericht *Giuliano/Lagarde*, Abl. EG Nr. C 282 vom 31.10.1980, S. 35 ff.

866 Im übrigen kann angesichts der unterschiedlichen kollisionsrechtlichen Interessenlage bei Abtretung und Legalzession nicht ausgeschlossen werden, dass auch Zweifel der Delegationen an der Sachgerechtigkeit dieser Lösung aufgekommen sind, die für die Streichung ausschlaggebend waren.

867 Denkschrift der Bundesregierung zum EVÜ, BT-Drs. 10/503 vom 20.10.1983, S. 21, 30 = *Pirrung*, IPR, S. 334, 341.

Die Bestimmung des für die Übertragbarkeit einer Forderung maßgeblichen Rechts ist notwendig mit den involvierten Interessen der Beteiligten verknüpft. Einerseits gilt auch bei der Legalzession der Grundsatz, dass sich die Rechtsposition des Schuldners durch den Forderungsübergang nicht verschlechtern darf, andererseits steht dem Schuldnerschutz bei gesetzlichem Forderungsübergang, soweit die Übertragbarkeit einer Forderung in Frage steht, das Interesse des regelmäßig vorleistenden Dritten am Erwerb der Forderung entgegen. Im Unterschied zur Forderungsabtretung besteht in den Fällen der Legalzession häufig eine Verbindung zwischen Schuldner und Drittem (Neugläubiger).[868] Fungiert der Dritte als Sicherungsgeber im Verhältnis zum Gläubiger, so kommt dem Schuldner diese Verbindung regelmäßig zugute. Dies gilt nicht nur für die Übernahme einer Bürgschaft, sondern auch für die Bestellung eines Pfandrechts oder einer Hypothek durch den Dritten. Ordnet das Gesetz für den Fall, dass der Dritte an den Gläubiger zahlt, einen Forderungsübergang an, geschieht dies somit auch im wohlverstandenen Interesse des Schuldners. Entscheidend ist jedoch, dass die Legalzession bei vorausgegangener Stellung einer Sicherheit durch den Dritten dem Schuldner in aller Regel bekannt sein wird, dieser insbesondere unter für ihn erkennbaren Voraussetzungen gegebenenfalls mit einem Übergang der Forderung rechnen muss. Hinzu kommt, dass der Dritte, anders als der Zessionar bei Abtretung einer Forderung, in nahezu allen Fällen der Legalzession in Vorleistung für den Schuldner tritt. Aus alledem folgt, dass das Schutzbedürfnis des Schuldners – auch vor einer ihm unbekannten *cessio legis* – kollisionsrechtlich geringer wiegt als das Erwerbsinteresse eines (für ihn) vorleistenden Dritten.[869]

Hiergegen lässt sich nicht einwenden, der Vertrag zwischen Gläubiger und Drittem wirke im Verhältnis zum Schuldner wie ein Vertrag zu Lasten Dritter.[870] Denn im Unterschied zur Abtretung führt der Vertrag zwischen Gläubiger und Drittem in aller Regel nicht unmittelbar zu einem Gläubigerwechsel. Etwa die Bürgschaft begründet als einseitig verpflichtender Vertrag lediglich eine Verpflichtung des Dritten, für die Erfüllung der Verbindlichkeiten des Hauptschuldners einzustehen. Erst durch die Zahlung des Bürgen geht die Forderung auf diesen über. Der Vertragsschluss zwischen Gläubiger und Drittem kann sich somit allenfalls mittelbar zu Lasten des Schuldners auswirken. Der Grundsatz „Keine Verträge zu Lasten Dritter" passt deshalb hier nicht, zumal der Vertragsschluss häufig im Interesse des Schuldners liegen wird.[871] Die Maßgeblichkeit

[868] Vgl. *Stoll*, FS Müller-Freienfels, S. 631 f. Liegt der Verbindung eine Bürgschaft zugrunde, wird sie meist auf einem Rechtsverhältnis, z.B. einem Auftrag oder einer Geschäftsbesorgung beruhen, vgl. *Palandt*[60]*-Thomas*, Einf. v § 765 BGB, Rdnr. 8.

[869] Vgl. Chr. *von Bar*, RabelsZ 53 (1989), 462, 479; *Mansel*, Direktansprüche, S. 44.

[870] Vgl. *Einsele*, ZVglRWiss 90 (1991), 1, 20; *Staudinger*[12]*-Hausmann*, Art. 33 EGBGB, Rdnr. 50.

[871] Z.B. beim Bürgschaftsvertrag oder der Bestellung einer Hypothek oder eines Pfandrechts.

des Zessionsgrundstatuts für die Übertragbarkeit der Forderung beginnt sich überdies in anderen Vertragsstaaten des EVÜ durchzusetzen.[872]

Kollisionsrechtlich ist die Übertragbarkeit der Forderung bei gesetzlichem Forderungsübergang somit dem Zessionsgrundstatut und nicht dem Forderungsstatut, zuzuordnen.

Ein systematisches Argument, wonach eine Abtretung vorbehaltlich der von Art. 33 Abs. 2 EGBGB (Art. 12 Abs. 2 EVÜ) ausdrücklich geregelten Fragen, ebenfalls dem Zessionsgrundstatut zu unterwerfen wäre, folgt aus Art. 33 Abs. 3 S. 1 EGBGB (Art. 13 EVÜ) insoweit nicht.

V. Kollisionsrechtliche Interessen

1. Die kollisionsrechtliche Einordnung einer Abtretung als abstraktes oder kausales Rechtsgeschäft

Die Einordnung einer Abtretung als abstraktes oder kausales Rechtsgeschäft entscheidet nicht nur *inter partes*, sondern auch im Verhältnis der Zessionsparteien zum Schuldner und sonstigen Dritten über die Frage, wer Inhaber der übertragenen Forderung ist. Sie bestimmt inzident, unter welchen Voraussetzungen der Schuldner dem Zessionar die Unwirksamkeit der Abtretung entgegenhalten kann.[873] Ist die Abtretung kausal ausgestaltet und beruht sie auf einem unwirksamen Grundgeschäft, wird der Zessionar nicht Inhaber der Forderung. Der Schuldner kann ihm gegenüber die Unwirksamkeit der Abtretung einwenden. Ist die Abtretung dagegen abstrakt ausgestaltet, bringt dem Schuldner die Unwirksamkeit des Grundgeschäfts keine Vorteile. Er könnte sich allenfalls auf eine Unwirksamkeit des abstrakten Verfügungsgeschäfts der Abtre-

---

[872] Vgl. *Virgós Soriano*, in: *MJ* (Hrsg.), Comentario I², Art. 10 Nr. 10 Cc, II 2; *ders.*, in: *Albaladejo/Díaz Alabart* (Hrsg.), Comentario I², Art. 10 Nr. 10 Cc, I 6 (S. 783); *González Campos u. a.*, D. i. pr.⁶, n. 253; *Kaye*, Private International Law, S. 329; *Malatesta*, La cessione del credito nel d. i. pr., S. 125 ff.; a.A. (Forderungsstatut maßgebend) *Lagarde*, Rev. crit. dr. internat. privé 80 (1991), 287, 336; *Aguilar Benítez de Lugo*, Derecho civil internacional, S. 287. Vor Inkrafttreten des Art. 13 EVÜ wurde, meist jedoch vor dem Hintergrund des Art. 17 des Vorentwurfs zum EVÜ, der die Übertragbarkeit einer Forderung noch ausdrücklich dem Forderungsstatut zugewiesen hatte, überwiegend auf dessen Maßgeblichkeit abgestellt, vgl. *Rabel*, Conflict of Laws III², S. 447; *Beemelmans*, RabelsZ 29 (1965), 511, 519; *Siehr*, AWD/RIW 1973, 569, 583; *Staudinger*^10/11^*-Firsching*, Vor Art. 12 EGBGB, Rdnr. 598; *Foyer*, Clunet 1976, 555, 640; *Sauveplanne*, Quelques remarques relatives à l'avant projet, in: *Lando/von Hoffmann/Siehr* (Hrsg.), European Private International Law of Obligations, S. 186, 192 f.; weitere Nachweise bei *Keller*, Zessionsstatut, S. 105.

[873] Vgl. Teil 2 – § 5 I 1 b bb.

tung, etwa wegen Sittenwidrigkeit bei Globalzession, berufen.[874] Andererseits wird der Schuldner, wenn er leisten will, bei abstraktem Forderungsübergang besser gestellt, weil er sich dann nicht um die Wirksamkeit des der Abtretung zugrunde liegenden Kausalgeschäfts kümmern muss.[875] Kollisionsrechtlich wird vor diesem Hintergrund die Frage aufgeworfen, ob die Einordnung einer Abtretung als abstraktes oder kausales Rechtsgeschäft aus Gründen des Schuldnerschutzes dem Forderungsstatut zuzuordnen ist.

a) Die Anknüpfung kausaler Zessionen

Beispiel: Zedent G, der seinen gewöhnlichen Aufenthalt in Deutschland hat, verkauft und überträgt eine dem spanischen Recht unterliegende Kaufpreisforderung gegen den spanischen Staatsangehörigen S auf den deutschen Zessionar Z. Für den Forderungskauf vereinbaren die Zessionsparteien die Geltung des deutschen Rechts. Z setzt den S von der Abtretung in Kenntnis. Später ficht G den der Abtretung zugrunde liegenden Kaufvertrag erfolgreich wegen eines Irrtums an. Als Z aus der ihm abgetretenen Forderung gegen S vorgeht, wendet dieser ein, die Abtretung sei unwirksam, Z nicht Forderungsinhaber. Im übrigen habe S, nachdem er von der Abtretung erfahren habe, einen Zahlungsanspruch gegen G erworben, mit der er nun aufrechne.

Entnimmt man das Statut für die Einordnung einer Abtretung als abstraktes oder kausales Rechtsgeschäft Art. 33 Abs. 1 EGBGB (Art. 12 Abs. 1 EVÜ) oder knüpft es autonom an das Sitzrecht des Zedenten an, würde sich die Abtretung im Fallbeispiel jeweils nach deutschem Recht richten mit der Folge, dass sie als abstraktes Rechtsgeschäft zu qualifizieren wäre. Infolgedessen könnte S keine Einwendungen aus dem Grundgeschäft der Abtretung herleiten. Vielmehr würde Z Inhaber der Forderung und wäre folglich in der Lage, gegen S vorzugehen.[876] Überdies könnte S gegen die geltend gemachte Forderung nicht mit seinem Zahlungsanspruch gegen G aufrechnen: Als Einwendung des Schuldners unterliegt die Aufrechnung gemäß Art. 33 Abs. 2 EGBGB (Art. 12 Abs. 2 EVÜ) zwingend dem Forderungsstatut,[877] vorliegend also dem spanischen Recht. Art. 1198 Cc, der die Aufrechnung des Schuldners gegenüber dem

---

[874] Ist die Abtretung, wie nach deutschem Recht, abstrakt ausgestaltet, kann der Schuldner Einwendungen aus dem Verhältnis zwischen Zedent und Zessionar nur aus dem rechtsgrundunabhängigen Verfügungsgeschäft der Abtretung herleiten, vgl. *Palandt*[60]*-Heinrichs*, § 404 BGB, Rdnr. 2.

[875] Dazu unten – § 7 V 1 b.

[876] Will S seiner Verpflichtung zur Zahlung des Kaufpreises aus der gegen ihn gerichteten Forderung nachkommen, stellt sich die Anwendung des Zessionsgrundstatuts für ihn freilich als günstig dar. Infolge der Unabhängigkeit der Abtretung von dem ihr zugrunde liegenden Kausalgeschäft ist dessen Unwirksamkeit für S nämlich ohne Belang. S braucht, soweit es um die Wirksamkeit des Grundgeschäfts geht, an der Forderungsinhaberschaft des Z keine Zweifel haben. Die abstrakte Ausgestaltung der Abtretung schafft eine für ihn klare Rechtslage. Zum Schuldnerschutz durch den Abstraktionsgrundsatz vgl. Teil 2 – § 5 I 1 b bb.

[877] Vgl. oben – § 6 III 2 b.

Zessionar mit einer ihm gegen den Zedenten zustehenden Forderung regelt, macht die Aufrechnung davon abhängig, dass die Gegenforderung des Schuldners zu einem Zeitpunkt entstanden ist, in dem der Schuldner noch keine Kenntnis von der Abtretung hatte.[878] Diese Voraussetzung wäre vorliegend nicht erfüllt, denn S hat den Zahlungsanspruch gegen G erst erworben, nachdem ihm die Abtretung bekannt gegeben worden ist.

Unterstellt man demgegenüber die Einordnung einer Abtretung als abstraktes oder kausales Rechtsgeschäft gemäß Art. 33 Abs. 2 EGBGB (Art. 12 Abs. 2 EVÜ) dem Forderungsstatut, wäre die Abtretung nach dem dann maßgeblichen spanischen Recht als kausales Rechtsgeschäft zu qualifizieren. Die Abtretung wäre somit von der gemäß Art. 33 Abs. 1 EGBGB (Art. 12 Abs. 1 EVÜ) nach deutschem Recht zu beurteilenden Wirksamkeit des ihr zugrunde liegenden Kaufvertrages abhängig.[879] Nach § 142 Abs. 1 BGB ist der Kaufvertrag durch die Anfechtung als von Anfang an nichtig anzusehen, weshalb auch die Abtretung unwirksam wäre. Insoweit könnte Z nicht Inhaber der Forderung werden; hierauf könnte sich S mit Erfolg berufen und die Unwirksamkeit der Abtretung einwenden.[880] S könnte sodann mit seinem Zahlungsanspruch gegen G aufrechnen. Auf die Regelung des Art. 1198 Cc käme es mangels einer wirksamen Abtretung nicht mehr an.

Dieses Beispiel zeigt, dass sich die kollisionsrechtliche Einordnung einer Abtretung als abstraktes oder kausales Rechtsgeschäft in erheblichem Umfang für den Schuldner auswirkt. Während S nach dem für ihn maßgebenden Forderungsstatut ohne weiteres die Unwirksamkeit der Abtretung einwenden und darauf basierend mit dem ihm zustehenden Zahlungsanspruch gegen G aufrechnen könnte, wäre ihm diese Möglichkeit nach deutschem Recht versagt. Der Schuldner soll aber nach Sinn und Zweck des Art. 33 Abs. 2 EGBGB (Art. 12 Abs. 2 EVÜ) darauf vertrauen dürfen, dass sich sämtliche Abtretungsvoraussetzungen, die seine Rechtsstellung im Verhältnis zu den Zessionsparteien berühren, allein nach demjenigen Recht richten, unter welchem er seine Verbindlichkeit eingegangen war.[881] Die Ausgestaltung einer Abtretung als abstraktes oder kausales Rechtsgeschäft ist, da sie auf der Ebene des materiellen Rechts über die dem Schuldner zustehenden Einwendungen und damit über die Reichweite des Schuldnerschutzes entscheidet, auch kollisionsrechtlich als eine Voraussetzung der Abtretung im Verhältnis zum Schuldner zu qualifizieren. Sie ist daher unbeschadet der Möglichkeit des Schuldners, mit befreiender Wirkung zu leis-

---

[878] Vgl. Teil 1 – § 1 III 2 b.

[879] Vgl. oben – § 6 II 1.

[880] Zur Reichweite der Einwendungen des Schuldners nach spanischem Recht vgl. Teil 1 – § 1 III 2 b.

[881] Vgl. *Mangold*, Das IPR der Abtretung, in: *Hommelhoff/Jayme/Mangold* (Hrsg.), Europäischer Binnenmarkt, S. 81, 90 f.; *Staudinger*[13]*-Stoll*, Int SachenR, Rdnr. 348; *Staudinger*[12]*-Hausmann*, Art. 33 EGBGB, Rdnr. 22.

ten, gemäß Art. 33 Abs. 2 EGBGB (Art. 12 Abs. 2 EVÜ) nach dem Forderungsstatut zu beurteilen.[882]

Wären Zedent und Zessionar demgegenüber in der Lage, das Statut für die abstrakte oder kausale Einordnung einer Abtretung gemäß Art. 33 Abs. 1 EGBGB (Art. 12 Abs. 1 EVÜ) selbst zu bestimmen, würde ihnen die Möglichkeit eröffnet, dem Schuldner Einwendungen abzuschneiden, die nach dem Inhalt des Art. 33 Abs. 2 EGBGB (Art. 12 Abs. 2 EVÜ) dem Forderungsstatut zugewiesen sind. Insoweit könnte die Beurteilung einer Abtretung als abstraktes oder kausales Rechtsgeschäft nach dem Statut des Zessionsgrundes aber auch nach dem Sitzrecht des Zedenten zu einem Statutenwechsel und damit zu einem Wechsel der Forderungsinhaberschaft führen, mit dem der Schuldner nicht zu rechnen brauchte.[883] Insbesondere im Fallbeispiel durfte S unter der Geltung des spanischen Rechts als Forderungsstatut darauf vertrauen, die Unwirksamkeit der Abtretung einwenden zu dürfen, um anschließend mit dem ihm zustehenden Zahlungsanspruch gegen die Forderung des G aufzurechnen.

Der Einwand, dem Schuldner entstehe, soweit er nicht die Existenz oder Durchsetzbarkeit der abgetretenen Forderung bestreite und insoweit ohnehin zur Leistung an Zedent oder Zessionar verpflichtet bleibe, kein entscheidender Nachteil, wenn er nach dem Zessionsgrundstatut aufgrund einer abstrakten Abtretung auch bei unwirksamem Grundgeschäft an den Zessionar leisten müsse, geht insoweit fehl.[884] Auch das Argument, ein kausales Forderungsstatut helfe

---

[882] Wie hier *BGH* 26.11.1990, IPRax 1992, 43 mit Aufs. Chr. *von Bar*, 20; *Kaiser*, Verlängerter Eigentumsvorbehalt, S. 184; *von Westphalen*, Rechtsprobleme der Exportfinanzierung³, S. 494; Chr. *von* Bar, RabelsZ 53 (1989), 462, 466 (Fn. 21); Kropholler, IPR³, § 52 VII 1; *von Hoffmann/Höpping*, IPRax 1993, 302, 304; *Mangold*, Das IPR der Abtretung, in: *Hommelhoff/Jayme/Mangold* (Hrsg.), Europäischer Binnenmarkt, S. 81, 90; *Reithmann/Martiny-Martiny*, Internationales Vertragsrecht⁵, Rdnr. 302; *Soergel*¹²*-von Hoffmann*, Art. 33 EGBGB, Rdnr. 7; *Staudinger*¹³*-Stoll*, Int SachenR, Rdnr. 348; MünchKomm³*-Martiny*, Art. 33 EGBGB, Rdnr. 8; *Staudinger*¹²*-Hausmann*, Art. 33 EGBGB, Rdnr. 22; *Kegel/Schurig*, IPR⁸, § 18 VII 1; *Palandt*⁶⁰*-Heldrich*, Art. 33 EGBGB, Rdnr. 2; *Erman*¹⁰*-Hohloch*, Art. 33 EGBGB, Rdnr. 6. Zum früheren Recht vgl. bereits *Guldener*, Zession im IPR, S. 62; *Lewald*, IPR, S. 272; *Wolff*, IPR³, S. 152; *Raape*, IPR⁵, § 47 I 1; *Soergel*¹¹*-Kegel*, Vor Art. 7 EGBGB, Rdnr. 446; *Staudinger*¹⁰/¹¹*-Firsching*, Vor Art. 12 EGBGB, Rdnr. 597; *Schütze*, WM 1979, 962, 963.

[883] Vgl. MünchKomm³*-Martiny*, Art. 33 EGBGB, Rdnr. 6. Dieser Gedanke des Schuldnerschutzes ist auch in anderen vergleichbaren Konstellationen anzutreffen. *Jayme* betont im Zusammenhang mit der Anknüpfung des Direktanspruchs eines Subunternehmers gegen den Vertragspartner des Hauptunternehmers, dass jenem nach dem für ihn maßgeblichen Vertragsstatut ein Vetorecht zukommen muss, wenn der Direktanspruch diesem Vertragsstatut unbekannt ist, der Vertragspartner mit einer Inanspruchnahme also nicht zu rechnen brauchte, vgl. *Jayme*, FS Pleyer, S. 371, 378; *ders.*, IPRax 1985, 372, 373; *ders.*, Clunet 1985, 951, 959.

[884] Zu weit geht die Auffassung, wonach der Schuldner an der Geltendmachung von Mängeln aus der Kausalbeziehung Zedent – Zessionar kein schutzwürdiges Interesse habe, solange

dem Schuldner grundsätzlich nicht, weil sich der Schuldner infolge der Abhängigkeit der Abtretung von dem ihr zugrunde liegenden Kausalgeschäft erst von der Wirksamkeit desselben überzeugen oder mit entsprechendem Risiko an den Zessionar leisten müsse,[885] vermag im Hinblick auf den notwendigen Erhalt der dem Schuldner zustehenden Einwendungen – auch aus der Kausalbeziehung zwischen Zedent und Zessionar – nicht zu überzeugen.

Kann der Schuldner nach alledem einer Inanspruchnahme durch den Zessionar nach dem für ihn maßgeblichen Forderungsstatut auch Einwendungen aus dem der Abtretung zugrunde liegenden Kausalgeschäft entgegenhalten (Fall einer kausalen Zession), darf ihm diese schützenswerte Rechtsposition nicht durch die Anwendung eines abstrakten Zessionsgrundstatuts wieder entzogen werden;[886] denn der Schuldnerschutz steht nicht zur Disposition der Zessionsparteien.[887]

---

er ohnehin leisten müsse, vgl. *Stadler*, Gestaltungsfreiheit, S. 710; *dies.*, nun jedoch einschränkend, IPRax 2000, 104, 106 (Fn. 40). Art. 33 Abs. 2 EGBGB (Art. 12 Abs. 2 EVÜ) stellt vielmehr umfassend auf „das Verhältnis zwischen neuem Gläubiger und Schuldner" ab und differenziert nicht nach der Art der geltend gemachten Einwendung. Auch der Einwand *Einseles*, wonach der Schuldner vorbehaltlich der Abtretbarkeit einer Forderung gegen den Wechsel des Forderungsinhabers nicht von Art. 33 Abs. 2 EGBGB geschützt werde, verkennt die Reichweite des kollisionsrechtlichen Schuldnerschutzes, vgl. *Einsele*, ZVglRWiss 90 (1991), 1, 17; *dies.*, Wertpapierrecht, S. 476 f.; *dies.*, RabelsZ 60 (1996), 417, 434.

885 Vgl. *Stadler*, Gestaltungsfreiheit, S. 710; *dies.*, IPRax 2000, 104, 106 f.

886 Dass sich der Schuldner zur Geltendmachung von Einwendungen aus dem Kausalverhältnis Zedent – Zessionar gegebenenfalls auf eine fremde Rechtsordnung stützen muss, bereitet ihm zwar möglicherweise Schwierigkeiten, vgl. *Stadler*, IPRax 2000, 104, 106 f. Dies rechtfertigt jedoch nicht, den betreffenden Einwendungen ihre schuldnerschützende Funktion abzusprechen und diese vom Anwendungsbereich des Art. 33 Abs. 2 EGBGB (Art. 12 Abs. 2 EVÜ) auszunehmen; a.A. *von Wilmowsky*, Europäisches Kreditsicherungsrecht, S. 410 f.

887 Vgl. *BGH* 13.6.1984, IPRax 1985, 221, 224 mit Aufs. *Kötz*, 205. Wegweisend war die Entscheidung des *OLG Köln* vom 26.6.1986, IPRax 1987, 239, 240 mit Aufs. *Sonnenberger*, 221, in der die Klägerin (Zessionarin), eine berufsständische Vereinigung, die für ihre Mitglieder Factoring betreibt, gegen die deutsche Beklagte (Schuldnerin) aus einer ihr von einer Mitgliedsfirma (Zedentin) abgetretenen Forderung vorging: Während die Forderung dem französischen Recht unterlag, vereinbarten die Zessionsparteien für die Abtretung deutsches Recht. Das *OLG Köln* befand, die Rechtswahl der Zessionsparteien ändere an der Maßgeblichkeit des Forderungsstatuts für die Abtretung nichts. Allgemein sei zwar im schuldrechtlichen Bereich, zu dem auch die Abtretung zähle, der Parteiwille für die Rechtswahl bedeutsam. Der Grundsatz der Parteiautonomie gelte aber lediglich in demjenigen Bereich, welcher der eigenen Disposition unterliege. Somit könnten nur die an einer schuldrechtlichen Vereinbarung beteiligten Vertragsparteien selbst deren privatrechtliche Einordnung bestimmen. Dritten Personen müsse dies verwehrt bleiben, weil man ihnen sonst erlaubte, zu Lasten Dritter Bestimmungen zu treffen. Aus diesem Grundsatz folge für die Abtretung einer Forderung, dass den Zessionsparteien zwar das Recht zustehe,

Ein Abstellen auf das Zessionsgrundstatut hätte für die Einordnung einer Abtretung als abstraktes oder kausales Rechtsgeschäft im übrigen die weitere Konsequenz, dass der Schuldner noch durch eine nachträgliche Rechtswahl der Zessionsparteien benachteiligt werden könnte. Zwar wäre der Schuldner unter der Geltung des Zessionsgrundstatuts als Dritter im Sinne von Art. 27 Abs. 2 Satz 2 EGBGB (Art. 3 Abs. 2 Satz 2 EVÜ) anzusehen. Dieses Schutzes bedürfte es jedoch nicht, wenn die Einordnung einer Abtretung als abstraktes oder kausales Rechtsgeschäft von vornherein dem Forderungsstatut unterstellt würde. Bereits die bloße Möglichkeit, dass der Schuldner in eine Situation kommen könnte, die es verlangt, ihm seine Rechtsposition durch drittschützende Kollisionsnormen zu erhalten, rechtfertigt es, die Einordnung der Abtretung als abstraktes oder kausales Rechtsgeschäft nach dem Sinn und Zweck des Art. 33 Abs. 2 EGBGB (Art. 12 Abs. 2 EVÜ) dem Forderungsstatut zu unterwerfen. Ohnehin wäre Art. 33 Abs. 2 EGBGB (Art. 12 Abs. 2 EVÜ) im Verhältnis zu Art. 27 Abs. 2 Satz 2 EGBGB (Art. 3 Abs. 2 Satz 2 EVÜ) spezieller und deshalb als vorrangig anzusehen.

b) Die Anknüpfung abstrakter Zessionen

Auch im umgekehrten Fall, d.h. Forderungsstatut ist deutsches Recht, während Zessionsgrundstatut oder Sitzrecht des Zedenten kausal ausgestaltet sind, ist dem Schuldner mit der Anknüpfung der Abtretung als abstraktes oder kausales Rechtsgeschäft an das Forderungsstatut mehr gedient. Zwar kann sich der Schuldner unter der Herrschaft des abstrakten deutschen Rechts nicht auch auf die Unwirksamkeit des Grundgeschäfts der Abtretung berufen. Mit dem deutschen Recht ist diese Einwendung aber gerade derjenigen Rechtsordnung unbekannt, unter welcher der Schuldner sich verpflichtet hat. Insoweit besteht kein Bedürfnis, den Schuldner kollisionsrechtlich besser zu stellen, als nach dem für ihn maßgeblichen Zessionsstatut. Insbesondere wird der Schuldner lediglich damit rechnen, gegebenenfalls die Unwirksamkeit der abstrakten Forderungsverfügung geltend machen zu können.

---

zwischen sich selbst festzulegen, welchem Statut das Grundgeschäft der Abtretung unterliegen soll; die Abtretung selbst dürften sie aber nicht willkürlich einer anderen Rechtsordnung unterstellen, als derjenigen, welche für die abgetretene Forderung gelte. Sonst würde es ihnen möglich sein, regelnd in einen ihrer Disposition entzogenen Bereich, nämlich die Rechtsposition des Schuldners, einzugreifen. Ein solcher Eingriff hätte, wie das *OLG Köln* zu Recht erkannte, für die Schuldnerin schwerwiegende Folgen haben können. Im Unterschied zum deutschen Recht sieht das französische Recht nämlich in erheblichem Maße schuldnerschützende Formalien vor. Um diesen Schutz, so das Gericht, habe die Schuldnerin nicht ohne ihre Zustimmung gebracht werden dürfen. Die Verabredung der Zessionsparteien, die Abtretung der dem französischen Recht unterliegenden Forderung dem deutschen Recht zu unterwerfen, könne insoweit keine Wirkung haben.

Will der Schuldner seiner Leistungsverpflichtung jedoch nachkommen, ist er unter der Geltung eines abstrakten Forderungsstatuts besser gestellt; denn infolge der Unabhängigkeit der Abtretung von ihrem Rechtsgrund muss er keine Nachforschungen über die Wirksamkeit des zugrunde liegenden Kausalgeschäfts anstellen.[888] Insoweit ist anerkannt, dass der Abstraktionsgrundsatz bei Abtretung einer Forderung auch dem Schutz des Schuldners dient.[889] Diesen Zusammenhang zeigte bereits *Guldener*[890] auf: Der Schuldner hat ein berechtigtes Interesse daran, dass die Abtretung von möglichst wenigen und einfachen Voraussetzungen abhängig ist. Die Unabhängigkeit der Abtretung von ihrem Rechtsgrund schafft eine für den Schuldner klare Rechtslage, denn dieser muss nicht noch prüfen, ob der Wechsel der Forderungsinhaberschaft auf einer wirksamen Kausalbeziehung der Zessionsparteien beruht. Nachforschungen und die Bewertung schwieriger Rechtsfragen hinsichtlich des Rechtsgrundes bleiben dem Schuldner unter der Geltung des Abstraktionsgrundsatzes somit erspart.[891]

---

888 Vgl. *BGH* 26.11.1990, IPRax 1992, 43 mit Aufs. Chr. *von Bar*, 20: Eine schweizerische Aktiengesellschaft (AG), machte gegen ihren in der Bundesrepublik Deutschland ansässigen Schuldner (S) klageweise eine Darlehensforderung geltend, die kraft Rechtswahl der Parteien dem deutschen Recht unterlag. Weil die Forderung von der AG als Sacheinlage in eine andere schweizerische Gesellschaft eingebracht und an diese abgetreten worden war, bestritt S die Aktivlegitimation (Forderungsinhaberschaft) der AG. Hiergegen brachte die AG vor, sie sei Inhaberin der Darlehensforderung geblieben, denn die der Abtretung zugrunde liegende Einbringung habe sich nach dem für sie maßgebenden schweizerischen Recht als unwirksam herausgestellt. Während die Abtretung nach dem deutschen Forderungsstatut als abstraktes Rechtsgeschäft zu qualifizieren war und sich deshalb unabhängig von der Wirksamkeit des Grundgeschäfts beurteilt hätte, war nach dem schweizerischen Zessionsgrundstatut die Einordnung der Abtretung als abstraktes oder kausales Rechtsgeschäft umstritten, vgl. *von der Crone*, SJZ 93 (1997), 249 ff. Insoweit hätte sich zugunsten der AG einwenden lassen, dass die Abtretung jedenfalls nach einer Auffassung fehlgeschlagen ist. Der *Bundesgerichtshof* entschied, dass die Verselbständigung des Zessionsstatuts gegenüber dem Zessionsgrundstatut, auch für die kollisionsrechtliche Beurteilung der Frage, ob eine Abtretung abstrakt oder kausal ausgestaltet sei, auf dem Gedanken des Schuldnerschutzes beruhe: Der Schuldner solle sich, was die Abtretung einer Forderung anbelangt, nur auf die für ihn maßgebende Rechtsordnung einrichten müssen. Es gehe darum, ihm Unsicherheiten fernzuhalten, die durch eine Anwendung oder Mitberücksichtigung der für die Rechtsbeziehungen zwischen Zedent und Zessionar maßgebenden Rechtsordnung für ihn notwendig geschaffen würden. Aus Sicht des Schuldners richte sich der Abtretungsvorgang deshalb allein nach derjenigen Rechtsordnung, unter welcher er sich verpflichtet habe. Mithin beurteilte der *BGH* die Abtretung gemäß Art. 33 Abs. 2 EGBGB insoweit nach deutschem Recht, d.h. unabhängig von der Gültigkeit des zugrunde liegenden Kausalgeschäfts. Im Ergebnis war die Übertragung der Darlehensforderung somit wirksam; der AG fehlte folglich die für die Geltendmachung des ihres Anspruchs erforderliche Aktivlegitimation.

889 Vgl. statt aller *Staudinger*[13]*-Stoll*, Int SachenR, Rdnr. 348.

890 *Guldener*, Zession im IPR, S. 61.

891 *Stadler*, Gestaltungsfreiheit, S. 632 f., 709 ff., 714 und *dies.*, IPRax 2000, 104, 106, hat darauf aufmerksam gemacht, dass der Schuldner in gleicher Weise durch sein Leistungsverweigerungsrecht nach § 410 BGB geschützt werde. Nach dieser Bestimmung ist der

Die kollisionsrechtliche Einordnung einer Abtretung als abstraktes oder kausales Rechtsgeschäft nach dem Zessionsgrundstatut oder nach dem Recht am Ort des gewöhnlichen Aufenthalts bzw. der Niederlassung des Zedenten hat nach alledem außer Betracht zu bleiben. Insbesondere Zedent und Zessionar muss es verwehrt sein, die Einordnung einer Abtretung als abstraktes oder kausales Rechtsgeschäft und damit die Anforderungen an den Wechsel in der Person des Forderungsinhabers kollisionsrechtlich selbst zu bestimmen. Einer derart weitreichenden Parteiautonomie steht das Schuldnerschutzgebot entgegen. Faktisch würde dem Schuldner durch die Maßgeblichkeit des Zessionsgrundstatuts gerade derjenige Schutz entzogen, den ihm Art. 33 Abs. 2 EGBGB (Art. 12 Abs. 2 EVÜ) durch die zwingende Geltung des Forderungsstatuts gewähren will. Die mit der Norm verbundene kollisionsrechtliche Wertung würde dadurch in ihr Gegenteil verkehrt. Vor diesem Hintergrund ist die mit der Anwendung des Forderungsstatuts einhergehende Beschränkung der parteiautonomen Gestaltung des Zessionsstatuts auch gemeinschaftsrechtskonform.[892]

2. Die Anknüpfung des Forderungsübergangs inter partes

Von der kollisionsrechtlichen Einordnung einer Abtretung als abstraktes oder kausales Rechtsgeschäft ist die Anknüpfung des Forderungsübergangs *inter partes* zu unterscheiden. Auch sie wird nicht ausdrücklich von Art. 33 Abs. 1 und 2 EGBGB (Art. 12 EVÜ) geregelt. Vereinzelt hat sich vor diesem Hintergrund die Auffassung gebildet, der Forderungsübergang *inter partes* werde von Art. 33 Abs. 1 und 2 EGBGB (Art. 12 EVÜ) überhaupt nicht umfasst, sondern bestimme sich nach dem autonomen Kollisionsrecht der Vertragsstaaten.[893]

Letztere gehen allerdings auf der Grundlage des systematischen Aufbaus der Norm, wonach lediglich zwischen dem Verhältnis Zedent – Zessionar und den Rechtsbeziehungen der Zessionsparteien zum Schuldner zu unterscheiden ist, überwiegend davon aus, dass der Forderungsübergang *inter partes* gemäß

Schuldner nur gegen Aushändigung einer von dem bisherigen Gläubiger über die Abtretung ausgestellten Urkunde zur Leistung an den Zessionar verpflichtet. Die Leistung hat in diesem Fall befreiende Wirkung, ohne dass sich der Schuldner um die Wirksamkeit der Abtretung oder des ihr zugrunde liegenden Kausalgeschäftes kümmern müsste. Richtig ist, dass bei Vorliegen der Voraussetzungen des § 410 BGB nach deutschem Forderungsstatut insoweit keine Notwendigkeit bestünde, die Einordnung der Abtretung als abstraktes Rechtsgeschäft ebenfalls dem Forderungsstatut zu unterstellen. Eine nur untergeordnete Bedeutung der kollisionsrechtlichen Einordnung einer Abtretung als abstraktes (oder kausales) Rechtsgeschäft für den Schuldnerschutz folgt aus der Geltung des § 410 jedoch nicht.

892 A.A. *von Wilmowsky*, Europäisches Kreditsicherungsrecht, S. 410 f.

893 Vgl. *Moshinsky*, L. Q. Rev. 109 (1992), 591, 615 f.; *Struycken*, Lloyd's Marit. Com. L. Q. 24 (1998), 345, 358; *Kieninger*, RabelsZ 62 (1998), 678, 689.

Art. 33 Abs. 1 EGBGB (Art. 12 Abs. 1 EVÜ) dem Zessionsgrundstatut unterfällt.[894]

Auch im deutschen IPR hält man diese Lösung mit Rücksicht auf die kollisionsrechtliche Interessenlage zunehmend für geboten.[895] Im Interesse der Zessionsparteien wird hiernach eine Rechtswahl für den Forderungsübergang *inter partes* zugelassen. Die Maßgeblichkeit des Zessionsgrundstatuts soll allerdings im deutschen Recht, wo die Abtretungsvoraussetzungen durch die Forderungsverfügung einheitlich bestimmt werden, notwendig zu einer Aufspaltung des auf die Forderungsverfügung anzuwendenden Rechts führen: Während die „Forderungsverfügung *inter partes*" demgemäß Art. 33 Abs. 1 EGBGB (Art. 12 Abs. 1 EVÜ) unterliege, beurteile sie sich zwingend nach dem Forderungsstatut, soweit mit ihr der Schuldnerschutz und damit auch der Anwendungsbereich des Art. 33 Abs. 2 EGBGB (Art. 12 Abs. 2 EVÜ) tangiert werde.

In der deutschen Rechtsprechung und herrschenden Lehre wird demgegenüber eine Aufspaltung des Statuts für die Forderungsverfügung abgelehnt; vielmehr wird diese, meist unter dem Hinweis auf die Notwendigkeit des Schuldnerschutzes, stets einheitlich nach dem Forderungsstatut beurteilt. Diesem unterliege somit auch der Forderungsübergang *inter partes*.[896]

Aus dem systematischen Aufbau des Art. 33 Abs. 1 und 2 EGBGB (Art. 12 EVÜ), wonach die Abtretungsvoraussetzungen nicht einheitlich, sondern im Verhältnis Zedent – Zessionar sowie in den Rechtsbeziehungen der Zessionsparteien zum Schuldner jeweils gesondert zu bestimmen sind, ergibt sich indes, dass der Forderungsübergang *inter partes* und ein zwischen Zedent und Zessionar – möglicherweise nur im Verhältnis zum Schuldner – abzuschließendes Verfügungsgeschäft nicht immer kollisionsrechtlich gleichlaufen müssen. Im einzelnen:

---

894 Vgl. *Virgós Soriano*, in: *Albaladejo/Díaz Alabart* (Hrsg.), Comentario I^2, Art. 10 Nr. 10 Cc, I 6; *Loussouarn/Bourel*, D. i. pr.^{5}, n. 425; *van Ommeslaghe*, J. Trib. 114 (1995), 529, 540; *Malatesta*, La cessione del credito nel d. i. pr., S. 164 ff., 169; *Dicey & Morris*, The Conflict of Laws III^{13}, Rule 118 (24-054); *Cheshire & North*, Private International Law^{13}, S. 959; *Kaye*, Private International Law, S. 323; *Koppenol-Laforce*, NILR XLV (1998), 129, 136.

895 Vgl. *Keller*, Zessionsstatut, S. 161 f.; *Kaiser*, Verlängerter Eigentumsvorbehalt, S. 220; *von der Seipen*, Akzessorische Anknüpfung, S. 238; *Ebenroth*, EWiR 1991, 161 f.; *Einsele*, ZVglRWiss 90 (1991), 1, 23; *dies.*, Wertpapierrecht, S. 478; *dies.*, RabelsZ 60 (1996), 417, 435; *Diehl-Leistner*, Internationales Factoring, S. 90; *Staudinger*^{13}*-Stoll*, Int SachenR, Rdnr. 349; *Stadler*, Gestaltungsfreiheit, S. 707 ff., 714; *dies.*, IPRax 2000, 104, 105 ff.; *Mankowski*, Seerechtliche Vertragsverhältnisse im IPR, S. 265 ff.; *Staudinger*^{12}*-Hausmann*, Art. 33 EGBGB, Rdnr. 20.

896 Vgl. die Nachweise Teil 2 – § 4 V 2 a.

a) Die Anknüpfung bei deutschem Forderungsstatut

Beispiel: Der in Madrid niedergelassene Zedent G verkauft und überträgt eine dem deutschen Recht unterliegende Kaufpreisforderung gegen die in Deutschland niedergelassene Firma S auf die spanische Zessionarin Z. G und Z unterwerfen den Forderungskauf dem spanischen Recht.

Das deutsche Recht knüpft die Übertragung einer Forderung gegenüber *jedermann* an den Abschluss eines abstrakten Verfügungsgeschäfts. Wird eine dem deutschen Recht unterliegende Forderung abgetreten, sind die Zessionsparteien somit nicht nur *inter partes*, sondern auch im Verhältnis zum Schuldner gehalten, ein abstraktes Verfügungsgeschäft abzuschließen; denn die „Voraussetzungen, unter denen die Übertragung [der Forderung] dem Schuldner entgegengehalten werden kann“, unterliegen gemäß Art. 33 Abs. 2 EGBGB (Art. 12 Abs. 2 EVÜ) zwingend dem Statut der übertragenen Forderung.[897]

Der Abschluss eines abstrakten Verfügungsgeschäfts ist selbstverständlich auch dann erforderlich, wenn – wie im Fallbeispiel – dem ausländischen Zessionsgrundstatut ein derartiges Verfügungsgeschäft unbekannt ist, dieses den Übergang der Forderung im Verhältnis zwischen Zedent und Zessionar vielmehr nur an den Abschluss des der Abtretung zugrunde liegenden Kausalgeschäfts knüpft.[898] Der Einwand, Zedent und Zessionar würden, soweit das Zessionsgrundstatut ein dem deutschen Recht entsprechendes Trennungsprinzip nicht kenne, keinen, über die schuldrechtliche Einigung hinausgehenden, auf die abstrakte Übertragung der Forderung gerichteten, Willen entfalten können,[899] geht hier fehl. Dieser Standpunkt lässt außer acht, dass die nach deutschem Forderungsstatut notwendigen, auf die abstrakte Übertragung der Forderung gerichteten Parteierklärungen als in dem der Abtretung zugrunde liegenden Kausalgeschäft mitenthalten anzusehen sind.[900]

Ein weiteres Argument, das gegen die Anknüpfung der „Forderungsverfügung *inter partes*“ an das Forderungsstatut regelmäßig vorgebracht wird, soll darin bestehen, dass die Vorschriften über das Zustandekommen und die Wirksamkeit des abstrakten Verfügungsgeschäfts allein im Interesse der Zessionsparteien aufgestellt seien.[901] Wird jedoch eine dem deutschen Recht unterlie-

---

897 Vgl. oben – § 6 III 2 c.

898 Zu den Voraussetzungen des Forderungsübergangs *inter partes* nach spanischem Recht vgl. Teil 1 – § 1 II 1 a.

899 Vgl. *Einsele*, ZVglRWiss 90 (1991), 1, 14 ff.; *dies.*, Wertpapierrecht, S. 476; *dies.*, RabelsZ 60 (1996), 417, 433.

900 Vgl. *Lewald*, IPR, S. 274; *Rüeggsegger*, Die Abtretung im IPR, S. 73; H. *Keller*, Zessionsstatut, S. 81 ff.; *Kieninger*, RabelsZ 62 (1998), 678, 708.

901 Vgl. *Guldener*, Zession im IPR, S. 42; *Keller*, Zessionsstatut, S. 156 ff., 161; *Einsele*, ZVglRWiss 90 (1991), 1, 17 f.; *dies.*, Wertpapierrecht, S. 477; *dies.*, RabelsZ 60 (1996), 417, 434 f.

gende Forderung abgetreten, ist der vorrangige Zweck der nach dem Forderungsstatut einzuhaltenden Bestimmungen darin zu sehen, einen Forderungsübergang im Verhältnis der Zessionsparteien zum Schuldner herbeizuführen. Zwar wirkt das Verfügungsgeschäft *erga omnes*, d.h. auch im Verhältnis der vertragsschließenden Parteien. Insoweit ist aber dem Umstand Rechnung zu tragen, dass Art. 33 Abs. 1 und 2 EGBGB (Art. 12 EVÜ) zur Bestimmung des auf die Abtretung anzuwendenden Rechts das Verhältnis Zedent – Zessionar von den Rechtsbeziehungen der Zessionsparteien zum Schuldner unterscheidet. Begründet demnach das der Abtretung zugrunde liegende Kausalgeschäft keine Verpflichtung der Zessionsparteien, ein abstraktes Verfügungsgeschäft abzuschließen, sondern stellt der Abschluss desselben nach dem Forderungsstatut lediglich eine Voraussetzung für die Übertragung der Forderung im Verhältnis zum Schuldner auf,[902] so besteht keine Notwendigkeit die Forderungsverfügung kollisionsrechtlich aufzuspalten und im Verhältnis Zedent – Zessionar nach Art. 33 Abs. 1 EGBGB (Art. 12 Abs. 1 EVÜ) zu beurteilen.

Die Zessionsparteien erfahren keine Nachteile, wenn sich Zustandekommen und Wirksamkeit des Verfügungsgeschäfts insgesamt nach dem Forderungsstatut beurteilen, solange der Forderungsübergang *inter partes* an die kausale Einigung geknüpft bleibt und damit dem Zessionsgrundstatut unterfällt. Weil die den Forderungsübergang im Verhältnis zum Schuldner begründende abstrakte Einigung der Zessionsparteien als in der kausalen Einigung mitenthalten anzusehen ist, hat diese Anknüpfung zwar zur Folge, dass sich die Wirksamkeit des Abtretungsvertrages für die Zessionsparteien nach zwei verschiedenen Rechten richtet.[903] Die Aufspaltung des Zessionsstatuts betrifft jedoch in Übereinstimmung mit der Systematik des Art. 33 Abs. 1 und 2 EGBGB (Art. 12 EVÜ) nicht ein und dasselbe rechtliche Verhältnis. Wesentlich ist daher, dass Zedent und Zessionar in die Lage versetzt werden, den Forderungsübergang *inter partes* parteiautonom gestalten zu können.[904]

---

902 Im Fallbeispiel ist G aufgrund des dem spanischen Recht unterliegenden Forderungskaufes nicht verpflichtet, ein abstraktes Verfügungsgeschäft abzuschließen, vgl. Teil 1 – § 1 II 1.

903 Im Hinblick auf den Forderungsübergang *inter partes* ist die Wirksamkeit des Abtretungsvertrages nach dem Zessionsgrundstatut, bezüglich des Forderungsübergangs im Verhältnis zum Schuldner dagegen nach dem Forderungsstatut zu beurteilen.

904 Die Zessionsparteien werden, soweit sie im Verhältnis zum Schuldner zum Abschluss eines ihnen unbekannten abstrakten Verfügungsgeschäfts verpflichtet sind, nicht auf die Anwendung einer ihnen nahestehenden Rechtsordnung vertrauen. Insbesondere wird es keinen Unterschied für sie machen, ob nach französischem Forderungsstatut die Wirksamkeit der Abtretung im Verhältnis zum Schuldner von einer Notifikation der Abtretung oder nach deutschem Forderungsstatut von dem Abschluss eines abstrakten Verfügungsgeschäfts abhängig ist. In beiden Fällen wird aus Sicht des Forderungsstatuts lediglich eine Voraussetzung für die Wirksamkeit der Abtretung im Verhältnis zum Schuldner aufgestellt, die zwingend nach Art. 33 Abs. 2 EGBGB (Art. 12 Abs. 2 EVÜ) zu beurteilen ist, vgl. oben – § 6 III 2 c.

Auch dem Schuldner bringt die Maßgeblichkeit des Forderungsstatuts für die Forderungsverfügung Vorteile: Er muss sich, soweit ihm unter der Geltung eines abstrakten Forderungsstatuts Einwendungen oder Einreden aus dem Verhältnis Zedent – Zessionar nicht aus dem der Abtretung zugrunde liegenden Kausalgeschäft, sondern nur aus dem Verfügungsgeschäft der Abtretung zustehen, nicht auf eine für ihn fremde Rechtsordnung stützen.[905]

Die Differenzierung zwischen Forderungsverfügung und Forderungsübertragung *inter partes* vermeidet überdies eine dem deutschen Recht unbekannte kollisionsrechtliche Aufspaltung des Verfügungsgeschäfts der Abtretung.[906] Dennoch orientiert sie sich an der Systematik des Art. 33 Abs. 1 und 2 EGBGB (Art. 12 EVÜ), indem sie zur Bestimmung des anwendbaren Rechts zwischen der Übertragung der Forderung *inter partes* einerseits und der Abtretung im Verhältnis der Zessionsparteien zum Schuldner andererseits unterscheidet und auf diese Weise in angemessenem Umfang auch die Rechtsanwendungsinteressen der Zessionsparteien berücksichtigt; denn der Forderungsübergang *inter partes* unterliegt gegebenenfalls einem von Zedent und Zessionar gewählten Recht.

b) Die Anknüpfung bei deutschem Zessionsgrundstatut

Beispiel:[907] „Herr Meier in Deutschland hat gegen Herrn Dupont in Frankreich eine Forderung, die französischem Recht unterliegt. Herr Meier benötigt einen Kredit und wendet sich an eine Bank in Deutschland, die ihm diesen Kredit gegen Stellung von Sicherheiten einräumen möchte. Die Bank lässt sich nun global sämtliche Forderungen von Herrn Meier abtreten, die diesem gegen seine Geschäftskunden zustehen, u.a. die Forderung gegen Herrn Dupont in Frankreich. Soll sich nun die Frage, ob die Globalabtretung sittenwidrig ist, hinsichtlich der Forderung von Herrn Meier gegen Herrn Dupont wirklich zwingend nach französischem Recht richten, während die Sittenwidrigkeit der Abtretung der übrigen Forderungen nach deutschem Recht zu beurteilen wäre?“

Ist deutsches Recht Zessionsgrundstatut, wird dementsprechend aus Sicht der Zessionsparteien regelmäßig ein begründetes Interesse daran bestehen, die Voraussetzungen für Zustandekommen und Wirksamkeit des Verfügungsgeschäfts nach Art. 33 Abs. 1 EGBGB (Art. 12 Abs. 1 EVÜ) beurteilt zu wissen.[908] Unterliegt insbesondere die abzutretende Forderung einer Rechtsordnung, der die Trennung von Verpflichtung und Verfügung unbekannt ist, bildet der Abschluss des Verfügungsgeschäfts nach dem Forderungsstatut keine Voraussetzung für

---

[905] Vgl. oben – § 7 V 1.
[906] Vgl. oben – § 6 I 4.
[907] Nach *Einsele*, RabelsZ 60 (1996), 417, 435.
[908] Vgl. *Keller*, Zessionsstatut, S. 156 ff.; *von der Seipen*, Akzessorische Anknüpfung, S. 238; *Einsele*, ZVglRWiss 90 (1991), 1, 17 f.; *dies.*, Wertpapierrecht, S. 477; *dies.*, RabelsZ 60 (1996), 417, 434 f.; *Diehl-Leistner*, Internationales Factoring, S. 89 f.; *Stadler*, Gestaltungsfreiheit, S. 712.

den Übergang der Forderung im Verhältnis der Zessionsparteien zum Schuldner (oder sonstigen Dritten).

Andererseits ist dem deutschen Recht die relative Forderungsinhaberschaft unbekannt. Die Wirkungen des Verfügungsgeschäfts lassen sich nicht auf das Verhältnis Zedent – Zessionar beschränken. Vielmehr wirkt das Verfügungsgeschäft nicht nur zwischen den Parteien, sondern *erga omnes*, also auch gegenüber dem Schuldner und sonstigen Dritten.[909] Soweit die Abtretung im Verhältnis zum Schuldner gemäß Art. 33 Abs. 2 EGBGB (Art. 12 Abs. 2 EVÜ) aber zwingend dem Forderungsstatut unterliegt, ist eine Beurteilung der Forderungsverfügung nach dem Zessionsgrundstatut ausgeschlossen.[910] Insoweit hätte eine gesonderte Beurteilung der „Forderungsverfügung *inter partes*" nach dem Zessionsgrundstatut eine dem deutschen Recht unbekannte und für Gerichte nur schwer nachvollziehbare Aufspaltung des auf die Abtretung anzuwendenden Rechts zur Folge.[911] Berücksichtigt man die Maßgeblichkeit des Forderungsstatuts für die Forderungsverfügung bei Abtretung einer dem deutschen Recht unterliegenden Forderung,[912] könnte eine gesonderte Anknüpfung der „Forderungsverfügung *inter partes*" an das Zessionsgrundstatut im übrigen den inneren Entscheidungseinklang in Frage stellen. Daher ist die Forderungsverfügung auch unter der Geltung eines deutschen Zessionsgrundstatuts einheitlich nach Art. 33 Abs. 2 EGBGB (Art. 12 Abs. 2 EVÜ) zu beurteilen. Der Forderungsübergang *inter partes* unterliegt damit dem Forderungsstatut.[913]

Soweit die Wirksamkeit der Abtretung zwischen Zedent und Zessionar streitig ist, wird den Rechtsanwendungsinteressen der Zessionsparteien auch bei Anwendung des Forderungsstatuts auf die Forderungsverfügung hinreichend Rechnung getragen. Dies zeigt das von *Einsele* gebildete Fallbeispiel: Forderungsstatut ist darin das französische Recht, Zessionsgrundstatut das deutsche Recht. Selbst wenn die Forderungsverfügung nach Maßgabe des § 138 Abs. 1 BGB wegen Sittenwidrigkeit unwirksam, nach französischem Recht dagegen wirksam sein sollte, könnte sich Herr Meier auch noch unter Geltung des französischen Forderungsstatuts auf die Unwirksamkeit der Globalzession berufen: Es genügt, dass das Forderungsstatut über die Einordnung der Abtretung als abstraktes oder kausales Rechtsgeschäft entscheidet.[914] Nach französischem Recht

---

909 Vgl. Teil 2 – § 5 I 2 a.

910 Einhellige Auffassung, vgl. die Nachweise oben – § 6 III.

911 Vgl. *Soergel*[12]*-von Hoffmann*, Art. 33 EGBGB, Rdnr. 7; *Peltzer*, RIW 1997, 893, 897.

912 Vgl. oben – § 7 V 2 a aa.

913 Es kommt insoweit zu einer Aufspaltung des auf den Forderungsübergang *inter partes* anzuwendenden Rechts. Dieses richtet sich bei Abtretung einer dem deutschen Recht unterliegenden Forderung unter der Geltung eines ausländischen Zessionsgrundstatuts nach Art. 33 Abs. 1 EGBGB (Art. 12 Abs. 1 EVÜ), vgl. oben – § 7 V 2 a.

914 Die kollisionsrechtliche Einordnung einer Abtretung als abstraktes oder kausales Rechtsgeschäft ist aus Gründen des Schuldnerschutzes zwingend nach Art. 33 Abs. 2 EGBGB (Art. 12 Abs. 2 EVÜ) zu beurteilen, vgl. oben – § 7 V 1.

ist die Abtretung kausal ausgestaltet und somit von der Gültigkeit der zugrunde liegenden Sicherungsabrede abhängig. Deren Wirksamkeit ist selbständig nach Art. 33 Abs. 1 EGBGB (Art. 12 Abs. 1 EVÜ) anzuknüpfen und richtet sich nach deutschem Recht. Hiernach besteht zwischen der Unwirksamkeit einer Forderungsübertragung aufgrund sittenwidriger Globalzession und der ihr zugrunde liegenden kausalen Sicherungsabrede regelmäßig Fehleridentität. Die Unwirksamkeit der Sicherungsabrede hätte infolge der bestehenden Rechtsgrundabhängigkeit der Forderungsverfügung dann automatisch auch die Unwirksamkeit der Abtretung zur Folge.

3. Die Anknüpfung der Abtretung im Verhältnis zu sonstigen Dritten

a) Formerfordernisse im Verhältnis zu sonstigen Dritten und ihre Qualifikation im IPR

Nicht nur der Schuldner ist bei Abtretung einer Forderung geschützt, auch die Interessen sonstiger Dritter, namentlich der Gläubiger und konkurrierender Zessionare bei Mehrfachabtretung, sind in den Rechtsordnungen der Vertragsstaaten als schutzwürdige Belange anerkannt. Während die Drittinteressen im deutschen Recht durch die Geltung des Abstraktionsgrundsatzes Schutz erfahren,[915] wird in denjenigen Rechtsordnungen, welche zur Bestimmung der Abtretungsvoraussetzungen zwischen den Rechtsbeziehungen der Beteiligten differenzieren, der Übergang einer Forderung im Verhältnis zu sonstigen Dritten häufig an die Einhaltung spezieller Formerfordernisse geknüpft.[916] Die internationalprivatrechtliche Qualifikation solcher Formerfordernisse richtet sich nach deren Sinn und Zweck. Dabei ist die Bedeutung eines jeden Formerfordernisses vom Standpunkt der ausländischen Rechtsordnung zu würdigen und gegebenenfalls mit Einrichtungen des deutschen Rechts zu vergleichen.[917]

aa) Die Form als Wirksamkeitsvoraussetzung der Abtretung

Formerfordernisse, welche die Wirksamkeit einer Abtretung im Verhältnis zu sonstigen Dritten bestimmen, bilden regelmäßig auch im Verhältnis zum Schuldner eine Wirksamkeitsvoraussetzung. Insoweit kommt nur eine Beurteilung nach dem für die Abtretung maßgeblichen Wirkungsstatut in Betracht.[918]

---

915 Vgl. Teil 2 – § 5 I 1 b bb (2).

916 Vgl. Teil 2 – § 5 I 2 b bb.

917 *BGH* 9.12.1958, BGHZ 29, 137, 139 = IPRspr. 1958-59, Nr. 112, S. 390 f.; 12.1.1967, IPRspr. 1966-67, Nr. 19, S. 66 = NJW 1967, 1177.

918 Vgl. oben – § 6 III 2 c. Insbesondere das französische Recht macht die Übertragung einer Forderung nicht nur im Verhältnis zum Schuldner, sondern auch gegenüber sonstigen Dritten gemäß Art. 1690 Cc von der förmlichen Zustellung einer Abtretungsanzeige oder der Annahme der Abtretung durch den Schuldner mittels einer öffentlichen Urkunde abhängig. Die Anzeige soll nach französischem Verständnis dem Schuldner die Möglichkeit eröffnen, sonstige Dritte von der Abtretung zu unterrichten. Eine gesetzliche Informa-

bb) Die Form als Kriterium für die Entscheidung von Prioritätskonflikten

Die Qualifikation von Formerfordernissen, die keine Voraussetzung für die Wirksamkeit einer Abtretung bilden, sondern lediglich Kriterium für die Entscheidung von Prioritätskonflikten sind[919], ist demgegenüber primär von deren Einordnung als materiellrechtlicher Norm oder prozessualer Beweisregel abhängig. Dienen entsprechende Formerfordernisse ausschließlich dem Beweis einer zeitlich früheren Abtretung, kommt nach Maßgabe des Art. 32 Abs. 3 S. 2 EGBGB[920] eine alternative Anknüpfung nach der *lex fori*, dem Formstatut oder dem Wirkungsstatut (Zessionsstatut) in Betracht. Handelt es sich dagegen um materiellrechtliche Abtretungsvoraussetzungen ist lediglich zwischen Formstatut und Wirkungsstatut abzugrenzen.[921]

Die Darstellung der Abtretungsvoraussetzungen im Verhältnis zu sonstigen Dritten nach spanischem Recht hat gezeigt, dass diese Einordnung mitunter schwierig sein kann. Art. 1526 Abs. 1 Cc knüpft die Entscheidung von Prioritätskonflikten an die Errichtung einer Abtretungsurkunde mit „sicherem Datum“. Überwiegend wird in dieser Norm keine prozessuale Beweisregel gesehen.[922] Zwar ist das Formerfordernis auch keine Wirksamkeitsvoraussetzung der Abtretung;[923] jedoch entscheidet die Beurkundung der Abtretung über den Zeitpunkt des Übergangs der Forderung im Verhältnis der Zessionsparteien zu den

---

tionspflicht des Schuldners besteht jedoch nicht, vgl. *Guldener*, Zession im IPR, S. 7. Sonstige Dritte können deshalb nur in eingeschränktem Umfang auf die von der Abtretungsanzeige ausgehende Publizität vertrauen. Faktisch ist die Publizität der Abtretungsanzeige auf das Verhältnis der Zessionsparteien zum Schuldner begrenzt. Die Abtretungsanzeige erfüllt gleichwohl drittschützende Funktion: Im Konkurs des Zedenten kann den Gläubigern die Abtretung einer Forderung nur entgegengehalten werden, wenn sie dem Schuldner förmlich mitgeteilt worden ist. Und bei mehrfacher Abtretung derselben Forderung muss sich der Zweitzessionar eine zeitlich frühere Abtretung nur entgegenhalten lassen, wenn der Erstzessionar die Formerfordernisse des Art. 1690 Cc erfüllt hat. Die Rechtsprechung macht den Forderungserwerb durch den Zweitzessionar zudem davon abhängig, dass dieser zum Zeitpunkt der Notifikation von der Erstzession keine Kenntnis hat, vgl. Teil 2 – § 4 I 1 b. Auf diese Weise wird einem Missbrauch des Anzeigeerfordernisses zu Lasten konkurrierender Zessionare vorgebeugt. Ist die Wirksamkeit der Forderungsübertragung an eine Eintragung der Abtretung in ein Register oder die Bücher des Zedenten geknüpft, haben Dritte uneingeschränkt die Möglichkeit, sich durch eine Einsichtnahme rechtzeitig Kenntnis von der Abtretung zu verschaffen. Entsprechende Formerfordernisse erfüllen also nicht nur im Verhältnis zum Schuldner, sondern auch gegenüber sonstigen Dritten Publizitätsfunktion.

919 Vgl. den Überblick Teil 2 – § 5 I 2 b aa (2).

920 Vgl. Art. 14 Abs. 2 EVÜ.

921 Vgl. MünchKomm³-*Spellenberg*, Art. 32 EGBGB, Rdnr. 143.

922 A.A. nur *Pantaleón Prieto*, ADC 41 (1988), 1033, 1083 ff., 1099 f.; *ders.*, in: *Ministerio de Justicia* (Hrsg.), Comentario II, Art. 1526 Cc, V 2; *ders.*, EJB I, S. 1021, 1023.

923 So die herrschende Lehre, vgl. statt aller *Gavidia Sánchez*, La cesión de créditos, S. 208 f.

Gläubigern des Zedenten sowie konkurrierenden Zessionaren im Falle einer Mehrfachabtretung derselben Forderung.[924] Soweit demnach die Errichtung der Abtretungsurkunde die materiellrechtlichen Wirkungen der Abtretung im Verhältnis zu sonstigen Dritten bestimmt, kommt nur eine Anknüpfung nach der *lex causae*, nicht auch nach dem Ortsrecht in Betracht. Unterliegt somit die Abtretung einer Forderung im Verhältnis zu sonstigen Dritten dem spanischen Recht, treten die Drittwirkungen dieser Abtretung erst mit Errichtung einer Abtretungsurkunde gemäß Artt. 1526 i.V.m. 1218, 1227 Cc ein.

b) Die verschiedenen Anknüpfungen der Abtretung im Verhältnis zu sonstigen Dritten

Die Anknüpfung der Abtretung im Verhältnis zu sonstigen Dritten ist in den Vertragsstaaten des EVÜ nicht einheitlich.[925] Soweit Kollisionsregeln unmittelbar aus Art. 12 EVÜ (Art. 33 Abs. 1 und 2 EGBGB) gewonnen werden, halten Rechtsprechung und Lehre gleichermaßen das Forderungsstatut wie auch das Zessionsgrundstatut für maßgebend. Verbreitet wird mit der Begründung, Art. 12 EVÜ (Art. 33 Abs. 1 und 2 EGBGB) regele die Abtretung im Verhältnis zu sonstigen Dritten nicht, auch auf autonome Anknüpfungsgrundsätze zurückgegriffen. Die Anknüpfung einer Abtretung an das Wohnsitzrecht des Schuldners und die Forderungsbelegenheit findet sich dabei nur noch vereinzelt. In der Regel führt die autonome Anknüpfung zu einer Anwendung des Forderungsstatuts. Im Interesse der Gläubigerordnung wird darüber hinaus, meist jedoch nur bei Globalzession und verlängertem Eigentumsvorbehalt, auch eine Anknüpfung der Abtretung an das Recht am gewöhnlichen Aufenthalt bzw. der Niederlassung des Zedenten befürwortet. Im folgenden werden die verschiedenen Anknüpfungsmomente einer vergleichenden Betrachtung unterzogen; dabei sollen die Vor- und Nachteile der Anknüpfungen herausgearbeitet und der Bestimmung des auf die Abtretung im Verhältnis zu sonstigen Dritten anzuwendenden Rechts zugrunde gelegt werden.

---

[924] Vgl. die Nachweise Teil 1 – § 1 IV 2.

[925] Zu den verschiedenen Anknüpfungsmomenten vgl. bereits den Überblick Teil 2 – § 5 II 1 c.

aa) Die Anknüpfung der Abtretung an das Zessionsgrundstatut

Die Anwendung des Zessionsgrundstatuts auf die Abtretung im Verhältnis zu sonstigen Dritten ist maßgeblich mit Inkrafttreten des Art. 12 EVÜ (Art. 33 Abs. 1 und 2 EGBGB) aufgekommen. Nachdem sich zunächst nur im vorwiegend deutschen Schrifttum Befürworter dieser Anknüpfung gefunden hatten,[926] entschied jüngst auch ein oberster Gerichtshof der Vertragsstaaten, der *Hoge Raad* der Niederlande, dass Voraussetzungen und Wirkungen einer Abtretung im Verhältnis zu sonstigen Dritten dem Zessionsgrundstatut unterliegen sollen.[927] Der Entscheidung des *Hoge Raad* lag folgender Sachverhalt zugrunde: Ein deutsches Chemie-Unternehmen (Z) hatte unter Vereinbarung eines verlängerten Eigentumsvorbehaltes Ware an eine niederländische Firma (G) verkauft. Nachdem über das Vermögen der G das Insolvenzverfahren eröffnet worden war, machte die Z gegen den Insolvenzverwalter aus abgetretenem Recht eine Kaufpreisforderung geltend, die aus einem Weiterverkauf der Vorbehaltsware an einen niederländischen Abnehmer resultierte. Der Insolvenzverwalter beanspruchte die geltend gemachte Forderung für die Insolvenzmasse. Nach dem für den Kaufvertrag zwischen G und Z geltenden deutschen Recht[928] wäre die Vorausabtretung wirksam, nach dem für die abgetretene Forderung geltenden niederländischen Recht dagegen unwirksam gewesen.[929] Der *Hoge Raad* entschied, dass sich die Wirksamkeit der Abtretung im Verhältnis zu sonstigen Dritten vorbehaltlich der Regelung des Art. 12 Abs. 2 EVÜ (Art. 33 Abs. 2 EGBGB) nach Art. 12 Abs. 1 EVÜ (Art. 33 Abs. 1 EGBGB) und damit nach dem für den Kaufvertrag geltenden deutschen Recht richte.

Das Gericht hat unter Bezugnahme auf den Wortlaut der Präambel des EVÜ, wonach die Vertragsstaaten das Ziel verfolgen, die mit dem EuGVÜ begonnene Rechtsvereinheitlichung innerhalb der Gemeinschaft auf dem Gebiet des Inter-

---

926 Im deutschen IPR hat sich insbesondere *Einsele*, ZVglRWiss 90 (1991), 1 ff.; *dies.*, Wertpapierrecht, S. 474 ff.; *dies.*, RabelsZ 60 (1996), 417, 430 ff., für eine Maßgeblichkeit des Zessionsgrundstatuts ausgesprochen. Auch *Stadler*, Gestaltungsfreiheit, S. 698 ff., 714, ist dieser Ansicht zunächst gefolgt, hat sie nun aber teilweise aufgegeben und dahingehend modifiziert, dass im Fall einer grenzüberschreitenden Mehrfachabtretung, bei der die jeweils maßgebenden Zessionsgrundstatuten zu einer unterschiedlichen Beurteilung des Prioritätskonflikts gelangen, zur Vermeidung von Rechtsnachteilen für die Zessionare hilfsweise auf das Forderungsstatut zurückgegriffen werden müsse. Im übrigen solle es bei der Anwendung des Zessionsgrundstatuts verbleiben, vgl. *Stadler*, IPRax 2000, 104, 109. Zu den Nachteilen dieser Lösung vgl. unten – § 7 V 3 c aa.

927 *Hoge Raad* 16.5.1997, Nederlandse Jurisprudentie 1998, Nr. 585, S. 3316 ff. mit Bespr. *Joustra*, IPRax 1999, 280.

928 Die Maßgeblichkeit des deutschen Rechts resultierte aus einer objektiven Anknüpfung des der Abtretung zugrunde liegenden Kaufvertrages nach Art. 4 Abs. 2 EVÜ (Art. 28 Abs. 2 EGBGB).

929 Zur Unzulässigkeit der Vorausabtretung nach niederländischem Recht vgl. *Joustra*, IPRax 1994, 395, 396.

nationalen Privatrechts fortzusetzen, den Anwendungsbereich des Art. 12 EVÜ (Art. 33 Abs. 1 und 2 EGBGB) weit ausgelegt.[930] Diese integrationsfreundliche Lösung hat es ihm gestattet, sämtliche Aspekte einer rechtsgeschäftlichen Forderungsübertragung, d.h. auch die Voraussetzungen einer Abtretung im Verhältnis zu sonstigen Dritten, unter Art. 12 EVÜ (Art. 33 Abs. 1 und 2 EGBGB) zu fassen. Sein Ergebnis, wonach vorbehaltlich der von Art. 12 Abs. 2 EVÜ (Art. 33 Abs. 2 EGBGB) ausdrücklich genannten Einzelfragen das Zessionsgrundstatut die Abtretung im Verhältnis zu sonstigen Dritten beherrsche, stützt der *Hoge Raad* auf ein berechtigtes Interesse der Zessionsparteien, das für die Abtretung maßgebliche Recht frei wählen zu dürfen.[931]

Für diese Lösung spricht, dass eine Rechtswahl den Zessionsparteien insbesondere die Möglichkeit eröffnen würde, das auf eine Abtretung künftiger Forderungen, wie den verlängerten Eigentumsvorbehalt und die Globalzession, anzuwendende Recht bereits im voraus zu bestimmen, um auf diese Weise die Funktionstauglichkeit einer Forderung als Sicherungsmittel zu erhöhen.[932] Unter der Herrschaft des Forderungsstatuts müsste demgegenüber für jede einzelne Abtretung das anzuwendende Recht gesondert bestimmt werden.[933] Dies könnte zu einer Rechtszersplitterung führen und die rechtliche Beurteilung des abzuschließenden Sicherungsgeschäfts erheblich erschweren.[934] Insbesondere aus Sicht des Sicherungsnehmers (Zessionars) besteht unter der Herrschaft des Forderungsstatuts die Gefahr, dass der Sicherungsgeber (Zedent) die abzutretende Forderung durch eine Rechtswahlvereinbarung mit dem Schuldner dem Gegenstand des Sicherungsgeschäfts entzieht.[935]

---

930 Vgl. *Hoge Raad* 16.5.1997, Nederlandse Jurisprudentie 1998, Nr. 585, S. 3316 ff. mit Bespr. *Joustra*, IPRax 1999, 280, 282; *Koppenol-Laforce*, NILR XLV (1998), 129, 131; *Struycken*, Lloyd's Marit. Com. L. Q. 24 (1998), 345, 346 f.

931 Vgl. *Hoge Raad* 16.5.1997, Nederlandse Jurisprudentie 1998, Nr. 585, S. 3316 ff. mit Bespr. *Joustra*, IPRax 1999, 280, 282; *Koppenol-Laforce*, NILR XLV (1998), 129, 131; *Struycken*, Lloyd's Marit. Com. L. Q. 24 (1998), 345, 348.

932 Vgl. *Kieninger*, RabelsZ 62 (1998), 678, 693.

933 Zu den Vor- und Nachteilen einer Anknüpfung an das Forderungsstatut vgl. unten – § 7 V 3 b bb.

934 Vgl. *Staudinger*[12]*-Hausmann*, Art. 33 EGBGB, Rdnr. 39.

935 Beispiel: In dem durch den *Hoge Raad* entschiedenen Fall hätte G mit seinem niederländischen Abnehmer für den Weiterverkauf der Vorbehaltsware gezielt die Geltung des niederländischen Rechts vereinbaren können. Dieses schließt eine Vorausabtretung künftiger Forderungen aus, so dass die Kaufpreisforderung des G von dem mit Z vereinbarten verlängerten Eigentumsvorbehalt nicht mitumfasst gewesen wäre. Ungeachtet dessen hat es der Sicherungsnehmer (Zessionar) selbst in der Hand, ein Sicherungsmittel zu wählen, das seinen Rechtsanwendungsinteressen gerecht wird. Wählt er die Globalzession oder den verlängerten Eigentumsvorbehalt und beurteilt sich deren Wirksamkeit – für ihn nicht vorhersehbar – nach dem Statut der jeweils abzutretenden Forderung, so ist die mangelnde Vorhersehbarkeit des auf die Abtretung anzuwendenden Rechts nur als Folge eines Risikos anzusehen, das der Sicherungsnehmer (Zessionar) bei Abschluss des Sicherungsgeschäfts eingegangen war, vgl. Chr. *von Bar*, RabelsZ 53 (1989), 462, 474 f.

Wie bedeutsam die Bestimmbarkeit des auf eine Vorausabtretung anzuwendenden Rechts für den Sicherungsnehmer (Zessionar) sein kann, zeigt die Entscheidung des *Hoge Raad*; denn nach dem für die abgetretene Forderung maßgebenden niederländischen Recht wäre eine Vorausabtretung künftiger Forderungen ausgeschlossen gewesen.[936] Hätte der *Hoge Raad* demnach die Abtretung im Verhältnis der Zessionsparteien zu sonstigen Dritten (dem Insolvenzverwalter) gemäß Art. 12 Abs. 2 EVÜ (Art. 33 Abs. 2 EGBGB) dem Forderungsstatut unterworfen, wäre die aus dem Weiterverkauf der Vorbehaltsware resultierende Kaufpreisforderung nicht von dem verlängerten Eigentumsvorbehalt umfasst gewesen. Die der Forderung von den Zessionsparteien beigelegte Funktion als Sicherungsmittel wäre dadurch verloren gegangen.

Nach neuerer Auffassung soll in dem Verlust der Funktionstauglichkeit einer Forderung als Sicherungsmittel durch die mangelnde Vorhersehbarkeit eines nach dem Forderungsstatut auf die Abtretung anzuwendenden Rechts zugleich ein nicht zu rechtfertigender Eingriff in die durch den EGV geschützte freie Übertragbarkeit von Vermögenswerten begründet liegen.[937] Für die freie Gestaltung grenzüberschreitender Sicherungsgeschäfte und die daraus erwachsende Notwendigkeit einer parteiautonomen Anknüpfung der Abtretung spreche unter dem Blickwinkel des primären Gemeinschaftsrechts überdies, dass der freie Waren- und Dienstleistungsverkehr innerhalb der EU von den zur Verfügung stehenden Sicherungsmöglichkeiten und ihrer wechselseitigen Anerkennung maßgeblich mitbestimmt werde. Die Entscheidung des *Hoge Raad* stehe damit auch im Dienste der europäischen Grundfreiheiten.[938]

Gegen eine parteiautonome Bestimmung des Zessionsstatuts im Verhältnis zu sonstigen Dritten spricht jedoch die mangelnde Publizität der Rechtswahl für sonstige Dritte: Weil die Rechtsordnungen der Vertragsstaaten die Abtretungswirkungen im Verhältnis zu sonstigen Dritten regelmäßig an die Einhaltung spezieller Formerfordernisse knüpfen und diese im Interesse der Publizität aufgestellt sind,[939] sollte der mit ihnen bezweckte Schutz nicht durch die Mechanismen des Kollisionsrechts umgangen werden können. Zedent und Zessionar würden durch die Möglichkeit einer (geheimen) Rechtswahl aber in die Lage versetzt, der Abtretung im Verhältnis zu sonstigen Dritten jegliche Transparenz

936 Vgl. *Joustra*, IPRax 1994, 395, 396. Auch nach spanischem Recht ist die Sicherungsabtretung ausgeschlossen; lediglich eine Umdeutung in eine Forderungsverpfändung kommt in Betracht, vgl. Teil 1 – § 1 II 1 b cc (2).

937 Gemeint ist die Freiheit des Kapital- und Zahlungsverkehrs, Art. 56 EGV, vgl. *von Wilmowsky*, Europäisches Kreditsicherungsrecht, S. 399 f., der allerdings im Ergebnis nicht auf eine parteiautonome Gestaltung des Zessionsstatuts drängt, sondern das Recht am Ort des gewöhnlichen Aufenthalts oder der Niederlassung des Zedenten für maßgeblich hält.

938 Vgl. *Stadler*, IPRax 2000, 104, 107 f.

939 Zur Funktion von Formerfordernissen im Verhältnis zu sonstigen Dritten vgl. oben – § 7 V 3 a.

zu nehmen und damit den durch Formerfordernisse bezweckten Schutz kollisionsrechtlich auszuhebeln.[940] Bei mehrfacher Abtretung derselben Forderung kann eine unterschiedliche Rechtswahl im Verhältnis der konkurrierenden Zessionare zu einer Beeinträchtigung bereits erworbener Rechtspositionen führen.[941] Dies spricht dafür, die Abtretung einer statischen Anknüpfung und damit einem für sonstige Dritte voraussehbaren Recht zu unterwerfen. Auf der Grundlage einer statischen Anknüpfung würden zudem die Drittwirkungen einer Abtretung weitgehend einheitlich bestimmt, wodurch die Gefahr einer Beeinträchtigung bereits erworbener Rechtspositionen für sonstige Dritte ausgeschlossen oder jedenfalls erheblich vermindert würde.

bb) Die Anknüpfung der Abtretung an das Forderungsstatut

Die Bestimmung der Abtretungsvoraussetzungen im Verhältnis zu sonstigen Dritten nach dem Forderungsstatut überwiegt in den Vertragsstaaten des EVÜ.[942] Seine Maßgeblichkeit wird meist unmittelbar auf Art. 33 Abs. 2 EGBGB (Art. 12 Abs. 2 EVÜ), aber auch auf autonome Kollisionsregeln gestützt. Für diese Lösung lässt sich einwenden, dass die abzutretende Forderung aus Sicht der sonstigen Dritten in aller Regel einen feststehenden und unveränderlichen (statischen) Anhaltspunkt bietet, der die Ermittlung des auf die Abtretungsvoraussetzungen anzuwendenden Rechts sicher ermöglicht.[943] Hierdurch wird die Vorhersehbarkeit des auf die Abtretung anzuwendenden Rechts wesentlich erhöht und auf diese Weise mehr Rechtssicherheit geschaffen.[944]

Überdies vermag nur eine Anknüpfung der Abtretung an das Forderungsstatut zu gewährleisten, dass sich die Abtretungsvoraussetzungen gegenüber sonstigen Dritten einheitlich bestimmen.[945] Die einheitliche Bestimmung der Abtretungsvoraussetzungen ist aus Sicht der sonstigen Dritten von besonderer Bedeutung, denn sie verhindert, dass von ihnen erworbene (relative) Rechtspositionen aufgrund eines späteren Statutenwechsels wieder zunichte gemacht werden.[946] Ein für Dritte nachteiliger Statutenwechsel, wie er bei Maßgeblichkeit des Zes-

---

940 Zur Parallele im internationalen Sachenrecht vgl. *Jayme*, FS Serick, S. 241, 246 f.; *Drobnig*, FS Kegel, S. 141, 150; *Weber*, RabelsZ 44 (1980), 510, 523.

941 Zur Problematik des Statutenwechsels bei Mehrfachabtretung derselben Forderung vgl. unten – § 7 V 3 c aa.

942 Vgl. die Nachweise Teil 2 – § 5 II 1 c.

943 Vgl. MünchKomm³-*Martiny*, Art. 33 EGBGB, Rdnr. 2.

944 Vgl. *BGH* 20.6.1990, BGHZ 111, 376, 381 = IPRax 1991, 248, 249, mit Aufs. *Stoll*, 223; *von Hoffmann/Höpping*, IPRax 1993, 302, 304; *Mangold*, Das IPR der Abtretung, in: *Hommelhoff/Jayme/Mangold* (Hrsg.), Europäischer Binnenmarkt, S. 81, 90.

945 Vgl. *von Hoffmann/Höpping*, IPRax 1993, 302, 303; *Mangold*, Das IPR der Abtretung, in: *Hommelhoff/Jayme/Mangold* (Hrsg.), Europäischer Binnenmarkt, S. 81, 90; *Staudinger*¹²-*Hausmann*, Art. 33 EGBGB, Rdnr. 27; nun auch *Stadler*, IPRax 2000, 104, 108.

946 Zur Problematik des Statutenwechsels bei Mehrfachabtretung derselben Forderung vgl. unten – § 7 V 3 c aa.

sionsgrundstatuts[947] oder bei Anknüpfung der Abtretung an das Wohnsitzrecht des Schuldners[948] bzw. an das Sitzrecht des Zedenten[949] jeweils denkbar wäre, ist unter der Geltung des Forderungsstatuts ausgeschlossen. Zwar können Zedent und Schuldner bzw. Zessionar und Schuldner auch das auf die übertragene Forderung anzuwendende Recht durch eine nachträgliche Rechtswahl noch verändern, jedoch nur innerhalb der Grenzen des Art. 27 Abs. 2 S. 2 EGBGB (Art. 3 S. 2 EVÜ). Hiernach darf sich eine nachträgliche Rechtswahl nicht zu Lasten (sonstiger) Dritter auswirken.[950]

Zudem vermeidet eine einheitliche Beurteilung aller Drittwirkungen nach dem Forderungsstatut auch Wertungsdiskrepanzen zwischen der Anknüpfung einer Abtretung im Verhältnis zum Schuldner, die gemäß Art. 33 Abs. 2 EGBGB (Art. 12 Abs. 2 EVÜ) zwingend dem Forderungsstatut unterliegt, und der Anknüpfung einer Abtretung im Verhältnis zu sonstigen Dritten.[951] Ist die Abtretung im Verhältnis zum Schuldner nach dem Forderungsstatut unwirksam, dagegen nach dem für die Abtretung im Verhältnis zu sonstigen Dritten maßgeblichen Recht gegenüber einem Zweitzessionar wirksam, hätte keiner der beiden Zessionare die Forderung im Verhältnis zum Schuldner erworben. Insoweit bliebe der Zedent zunächst Inhaber der Forderung, obgleich er diese zweimal abgetreten hätte. Im umgekehrten Fall, in dem die Erstzession nach dem Forderungsstatut im Verhältnis zum Schuldner wirksam, nach dem im Verhältnis zum Zweitzessionar maßgeblichen Zessionsstatut jedoch unwirksam ist, müsste der Schuldner mit einer doppelten Inanspruchnahme durch beide Zessionare rechnen. Er muss dann mit befreiender Wirkung an den Zedenten oder den jeweiligen Zessionar leisten. Die Voraussetzungen der befreienden Leistungsbewirkung richten sich gemäß Art. 33 Abs. 2 EGBGB (Art. 12 Abs. 2 EVÜ) aber ohnehin für alle Beteiligten einheitlich nach dem Forderungsstatut. Eine Aufspaltung des Zessionsstatuts für Schuldner und sonstige Dritte macht vor diesem Hintergrund keinen Sinn.

Wesentlich sind noch zwei weitere Argumente, die eine Anwendung des Forderungsstatuts auf die Abtretung im Verhältnis zu sonstigen Dritten stützen: Zum einen überwiegt diese Anknüpfung in den Vertragsstaaten des EVÜ, so dass im Kontext des Übereinkommens von einer herrschenden Meinung gespro-

---

947 Zur Anknüpfung der Drittwirkungen einer Abtretung an das Zessionsgrundstatut vgl. bereits oben – § 7 V 3 b aa.

948 Vgl. unten – § 7 V 3 b dd.

949 Vgl. unten – § 7 V 3 b cc.

950 Zu weitgehend daher *Kieninger*, RabelsZ 62 (1998), 678, 703, nach der aus Sicht der sonstigen Dritten keine Anknüpfung einen nachteiligen Statutenwechsel auszuschließen vermag. Zum Ausschluss eines kollisionsrechtlich bedingten Verlusts bereits erworbener Rechtspositionen durch Art. 27 Abs. 2 S. 2 EGBGB (Art. 3 Abs. 2 S. 2 EVÜ) vgl. unten – § 7 V 3 c aa.

951 Vgl. *Basedow*, ZEuP 1997, 615, 623; *Weller*, RIW 1999, 161, 169.

chen werden kann;[952] insoweit ließe sich das von den Vertragsstaaten verfolgte Ziel einer internationalen Entscheidungsgleichheit am ehesten durch eine Anknüpfung der Abtretung an das Forderungsstatut verwirklichen. Zum anderen stellt sich die Anknüpfung der Drittwirkungen einer Abtretung an das Forderungsstatut auch als integrationsfreundliche Lösung dar, denn sie orientiert sich unmittelbar an Art. 33 Abs. 2 EGBGB (Art. 12 Abs. 2 EVÜ) und vermeidet einen Rückgriff auf autonome Kollisionsregeln. Sie forciert auf diese Weise eine einheitliche Anwendung des EVÜ durch die Vertragsstaaten und beugt damit einer unerwünschten Rechtszersplitterung vor.[953]

Gegen die Maßgeblichkeit des Forderungsstatuts ist eingewandt worden, es gebe keine Schutzinteressen sonstiger Dritter, die seine Anwendung rechtfertigen könnten.[954] Speziell die Abtretungsanzeige an den Schuldner eigne sich nicht, um die Abtretung auch gegenüber sonstigen Dritten publik zu machen.[955] Soweit Formerfordernisse im Verhältnis zu sonstigen Dritten jedoch unstreitig eine Publizitätsfunktion erfüllten,[956] bestehe regelmäßig nur am Sitz des Zedenten für Dritte die Möglichkeit, sich von der Abtretung Kenntnis zu verschaffen.[957] Dagegen bleibe das Forderungsstatut Dritten regelmäßig unbekannt; jedenfalls könne es von ihnen nur mit Mühe ermittelt werden.[958] Insoweit eigne sich eine Anknüpfung der Abtretung an das Recht am Sitz des Zedenten am ehesten, um den Schutzinteressen sonstiger Dritter gerecht zu werden.

---

[952] Vgl. die Nachweise Teil 2 – § 5 II 1 c; insgesamt einschränkend dagegen *Kieninger*, RabelsZ 62 (1998), 678, 695 f.

[953] Vgl. auch *Basedow*, ZEuP 1997, 615, 623; *Weller*, RIW 1999, 161, 169.

[954] Vgl. *Kieninger*, RabelsZ 62 (1998), 678, 698.

[955] Zur Funktion der Abtretungsanzeige im Verhältnis zu sonstigen Dritten vgl. bereits oben – § 7 V 3 a.

[956] Beispiele sind insoweit die Eintragung einer Abtretung in ein öffentliches Register oder ein Vermerk in den Büchern des Zedenten wie bei der Sicherungsabtretung nach österreichischem Recht, vgl. Teil 2 – § 4 VI 1 b.

[957] Vgl. *Struycken*, Lloyd's Marit. Com. L. Q. 24 (1998), 345, 359.

[958] Vgl. *von Wilmowsky*, Europäisches Kreditsicherungsrecht, S. 429 f.

cc) Die Anknüpfung der Abtretung an das Recht am Ort des gewöhnlichen Aufenthalts oder der Niederlassung des Zedenten

Vielfach wird für den verlängerten Eigentumsvorbehalt und die Globalzession eine Sonderanknüpfung vorgeschlagen. Mit Rücksicht auf den Schutz der Gläubigerordnung sollen sich hiernach Voraussetzungen und Wirkungen einer Abtretung im Verhältnis zu sonstigen Dritten nach dem Recht am Ort des gewöhnlichen Aufenthalts oder der Niederlassung des Zedenten richten.[959] In jüngerer Zeit findet diese Anknüpfungsregel – unter Zugrundelegung der Auffassung, dass Art. 33 Abs. 1 und 2 EGBGB (Art. 12 EVÜ) die Abtretung im Verhältnis zu sonstigen Dritten nicht regele – auch auf Singularzessionen Anwendung.[960] Insoweit mache eine einheitliche Bestimmung des Zessionsstatuts nach dem Sitzrecht des Zedenten eine Sonderanknüpfung für Sicherungszessionen entbehrlich. Sie entgehe überdies dem Vorwurf, dass Kollisionen zwischen Singularzession und verlängertem Eigentumsvorbehalt oder Globalzession im Rahmen einer Mehrfachabtretung durch zwei verschiedene Rechtsordnungen entschieden müssten.[961] Ferner biete das Sitzrecht des Zedenten am ehesten die Gewähr, den durch die sachrechtlichen Publizitätserfordernisse vorgesehenen Drittschutz auf der Ebene des Kollisionsrechts in sinnvoller Weise umzusetzen.[962] Selbst Wertungsdiskrepanzen gegenüber der Anknüpfung einer Abtretung im Verhältnis zum Schuldner[963] könnten weitestgehend vermieden werden, weil das Sitzrecht des Zedenten in denjenigen Fällen, in welchen Zedent und Schuldner keine Rechtswahl getroffen haben, zumindest objektiv regelmäßig zu einem Gleichlauf mit dem von Art. 33 Abs. 2 EGBGB (Art. 12 Abs. 2 EVÜ) berufenen Forderungsstatut führe.[964] Als statisches Anknüpfungsmoment ermögliche das Sitzrecht des Zedenten darüber hinaus allen Beteiligten das im

---

959 Vgl. *LG Hamburg* 20.11.1980, IPRspr. 1980, Nr. 53 mit Bespr. *Jayme*, Clunet 112 (1985), 951, 959; *Stoll*, IPRax 1990, 223, 225 ff.; *Staudinger*[13]*-Stoll*, Int SachenR, Rdnr. 349 f.; MünchKomm[3]*-Kreuzer*, Nach Art. 38 EGBGB, Anh. I, Rdnr. 93; *Kaiser*, Verlängerter Eigentumsvorbehalt, S. 202 ff.; *Diehl-Leistner*, Internationales Factoring, S. 94; *Posch*, IPRax 1992, 51, 54; *Moshinsky*, L. Q. Rev. 109 (1992), 591, 609 ff.; *von Wilmowsky*, Europäisches Kreditsicherungsrecht, S. 429 ff; *Struycken*, Lloyd's Marit. Com. L. Q. 1998, 345, 357 ff.; *Kieninger*, RabelsZ 62 (1998), 678, 702 ff.; *dies.*, JZ 1999, 405, 406. Aus Sicht der Gläubiger wird ein Interesse an der Anwendung des Sitzrechts des Zedenten meist schon deshalb bestehen, weil dieses in aller Regel mit dem Insolvenzstatut übereinstimmt. Die insolvenzrechtliche Anerkennung einer Sicherungszession wird auf diese Weise erleichtert, vgl. *Diehl-Leistner*, Internationales Factoring, S. 91; *Staudinger*[13]*-Stoll*, Int SachenR, Rdnr. 349; *Staudinger*[12]*-Hausmann*, Art. 33 EGBGB, Rdnr. 39; einschränkend *Stadler*, IPRax 2000, 104, 109.

960 Vgl. *Struycken*, Lloyd's Marit. Com. L. Q. 24 (1998), 345, 359; *Kieninger*, RabelsZ 62 (1998), 678, 702 ff; wohl auch *von Wilmowsky*, Europäisches Kreditsicherungsrecht, S. 431.

961 Vgl. *Kieninger*, RabelsZ 62 (1998), 678, 700.

962 Dazu bereits oben – § 7 V 3 a bb.

963 Dazu bereits oben – § 7 V 3 a bb.

964 Vgl. *Kieninger*, RabelsZ 62 (1998), 678, 702.

Verhältnis zu sonstigen Dritten maßgebliche Zessionsstatut sicher vorherzusehen.[965]

Gegen eine Anwendung des Rechts am Ort des gewöhnlichen Aufenthalts oder der Niederlassung des Zedenten auf die Abtretung im Verhältnis zu sonstigen Dritten spricht indes, dass jeder Wechsel des gewöhnlichen Aufenthalts oder des Sitzes der Niederlassung auch automatisch zu einem Statutenwechsel führen würde, der bei mehrfacher Abtretung derselben Forderung bereits erworbene Rechtspositionen Dritter beeinträchtigen könnte.[966] Bedenken ergeben sich ferner, weil die Gerichte der Vertragsstaaten des EVÜ für die Bestimmung des Zessionsstatuts im Verhältnis zu sonstigen Dritten überwiegend zu einer an Art. 33 Abs. 1 und 2 EGBGB (Art. 12 EVÜ) orientierten Lösung tendieren.[967] Die Ermittlung des Zessionsstatuts durch Art. 33 Abs. 1 und 2 EGBGB (Art. 12 EVÜ) steht auch, wie der *Hoge Raad* betont hat, in Einklang mit der durch die Präambel des EVÜ niedergelegten Zielsetzung der Vertragsstaaten und damit im Dienste der angestrebten einheitlichen Rechtsanwendung.[968] Vor diesem Hintergrund wird eine autonome Anknüpfung der Abtretung an das Recht am Ort des gewöhnlichen Aufenthaltes oder der Niederlassung des Zedenten mittelfristig eine weitere Auseinanderentwicklung des europäischen Kollisionsrechts zur Folge haben.

Eine von der Maßgeblichkeit des Forderungsstatuts für Singularzessionen abweichende Sonderanknüpfung an das Sitzrecht des Zedenten in Fällen des verlängerten Eigentumsvorbehalts und der Globalzession begegnet überdies dem Einwand, dass sich das Zessionsstatut aus Sicht der sonstigen Dritten nicht immer einheitlich bestimmen würde.[969] Die Aufspaltung könnte auf Seiten der Dritten, namentlich der Zweitzessionare bei mehrfacher Abtretung derselben Forderung, wiederum zu einem Verlust bereits erworbener Rechtspositionen führen. Im übrigen knüpft Art. 33 Abs. 2 EGBGB (Art. 12 Abs. 2 EVÜ) die Maßgeblichkeit des Forderungsstatuts weder an den Zweck der Abtretung noch an die Art der abgetretenen Forderung.[970]

---

965 Vgl. *Struycken*, Lloyd's Marit. Com. L. Q. 24 (1998), 345, 359; *Stadler*, IPRax 2000, 104, 108.

966 Zur Problematik des Statutenwechsels bei Mehrfachabtretung derselben Forderung vgl. unten – § 7 V 3 c aa.

967 Vgl. *LG Hamburg* 11.7.1991, IPRspr. 1991, Nr. 56.

968 Vgl. *Hoge Raad* 16.5.1997, Nederlandse Jurisprudentie 1998, Nr. 585, S. 3316 ff. mit Bespr. *Joustra*, IPRax, 280, 282. Die Verpflichtung zu einer integrationsfreundlichen, d.h. weiten, Auslegung des Art. 33 Abs. 1 und 2 EGBGB (Art. 12 EVÜ) folgt unmittelbar aus der Präambel des EVÜ, vgl. oben – § 7 I 2 c aa.

969 Vgl. *BGH* 20.6.1990, BGHZ 111, 376, 381 = IPRax 1991, 248, 249 mit Aufs. *Stoll*, 223; *Martiny*, Internationales Vertragsrecht[5], Rdnr. 311.

970 Vgl. *BGH* 20.6.1990, BGHZ 111, 376, 381 = IPRax 1991, 248, 249 mit Aufs. *Stoll*, 223; *Stadler*, IPRax 2000, 104, 108 f. A.A. *Kieninger*, RabelsZ 62 (1998), 678, 700, die unter Zugrundelegung ihrer Auffassung, dass Art. 33 Abs. 2 EGBGB (Art. 12 Abs. 2 EVÜ) die

dd) Die Anknüpfung der Abtretung an das Wohnsitzrecht des Schuldners

Die Anknüpfung der Drittwirkungen einer Abtretung an das Wohnsitzrecht des Schuldners ist nur noch im französischen IPR vorherrschend. Dort geht man überwiegend davon aus, dass Art. 12 EVÜ (Art. 33 Abs. 1 und 2 EGBGB) die Abtretung im Verhältnis zu sonstigen Dritten nicht regele, weshalb Rechtsprechung und Lehre auf autonome Anknüpfungsgrundsätze zurückgreifen.[971] Maßgeblich für die Anwendung des Rechts am Wohnsitz des Schuldners sind zwei Gesichtspunkte: Zum einen wird dem Schuldnerwohnsitz zugleich das Belegenheitsstatut der Forderung und damit dasjenige Recht entnommen, unter welchem sich die Forderung für Dritte üblicherweise realisieren lässt.[972] Zum anderen sind die Publizitätsanforderungen des französischen Rechts, unter denen eine Abtretung im Verhältnis zu sonstigen Dritten wirksam wird, nämlich Notifikation oder Annahme der Abtretung durch den Schuldner,[973] am Wohnsitz des Schuldners zu erfüllen. Insoweit biete das Wohnsitzrecht des Schuldners ein weithin feststehendes Statut, auf dessen Anwendung sonstige Dritte getrost vertrauen könnten.[974]

Andererseits ist mit dem Abstellen auf das Wohnsitzrecht des Schuldners die Gefahr eines die sonstigen Dritten benachteiligenden Statutenwechsels nicht gebannt. Auch leidet die Vorhersehbarkeit des auf Vorausabtretungen anzuwendenden Rechts, so dass sich Forderungen nicht risikolos als Sicherungsmittel einsetzen lassen.[975] Schließlich ist zu bedenken, dass der Standpunkt des französischen IPR unionsweit eine Ausnahme bildet und damit letztlich nur im Dienste einer von den Vertragsstaaten unerwünschten weiteren Auseinanderentwicklung des europäischen Internationalen Vertragsrechts steht.[976]

c) Die Bestimmung des Zessionsstatuts im Verhältnis zu sonstigen Dritten

Die kollisionsrechtlich relevanten Wertentscheidungen, auf die es für die Anknüpfung der Abtretung im Verhältnis zu sonstigen Dritten entscheidend ankommt, sind ungeachtet der Frage, ob Art. 33 Abs. 1 und 2 EGBGB (Art. 12 EVÜ) die Abtretung im Verhältnis zu sonstigen Dritten regelt, dem EVÜ – und nicht dem autonomen deutschen Kollisionsrecht – zu entnehmen.[977] In der Prä-

---

Abtretung im Verhältnis zu sonstigen Dritten nicht regele, allerdings konsequent meint, dass es auf diese Differenzierung nicht ankomme.

971 Vgl. die Nachweise Teil 2 - § 4 I 2 b.

972 Vgl. *Guldener*, Zession im IPR, S. 11; *Zweigert*, RabelsZ 23 (1958), 643, 653; MünchKomm^3-*Martiny*, Art. 34 EGBGB, Rdnr. 109.

973 Vgl. Teil 2 - § 4 I 1 b.

974 Vgl. *Battifol/Lagarde*, D. i. pr. II^7, n. 611.

975 Vgl. *Kaiser*, Verlängerter Eigentumsvorbehalt, S. 189.

976 Vgl. *Basedow*, ZEuP 1997, 615, 623; *Weller*, RIW 1999, 161, 169.

977 Vgl. *Kieninger*, RabelsZ 62 (1998), 678, 690 f.

ambel des Übereinkommens haben die Vertragsstaaten ihre Absicht manifestiert, einer weiteren Auseinanderentwicklung des europäischen IPR durch die Schaffung eines gemeinsamen Kerns einheitlicher Rechtsvorschriften entgegenzuwirken. Neben der damit bezweckten rechtlichen Integration Europas ist das Ziel der einheitlichen Kollisionsnormen auch darin zu sehen, die Inanspruchnahme der Grundfreiheiten des EG-Vertrags und damit das Funktionieren des Gemeinsamen Marktes zu erleichtern. Ihre unmittelbare Aufgabe geht nach Auffassung der Vertragsstaaten dahin, den Grad an Rechtssicherheit zu erhöhen, das Vertrauen in die Stabilität der Rechtsbeziehungen zu stärken, Gerichtsstandsvereinbarungen in Funktion des anwendbaren Rechts zu erleichtern sowie den Schutz erworbener Rechte im Bereich des gesamten Privatrechts zu vergrößern.[978] Unter Berücksichtigung dieser Grundsätze und Wertungen soll nachfolgend für die Bestimmung des auf eine Abtretung im Verhältnis zu sonstigen Dritten anzuwendenden Rechts zwischen der grenzüberschreitenden Mehrfachabtretung[979] und dem Schutz der Gläubigerordnung[980] unterschieden werden.

aa) Mehrfachabtretung derselben Forderung

Beispiel:[981] Eine Werft mit Sitz in Deutschland (Zedentin) und die Republik Trinidad und Tobago (Schuldnerin) vereinbaren die Herstellung und Lieferung eines Fährschiffes und unterwerfen ihren Vertrag mittels einer Rechtswahl dem englischen Recht. In der Folgezeit beauftragt die Werft die deutsche Klägerin (Erstzessionarin), zwei Ruder für die Fähre herzustellen und zu liefern. Die Klägerin bestätigt den Auftrag unter Beifügung ihrer AGB, die für den Fall eines endgültigen Einbaus der gelieferten Teile in das Schiff einen verlängerten Eigentumsvorbehalt vorsehen. Hiernach tritt die Werft der Klägerin zur Sicherung aller Ansprüche ihre Kaufpreisforderung gegen die Republik Trinidad und Tobago in Höhe des Wertes der Vorbehaltsware im voraus ab. Die Beklagte (Zweitzessionarin), eine deutsche Bank, gewährt im Anschluss der Werft zur Durchführung des Schiffsbaus einen Bauzeitkredit. Zur Sicherung dieses Kredits tritt ihr die Werft die Kaufpreisforderung gegen die Republik Trinidad und Tobago ein zweites Mal ab. Bald darauf liefert die Klägerin die beiden Ruder an die Werft, die diese in die Schiffsfähre einbaut. Nachdem die Werft zur Abwendung des Konkurses die Eröffnung eines Vergleichsverfahrens beantragt, zeigt die Beklagte der Republik Trinidad und Tobago die Abtretung der Kaufpreisforderung an. Als das Anschlusskonkursverfahren über das Vermögen der Werft eröffnet ist, richtet auch die Klägerin ein Schreiben an die Republik Trinidad und Tobago, in dem sie ihrerseits auf die in ihren AGB enthaltene Vorausabtretung hinweist und Zahlung des Restkaufpreises verlangt. Die Republik Trinidad und Tobago zahlt diesen jedoch an die Beklagte. Daraufhin macht die Klägerin Herausgabe des Geleisteten nach § 816 Abs. 2 BGB geltend.

Prioritätskonflikte werden in allen Vertragsstaaten nach dem Prioritätsprinzip entschieden.[982] Wird dieselbe Forderung mehrfach abgetreten, erwirbt unter den

---

978 Vgl. Bericht *Giuliano/Lagarde*, ABl. EG Nr. C 282 vom 31.10.1980, S. 1, 4.
979 Vgl. unten – § 7 V 3 c aa.
980 Vgl. unten – § 7 V 3 c bb.
981 Nach *BGH* 20.6.1990, BGHZ 111, 376 = IPRax 1991, 248 mit Aufs. *Stoll*, 223.
982 Vgl. *Kötz*, Europäisches Vertragsrecht I, § 14 IV.

konkurrierenden Zessionaren derjenige Zessionar die Forderung, welcher als erster die Voraussetzungen für den Übergang der Forderung im Verhältnis zu sonstigen Dritten erfüllt. Allerdings werden die Anforderungen, die an die Priorität einer Abtretung zu stellen sind, in den Rechtsordnungen der Vertragsstaaten unterschiedlich beurteilt. Während im deutschen Recht der Forderungsübergang bereits durch die abstrakte Einigung zwischen Zedent und Zessionar herbeigeführt wird, verlangen andere Rechtsordnungen regelmäßig die Einhaltung spezieller Formerfordernisse. Zumeist bestehen diese in einer Registrierung oder Notifikation bzw. Annahme der Abtretung durch den Schuldner. Das spanische Recht macht den Übergang einer Forderung im Verhältnis zu sonstigen Dritten von der Errichtung einer Abtretungsurkunde mit „sicherem Datum" abhängig.[983]

Wird dieselbe Forderung mehrfach nach verschiedenen Rechten abgetreten steht infolge der Verschiedenheit der Abtretungsvoraussetzungen zu befürchten, dass eine unterschiedliche Anknüpfung der kollidierenden Zessionen auf Seiten der konkurrierenden Zessionare zu einer Verschlechterung bereits erworbener Rechtspositionen führt. Das deutsche Recht stellt für den Forderungserwerb des Zessionars entscheidend auf den Zeitpunkt der Forderungsverfügung ab. Wird demnach eine Forderung zuerst unter der Geltung eines deutschen Zessionsstatuts abgetreten, ist ein nachfolgender Forderungserwerb durch einen Zweitzessionar an sich ausgeschlossen. Erfolgt jedoch die Zweitzession unter der Geltung eines spanischen Zessionsstatuts, ist für einen Forderungserwerb gegenüber Dritten nach Maßgabe der Artt. 1526 i.V.m. 1218, 1227 Cc die Errichtung einer Abtretungsurkunde mit „sicherem Datum" vorauszusetzen.[984] Macht der Zweitzessionar den ihm abgetretenen Anspruch also gerichtlich geltend und hat der Erstzessionar zum Zeitpunkt der Errichtung der Abtretungsurkunde durch den Zweitzessionar die Formerfordernisse des spanischen Rechts nicht erfüllt, so erwirbt der Zweitzessionar ihm gegenüber die Forderung, obwohl sie ihm erst später abgetreten wurde.[985]

Ein solcher kollisionsrechtlich bedingter Verlust bereits erworbener Rechtspositionen ist nur vermeidbar, indem sich Voraussetzungen und Wirkungen einer grenzüberschreitenden Mehrfachabtretung im Verhältnis konkurrierender Zessionare einheitlich bestimmen.[986] Vorzuziehen ist dabei eine Anknüpfung,

---

983 Vgl. den Überblick Teil 2 – § 5 I 2 b.

984 Vgl. oben – § 7 V 3 a bb.

985 Die Erstzession schließt, solange der Erstzessionar die Formerfordernisse des spanischen Rechts nicht erfüllt und der Zedent im Verhältnis zum Zweitzessionar Forderungsinhaber bleibt, einen Erwerb der Forderung durch den Zweitzessionar nach dem für ihn geltenden Zessionsstatut nicht aus, vgl. *Kieninger*, RabelsZ 62 (1998), 678, 703.

986 Vgl. *von Hoffmann/Höpping*, IPRax 1993, 302, 303; *Mangold*, Das IPR der Abtretung, in: *Hommelhoff/Jayme/Mangold* (Hrsg.), Europäischer Binnenmarkt, S. 81, 90; *Staudinger*[12]-*Hausmann*, Art. 33 EGBGB, Rdnr. 27; nun auch grundsätzlich *Stadler*, IPRax 2000, 104, 108.

die einen Statutenwechsel zum Nachteil des Erstzessionars ausschließt. Diese Gewähr vermag nur das Forderungsstatut zu bieten. Zwar können Zessionar und Schuldner durch nachträgliche Rechtswahl auch insoweit einen Statutenwechsel herbeiführen, jedoch nur in den engen Grenzen des Art. 27 Abs. 2 S. 2 EGBGB (Art. 3 Abs. 2 S. 2 EVÜ). Hiernach dürfen die nach dem Altstatut begründeten Rechte Dritter durch eine spätere Rechtswahl nicht beeinträchtigt werden. Ein Statutenwechsel durch Rechtswahl zu Lasten des Erstzessionars ist insoweit ausgeschlossen.[987]

Stellt somit deutsches Recht das Forderungsstatut (Altstatut), erwirbt derjenige Zessionar die Forderung, welchem sie als erstes abgetreten wurde. Unterwerfen Zweitzessionar und Schuldner die dem deutschen Recht unterliegende Forderung durch eine nachträgliche Rechtswahl dem spanischen Recht (Neustatut), könnte nach diesem nur derjenige Zessionar die Forderung erwerben, welcher als erstes eine Abtretungsurkunde mit „sicherem Datum" errichtet. Die nachträgliche Änderung des für den Forderungsübergang im Verhältnis zwischen Erst- und Zweitzessionar maßgeblichen Rechtes durch die Rechtswahl zwischen Schuldner und Zweitzessionar hätte insoweit eine Beeinträchtigung der Rechtsposition des Erstzessionars zur Folge. Anders als nach dem Altstatut könnte sich der Erstzessionar nun nicht mehr mit Erfolg darauf berufen, dass ein Forderungserwerb durch den Zweitzessionar ausgeschlossen ist. Vielmehr wäre der Zweitzessionar nach dem spanischen Recht als Neustatut in der Lage, die Forderung im Verhältnis zum Erstzessionar durch die Errichtung einer Abtretungsurkunde mit „sicherem Datum" zu erwerben. Ein Forderungserwerb des Zweitzessionars nach dem Neustatut wird jedoch durch Art. 27 Abs. 2 S. 2 EGBGB (Art. 3 Abs. 2 S. 2 EVÜ) ausgeschlossen. Hiernach darf die spätere Rechtswahl die nach dem Altstatut begründeten Rechte Dritter nicht beeinträchtigen. Im Verhältnis zum Erstzessionar bleibt daher das frühere Zessionsstatut, d.h. deutsches Recht maßgebend.[988]

Diese Lösung steht in Einklang mit der Zielsetzung des EVÜ, das den Schutz erworbener Rechte zu vergrößern sucht.[989] Andere Anknüpfungen können demgegenüber einen nachteiligen Statutenwechsel zu Lasten des Erstzessionars nicht ausschließen. Stellte man auf das Zessionsgrundstatut ab,[990] würden Zedent und Zweitzessionar sogar in die Lage versetzt, das auf den Forderungs-

---

987 Vgl. oben – § 7 V 3 b bb.

988 Vgl. *Reithmann/Martiny-Martiny*, Internationales Vertragsrecht[5], Rdnr. 94.

989 Vgl. Bericht *Giuliano/Lagarde*, ABl. EG Nr. C 282 vom 31.10.1980, S. 1, 4.

990 Vgl. *Hoge Raad* 16.5.1997 Nederlandse Jurisprudentie 1998, Nr. 585, S. 3316 ff. mit Bespr. *Joustra*, IPRax 1999, 280, allerdings im Hinblick auf die Wirksamkeit der Abtretung im Verhältnis zu den Gläubigern des Zedenten; *Einsele*, ZVglRWiss 90 (1991), 1 ff.; *dies.*, Wertpapierrecht, S. 474 ff.; *dies.*, RabelsZ 60 (1996), 417, 430 ff.; *Stadler*, Gestaltungsfreiheit, S. 698 ff., 714; *dies.*, nunmehr insgesamt einschränkend, IPRax 2000, 104, 109.

übergang im Verhältnis zum Erstzessionar maßgebliche Recht zu wählen, um auf diese Weise einen Prioritätskonflikt zugunsten des Zweitzessionars entscheiden zu können.

Auf Art. 27 Abs. 2 S. 2 EGBGB (Art. 3 Abs. 2 S. 2 EVÜ) könnte sich der Erstzessionar, weil die Drittwirkungen der Abtretung nicht einheitlich bestimmt würden, insoweit nicht berufen. Mithin stellte sich die mit der Maßgeblichkeit des Zessionsgrundstatuts verbundene Möglichkeit einer Rechtswahl als eine Anknüpfung zu Lasten Dritter dar. Die kollisionsrechtliche Aushebelung der nach den Sachrechten der Vertragsstaaten als schutzwürdig anerkannten Belange Dritter, insbesondere des Drittschutzes bei mehrfacher Abtretung derselben Forderung, ist aber mit der kollisionsrechtlichen Interessenwertung des EVÜ unvereinbar. Eine Beurteilung der Rechtsbeziehungen konkurrierender Zessionare bei Mehrfachabtretung derselben Forderung nach dem Zessionsgrundstatut ist daher abzulehnen.

Auch ein partielles Nachgeben des Zessionsgrundstatuts zugunsten des Forderungsstatuts nur in denjenigen Fällen, in welchen das auf den Forderungsübergang im Verhältnis zu konkurrierenden Zessionaren anzuwendende Recht nach den maßgeblichen Zessionsgrundstatuten verschieden wäre, ist abzulehnen. Diese jüngst von *Stadler*[991] vorgeschlagene Lösung sucht zwar Rechtsnachteile zu Lasten Dritter zu vermeiden; sie führt jedoch zu einer viel zu komplizierten (dreifachen) Aufspaltung des auf die Drittwirkungen einer Abtretung anzuwendenden Rechts und damit zu einer für Gerichte kaum mehr nachvollziehbaren Sonderanknüpfung: Für den Forderungsübergang müsste hiernach zunächst entsprechend der Person des Dritten zwischen der Abtretung im Verhältnis zu den Gläubigern des Zedenten (Zessionsgrundstatut maßgebend) und der Abtretung im Verhältnis konkurrierender Zessionare (Zessionsgrundstatut oder Forderungsstatut maßgebend) unterschieden werden. Für letztere wäre sodann nach der Art der Abtretung zwischen Singularzession (Zessionsgrundstatut maßgebend) und Mehrfachzession (Zessionsgrundstatut oder Forderungsstatut maßgebend) zu differenzieren. Im Rahmen der Mehrfachzession müsste schließlich eine Unterscheidung zwischen den Fällen einheitlicher Zessionsgrundstatuten (Zessionsgrundstatut maßgebend) und den Fällen verschiedener Zessionsgrundstatuten (Forderungsstatut maßgebend) getroffen werden.

Hinzu kommt, dass sich der Erstzessionar, die Anwendung einer solchen Kollisionsregel einmal unterstellt, bei nur prinzipieller Maßgeblichkeit des Zessionsgrundstatuts nicht mehr auf die Zulässigkeit der für die Abtretung getroffenen Rechtswahl verlassen könnte. Für jede spätere Abtretung derselben Forderung könnte kraft Rechtswahl oder objektiver Anknüpfung ein anderes Recht gelten, was unweigerlich die Anwendung des Forderungsstatuts zur Folge hätte.

---

991 Vgl. *Stadler*, IPRax 2000, 104, 109.

Hierdurch würde einerseits dem auf Prioritätskonflikte anzuwendenden Recht die Vorherschbarkeit genommen und die Rechtssicherheit in erheblichem Umfang beeinträchtigt. Andererseits stellte eine im voraus nicht aufzulösende Alternative zwischen zwei anwendbaren Rechten bei kollidierenden Sicherungsgeschäften, wie der Globalzession und dem verlängerten Eigentumsvorbehalt, aus Sicht des Sicherungsnehmers (Zessionars) eine erhebliche Beschränkung der bezweckten Sicherung dar; insbesondere bezöge sich die mit der Bestimmung des anwendbaren Rechts verbundene Ungewissheit nicht nur auf künftige Forderungen,[992] sondern auch auf die bereits entstandenen Forderungen. Die Differenzierung *Stadlers* ist somit aus einer Vielzahl von Gründen abzulehnen.

Auch eine Anknüpfung der Abtretung im Verhältnis zu sonstigen Dritten an das Recht am Ort des gewöhnlichen Aufenthalts oder der Niederlassung des Zedenten bzw. den Schuldnerwohnsitz nützt dem Erstzessionar im Falle einer Mehrfachabtretung derselben Forderung nichts. Beide Anknüpfungen vermögen einen Wechsel des Zessionsstatuts, der für den Erstzessionar mit dem Verlust einer bereits erworbenen Rechtsposition verbunden sein kann, im Unterschied zu einer Anknüpfung der Abtretung an das Forderungsstatut nicht auszuschliessen.[993]

Aus diesem Grund ist auch eine auf die Globalzession und den verlängerten Eigentumsvorbehalt beschränkte Sonderanknüpfung an das Sitzrecht des Zedenten abzulehnen. Eine solche Sonderanknüpfung hätte zudem eine Aufspaltung des auf die Abtretung anzuwendenden Rechts zur Folge: Während Globalzession und verlängerter Eigentumsvorbehalt dem Sitzrecht des Zedenten unterworfen wären, unterläge die Singularzession einer Forderung unverändert Art. 33 Abs. 1 und 2 EGBGB (Art. 12 EVÜ). Die damit verbundene Aufspaltung des Zessionsstatuts gefährdet den inneren Entscheidungseinklang.

Sie bringt dem Sicherungsnehmer bei Mehrfachabtretung derselben Forderung auch keine Vorteile: Die Vorhersehbarkeit des Zessionsstatuts wird durch die Abgrenzung zwischen Singularzession auf der einen Seite und Globalzession oder verlängertem Eigentumsvorbehalt auf der anderen Seite erheblich beeinträchtigt. Nach *Stoll* soll im Rahmen einer Kollision zwischen Sicherungszession und Singularzession der Maßgeblichkeit des Forderungsstatuts für letztere ein Vorrang gegenüber der Sonderanknüpfung einzuräumen sein.[994] Würde demnach eine Forderung, die Gegenstand einer Globalzession oder eines verlängerten Eigentumsvorbehalts ist, ein zweites Mal im Wege einer Singularzession abgetreten, so ginge eine unterschiedliche Anknüpfung beider Abtretungen

---

[992] Die mangelnde Vorhersehbarkeit des auf künftige Forderungen anzuwendenden Rechts kann aus Sicht der Zessionsparteien die rechtliche Beurteilung eines abzuschließenden Sicherungsgeschäfts erschweren, vgl. oben – § 7 V 3 b aa.

[993] Vgl. oben – § 7 V 3 b cc, dd.

[994] Vgl. *Stoll*, IPRax 1991, 223, 225.

gegebenenfalls zu Lasten des Sicherungsnehmers (Erstzessionars); denn der Forderungsübergang im Verhältnis zum Schuldner kann nach dem für die Singularzession maßgeblichen Recht weitergehenden Anforderungen unterliegen als nach dem Statut der Sicherungszession. Die mit der Sonderanknüpfung bezweckte einheitliche Beurteilung eines grenzüberschreitenden Sicherungsgeschäfts ginge somit faktisch ins Leere. Aus Sicht der Sicherungsnehmer besteht daher kein zwingendes Bedürfnis für die vorgeschlagene Sonderanknüpfung.[995]

Zu Recht hat der *Bundesgerichtshof*[996] deshalb im Fallbeispiel das Zessionsstatut für die Abtretung im Verhältnis zu sonstigen Dritten dem Forderungsstatut, d.h. dem englischen Recht, entnommen. Während die Erstzession im Rahmen eines verlängerten Eigentumsvorbehaltes erfolgt war, handelte es sich bei der Zweitzession an die kreditgebende Bank um eine Singularzession. Hätte der *Bundesgerichtshof* die im Rahmen des verlängerten Eigentumsvorbehalts erfolgte Erstzession im Wege einer Sonderanknüpfung dem Niederlassungsrecht der Zedentin, d.h. dem deutschen Recht, unterstellt, wäre die Klägerin/Erstzessionarin im Verhältnis zu der Beklagten/Zweitzessionarin an sich Forderungsinhaberin geworden; denn nach deutschem Recht ist ein Forderungserwerb durch den Zweitzessionar ausgeschlossen. Eine von dieser Sonderanknüpfung abweichende Beurteilung der nachfolgenden Singularzession nach dem englischen Forderungsstatut hätte jedoch aus Sicht der Klägerin/Erstzessionarin einen nachteiligen Statutenwechsel zur Folge gehabt; denn nach dem für die Zweitzession maßgeblichen englischen Recht wäre für den Forderungserwerb auf die Notifikation im Verhältnis zur Schuldnerin abzustellen gewesen. Lediglich die Beklagte/Zweitzessionarin hatte aber der Schuldnerin die Abtretung angezeigt. Somit wäre ein Forderungserwerb durch die Klägerin/Erstzessionarin ausgeschlossen gewesen, obgleich das für sie maßgebliche Zessionsstatut einer zeitlich früheren Abtretung den Vorrang gibt. Dieses Beispiel zeigt, dass eine unterschiedliche Anknüpfung der Abtretung im Verhältnis zu sonstigen Dritten ohne weiteres zu einem Verlust bereits erworbener Rechtspositionen führen kann.

Schließlich ist zu berücksichtigen, dass die Anknüpfungen einer Abtretung im Verhältnis zu sonstigen Dritten an das Sitzrecht des Zedenten oder Schuldners als autonome nationale Kollisionsregeln eine weitere Auseinanderentwicklung des Europäischen Kollisionsrechts zur Folge hätten.[997] In Deutschland[998] und Frankreich[999] beruht die Bildung autonomer Kollisionsregeln auf

---

[995] Grundsätzlich anders stellt sich die Rechtslage aus Sicht der Gläubiger des Zedenten dar, dazu unten – § 7 V 3 c bb.

[996] *BGH* 20.6.1990, BGHZ 111, 376, 380 ff. = IPRax 1991, 248, 249 mit Aufs. *Stoll*, 223.

[997] Vgl. oben – § 7 V 3 b cc, dd.

[998] Vgl. *Kieninger*, RabelsZ 62 (1998), 678, 689 f.

der Überlegung, dass Art. 33 Abs. 1 und 2 EGBGB (Art. 12 EVÜ) die Abtretung im Verhältnis zu sonstigen Dritten nicht umfasse. Für eine solche Interpretation bestehen jedoch keine hinreichenden Anhaltspunkte.[1000] Vielmehr wollten die Vertragsstaaten des EVÜ autonome Anknüpfungsregeln im Anwendungsbereich des Übereinkommens vermeiden. In der Präambel des EVÜ haben die Vertragsstaaten das gemeinsame Ziel formuliert, die Rechtsvereinheitlichung auf dem Gebiet des Internationalen Privatrechts fortzusetzen. Diesem Bekenntnis ist eine Aufforderung an die Gerichte der Vertragsstaaten zu entnehmen, einer weiteren Auseinanderentwicklung des Europäischen Kollisionsrechts entgegenzuwirken, mithin die Bestimmungen des Übereinkommens integrationsfreundlich, d.h. weit auszulegen. Für eine restriktive Auslegung des Art. 33 Abs. 1 und 2 EGBGB (Art. 12 EVÜ) ist schon aus diesen Gründen kein Raum.[1001]

Soweit demnach eine ausschließlich an Art. 33 Abs. 1 und 2 EGBGB (Art. 12 EVÜ) orientierte Anknüpfung der Drittwirkungen einer Abtretung geboten ist, ist die Beurteilung der Abtretung nach dem Forderungsstatut einer Anknüpfung an das Zessionsgrundstatut vorzuziehen.[1002]

bb) Schutz der Gläubigerordnung

Beispiel:[1003] Ein deutsches Chemie-Unternehmen (Z) verkauft unter Vereinbarung eines verlängerten Eigentumsvorbehaltes Ware an eine niederländische Firma (G). Der Kaufvertrag unterliegt dem deutschen Recht. Als über das Vermögen der G das Insolvenzverfahren eröff-

---

999 Vgl. *Lagarde*, Rev. crit. dr. internat. privé 80 (1991), 287, 335 f.; *Sinay-Cytermann*, Rev. crit. dr. internat. privé 81 (1992), 35 ff.; *Ghestin*, Traité de droit civil, n. 617; *Kassis*, Contrats internationaux, n. 405; *Loussouarn/Bourel*, D. i. pr.[5], n. 425.

1000 Vgl. die Auslegung des Wortlauts der Norm (§ 7 II 3) und der entstehungsgeschichtlichen Materialien (§ 7 III 3 c).

1001 Vgl. *Hoge Raad* 16.5.1997, Nederlandse Jurisprudentie 1998, Nr. 585, S. 3316 ff. mit Bespr. *Joustra*, IPRax 1999, 280.

1002 Wie hier Chr. *von Bar*, RabelsZ 53 (1989), 462, 470; *ders.*, IPRax 1992, 20, 23; *Stoll*, IPRax 1991, 223, jedoch nur für Singularzessionen; *Kaye*, Private International Law, S. 325 f.; *von Hoffmann/Höpping*, IPRax 1993, 302, 303; *Mangold*, Das IPR der Abtretung, in: *Hommelhoff/Jayme/Mangold* (Hrsg.), Europäischer Binnenmarkt, S. 81, 90; *Reithmann/Martiny-Martiny*, Internationales Vertragsrecht[5], Rdnr. 306; *Soergel*[12]*-von Hoffmann*, Art. 33 EGBGB, Rdnr. 12; *Basedow*, ZEuP 1997, 615, 622 f.; *Peltzer*, RIW 1997, 893, 897 f.; MünchKomm[3]-*Martiny*, Art. 33 EGBGB, Rdnr. 12 a; *Staudinger*[12]-*Hausmann*, Art. 33 EGBGB, Rdnr. 27; *von Hoffmann*, IPR der Forderungsübertragung, in: *Hadding/Schneider* (Hrsg.), Die Forderungsabtretung, S. 3, 12 f.; *Weller*, RIW 1999, 161, 169; *Cheshire & North*, Private International Law[13], S. 961; *Palandt*[60]-*Heldrich*, Art. 33 EGBGB, Rdnr. 2; *Erman*[10]-*Hohloch*, Art. 33 EGBGB, Rdnr. 6; *Dicey & Morris*, The Conflict of Laws II[13], Rule 118 (24-057).

1003 Nach *Hoge Raad* 16.5.1997, Nederlandse Jurisprudentie 1998, Nr. 585, S. 3316 ff. mit Bespr. *Joustra*, IPRax 1999, 280.

net wird, macht die Z gegen den Insolvenzverwalter aus abgetretenem Recht eine niederländische Kaufpreisforderung geltend, die aus einem Weiterverkauf der Vorbehaltsware an einen Abnehmer resultiert. Der Insolvenzverwalter wendet ein, die Vorausabtretung sei nach niederländischem Recht unwirksam und beansprucht die geltend gemachte Forderung für die Insolvenzmasse.

Gläubigerinteressen werden insbesondere durch die Zulässigkeit von Sicherungszessionen berührt. Der verlängerte Eigentumsvorbehalt und die Globalzession eröffnen dem Zedenten als Sicherungsgeber die Möglichkeit einer Vorausabtretung künftiger Forderungen und erlauben ihm dadurch, seine Kreditwürdigkeit gegenüber Gläubigern in einer für diese nicht ohne weiteres nachvollziehbaren Weise zu verschleiern.[1004] Einige Rechtsordnungen knüpfen die Abtretung aus diesem Grund an spezielle Publizitätserfordernisse. Nach österreichischem Recht wird eine Sicherungszession Dritten gegenüber nur wirksam, wenn der Schuldner von der Abtretung verständigt oder die Abtretung in den Büchern des Zedenten vermerkt ist.[1005] Im niederländischen Recht ist die Vorausabtretung künftiger Forderungen ausgeschlossen.[1006] Auch dem spanischen Recht ist die Sicherungszession unbekannt,[1007] über die Zulässigkeit der Vorausabtretung wird gestritten.[1008] In den Rechtsordnungen anderer Vertragsstaaten gelten ähnliche Beschränkungen.[1009] Darüber hinaus werden die Interessen der Gläubiger auch außerhalb des Rechts der Sicherungsgeschäfte durch spezielle Publizitätsanforderungen, meist das Erfordernis einer Anzeige oder Registrierung der Abtretung, geschützt.[1010] Nach spanischem Recht kann die Abtretung den Gläubigern des Zedenten nur entgegengehalten werden, wenn sie nach Maßgabe der Artt. 1526 i.V.m. 1218, 1227 Cc in einer Urkunde mit „sicherem Datum" verkörpert ist.[1011] Hintergrund dieser Regelungen ist das anerkannte Interesse der Gläubiger an der Publizität von Zessionsvorgängen.[1012] Die Publizität vereinfacht den vollstreckungsrechtlichen Zugriff auf das Vermögen des Zedenten, indem sie seinen Forderungsbestand und damit Vermögenslage und Kreditwürdigkeit transparenter gestaltet.

Die im Fallbeispiel ergangene Entscheidung des *Hoge Raad*,[1013] wonach eine Abtretung im Verhältnis zu den Gläubigern des Zedenten gemäß Art. 12 Abs. 1 EVÜ (Art. 33 Abs. 1 EGBGB) dem Zessionsgrundstatut, d.h. gegebenenfalls

---

[1004] Vgl. *Staudinger*[13]*-Stoll*, Int SachenR, Rdnr. 347.
[1005] Vgl. Teil 2 – § 4 VI 1 b.
[1006] Vgl. *Joustra*, IPRax 1994, 395.
[1007] In Betracht kommt allenfalls eine Umdeutung der Sicherungszession in eine Forderungsverpfändung, vgl. Teil 1 – § 1 II 1 b cc.
[1008] Vgl. die Nachweise Teil 1 – § 1 V 3.
[1009] Vgl. die Nachweise bei *Stadler*, IPRax 2000, 104, 107.
[1010] Vgl. den Überblick Teil 2 – § 5 I 2 b.
[1011] Vgl. Teil 1 – § 1 IV 2.
[1012] Dazu *Stadler*, IPRax 2000, 104, 108.
[1013] Vgl. zu dieser Entscheidung bereits oben – § 7 V 3 b aa.

einem von Zedent und Zessionar gewählten Recht unterliegt, lässt jedoch die von den Sachrechten der Vertragsstaaten aufgestellten Publizitätsanforderungen ins Leere laufen. Sie schützt lediglich das Interesse der Zessionsparteien an einer parteiautonomen Gestaltung des auf die Abtretung anzuwendenden Rechts. Ein Bedürfnis nach Parteiautonomie wird auf Seiten der Zessionsparteien regelmäßig dann hervortreten, wenn die Abtretung als Mittel der Kreditsicherung dienen soll. Eine Rechtswahl bringt in diesem Fall erhebliche Erleichterungen für das abzuschließende Sicherungsgeschäft: Sie ermöglicht es dem Sicherungsnehmer (Zessionar), das auf eine Globalzession oder einen verlängerten Eigentumsvorbehalt und damit das auf eine Abtretung künftiger Forderungen anwendbare Recht zu antizipieren. Die Voraussehbarkeit des Zessionsstatuts garantiert die Funktionstauglichkeit der von dem Sicherungsgeschäft umfassten Forderungen. Hinzu kommt, dass das Zessionsstatut nicht für jede einzelne, noch abzutretende Forderung gesondert bestimmt werden muss.[1014] Auf diese Weise kann die kollisionsrechtliche Aufspaltung eines an sich einheitlichen Sicherungsgeschäfts vermieden werden. Die Vorzüge dieser Lösung für die grenzüberschreitende Kreditsicherung hatten schon vor der Entscheidung des *Hoge Raad* zu der Forderung geführt, die Abtretung im Verhältnis zu sonstigen Dritten dem Zessionsgrundstatut zu unterstellen.[1015]

Für die Gläubiger des Zedenten hätte eine Anwendung des Zessionsgrundstatuts auf die Abtretung jedoch erhebliche Nachteile zur Folge; denn ihnen könnte infolge einer Rechtswahl der Zessionsparteien vollstreckbares Vermögen des Zedenten ohne weiteres entzogen werden. Im Fallbeispiel könnte sich der Insolvenzverwalter unter der Geltung des deutschen Zessionsgrundstatuts dementsprechend nicht auf die Unwirksamkeit der Vorausabtretung nach niederländischem Recht berufen, obgleich die streitgegenständliche Forderung dem niederländischen Recht unterliegt. Umgekehrt wären die Zessionsparteien in Kenntnis der Unzulässigkeit einer Vorausabtretung nach niederländischem Recht in der Lage gewesen, den verlängerten Eigentumsvorbehalt von vornherein dem deutschen Recht zu unterwerfen, das die Vorausabtretung für zulässig erachtet.[1016] Z und G hätten somit durch die Rechtswahl einer späteren Vollstreckung in die im voraus abgetretene Forderung zuvorkommen können, allerdings auf eine Weise, die das niederländische Recht sanktioniert.[1017]

[1014] Dieser Vorteil besteht im Unterschied zu einer Anknüpfung der Abtretung an das Forderungsstatut, vgl. oben – § 7 V 3 b aa.

[1015] Vgl. *Stadler*, Gestaltungsfreiheit, S. 713.

[1016] In dem vom *Hoge Raad* entschiedenen Fall hatten die Zessionsparteien keine Rechtswahl getroffen. Die Anwendbarkeit des deutschen Rechts resultierte aus einer objektiven Anknüpfung des der Abtretung zugrunde liegenden Kaufvertrages gemäß Art. 4 Abs. 2 EVÜ (Art. 28 Abs. 2 EGBGB).

[1017] Dazu *Kieninger*, RabelsZ 62 (1998), 678, 693 f.

Soweit die Rechtswahl den Zessionsparteien im übrigen die Möglichkeit eröffnet, auch die in den Sachrechten der Vertragsstaaten aufgestellten Publizitätsanforderungen, insbesondere eine gegebenenfalls erforderliche Registrierung der Abtretung, ohne Schwierigkeiten zu umgehen, würde eine Überprüfung der Kreditwürdigkeit des Zedenten für seine Gläubiger praktisch unmöglich. Zum Schutz der Gläubigerordnung ist deshalb eine Anknüpfung der Abtretungswirkungen im Verhältnis zu sonstigen Dritten an das Zessionsgrundstatut abzulehnen.[1018]

Soweit die gläubigerschützenden Vorschriften eine echte Publizitätsfunktion erfüllen, wie durch Registrierung oder Buchvermerk, sind sie unstreitig am Sitz des Zedenten zu erfüllen. Konsequent wird aus diesem Grund zunehmend eine Anknüpfung der Abtretung im Verhältnis zu sonstigen Dritten an das Recht am Ort des gewöhnlichen Aufenthalts oder der Niederlassung des Zedenten vorgeschlagen.[1019] Dieses Recht gibt den Gläubigern insoweit am ehesten die Möglichkeit, einen Überblick über die Vermögenslage und damit die Kreditwürdigkeit des Zedenten zu erhalten. Regelmäßig schaffen die von den Sachrechten der Vertragsstaaten vorgesehenen Formerfordernisse jedoch keine echte Publizität zugunsten Dritter.[1020] Insbesondere die Drittschuldnerverständigung, aber auch die nach spanischem Recht *inter partes* zu errichtende Abtretungsurkunde sind für sich genommen ungeeignet, die Gläubiger des Zedenten von der Abtretung in Kenntnis zu setzen.[1021] Vielmehr dienen diese Formerfordernisse in erster Linie dem Schutz des Drittschuldners oder sie beschränken sich auf die Fixierung des Forderungsübergangs im Verhältnis zu sonstigen Dritten, insbesondere in Prioritätsstreitigkeiten.[1022] Die Gläubiger des Zedenten werden deshalb zumeist nicht mit einer Überprüfbarkeit des Aktivvermögens des Zedenten rechnen. Bis auf wenige Ausnahmen, in denen faktisch Publizität geschaffen

---

1018 A.A. *Hoge Raad* 16.5.1997, Nederlandse Jurisprudentie 1998, Nr. 585, S. 3316 ff. mit Bespr. *Joustra*, IPRax 1999, 280; *Koppenol-Laforce*, NILR 1998, 129, 136; *Stadler*, Gestaltungsfreiheit, S. 713; *dies.*, IPRax 2000, 104, 108 f.

1019 Vgl. *LG Hamburg* 20.11.1980, IPRspr. 1980, Nr. 53 mit Bespr. *Jayme*, Clunet 112 (1985), 951, 959; *Stoll*, IPRax 1990, 223, 225 ff.; *Staudinger*[13]*-Stoll*, Int SachenR, Rdnr. 349 f.; MünchKomm[3]*-Kreuzer*, Nach Art. 38 EGBGB, Anh. I, Rdnr. 93; *Kaiser*, Verlängerter Eigentumsvorbehalt, S. 202 ff.; *Diehl-Leistner*, Internationales Factoring, S. 94; *Posch*, IPRax 1992, 51, 54; *Moshinsky*, L. Q. Rev. 109 (1992), 591, 609 ff.; *von Wilmowsky*, Europäisches Kreditsicherungsrecht, S. 429 ff; *Struycken*, Lloyd's Marit. Com. L. Q. 1998, 345, 357 ff.; *Kieninger*, RabelsZ 62 (1998), 678, 702 ff.; *dies.*, JZ 1999, 405, 406.

1020 Vgl. *von Wilmowsky*, Europäisches Kreditsicherungsrecht, S. 492 f.; *Kieninger*, RabelsZ 62 (1998), 678, 698; *Stadler*, IPRax 2000, 104, 108.

1021 Die Registrierung oder Aushändigung einer privaten Abtretungsurkunde an eine Amtsperson in Ausübung ihrer öffentlichen Funktion gemäß Artt. 1526 i.V.m. 1227 Cc ist nach der ständigen Rechtsprechung des *Tribunal Supremo* nicht zwingend erforderlich, vgl. die Nachweise Teil 1 – § 1 IV 3.

1022 Vgl. den Überblick Teil 2 – § 5 I 2 c.

wird, bringt die Bestimmung des Zessionsstatuts nach dem Sitzrecht des Zedenten somit keine Vorteile.

Vor diesem Hintergrund sollte auch für die Anknüpfung der Abtretung im Verhältnis zu den Gläubigern des Zedenten gemäß Art. 33 Abs. 2 EGBGB (Art. 12 Abs. 2 EVÜ) auf das Forderungsstatut abgestellt werden. Im Fall der Einzelabtretung einer bereits entstandenen Forderung bietet das Forderungsstatut einen ebenso feststehenden und zuverlässigen Anhaltspunkt wie das Sitzrecht des Zedenten. Insoweit spielt es aus Sicht der Gläubiger keine Rolle, ob eine gegebenenfalls erforderliche Registrierung oder ein Vermerk in den Büchern des Zedenten auf Anordnung des Sitzrechts oder des Forderungsstatuts zu geschehen hat.[1023] Problematisch ist allein die Vorausabtretung künftiger Forderungen. Hier kann das Zessionsstatut erst nach Entstehung der Forderung bestimmt werden. Liegt der Abtretung ein Sicherungsgeschäft zugrunde und soll hiernach eine Vielzahl künftiger Forderungen abgetreten werden, ist das Zessionsstatut im übrigen für jede einzelne Forderung gesondert zu bestimmen. Eine Vorhersehbarkeit des für die Abtretung maßgeblichen Rechts ist deshalb nicht ohne weiteres gegeben. Soweit den Gläubigern mangels Publizität der ihnen gegenüber einzuhaltenden Formerfordernisse jedoch in aller Regel ohnehin die Möglichkeit fehlt, sich rechtzeitig Kenntnis von der Abtretung zu verschaffen, genügt es, ihnen die für die Fixierung des Forderungsübergangs notwendige Beobachtung dieser Formerfordernisse durch die Anwendung des Forderungsstatuts zu erhalten. Auf diese Weise können sich die Gläubiger in der Insolvenz des Zedenten gegebenenfalls auf die Nichterfüllung bestimmter Formerfordernisse, etwa das Fehlen einer Abtretungsurkunde mit „sicherem Datum“, den fehlenden Nachweis der Abtretungsanzeige oder die Annahme der Abtretung durch den Drittschuldner oder – wie im Fallbeispiel – auf die Unwirksamkeit der Vorausabtretung nach niederländischem Recht berufen. Während die Zessionsparteien unter der Geltung des Zessionsgrundstatuts in der Lage wären, entsprechende Schutzvorschriften zum Nachteil Dritter „abzuwählen“, ist davon auszugehen, dass die Parteien der abzutretenden Forderung, Zedent und Drittschuldner, in aller Regel keine Veranlassung haben, ebenfalls eine Rechtswahl zu Lasten der Gläubiger zu treffen.[1024]

Für eine Anwendung des Forderungsstatuts auf die Abtretung im Verhältnis zu den Gläubigern des Zedenten spricht ferner, dass bereits das Verhältnis konkurrierender Zessionare bei Mehrfachabtretung derselben Forderung nach

[1023] Eine Anwendung des Forderungsstatuts ist für die Gläubiger des Zedenten grundsätzlich günstiger, weil dieses im Unterschied zum Sitzrecht gemäß Art. 27 Abs. 2 S. 2 EGBGB (Art. 3 Abs. 2 S. 2 EVÜ) einen nachteiligen Statutenwechsel zu Lasten der Gläubiger ausschließt, vgl. auch oben – § 7 V 3 c aa.

[1024] Anders *Stadler*, IPRax 2000, 104, 108.

Art. 33 Abs. 2 EGBGB (Art. 12 Abs. 2 EVÜ) zu beurteilen ist.[1025] Insoweit würde eine hiervon abweichende Anknüpfung an das Sitzrecht des Zedenten zu einer Aufspaltung des für die Abtretung im Verhältnis zu sonstigen Dritten maßgeblichen Rechts führen.

Eine solche Aufspaltung kann zu Wertungswidersprüchen führen: Wird eine dem deutschen Recht unterliegende Forderung mehrfach an verschiedene Zessionare abgetreten, erwirbt gemäß Art. 33 Abs. 2 EGBGB (Art. 12 Abs. 2 EVÜ) derjenige Zessionar die Forderung, welchem sie als erstes abgetreten wurde.[1026] Fällt der in Spanien ansässige Zedent nach erfolgter Mehrfachabtretung der Forderung in Konkurs, könnte sich ein Zweitzessionar durch Vorlage einer dem Konkurs zeitlich vorausgehenden Abtretungsurkunde mit „sicherem Datum" als Forderungsinhaber gegenüber dem Konkursverwalter legitimieren,[1027] obwohl er im Verhältnis zum Erstzessionar die Forderung nach dem insoweit maßgeblichen deutschen Recht nicht erwerben konnte. Dem Erstzessionar würde die Forderungsinhaberschaft gegenüber dem Zweitzessionar im Verhältnis zu den Gläubigern des Zedenten ohnehin nichts nützen, wenn er, was vorliegend unterstellt werden soll, nicht ebenfalls über eine Abtretungsurkunde mit „sicherem" und zeitlich früherem Datum verfügt; denn nach dem auf die Abtretung im Verhältnis zu den Gläubigern des Zedenten anzuwendenden spanischen Sitzrecht wäre ein Forderungserwerb des Erstzessionars dann ausgeschlossen. Bei einheitlicher Beurteilung aller Drittwirkungen nach dem Forderungsstatut könnte der Erstzessionar die abgetretene Forderung dagegen nicht nur im Verhältnis zum Zweitzessionar, sondern auch gegenüber dem Konkursverwalter erwerben.

Die Maßgeblichkeit des Forderungsstatuts für die Abtretung im Verhältnis zu den Gläubigern des Zedenten ist dem Sitzrecht des Zedenten auch insoweit vorzuziehen, als eine autonome Anknüpfung nach den nationalen Kollisionsrechten der Vertragsstaaten zu einer weiteren Auseinanderentwicklung des europäischen IPR führen würde. Angesichts der Zielsetzung der Vertragsstaaten, eine Anwendung autonomer Kollisionsregeln im Anwendungsbereich des EVÜ zu vermeiden,[1028] sollte Art. 33 Abs. 1 und 2 EGBGB (Art. 12 EVÜ) auch im Hinblick auf die Abtretung im Verhältnis zu den Gläubigern des Zedenten weit ausgelegt werden.[1029] Insoweit ist das Forderungsstatut auch dem Zessionsgrundstatut vorzuziehen.[1030] Somit bestimmen sich im Ergebnis jegliche Dritt-

---

[1025] Zur Anknüpfung einer Abtretung im Verhältnis konkurrierender Zessionare vgl. oben – § 7 V 3 c aa.

[1026] Vgl. oben – § 7 V 3 c aa.

[1027] Vgl. Artt. 1526 i.V.m. Artt. 1218, 1227 Cc.

[1028] Vgl. die Präambel des EVÜ. Zum Erfordernis einer integrationsfreundlichen Auslegung vgl. oben – § 7 I 2 c aa.

[1029] Vgl. *Hoge Raad* 16.5.1997, Nederlandse Jurisprudentie 1998, Nr. 585, S. 3316 ff. mit Bespr. *Joustra*, IPRax 1999, 280.

[1030] Alle vorstehenden Argumente sprechen auch gegen eine Sonderanknüpfung des verlängerten Eigentumsvorbehalts und der Globalzession an das Sitzrecht des Zedenten. Zu den

wirkungen einer Abtretung gemäß Art. 33 Abs. 2 EGBGB (Art. 12 Abs. 2 EVÜ) nach dem Forderungsstatut.

VI. Ergebnisse der einheitlichen Auslegung

Die einheitliche Auslegung des Art. 33 Abs. 1 und 2 EGBGB (Art. 12 EVÜ) hat gezeigt, dass die Bestimmung des Zessionsstatuts für die offenen Anknüpfungsfragen differenzierte Lösungen erfordert. Nachfolgend sollen die Auslegungsergebnisse im Hinblick auf die kollisionsrechtliche Einordnung einer Abtretung als abstraktes oder kausales Rechtsgeschäft,[1031] die Anknüpfung des Forderungsübergangs *inter partes*[1032] und die Anknüpfung einer Abtretung im Verhältnis zu sonstigen Dritten[1033] sowie systematische Parallelen zwischen Abtretung und Legalzession[1034] zunächst nach Abschnitten dargestellt werden, um anschließend ein Fazit der einheitlichen Auslegung ziehen zu können.[1035]

1. Ergebnisse der offenen Anknüpfungsfragen nach Abschnitten

a) Die kollisionsrechtliche Einordnung einer Abtretung als abstraktes oder kausales Rechtsgeschäft

aa) Wortlaut und systematischer Aufbau der Norm[1036]

Nach dem Wortlaut des Art. 33 Abs. 1 und 2 EGBGB (Art. 12 EVÜ) ist die Einordnung einer Abtretung als abstraktes oder kausales Rechtsgeschäft dem Forderungsstatut zu entnehmen.

Für diese Lösung spricht Abs. 2 der Norm, der durch seine Worte „Voraussetzungen, unter denen die Übertragung [der Forderung] dem Schuldner entgegengehalten werden kann", klar zum Ausdruck bringt, dass jegliche Abtretungsvoraussetzungen im Verhältnis zum Schuldner dem Forderungsstatut unterliegen. Auch die abstrakte oder kausale Ausgestaltung der Abtretung bildet im Verhältnis zum Schuldner eine Abtretungsvoraussetzung, denn sie bestimmt ihm gegenüber, wer Inhaber der Forderung ist. Ferner entscheidet sie über den Umfang der dem Schuldner zustehenden Einwendungen aus der Kausalbezie-

---

weiteren Nachteilen einer solchen Sonderanknüpfung vgl. bereits eingehend oben – § 7 V 3 c aa.

[1031] Vgl. unten – § 7 VI 1 a.

[1032] Vgl. unten – § 7 VI 1 b.

[1033] Vgl. unten – § 7 VI 1 c.

[1034] Vgl. unten – § 7 VI 1 d.

[1035] Vgl. unten – § 7 VI 2.

[1036] Vgl. oben – § 7 II 2.

hung zwischen Zedent und Zessionar und wirkt sich damit zugleich auf „das Verhältnis zwischen neuem Gläubiger und Schuldner“ aus. Dieses ist nach dem Wortlaut des Art. 33 Abs. 2 EGBGB (Art. 12 Abs. 2 EVÜ) ebenfalls dem Forderungsstatut zugewiesen.

bb) Entstehungsgeschichtliche Quellen[1037]

Auch die entstehungsgeschichtlichen Materialien zum EVÜ sprechen dafür, die Einordnung einer Abtretung als abstraktes oder kausales Rechtsgeschäft dem Forderungsstatut zu entnehmen.

Die Vertragsstaaten wollten durch die Regelung des Art. 33 Abs. 2 EGBGB (Art. 12 Abs. 2 EVÜ) ausschließen, dass das auf die Abtretungsvereinbarung nach Maßgabe des Art. 33 Abs. 1 EGBGB (Art. 12 Abs. 1 EVÜ) anzuwendende Recht die Voraussetzungen für die Wirksamkeit der Abtretung gegenüber dem Schuldner mitbestimmt. Weil die Einordnung der Abtretung als abstraktes oder kausales Rechtsgeschäft jedoch den Anwendungsbereich des Art. 33 Abs. 2 EGBGB (Art. 12 Abs. 2 EVÜ) unmittelbar tangiert, scheidet eine Beurteilung nach dem Zessionsgrundstatut wie auch nach autonomem nationalem Kollisionsrecht aus.

cc) Kollisionsrechtliche Interessen[1038]

Die Beurteilung der abstrakten oder kausalen Einordnung einer Abtretung nach dem Forderungsstatut ist auch aus Gründen des Schuldnerschutzes zwingend geboten.

Der Schuldner muss sich nach Sinn und Zweck des Art. 33 Abs. 2 EGBGB (Art. 12 Abs. 2 EVÜ) darauf verlassen können, dass sich ihm gegenüber alle Abtretungsvoraussetzungen nach demjenigen Recht richten, unter welchem er sich verpflichtet hatte. Ist die Abtretung nach dem Forderungsstatut kausal ausgestaltet, würde ihre Einordnung als abstraktes Rechtsgeschäft den Forderungsübergang von seinem Rechtsgrund unabhängig machen und auf diese Weise dem Schuldner die nach dem Forderungsstatut begründeten Einwendungen und Einreden aus der Kausalbeziehung zwischen Zedent und Zessionar abschneiden. Könnten die Zessionsparteien nach Maßgabe des Art. 33 Abs. 1 EGBGB (Art. 12 Abs. 1 EVÜ) überdies das auf die Einordnung einer Abtretung als abstraktes oder kausales Rechtsgeschäft anzuwendende Recht wählen, würde ihnen die Möglichkeit eröffnet, Anknüpfungen zu Lasten des Schuldners vorzunehmen. Dies ist mit dem Inhalt des Art. 33 Abs. 2 EGBGB (Art. 12 Abs. 2 EVÜ) jedoch unvereinbar. Will der Schuldner seine Leistungspflicht erfüllen, bringt ihm die Anwendung des Forderungsstatuts auch bei Einordnung einer

---

[1037] Vgl. oben – § 7 III 3 b.
[1038] Vgl. oben – § 7 V 1.

Abtretung als abstraktes Rechtsgeschäft Vorteile: Er braucht dann infolge der Unabhängigkeit der Abtretung von ihrem Rechtsgrund keine Nachforschungen über die Wirksamkeit des Grundgeschäfts und damit auch der Forderungsinhaberschaft anzustellen.

b) Die Anknüpfung des Forderungsübergangs *inter partes*

aa) Wortlaut und systematischer Aufbau der Norm[1039]

Der Wortlaut des Art. 33 Abs. 1 EGBGB (Art. 12 Abs. 1 EVÜ) darf, obgleich nur von den „Verpflichtungen" zwischen Zedent und Zessionar die Rede ist, nicht unbesehen dahin gehend ausgelegt werden, als beschränke er den Anwendungsbereich der Norm auf die schuldrechtlichen Beziehungen der Zessionsparteien. Vielmehr kann auf der Grundlage des systematischen Aufbaus der Norm, die nicht zwischen Verpflichtungs- und Verfügungsgeschäft einer Abtretung unterscheidet, sondern das Verhältnis Zedent – Zessionar (Abs. 1) von den Rechtsbeziehungen der Zessionsparteien zum Schuldner (Abs. 2) trennt, auch davon ausgegangen werden, dass Art. 33 Abs. 1 EGBGB (Art. 12 Abs. 1 EVÜ) das gesamte rechtliche Verhältnis der Zessionsparteien, also auch den Forderungsübergang *inter partes*, umfasst. Diese Interpretation liegt einerseits nahe, denn sie wird in den nationalen Kollisionsrechten derjenigen Vertragsstaaten praktiziert, auf die Art. 33 Abs. 1 und 2 EGBGB (Art. 12 EVÜ) zurückgeht. Andererseits stimmt der Begriff „Verpflichtungen" gerade nicht mit der im Zessionsrecht jener Vertragsstaaten üblichen Begriffspraxis überein, was eher dafür spricht, dass der Norm die im deutschen Recht vorherrschenden Begriffsvorstellungen zugrunde liegen. Auch kann aufgrund der systematischen Unterschiede in den Zessionsrechten der Vertragsstaaten nicht von einer ohne weiteres anzuerkennenden Vorbildfunktion der für die Formulierung des Art. 33 Abs. 1 und 2 EGBGB (Art. 12 EVÜ) maßgeblichen Rechtsordnungen gesprochen werden.

Somit lassen sich weder unmittelbar aus dem Wortlaut noch aus dem systematischen Aufbau des Art. 33 Abs. 1 und 2 EGBGB (Art. 12 EVÜ) zwingende Schlussfolgerungen für die Anknüpfung des Forderungsübergangs *inter partes* gewinnen.

bb) Entstehungsgeschichtliche Quellen[1040]

Den entstehungsgeschichtlichen Materialien zum EVÜ ist demgegenüber zu entnehmen, dass der Forderungsübergang *inter partes* nach dem Willen der Vertragsstaaten gemäß Art. 12 Abs. 1 EVÜ (Art. 33 Abs. 1 EGBGB) grundsätzlich dem Zessionsgrundstatut unterliegen sollte.

[1039] Vgl. oben – § 7 II 1.
[1040] Vgl. oben – § 7 III 3 a.

Für diese Intention spricht zum einen, dass der Bericht *Giuliano/Lagarde* den Anwendungsbereich der Norm ungeachtet ihres Wortlauts „Verpflichtungen" ohne weiteres mit dem Begriff der „Beziehungen" zwischen Zedent und Zessionar gleichsetzt. Zum anderen folgt in diesem Zusammenhang die Maßgeblichkeit des Zessionsgrundstatuts aus der ausdrücklichen Bezugnahme der Berichterstatter auf kausale Rechtssysteme, denn diese bestimmen die Abtretungsvoraussetzungen *inter partes* und im Verhältnis zum Schuldner und sonstigen Dritten in der Regel jeweils gesondert.

Die Vertragsstaaten haben die Maßgeblichkeit des Zessionsgrundstatuts für den Forderungsübergang *inter partes* jedoch dahin gehend eingeschränkt, dass die nach deutschem Recht maßgebliche Forderungsverfügung dem Art. 12 Abs. 2 EVÜ (Art. 33 Abs. 2 EGBGB) unterliegen sollte.

Dies ergibt sich aus der Rücksichtnahme auf die Besonderheiten des deutschen Rechts, die ausschlaggebend dafür waren, dass eine ursprüngliche Fassung des Art. 12 Abs. 1 EVÜ (Art. 33 Abs. 1 EGBGB), wonach „bei Übertragung einer Forderung durch Vereinbarung die Beziehungen zwischen Zedent und Zessionar durch das auf diese Vereinbarung anzuwendende Recht geregelt werden" sollten, wieder aufgegeben wurde. Man wollte offensichtlich ausschließen, dass die abstrakte Forderungsverfügung, von der man annahm, sie schließe die Wirkungen der Abtretung im Verhältnis zum Schuldner ein, unter Art. 12 Abs. 1 EVÜ (Art. 33 Abs. 1 EGBGB) subsumiert würde. Eine mögliche Aufspaltung des für die Forderungsverfügung maßgeblichen Rechtes ist dabei nicht in Betracht gezogen worden. Vielmehr haben die Vertragsstaaten für den (einzigen relevanten) Fall, in dem das deutsche Recht als Zessionsgrundstatut fungiert, eine Beurteilung der abstrakten Forderungsverfügung nach dem Forderungsstatut und damit eine Aufspaltung des für den Forderungsübergang *inter partes* maßgeblichen Zessionsstatuts aus Gründen des Schuldnerschutzes bewusst in Kauf genommen. Diese Lösung zeigt, dass der nach dem Verständnis der übrigen Vertragsstaaten nicht einzuordnende Begriff der „Verpflichtungen" zwischen Zedent und Zessionar gewählt worden ist, um klarzustellen, dass die Forderungsverfügung nicht von Art. 12 Abs. 1 EVÜ (Art. 33 Abs. 1 EGBGB), sondern von Art. 12 Abs. 2 EVÜ (Art. 33 Abs. 2 EGBGB) geregelt wird. Der kollisionsrechtlichen Interessenlage wird durch diese Anknüpfung in vollem Umfang entsprochen.[1041]

cc) Kollisionsrechtliche Interessen[1042]

Die Bestimmung des auf die Abtretung im Verhältnis Zedent – Zessionar anzuwendenden Rechts erfordert auch unter Berücksichtigung der kollisionsrecht-

1041 Dazu im folgenden – § 7 VI 1 b cc.
1042 Vgl. oben – § 7 V 1.

lichen Interessen eine unterschiedliche Anknüpfung von Forderungsverfügung und Forderungsübergang.

Relevant wird diese Unterscheidung, wenn eine dem deutschen Recht unterliegende Forderung abgetreten wird, dem Zessionsgrundstatut die Trennung von Verpflichtungs- und Verfügungsgeschäft der Abtretung aber unbekannt ist. In diesem Fall bildet das zwischen Zedent und Zessionar abzuschließende Verfügungsgeschäft gemäß Art. 33 Abs. 2 EGBGB (Art. 12 Abs. 2 EVÜ) lediglich eine Voraussetzung der Abtretung im Verhältnis zum Schuldner. Es beurteilt sich daher insgesamt nach dem Forderungsstatut.

Für eine gesonderte Anknüpfung der Forderungsverfügung im Verhältnis Zedent – Zessionar ist dagegen kein Raum. Den Rechtsanwendungsinteressen der Zessionsparteien wird hinreichend Rechnung getragen, wenn sich der Forderungsübergang in ihrem Verhältnis nach Art. 33 Abs. 1 EGBGB (Art. 12 Abs. 1 EVÜ) beurteilt. Ist demgegenüber deutsches Recht Zessionsgrundstatut, fallen Forderungsübergang *inter partes* und Forderungsverfügung notwendig zusammen. In diesem speziellen Fall ist im Interesse einer einheitlichen Rechtsanwendung eine Anknüpfung der „Forderungsverfügung *inter partes*" an das Forderungsstatut geboten.

c) Die Abtretung im Verhältnis zu sonstigen Dritten

aa) Wortlaut und systematischer Aufbau der Norm[1043]

Art. 33 Abs. 1 und 2 EGBGB (Art. 12 EVÜ) enthält keine ausdrückliche Regelung für die Abtretung im Verhältnis zu sonstigen Dritten. Hieraus ist der falsche Schluss gezogen worden, der Anwendungsbereich der Norm beschränke sich auf das Verhältnis Zedent – Zessionar und die Rechtsbeziehungen der Zessionsparteien zum Schuldner. Richtig ist nur, dass der Wortlaut des Art. 33 Abs. 1 EGBGB (Art. 12 Abs. 1 EVÜ) der Maßgeblichkeit des Zessionsgrundstatuts für die Drittwirkungen einer Abtretung klar entgegensteht. Die Unzuständigkeit der Norm folgt nicht nur aus dem Wortlaut selbst, der sich auf das für die „Verpflichtungen zwischen dem bisherigen und dem neuen Gläubiger" maßgebende Recht beschränkt, sondern beruht auch auf systematischen Erwägungen. Umgekehrt spricht der Wortlaut des Art. 33 Abs. 2 EGBGB (Art. 12 Abs. 2 EVÜ) dafür, die Drittwirkungen einer Abtretung dem Forderungsstatut zu entnehmen, denn die Norm regelt mit dem Statut der „Übertragbarkeit" einer Forderung bereits wesentliche Aspekte einer Abtretung im Verhältnis zu sonstigen Dritten.

[1043] Vgl. oben – § 7 II 3.

Mithin spricht der Wortlaut des Art. 33 Abs. 1 und 2 EGBGB (Art. 12 EVÜ) insgesamt dafür, jegliche Drittwirkungen einer Abtretung nach dem Forderungsstatut zu beurteilen.

bb) Entstehungsgeschichtliche Quellen[1044]

Aus der Streichung der ursprünglichen Fassung des Art. 12 Abs. 2 EVÜ (Art. 16 Abs. 2 des Vorentwurfs zum EVÜ), wonach dem Statut der übertragenen Forderung noch diejenigen Voraussetzungen unterliegen sollten, „unter denen eine Abtretung dem Schuldner *und [sonstigen] Dritten* entgegengehalten werden kann", folgt nicht, dass Art. 12 EVÜ (Art. 33 Abs. 1 und 2 EGBGB) das für die Abtretung im Verhältnis zu sonstigen Dritten maßgebende Recht nun nicht mehr regele. Eine solche Intention der Vertragsstaaten ist den Materialien zum EVÜ nicht zu entnehmen. Sie folgt auch nicht aus den unveröffentlichten Materialien zu dessen Vorentwurf, deren praktischer Wert für die Auslegung und Anwendung des Art. 12 EVÜ (Art. 33 Abs. 1 und 2 EGBGB) ohnehin als gering einzustufen ist. Vielmehr ist davon auszugehen, dass die Vertragsstaaten zu der Frage der Maßgeblichkeit des Art. 12 EVÜ (Art. 33 Abs. 1 und 2 EGBGB) für die Abtretung im Verhältnis zu sonstigen Dritten nicht eindeutig Position beziehen wollten, und zwar deshalb nicht, weil eine derart klare Position seinerzeit nicht bestand. Man hat sich auf diese Weise – bewusst oder unbewusst – alle Interpretationswege offen gehalten. Berücksichtigt man auf der einen Seite die in der Präambel des EVÜ zum Ausdruck gekommene Zielsetzung der Konvention, nämlich einer weiteren Auseinanderentwicklung des IPR der Vertragsstaaten entgegenzuwirken und nimmt auf der anderen Seite die, im Zuge der fortschreitenden Europäisierung an Bedeutung gewinnende, Verpflichtung zu einer integrationsfreundlichen Auslegung der Übereinkommensvorschriften wahr, muss eine Bestimmung des Zessionsstatuts im Verhältnis zu sonstigen Dritten nach den autonomen nationalen Anknüpfungsregeln der Vertragsstaaten ausscheiden. Bestimmt sich das auf die Drittwirkungen einer Abtretung anzuwendende Recht somit nach Art. 12 EVÜ (Art. 33 Abs. 1 und 2 EGBGB), ist aufgrund der früheren Textfassung der Norm, unter Berücksichtigung ihres Wortlauts („Übertragbarkeit")[1045] von einer Maßgeblichkeit des Forderungsstatuts auszugehen.

cc) Kollisionsrechtliche Interessen[1046]

Die Richtigkeit dieser Anknüpfung wird durch eine Wertung der kollisionsrechtlichen Interessen bestätigt. Bei grenzüberschreitender Mehrfachabtretung derselben Forderung könnte eine differenzierte Anknüpfung der Abtretungsvoraussetzungen auf Seiten der konkurrierenden Zessionare zu einem Verlust

---

[1044] Vgl. oben – § 7 III 3 c.

[1045] Vgl. oben – § 7 VI 1 c aa.

[1046] Vgl. oben – § 7 V 3.

bereits erworbener Rechtspositionen führen. Soweit demnach eine einheitliche Anknüpfung der Abtretung im Verhältnis konkurrierender Zessionare geboten ist, vermag lediglich die Anwendung des Forderungsstatuts einen der Abtretung nachfolgenden Statutenwechsel zum Nachteil der konkurrierenden Zessionare auszuschließen.[1047] Auch für die Abtretung im Verhältnis zu den Gläubigern des Zedenten ist auf das Forderungsstatut abzustellen.[1048] Die in einigen Rechtsordnungen anzutreffenden Publizitätserfordernisse machen eine abweichende Beurteilung nach dem Niederlassungsrecht des Zedenten nicht zwingend erforderlich. Eine Sonderanknüpfung der Abtretung hätte im übrigen eine Aufspaltung des Zessionsstatuts zur Folge und könnte insoweit zu Wertungswidersprüchen führen.

d) Systematische Parallelen zwischen Abtretung und Legalzession[1049]

Das Argument, für eine Anknüpfung der Abtretung an das Zessionsgrundstatut vorbehaltlich der von Art. 33 Abs. 2 EGBGB (Art. 12 Abs. 2 EVÜ) geregelten Einzelfragen spreche eine systematische Parallele zum Kollisionsrecht der Legalzession (Art. 33 Abs. 3 EGBGB), vermag nicht zu überzeugen. Es scheitert aufgrund der unterschiedlichen Interessenlage, die ungeachtet der Anknüpfung des Forderungsübergangs *inter partes* und der Abtretung im Verhältnis zu sonstigen Dritten, bereits den Schuldnerschutz einer unterschiedlichen kollisionsrechtlichen Beurteilung unterwirft. Während bei rechtsgeschäftlicher Übertragung einer Forderung deren „Übertragbarkeit" dem Forderungsstatut unterliegt, richtet sich diese bei gesetzlichem Forderungsübergang nach dem Zessionsgrundstatut.[1050]

2. Fazit der einheitlichen Auslegung

Auf der Grundlage der einheitlichen Auslegung des Art. 33 Abs. 1 und 2 EGBGB (Art. 12 EVÜ) ist das Zessionsstatut der offenen Anknüpfungsfragen wie folgt zu bestimmen:

Das Verfügungsgeschäft einer Abtretung unterliegt gemäß Art. 33 Abs. 2 EGBGB (Art. 12 Abs. 2 EVÜ) dem Forderungsstatut.

Auch die Einordnung einer Abtretung als abstraktes oder kausales Rechtsgeschäft richtet sich gemäß Art. 33 Abs. 2 EGBGB (Art. 12 Abs. 2 EVÜ) nach dem Forderungsstatut.

[1047] Vgl. oben – § 7 V 3 c aa.
[1048] Vgl. oben – § 7 V 3 c bb.
[1049] Vgl. oben – § 7 IV.
[1050] Vgl. oben – § 7 IV 2.

Der Forderungsübergang *inter partes* unterliegt gemäß Art. 33 Abs. 1 EGBGB (Art. 12 Abs. 1 EVÜ) dagegen regelmäßig dem Zessionsgrundstatut. Nur für den Fall, dass deutsches Recht Zessionsgrundstatut ist, beurteilt sich der Forderungsübergang *inter partes* gemäß Art. 33 Abs. 2 EGBGB (Art. 12 Abs. 2 EVÜ) ausnahmsweise ebenfalls nach dem Forderungsstatut.

Die Abtretung im Verhältnis zum Schuldner und sonstigen Dritten unterliegt gemäß Art. 33 Abs. 2 EGBGB (Art. 12 Abs. 2 EVÜ) dem Forderungsstatut.

§ 8 Schlussbetrachtung

Die Untersuchungen zur Anknüpfung der Abtretung im Europäischen Kollisionsrecht haben gezeigt, dass sich die deutschen Gerichte bei der einheitlichen Auslegung und Anwendung des Art. 33 Abs. 1 und 2 EGBGB (Art. 12 EVÜ) von der Vorstellung lösen müssen, diese Vorschrift stimme mit dem autonomen deutschen Kollisionsrecht, wie es vor der IPR-Reform des Jahres 1986 galt, überein.[1051] Bedingt durch den systematischen Aufbau der Norm, die im Unterschied zum deutschen Recht nicht zwischen Verpflichtungs- und Verfügungsgeschäft einer Abtretung unterscheidet, sondern in Anlehnung an die romanischen Rechtsordnungen das Verhältnis Zedent – Zessionar von den Rechtsbeziehungen der Zessionsparteien zum Schuldner und sonstigen Dritten trennt, ist dem Grunde nach eine differenzierte Anknüpfung der Abtretungsvoraussetzungen geboten.[1052] Hiernach unterliegt der Forderungsübergang *inter partes* regelmäßig dem Zessionsgrundstatut (Art. 33 Abs. 1 EGBGB – Art. 12 Abs. 1 EVÜ), während sich die Abtretung im Verhältnis zum Schuldner und sonstigen Dritten nach dem Statut der übertragenen Forderung beurteilt (Art. 33 Abs. 2 EGBGB – Art. 12 Abs. 2 EVÜ).

Es muss jedoch berücksichtigt werden, dass Art. 33 Abs. 1 und 2 EGBGB (Art. 12 EVÜ) die systematischen Unterschiede im Zessionsrecht der Vertragsstaaten[1053] zu Zwecken des Schuldnerschutzes auszugleichen sucht.[1054] Der Regelungsgegenstand des Art. 33 Abs. 1 EGBGB (Art. 12 Abs. 1 EVÜ) ist dementsprechend auf die „Verpflichtungen" zwischen Zedent und Zessionar begrenzt worden. Mit dieser Formulierung wollten die Vertragsstaaten erkennbar zum Ausdruck bringen, dass die Forderungsverfügung zwischen Zedent und Zessionar allein dem Forderungsstatut unterliegt.[1055] Ist demnach deutsches Recht Zessionsgrundstatut, umfasst dieses nur die schuldrechtlichen Beziehungen der Zessionsparteien. Die Forderungsverfügung und damit auch der Forderungsübergang *inter partes* richten sich nach Art. 33 Abs. 2 EGBGB (Art. 12 Abs. 2 EVÜ). Ist dem Zessionsgrundstatut die Trennung von Verpflichtung und Verfügung dagegen fremd, bestimmt sich der Forderungsübergang *inter partes* in Übereinstimmung mit den Rechtsvorstellungen der anderen Vertragsstaaten nach dem von Art. 33 Abs. 1 EGBGB (Art. 12 Abs. 1 EVÜ) berufenen Recht.[1056]

1051 So ausdrücklich *BGH* 20.6.1990, BGHZ 111, 376, 381 f. = IPRax 1991, 248 mit Aufs. *Stoll*, 223.

1052 Zum systematischen Aufbau des Art. 33 Abs. 1 und 2 EGBGB (Art. 12 EVÜ) und den sich daraus ergebenden Konsequenzen für die Bestimmung des Zessionsstatuts vgl. oben – § 6 I 4.

1053 Vgl. den Überblick Teil 2 – § 5.

1054 Vgl. Bericht *Giuliano/Lagarde*, ABl. EG Nr. C 282 vom 31.10.1980, S. 34 f.

1055 Zu den Intentionen der Vertragsstaaten vgl. oben – § 7 III 3 a.

1056 Zur Unterscheidung von Forderungsübergang und „Forderungsverfügung *inter partes*" vgl. oben – § 7 VI 1 b.

Diese Lösung schafft einen Ausgleich der Systeme und bietet den notwendigen Konsens für eine einheitliche Anwendung des Art. 33 Abs. 1 und 2 EGBGB (Art. 12 EVÜ) durch die Gerichte der Vertragsstaaten. Aus Sicht der deutschen Gerichte bleibt die kollisionsrechtliche Einheit der Forderungsverfügung, die sich im Hinblick auf den Übergang der Forderung im Verhältnis zum Schuldner und sonstigen Dritten ohnehin nach dem Forderungsstatut richtet, gewahrt. Insoweit wird dem im deutschen Recht geltenden Trennungs- und Abstraktionsprinzip entsprochen.[1057]

Im übrigen, d.h. Zessionsgrundstatut ist nicht das deutsche Recht, sind die deutschen Gerichte jedoch im Interesse einer international einheitlichen Rechtsanwendung gehalten, eine ihnen unbekannte Aufspaltung des Zessionsstatuts vorzunehmen und den Forderungsübergang *inter partes* in Übereinstimmung mit den Rechtsvorstellungen der anderen Vertragsstaaten nach dem gemäß Art. 33 Abs. 1 EGBGB (Art. 12 Abs. 1 EVÜ) anzuwendenden Recht zu beurteilen. Ein ausländisches Zessionsgrundstatut bleibt für den Forderungsübergang *inter partes* selbst dann maßgeblich, wenn eine dem deutschen Recht unterliegende Forderung abgetreten wird. In diesem Fall bildet die Forderungsverfügung eine Voraussetzung der Abtretung im Verhältnis zum Schuldner, für den Forderungsübergang *inter partes* ist sie jedoch ohne Belang.[1058]

In den anderen Vertragsstaaten hat eine einheitliche Beurteilung der Forderungsverfügung nach Art. 12 Abs. 2 EVÜ (Art. 33 Abs. 2 EGBGB) zur Folge, dass die Gerichte bei deutschem Zessionsgrundstatut eine ihnen unbekannte Anknüpfung des Forderungsübergangs *inter partes*, insoweit gleichbedeutend mit einer „Forderungsverfügung *inter partes*", nach dem Forderungsstatut vornehmen müssen. Gleichwohl rechtfertigt sich diese Lösung aufgrund der Besonderheiten des deutschen Rechts; zudem ist die einheitliche Anknüpfung der Forderungsverfügung an das Forderungsstatut im Interesse des Schuldners und zum Schutze sonstiger Dritter geboten.

Die Abtretung im Verhältnis zum Schuldner ist nach Maßgabe des Art. 33 Abs. 2 EGBGB (Art. 12 Abs. 2 EVÜ) dem Forderungsstatut unterworfen. Für den Schuldner sollen sich Voraussetzungen und Wirkungen einer Abtretung allein nach demjenigen Recht richten, unter welchem er sich verpflichtet hatte. Vor diesem Hintergrund ist die von Art. 33 Abs. 1 und 2 EGBGB (Art. 12 EVÜ) nicht ausdrücklich geregelte Einordnung einer Abtretung als abstraktes oder kausales Rechtsgeschäft ebenfalls dem Forderungsstatut zu entnehmen.[1059] Sie bildet im Verhältnis zum Schuldner eine Abtretungsvoraussetzung, nicht nur, weil sie über die Auswirkungen des Grundgeschäfts auf die Abtretung und

[1057] Vgl. *Reithmann/Martiny-Martiny*, Internationales Vertragsrecht[5], Rdnr. 307.
[1058] Vgl. oben – § 7 V 2 a.
[1059] Zur kollisionsrechtlichen Einordnung einer Abtretung als abstraktes oder kausales Rechtsgeschäft vgl. oben – § 7 VI 1 a.

damit über die Frage der Forderungsinhaberschaft entscheidet, sondern auch, weil sie den Umfang der dem Schuldner aus den Rechtsbeziehungen zwischen Zedent und Zessionar zustehenden Einwendungen festlegt. Sie ist damit notwendiger Bestandteil des Art. 33 Abs. 2 EGBGB (Art. 12 Abs. 2 EVÜ) zugewiesenen Schuldnerschutzes.

Auch die Abtretung im Verhältnis zu sonstigen Dritten unterliegt gemäß Art. 33 Abs. 1 und 2 EGBGB (Art. 12 EVÜ) dem Forderungsstatut.[1060] Bei Mehrfachabtretung derselben Forderung vermag nur eine Beurteilung der Abtretung nach dem Forderungsstatut aus der Sicht konkurrierender Zessionare zu gewährleisten, dass eine bereits erworbene Rechtsposition nicht durch einen späteren Statutenwechsel wieder verloren geht.[1061] Eine von der Maßgeblichkeit des Forderungsstatuts abweichende (Sonder-)Anknüpfung der Abtretung im Verhältnis zu den Gläubigern des Zedenten an das Zessionsgrundstatut[1062] ist aus Gründen mangelnder Interessengerechtigkeit abzulehnen. Eine (Sonder-)Anknüpfung der Abtretung an den Ort des gewöhnlichen Aufenthalts oder der Niederlassung des Zedenten[1063] ist im übrigen nicht zwingend geboten. Sie hätte eine komplizierte Aufspaltung des für die Abtretung im Verhältnis zu sonstigen Dritten maßgeblichen Rechts zur Folge und könnte mit dem Ziel der von den Vertragsstaaten angestrebten Rechtseinheit nicht in Einklang gebracht werden.[1064]

Nach alledem verlangt Art. 33 Abs. 1 und 2 EGBGB (Art. 12 EVÜ) zwar grundsätzlich eine Aufspaltung des Zessionsstatuts in das Verhältnis Zedent – Zessionar (Zessionsgrundstatut maßgebend) sowie in das Verhältnis der Zessionsparteien zum Schuldner und sonstigen Dritten (Forderungsstatut maßgebend). Eine kollisionsrechtliche Aufspaltung der Forderungsverfügung ist jedoch nicht geboten; sie richtet sich insgesamt nach dem Forderungsstatut.

[1060] Vgl. oben – § 7 VI 1 c.

[1061] Zur Bestimmung des Zessionsstatuts bei Mehrfachabtretung derselben Forderung vgl. oben – § 7 V 3 c aa.

[1062] Vgl. *Hoge Raad* 16.5.1997, Nederlandse Jurisprudentie Nr. 585, S. 3316 ff., mit Bespr. *Joustra*, IPRax 1999, 280; *Stadler*, IPRax 2000, 104, 108 f.

[1063] Vgl. *LG Hamburg* 20.11.1980, IPRspr. 1980, Nr. 53 mit Bespr. *Jayme*, Clunet 112 (1985), 951, 959; *Kieninger*, RabelsZ 62 (1998), 678 ff.

[1064] Zur Anknüpfung der Abtretung im Verhältnis zu den Gläubigern von Zedent und Zessionar vgl. oben – § 7 V 3 c bb.

Anhang[1065]

I. Quellen des gemeinspanischen Rechts

1. Código Civil[1066]

EINLEITENDER TITEL – IV. KAPITEL
Normen des Internationalen Privatrechts

Art. 10. 5. Auf die vertraglichen Schuldverhältnisse wird dasjenige Recht angewandt, welchem die Parteien sich ausdrücklich unterworfen haben, vorausgesetzt dass [dieses] eine Verbindung mit dem [Schuldverhältnis] aufweist, um das es sich handelt; in Ermangelung [einer solchen Rechtswahl oder Verbindung] das Recht der gemeinsamen Staatsangehörigkeit der Parteien; fehlt es an einer solchen, das [Recht] des gemeinsamen gewöhnlichen Aufenthalts und zuletzt, das Recht am Ort des Vertragsschlusses. [...]

Art. 10. 10. Das auf ein Schuldverhältnis anwendbare Recht erstreckt sich auf die Voraussetzungen der Erfüllung und die Folgen der Nichterfüllung sowie auf sein Erlöschen. [...]

V. KAPITEL
Anwendungsbereich der koexistenten Zivilrechtsordnungen auf nationalem Gebiet

Art. 14[1067] **1.** Die Unterwerfung unter das gemeinspanische oder unter das besondere oder forale Zivilrecht bestimmt sich nach der zivilen Rechtsgebietzugehörigkeit.

2. Zivile Rechtsgebietszugehörigkeit im Gebiet des gemeinspanischen Rechts oder in einem der Gebiete des besonderen oder foralen Rechts haben diejenigen, welche als Kinder von Eltern mit solcher Rechtsgebietszugehörigkeit geboren werden.

Durch die Adoption erwirbt derjenige Adoptierte, welcher nicht emanzipiert ist, die zivile Rechtsgebietszugehörigkeit der Adoptierenden.

3. Haben die Eltern bei der Geburt oder der Adoption des Kindes verschiedene zivile Rechtsgebietszugehörigkeiten, so erwirbt das Kind diejenige Rechtsgebietszugehörigkeit, welche demjenigen der beiden entspricht, zu welchem die Abstammung früher bestimmt worden ist; mangels dessen erwirbt das Kind die

---

1065 Die abgedr. Normen geben die Texte in deutscher Übersetzung des Verf. wieder.
1066 Zivilgesetzbuch.
1067 Abgedr. in deutscher Übersetzung des Verf. in IPRax 1992, 400.

Rechtsgebietszugehörigkeit des Geburtsortes und zuletzt die Rechtsgebietszugehörigkeit des gemeinspanischen Rechts.

Jedoch können die Eltern oder derjenige Elternteil, welcher die elterliche Gewalt ausübt oder welchem sie übertragen worden ist, dem Kind bis zum Ablauf von sechs Monaten nach der Geburt oder der Adoption die zivile Rechtsgebietszugehörigkeit irgendeines von beiden beilegen.

Der Entzug oder die Aufhebung der elterlichen Gewalt sowie die Änderung der Rechtsgebietszugehörigkeit der Eltern lässt die zivile Rechtsgebietszugehörigkeit der Kinder unberührt.

In jedem Fall kann das Kind mit Vollendung des vierzehnten Lebensjahres und bis zum Ablauf eines Jahres nach seiner Emanzipation entweder für die zivile Rechtsgebietszugehörigkeit seines Geburtsortes oder für die letzte Rechtsgebietszugehörigkeit eines seiner Eltern optieren. Ist das Kind nicht emanzipiert, so ist bei der Ausübung seines Optionsrechts der Beistand des gesetzlichen Vertreters erforderlich.

4. Die Eheschließung ändert die zivile Rechtsgebietszugehörigkeit nicht. Ungeachtet dessen kann jeder der Ehegatten, wenn diese weder in gesetzlicher noch in tatsächlicher Trennung leben, zu jedem Zeitpunkt für die zivile Rechtsgebietszugehörigkeit des anderen Ehegatten optieren.

5. Die zivile Rechtsgebietszugehörigkeit wird erworben:
1. Durch dauernden Aufenthalt in einem Zeitraum von zwei Jahren, vorausgesetzt, der Betreffende erklärt, dass dies sein Wille ist.
2. Durch zehnjährigen dauernden Aufenthalt, falls in diesem Zeitraum keine gegenteilige Erklärung abgegeben wurde.

Beide Erklärungen werden im Zivilstandsregister eingetragen und brauchen nicht erneuert zu werden.

6. Im Zweifelsfall hat diejenige zivile Rechtsgebietszugehörigkeit den Vorrang, welche dem Geburtsort entspricht.

Art. 15[1068] **1.** Derjenige Ausländer, welcher die spanische Staatsangehörigkeit erwirbt, muss bei der Eintragung des Erwerbs der Staatsangehörigkeit für eine beliebige der folgenden Rechtsgebietszugehörigkeiten optieren:
a) Die des Wohnsitzes.
b) Die des Geburtsortes.

[1068] Abgedr. in deutscher Übersetzung des Verf. in IPRax 1992, 393.

c) Die letzte Rechtsgebietszugehörigkeit eines seiner Eltern oder Adoptiveltern.

d) Die des Ehegatten. Diese Optionserklärung ist unter Beachtung der Geschäftsfähigkeit des Interessenten für den Erwerb der Staatsangehörigkeit durch den Optierenden selbst, allein oder unter dem Beistand seines gesetzlichen Vertreters oder durch diesen letzteren abzugeben. Vollzieht sich der Erwerb der Staatsangehörigkeit durch Erklärung oder auf Antrag des gesetzlichen Vertreters, so muss die erforderliche Genehmigung die zivile Rechtsgebietszugehörigkeit bestimmen, für die optiert wird.

2. Derjenige Ausländer, welcher die Staatsangehörigkeit durch Einbürgerungsurkunde erwirbt, erhält die zivile Rechtsgebietszugehörigkeit, welche die durch Königliches Dekret erteilte Bewilligung bestimmt. Dabei ist die Option des Ausländers in Übereinstimmung mit der Vorschrift des vorangehenden Absatzes oder anderen Umständen, die beim Antragsteller vorliegen, zu berücksichtigen.

3. Die Wiedererlangung der spanischen Staatsangehörigkeit bringt den Erwerb derjenigen zivilen Rechtsgebietszugehörigkeit mit sich, die der Betreffende zum Zeitpunkt ihres Verlustes besessen hat.

4. Die persönliche Rechtsgebietszugehörigkeit zu einem Bezirk oder einer Örtlichkeit mit eigenen oder abweichenden zivilrechtlichen Besonderheiten innerhalb der Sonder- oder Foralgesetzgebung des entsprechenden Territoriums richtet sich nach den Bestimmungen dieses und des vorangehenden Artikels.

Art. 16[1069] **1.** Diejenigen Gesetzeskonflikte, welche durch die Koexistenz verschiedener ziviler Rechtsordnungen auf staatlichem Territorium entstehen können, werden nach den in Kapitel IV enthaltenen Vorschriften mit den folgenden Besonderheiten gelöst:

1. Das Personalstatut ist dasjenige, welches durch die zivile Rechtsgebietszugehörigkeit bestimmt wird.
2. Die Bestimmungen in den Absätzen 1, 2 und 3 des Artikels 12 über Qualifikation, Verweisung und ordre public sind nicht anwendbar. [...]

VIERTES BUCH – ERSTER TITEL – II. KAPITEL

Von der Natur und den Wirkungen der Schuldverhältnisse

Art. 1112. Alle Rechte, die kraft eines Schuldverhältnisses erworben worden sind, können nach Maßgabe der Gesetze übertragen werden, wenn nicht das Gegenteil vereinbart wurde.

[1069] Abgedr. in deutscher Übersetzung des Verf. in IPRax 1992, 400.

IV. KAPITEL – 6. ABSCHNITT

Von der Novation

Art. 1203. Die Schuldverhältnisse können verändert werden: [...]
3. Durch Subrogation eines Dritten in die Rechte des Gläubigers.

Art. 1209. Die Subrogation eines Dritten in die Rechte des Gläubigers kann außerhalb der in diesem Gesetzbuch ausdrücklich geregelten Fälle nicht vermutet werden.

In den übrigen [Fällen] ist es erforderlich, [die Subrogation] mit Eindeutigkeit zu vereinbaren, damit sie wirksam ist.

Art. 1210. Die Subrogation wird vermutet:
1. Wenn ein Gläubiger an einen anderen vorrangigen Gläubiger zahlt.
2. Wenn ein Dritter, der kein Interesse an der Verbindlichkeit [des Schuldners] hat, mit dem ausdrücklichen oder stillschweigenden Einverständnis des Schuldners zahlt.
3. Wenn derjenige [an den Gläubiger] zahlt, welcher, ungeachtet einer Konfusion bezüglich des ihm zustehenden Anteils, ein Interesse an der Erfüllung der Verbindlichkeit hat.

Art. 1211. Der Schuldner kann die Subrogation ohne die Zustimmung des Gläubigers bewerkstelligen, wenn er, um die Schuld zu zahlen, Geld mittels öffentlicher Urkunde geliehen und in der [Urkunde] seine Absicht [,die Schuld zu zahlen,] niedergelegt hat, und auf der Zahlkarte die Herkunft des gezahlten Betrages zum Ausdruck bringt.

Art. 1212. Die Subrogation überträgt die Forderung auf den [in die Rechte des Gläubigers] Eintretenden mit allen Nebenrechten, sowohl gegen den Schuldner als auch Dritte, seien es Bürgen oder Hypothekengläubiger.

Art. 1213. Der Gläubiger, an den eine Teilzahlung bewirkt wurde, kann sein Recht hinsichtlich der Restforderung vorrangig gegenüber demjenigen ausüben, welcher in Höhe der Zahlung auf diese Forderung [in die Rechte des Gläubigers] eingetreten ist.

ZWEITER TITEL – III. KAPITEL

Von der Wirksamkeit der Verträge

Art. 1280. In öffentlicher Urkunde müssen abgefasst werden:

1. Diejenigen Rechtsgeschäfte und Verträge, welche [...] die Übertragung [...] von dinglichen Rechten an Grundstücken zum Gegenstand haben. [...]

6. Die Abtretung von Ansprüchen oder Rechten, die von einem in öffentlicher Urkunde abgefassten Rechtsgeschäft herrühren.

Alle anderen Verträge, in denen der Wert der Leistungen eines oder beider Vertragsschließenden [die Summe von] 1.500 Pesetas übersteigt, müssen ebenfalls in Schriftform abgefasst werden, [und] sei es auch [nur] privatschriftlich.

VIERTER TITEL
Von dem Vertrag über Kauf und Verkauf

VII. KAPITEL
Von der Übertragung von Forderungen und anderen unkörperlichen Rechten

Art. 1526. Die Abtretung einer Forderung, eines Rechts oder Anspruchs entfaltet Dritten gegenüber erst von dem Zeitpunkt an Wirkung, in dem ihr Datum in Übereinstimmung mit den Artikeln 1218 und 1227 [Código Civil] als sicher angesehen werden muss.

Bezieht sie sich auf eine unbewegliche Sache, [entfaltet die Abtretung Wirkung gegenüber Dritten erst] von dem Datum ihrer Eintragung in das Eigentumsregister an.

Art. 1218. Die öffentlichen Urkunden begründen, auch Dritten gegenüber, Beweis für die Tatsache, die Ursache ihrer Ausstellung ist, sowie für das Ausstellungsdatum.

Sie begründen auch Beweis gegenüber den Vertragsschließenden und ihren Rechtsnachfolgern, soweit es die Erklärungen betrifft, die erstere in ihnen abgegeben haben.

Art. 1227. Das Datum einer privatschriftlichen Urkunde wird Dritten gegenüber erst von dem Tage an gerechnet, an dem sie in ein öffentliches Register aufgenommen oder eingetragen wird, oder an dem einer der Beteiligten, die sie unterzeichnet haben, verstorben ist oder an dem sie einer Amtsperson in Ausübung ihrer Funktion übergeben wird.

Art. 1527. Bewirkt der Schuldner eine Leistung an den [bisherigen] Gläubiger, bevor er von der Abtretung Kenntnis erlangt, wird er von der Verpflichtung zur Leistung frei.

Art. 1164. Eine Zahlung, die [der Schuldner] in gutem Glauben an denjenigen bewirkt, welcher im Besitze der Forderung ist, befreit den Schuldner [von seiner Leistungspflicht].

Art. 1198. Derjenige Schuldner, welcher der Abtretung von Rechten durch den [bisherigen] Gläubiger zugunsten eines Dritten zustimmt, kann dem neuen Gläubiger nicht die Aufrechnung entgegenhalten, die ihm gegen den bisherigen Gläubiger zustehen würde.

Hat der bisherige Gläubiger [den Schuldner] von der Abtretung unterrichtet und hat der Schuldner [die Abtretung] nicht genehmigt, kann der Schuldner dem neuen Gläubiger gegenüber [nur solche] Forderungen aufrechnen, die [zu einem] vor der Abtretung [liegenden Zeitpunkt], nicht erst nach ihr entstanden sind.

Erfolgt die Abtretung ohne Kenntnis des Schuldners, kann dieser [dem neuen Gläubiger gegenüber] sowohl die vor der Abtretung als auch die nach ihr entstandenen Forderungen aufrechnen, [und zwar] solange, bis er Kenntnis von der Abtretung erhalten hat.

Art. 1528. Der Verkauf oder die Abtretung einer Forderung umfasst alle [mit der Forderung] verbundenen Rechte wie Bürgschaft, Hypothek, Pfand- oder Vorzugsrechte.

Art. 1529. Ist der Verkäufer gutgläubig, haftet er für das Bestehen und die Rechtmäßigkeit der Forderung zum Zeitpunkt des Verkaufs, sofern [die Forderung] nicht als zweifelhaft verkauft worden ist; [er haftet] jedoch nicht für die Zahlungsfähigkeit des Schuldners, es sei denn, dass [hierüber] eine ausdrückliche Vereinbarung getroffen wurde oder die Zahlungsunfähigkeit [des Schuldners] [bereits] vor [der Abtretung] bestand und offenkundig war.

Selbst in diesen Fällen haftet er nur in Höhe des Kaufpreises, den er erhalten hat, sowie für die in Art. 1518 Nr. 1 [Código Civil] aufgeführten Kosten.

Ist der Verkäufer bösgläubig, haftet er stets für die Zahlung aller Kosten [des Käufers] sowie für die [dem Käufer entstandenen] Schäden und Nachteile.

Art. 1518. [...]
1. Die Vertragskosten sowie jede andere gesetzlich begründete Zahlung, die für den Verkauf getätigt worden ist.

Art. 1530. Hat der gutgläubige Zedent die Haftung für die Zahlungsfähigkeit des Schuldners [aufgrund einer Vereinbarung mit dem Zessionar] übernommen[1070] und haben die Vertragsschließenden nichts über die Dauer der Haftung vereinbart, beträgt diese nur ein Jahr, gerechnet von dem Zeitpunkt der Abtretung der Forderung an, wenn [die übertragene Forderung zu diesem Zeitpunkt] fällig war.

Ist die [übertragene] Forderung in einer noch nicht abgelaufenen Zeit oder Frist zahlbar, endet die Haftung [des Zedenten] ein Jahr nach [dem Eintritt] der Fälligkeit.

[1070] Vgl. Art. 1529 Abs. 1 2. Hs. 1. Alt. Cc.

Hat die [übertragene] Forderung eine unbefristete Rente zum Gegenstand, endet die Haftung [des Zedenten] nach zehn Jahren, gerechnet von dem Zeitpunkt der Abtretung an.

Art. 1535. Wird eine streitbefangene Forderung verkauft, hat der Schuldner das Recht, [die Forderung] zum Erlöschen zu bringen, indem er dem Zessionar den Kaufpreis erstattet, den dieser [für die Forderung] bezahlt hat, die Kosten, die ihm entstanden sind, sowie die Zinsen für den Kaufpreis, [gerechnet] von dem Tage an, an dem dieser beglichen wurde.

Eine Forderung wird von dem Zeitpunkt an als streitbefangen angesehen, in dem auf die Klage, die sich auf [die Forderung] bezieht, erwidert wird.

Der Schuldner kann sein Recht innerhalb von neun Tagen ausüben, gerechnet von dem Zeitpunkt an, in dem der Zessionar ihn zur Zahlung auffordert.

Art. 1536. Von den Bestimmungen des vorhergehenden Artikels[1071] sind ausgenommen die Abtretung oder Verkäufe:

1. an einen Miterben oder Miteigentümer des abgetretenen Rechtes;
2. an einen Gläubiger zur Zahlung seiner Forderung;
3. an den Besitzer eines Grundstücks, das Gegenstand des streitbefangenen Rechtes ist, welches abgetreten wird.

FÜNFZEHNTER TITEL – III. KAPITEL
Von der Hypothek

Art. 1878. Die hypothekarisch gesicherte Forderung kann [unter Beachtung der] gesetzlich[1072] verlangten Förmlichkeiten ganz oder teilweise an einen Dritten veräußert oder abgetreten werden.

2. Código de Comercio[1073]

ERSTES BUCH – SECHSTER TITEL – 3. ABSCHNITT
Von den Übertragungen nicht indossierbarer Forderungen

Art. 347. Die kaufmännischen Forderungen, die weder indossierbar sind noch auf den Inhaber lauten, können von dem [bisherigen] Gläubiger übertragen werden, ohne dass es einer Zustimmung des Schuldners bedarf; ausreichend ist, wenn [der Schuldner] von der Übertragung [der Forderung] in Kenntnis gesetzt wird.

1071 Art. 1535 Cc.

1072 Vgl. Artt. 149-151 Lh, 176, 242-244 Rh, 8 Lhm, 27 Rhm; Anhang – I 3-6.

1073 Handelsgesetzbuch.

Der Schuldner wird dem neuen Gläubiger gegenüber auf Grund der Notifikation verpflichtet; ist die Notifikation [an den Schuldner] erfolgt, sind nur solche Zahlungen noch als rechtmäßig anzusehen, welche der Schuldner [an den neuen Gläubiger] entrichtet.

Art. 348 Der bisherige Gläubiger haftet für die Rechtmäßigkeit der Forderung und die Rechtspersönlichkeit, mit der er die Abtretung vollzog; [er haftet] jedoch nicht für die Zahlungsfähigkeit des Schuldners, es sei denn, dass [die Parteien] hierüber eine ausdrückliche Vereinbarung getroffen haben.

3. Ley Hipotecaria[1074]

Art. 149. Die hypothekarisch gesicherte Forderung kann ganz oder zum Teil veräußert oder abgetreten werden, sofern [die Abtretung] öffentlich beurkundet, [die öffentliche Urkunde über die Abtretung] dem Schuldner zur Kenntnis gebracht und [die Abtretung] im Eigentumsregister eingetragen wird.

Der Schuldner wird durch den Vertrag [zwischen dem bisherigen und dem neuen Gläubiger] nicht mehr verpflichtet als durch seinen eigenen Vertrag.

Der neue Gläubiger tritt in alle Rechte des bisherigen Gläubigers ein.

Art. 150. Ist die Hypothek zur Sicherung von indossierbaren Forderungen oder von Titeln bestellt worden, die auf den Inhaber lauten, gilt mit der Forderung oder dem Titel [auch] die Hypothek als übertragen; weder ist erforderlich, dass der Schuldner [von der Übertragung] in Kenntnis gesetzt wird, noch muss die Übertragung aus dem Eigentumsregister hervorgehen.

Art. 151. Unterlässt [der bisherige Gläubiger], dem Schuldner in den Fällen, in denen dieser von der Abtretung der hypothekarisch gesicherten Forderung nicht in Kenntnis gesetzt werden muss, die Abtretung zur Kenntnis zu bringen, ist [er] für diejenigen Schäden haftbar, welche dem neuen Gläubiger infolge der Unterlassung entstehen können.

4. Reglamento Hipotecario[1075]

Art. 176. Die Eintragung der Abtretung hypothekarisch gesicherter Forderungen [im Eigentumsregister] kann, sofern aus [diesem] nicht hervorgeht, dass der Schuldner [von der Abtretung der Forderung] in Kenntnis gesetzt worden ist, und [sofern] dieser die Leistung an den bisherigen Gläubiger bewirkt, unbeschadet der Haftung des Artikel 151 [Ley Hipotecaria][1076] mittels einer Ur-

---

[1074] Hypothekengesetz.
[1075] Hypothekenordnung.
[1076] Vgl. Anhang – I 3.

kunde, durch welche die Bewirkung der Leistung [durch den Schuldner] bezeugt wird, wieder gelöscht werden.

Art. 242. Von dem Vertrag über die Abtretung einer hypothekarisch gesicherten Forderung ist dem Schuldner nach Maßgabe der in Artikel 222 [Reglamento Hipotecario] vorgesehenen Mittel Kenntnis zu verschaffen, es sei denn, dass [der Schuldner] auf dieses Recht in öffentlicher Urkunde verzichtet hat oder der Fall des Artikel 150 [Ley Hipotecaria][1077] gegeben ist.

Art. 243. Die Notifikation der Forderungsabtretung an den Schuldner oder ihre Unterlassung im Falle des Artikel 151 [Ley Hipotecaria][1078] sind in den Eintrag [der Abtretung im Eigentumsregister] aufzunehmen; wird die Urkunde, welche [die Notifikation oder Unterlassung] bezeugt, dem Registeramt vorgelegt, nachdem die Eintragung [der Abtretung] bestätigt worden ist, wird ein entsprechender Randvermerk [über die Notifikation oder Unterlassung] ausgestellt.

Art. 244. Die Abtretung der hypothekarisch gesicherten Forderung wird im Eigentumsregister mittels einer neuen Eintragung zugunsten des Zessionars vermerkt, ausgenommen die Fälle, auf die sich der Artikel 150 [Ley Hipotecaria][1079] bezieht.

5. Ley de Hipoteca Mobiliaria y Prenda sin Desplazamiento de Posesión[1080]

Art. 8. Die durch eine Mobiliarhypothek oder ein besitzloses Pfandrecht gesicherte Forderung kann mittels Urkunde [und] in jedem Fall nach den Voraussetzungen und Wirkungen der Artikel 149 und 151 der Ley Hipotecaria[1081] veräußert oder ganz oder [nur] zum Teil abgetreten werden. [...]

Die Notifikation [der Abtretung] an den Schuldner muss in jedem Fall mittels einer notariell beglaubigten Urkunde erfolgen.

6. Reglamento de Hipoteca Mobiliaria y Prenda sin Desplazamiento de Posesión[1082]

Art. 27. Die Abtretung der hypothekarisch gesicherten Forderung ist dem Schuldner durch den Notar anzuzeigen. Die Notifikation muss aus der Eintragung der Abtretung [im Eigentumsregister] hervorgehen.

1077 Vgl. Anhang – I 3.
1078 Vgl. Anhang – I.3.
1079 Vgl. Anhang – I 3.
1080 Gesetz über die Mobiliarhypothek und das besitzlose Pfandrecht.
1081 Vgl. Anhang – I 3.
1082 Verordnung über die Mobiliarhypothek und das besitzlose Pfandrecht.

Ausgenommen von dieser Voraussetzung ist die Übertragung der durch eine Hypothek gesicherten Titel, die auf den Inhaber lauten.

II. Quellen des navarresischen Rechts

DRITTES BUCH – SIEBENTER TITEL
Von den dinglichen Sicherheiten

II. KAPITEL
Von der fiduziarischen Sicherheit

Ley 466. *Fiduziarisches Rechtsverhältnis.* – Das Eigentum an einer Sache oder die Inhaberschaft eines Rechtes werden aufgrund eines zu Sicherungszwecken eingegangenen fiduziarischen Rechtsverhältnisses Dritten gegenüber wirksam auf den [Sicherungsnehmer] übertragen. Ist der gesicherte Anspruch erfüllt, kann der [Sicherungsgeber] von dem [Sicherungsnehmer] die Rückübertragung des Eigentums oder des abgetretenen Rechtes verlangen; der [Sicherungsnehmer] muss seinerseits [die übertragene Sache oder das übertragene Recht] nach Maßgabe der für den Pfandgläubiger in Ley 470 [Comp.N.] aufgestellten Bestimmungen zurückgewähren und [dafür] haften. Ungeachtet dessen kann der [Sicherungsnehmer] im Falle des Verzugs des [Sicherungsgebers], wenn [beide] dies vereinbart haben, das Eigentum an der Sache oder die Rechtsinhaberschaft unwiderruflich erwerben, so dass der gesicherte Anspruch erlischt.

ACHTER TITEL – II. KAPITEL

Ley 497. *Zahlung durch Dritte.* – Erfordert die Verbindlichkeit aufgrund ihrer Rechtsnatur oder kraft Vereinbarung keine persönliche Erfüllung durch den Schuldner, kann sie durch einen Dritten erfüllt werden, auch ohne die Kenntnis des Schuldners. Der Dritte, der die Zahlung mit Kenntnis und ohne Widerspruch seitens des Schuldners vornimmt sowie derjenige, der zahlt, weil er ein Interesse an der Erfüllung [der Verbindlichkeit] hat, tritt in die Rechte des Gläubigers ein. [...]

ACHTER TITEL – V. KAPITEL
Von der Übertragung der Schuldverhältnisse

Ley 511. *Abtretung von Forderungen.* – Der [bisherige] Gläubiger kann sein Recht gegen den Schuldner abtreten; ist die Abtretung jedoch eine entgeltliche, wird der Schuldner [von seiner Leistungspflicht] befreit, indem er dem neuen Gläubiger denjenigen Preis, welchen dieser [für die übertragene Forderung] bezahlt hat, nebst den gesetzlichen Zinsen und Kosten, die ihm durch die Geltendmachung der Forderung entstanden sind, erstattet.

Literaturverzeichnis[1083]

Aguilar Benítez de Lugo, Mariano / *Campuzano Díaz*, Beatriz / *Cano Bazaga*, Elena / *Grieder Machado*, Hilda / *Pérez Bevía*, José Antonio / *Rodríguez Benot*, Andrés / *Rodríguez Vázquez*, María Ángeles / *Tomás Ortiz de la Torre*, José Antonio: Lecciones de Derecho civil internacional, Madrid 1996 [Derecho civil internacional]

Albaladejo, Manuel: La obligación de transmitir la propiedad en la compraventa, RGLJ 181 (1947), 409-500
- Estudio sintético de la rescisión por lesión en más de la mitad en los Derechos catalán y navarro, RDP 60 (1976), 981-992
- Comentarios al Código civil y Compilaciones forales, Tomo I, Artículos 1 a 41 (Hrsg.), 1.ª edición, Madrid 1978, Bearbeiter: Antonio *Remiro Brotons* [Comentario I¹]
- Comentarios al Código civil y Compilaciones forales, Tomo V, Vol. 1, Artículos 333 a 391 (Hrsg.), 2.ª edición, Madrid 1990, Bearbeiter: Jaime *Santos Briz* [Comentario V/1²]
- Derecho civil II, Derecho de obligaciones, Vol. 1, La obligación y el contrato en general; Vol. 2, Los contratos en particular y las obligaciones no contractuales, 9.ª edición, Barcelona 1994 [Derecho civil II/1/2⁹]

Albaladejo, Manuel / *Díaz Alabart*, Silvia (Hrsg.): Comentarios al Código civil y Compilaciones forales, Tomo VIII, Vol. 2, Artículos 618 a 656 del Código Civil, Madrid 1986, Bearbeiter: Manuel *Albaladejo* [Comentario VIII/2]
- Comentarios al Código civil y Compilaciones forales, Tomo XIX, Artículos 1445 a 1541 del Código Civil, 2.ª edición, Madrid 1991, Bearbeiter: Gabriel *García Cantero* [Comentario XIX²]
- Comentarios al Código civil y Compilaciones forales, Tomo I, Vol. 2, Artículos 8 a 16 del Código Civil, 2.ª edición, Madrid 1995, Bearbeiter: Miguel *Virgós Soriano* [Comentario I²]
- Comentarios al Código civil y Compilaciones forales, Tomo XXXVII, Vol. 1, Leyes 148 a 252 de la Compilación o Fuero Nuevo de Navarra, Madrid 1998, Bearbeiter: Álvaro *d'Ors Pérez-Peix* [Comentario XXXVII/1]

Annibale, Silverio: Riforma del sistema italiano di diritto internazionale privato (Legge 31 maggio 1995, n. 218), Padova 1997 [Riforma del sistema italiano di d. i. pr.]

[1083] [Abgekürzt zitierte Werke in eckigen Klammern]

Anton, Alexander Elder: Private International Law – A treatise from the standpoint of Scots law, 2nd edition, Edinburgh 1990 [Private International Law²]

Apathy, Peter: Die Forderungsabtretung, insbesondere zur Kreditsicherung, im österreichischen Recht [Österreich], in: *Hadding*, Walther / *Schneider*, Uwe H. (Hrsg.), Die Forderungsabtretung, insbesondere zur Kreditsicherung, in ausländischen Rechtsordnungen, Berlin 1999, 509-540 [Die Forderungsabtretung]

Aubin, Bernhard: Zur Qualifikation der „signification" (Art. 1690 Cc) im deutschen IPR, in: *Barfuß*, Werner / *Dutoit*, Bernard / *Forkel*, Hans / *Immenga*, Ulrich / *Majoros*, Ferenc, Festschrift für Karl H. Neumayer, 1. Aufl., Baden-Baden 1985, 31-45 [FS Neumayer]

Audit, Bernard: Droit international privé, 3ᵉ édition, Paris 2000 [D. i. pr. ³]

Badenes Gasset, Ramón: El contrato de compraventa, Tomo II, Madrid 1969 [Compraventa II]

von Bar, Christian: Internationales Privatrecht, Erster Band – Allgemeine Lehren, München 1987; Zweiter Band – Besonderer Teil, München 1991 [IPR I/II]
– Abtretung und Legalzession im neuen deutschen Internationalen Privatrecht, RabelsZ 53 (1989), 462-486
– Wertpapiere im deutschen Internationalen Privatrecht, in: *Pfister*, Bernhard / *Will*, Michael R. (Hrsg.), Festschrift für Werner Lorenz zum siebzigsten Geburtstag, Tübingen 1991, 273-295 [FS Lorenz]
– Zessionsstatut, Verpflichtungsstatut und Gesellschaftsstatut, IPRax 1992, 20-23

von Bar, Ludwig: Theorie und Praxis des internationalen Privatrechts, Zweiter Band, 2. Aufl., Hannover 1889 [IPR²]

Basedow, Jürgen: Die Neuregelung des Internationalen Privat- und Prozessrechts, NJW 1986, 2971-2979
– Internationales Factoring zwischen Kollisionsrecht und Unidroit-Konvention, ZEuP 1997, 615-642

Batiffol, Henri: Projet de convention C. E. E. sur la loi applicable aux obligations contractuelles, Rev. trim. droit eur. 1975, 181-186

Batiffol, Henri / *Lagarde*, Paul: Droit international privé, Tome II, 7ᵉ édition, Paris 1983 [D. i. pr. II⁷]

Becker, Rainer: Der Ursprung der Rechtsspaltung im spanischen Privatrecht – eine historische Betrachtung der Foralrechte, ZEuP 1996, 88-106

Beemelmans, Hubert: Das Statut der cessio legis, der action directe und der action oblique, RabelsZ 29 (1965), 511-544

Graf von Bernstorff, Christoph: Die Forderungsabtretung in den EU-Staaten, RIW 1994, 542-547

Bette, Klaus: Vertraglicher Abtretungsausschluss im deutschen und grenzüberschreitenden Geschäftsverkehr, WM 1994, 1909-1921
– Abtretung von Auslandsforderungen, WM 1997, 797-805

Bianca, C. Massimo: Diritto civile IV – L'obbligazione, Milano 1990

Blaise, Jean-Bernard / *Desgorces*, Richard: Die Forderungsabtretung, insbesondere zu Sicherungszwecken, im französischen Recht [Frankreich], in: *Hadding*, Walther / *Schneider*, Uwe H. (Hrsg.), Die Forderungsabtretung, insbesondere zur Kreditsicherung, in ausländischen Rechtsordnungen, Berlin 1999, 245-309 [Die Forderungsabtretung]

Böhner, Reinhard: Factoring im deutsch-französischen Rechtsverkehr, IPRax 1985, 15 f.

Bonomi, Andrea: Der Eigentumsvorbehalt in Österreich und Italien unter Berücksichtigung anderer europäischer Rechtssysteme – Eine rechtsvergleichende und kollisionsrechtliche Untersuchung, Berlin 1993 [Eigentumsvorbehalt]

Borrás Rodríguez, Alegría: Les ordres plurilégislatifs dans le droit international privé actuel, in: *Académie de Droit International* (Hrsg.), Recueil des cours, Tome 249, Den Haag, Boston, London 1994, S. 149-368
– Diskussionsbeitrag in: *Centro de Estudios Superiores, Sociales y Jurídicos RAMON CARANDE* (Hrsg.), Principios, objetivos y métodos del Derecho internacional privado – Balance y perspectivas de una década [Principios, objetivos y métodos del d. i. pr.], Madrid 1995, S. 125-127

Borrás Rodríguez, Alegría / *Bouza Vidal*, Nuria / *González Campos*, Julio Diego / *Virgós Soriano*, Miguel: Legislación básica de Derecho internacional privado, 6.ª edición, Madrid 1996 [D. i. pr.⁶]

Borrell y Soler, Antonio M.: El contrato de compraventa según el Código civil español, Barcelona 1952 [Compraventa]

Breccia, Umberto: Le obbligazioni, Milano 1991

Carbonnier, Jean: Droit civil 4 / Les obligations, 12e édition, Paris 1985 [Droit civil 4[12]]

Castán Tobeñas, José: Derecho civil español, común y foral, Tomo III, Derecho de obligaciones – La obligación y el contrato en general, 16.a edición, Madrid 1992 [Derecho civil III[16]]

de Castro y Bravo, Federico: Cesión de crédito litigioso: Aplicación del Artículo 1535 del Código Civil, ADC 6 (1953), 259-268
– El negocio jurídico, Madrid 1971

Cheshire, G. C. & *North*, P. M.: Private International Law, 13th edition, London, Edinburgh, Dublin 1999

Cian, Giorgio / *Trabucchi*, Alberto: Commentario breve al Codice civile, 5.a edizione, Padova 1997 [*Cian/Trabucchi*[5]*-Bearb.*]

de Cossio y Corral, Alfonso: Instituciones de Derecho civil, Tomo I, Parte general – Obligaciones y contratos, Madrid 1988 [Instituciones I]

von der Crone, Hans Caspar: Zession: kausal oder abstrakt, SJZ 93 (1997), 249-260

Das Bürgerliche Gesetzbuch: mit besonderer Berücksichtigung der Rechtsprechung des Reichsgerichts und des Bundesgerichtshofes; Kommentar, hrsg. von Mitgliedern des Bundesgerichtshofes – Band II, 1. Teil, §§ 241-413, 12. Aufl., Berlin, New York 1976, Bearbeiter: Reinhold *Weber* [BGB-RGRK[12]-*Weber*]

Dicey, A. V. & *Morris*, H. C.: The Conflict of Laws, Vol. 2, hrsg. von Lawrence *Collins u. a.*, 13th edition, London 2000 [The Conflict of Laws II[13]]

Diehl-Leistner, Barbara A.: Internationales Factoring: eine rechtsvergleichende Darstellung zum Recht der Bundesrepublik Deutschland, Frankreichs und der Vereinigten Staaten von Amerika unter Einschluss der UNIDROIT-Konvention über das Internationale Factoring (1988), München 1992 [Internationales Factoring]

Díez-Picazo, Luis: La tradición y los acuerdos traslativos en el Derecho español, ADC 19 (1966), 555-573
– Fundamentos del Derecho civil patrimonial, Vol. I, Introducción – Teoría del contrato, 4.a edición, Madrid 1993; Vol. II, Las relaciones obligatorias,

5.ª edición, Madrid 1996; Vol. III, Las relaciones jurídico-reales – El Registro de la propiedad – La posesión, 4.ª edición, Madrid 1995 [Fundamentos I[4]/II[5]/III[4]]

Díez-Picazo, Luis / *Gullón*, Antonio: Sistema de Derecho civil, Vol. II, 7.ª edición, Madrid 1995 [Sistema II[7]]
– Instituciones de Derecho civil, Vol. I, Madrid 1995 [Instituciones I]

Dolmetta, Aldo A. / *Portale*, Giuseppe B.: Cessione del credito in garanzia nell'ordinamento italiano, BBTC 48 (1985 I), 258-290

Drobnig, Ulrich: Entwicklungstendenzen des deutschen internationalen Sachenrechts, in: *Lüderitz*, Alexander / *Schröder*, Jochen (Hrsg.), Internationales Privatrecht und Rechtsvergleichung im Ausgang des 20. Jahrhunderts – Bewahrung oder Wende?, Festschrift für Gerhard Kegel, Frankfurt am Main 1977, S. 141-151 [FS Kegel]

Ebenroth, Carsten Thomas: Kurzkommentar zu *BGH* 26.11.1990 – II ZR 92/90, EWiR 1991, 161 f.

Ebke, Werner F.: Erste Erfahrungen mit dem EG-Schuldvertragsübereinkommen, in: *von Bar*, Christian (Hrsg.), Europäisches Gemeinschaftsrecht und Internationales Privatrecht: Tagung des Instituts für Internationales Privatrecht und Rechtsvergleichung des Fachbereichs Rechtswissenschaften der Universität Osnabrück am 6. und 7. April in Osnabrück, Köln, Berlin, Bonn, München 1991, 77-106 [Erste Erfahrungen mit dem EG-SchV]

Eichenhofer, Eberhard: Internationales Sozialrecht und Internationales Privatrecht (Studien aus dem Max-Planck-Institut für ausländisches und internationales Sozialrecht, Band 6), 1. Aufl., Baden-Baden 1987

Einsele, Dorothee: Das Internationale Privatrecht der Forderungszession und der Schuldnerschutz unter besonderer Berücksichtigung des englischen und französischen Rechts, ZVglRWiss 90 (1991), 1-24
– Wertpapierrecht als Schuldrecht: Funktionsverlust von Effektenurkunden im internationalen Rechtsverkehr (Jus privatum – Beiträge zum Privatrecht, Band 8), Tübingen 1995 [Wertpapierrecht]
– Rechtswahlfreiheit im Internationalen Privatrecht, RabelsZ 60 (1996), 417-447

de Eizaguirre, José Maria: Aspectos jurídicos del „factoring", RDBB 1990, 835-849

– Factoring, in: *Bernardo Villaverde*, José (Hrsg.), Nuevas entidades, figuras contractuales y garantías en el mercado financiero [Nuevas entidades], Madrid 1990, S. 567-621
– Factoring (D.° Mercantil), in: Enciclopedia Jurídica Básica, Vol. II, 1.ª edición, Madrid 1995, S. 3046-3060 [EJB II]

Erman: Handkommentar zum Bürgerlichen Gesetzbuch, 2. Band, hrsg. von *Westermann*, Harm Peter, 10. Aufl., Münster 2000, zit. Bearbeiter: *Hohloch*, Gerhard [*Erman*[10]-*Hohloch*]

Espín Cánovas, Diego Eduardo: Manual de Derecho civil español, Vol. III, Obligaciones y contratos, 6.ª edición, Madrid 1983 [Manual III[6]]

Fairén Guillén, Víctor: Estudios de Derecho procesal, Madrid 1955

Ferid, Murad: Internationales Privatrecht, 3. Aufl., Frankfurt am Main 1986 [IPR[3]]

Fernández Rozas, José Carlos: Derecho del comercio internacional, Madrid 1996 [*Bearb.*, in: *Fernández Rozas* (Hrsg.), Comercio internacional]

Ferrari, Franco: Vom Abstraktionsprinzip und Konsensualprinzip zum Traditionsprinzip, ZEuP 1993, 52-78
– Der internationale Anwendungsbereich des Ottawa-Übereinkommens von 1988 über Internationales Factoring, RIW 1996, 181-188

Firsching, Karl: Übereinkommen über das auf vertragliche Schuldverhältnisse anzuwendende Recht (IPR-VertragsÜ) vom 11.6.1980, IPRax 1981, 37-43

Fischer, Klaus-Bernd / *Fischer*, Ana-Katharina: Spanisches Handels- und Wirtschaftsrecht (Schriftenreihe Recht der Internationalen Wirtschaft, Band 23), 2. Aufl., Heidelberg 1995

Foriers, Paul Alain: Die Forderungsabtretung, insbesondere zu Sicherungszwecken, im belgischen Recht [Belgien], in: *Hadding*, Walther / *Schneider*, Uwe H. (Hrsg.), Die Forderungsabtretung, insbesondere zur Kreditsicherung, in ausländischen Rechtsordnungen [Die Forderungsabtretung], Berlin 1986, S. 9-48

Foriers, Paul Alain / *Grégoire*, Michèle: Die Forderungsabtretung, insbesondere zu Sicherungszwecken, im belgischen Recht [Belgien], in: *Hadding*, Walther / *Schneider*, Uwe H. (Hrsg.), Die Forderungsabtretung, insbesondere zur Kreditsicherung, in ausländischen Rechtsordnungen [Die Forderungsabtretung], Berlin 1999, S. 135-155

Forner Delaygua, Joaquín J.: La cesión de contrato – Construcción de la figura y ley aplicable, Barcelona 1989 [La cesión de contrato]

Foyer, Jacques: L'avant-projet de Convention C. E. E. sur la loi applicable aux obligations contractuelles et non-contractuelles, Clunet 1976, 555-658

Franck, Christiaan: Die Abtretung und Verpfändung von Forderungen in Belgien nach dem Gesetz vom 6. Juli 1994, RIW 1995, 598 f.

Frankenstein, Ernst: Internationales Privatrecht (Grenzrecht), Zweiter Band, Berlin-Grunewald 1929 [IPR II]

García de Enterría, Javier: Contrato de factoring y cesión de créditos, Madrid 1995 [Contrato de factoring]

García Garrido, Manuel Jesús: Los efectos obligatorios de la compraventa en el Código civil español, in: *Vacca*, Letizia (Hrsg.), Vendita e trasferimento della proprietà nella prospettiva storico-comparatistica, Tomo I, Mailand 1991, 341-355

García Goyena, Florencio: Concordancias, motivos y comentarios del Código civil español, Tomo III, Madrid 1852 [Concordancias III]

García Más, Francisco Javier: Comentarios a la Ley 2/1994, de 30 de marzo, sobre subrogación y modificación de préstamos hipotecarios, RCDI 70 (1994), 1947-1965

García-Cruces González, José Antonio: El contrato de Factoring como cesión global de créditos futuros, ADC (1989), 377-443
– El contrato de factoring, Madrid 1990

Garcimartín Alférez, Francisco J.: España se adhiere al Convenio de Roma de 19 de junio de 1980 sobre ley aplicable a las obligaciones contractuales, REDI XLVI (1994), 446-450

Gaudemet-Tallon, Hélène: Le nouveau droit international privé européen des contrats (Commentaire de la convention C. E. E. n° 80/934 sur la loi applicable aux obligations contractuelles, ouverte à la signature à Rome le 19 juin 1980), Rev. trim. droit eur. 1981, 215-285

Gavidia Sánchez, Julio Vicente: La cesión de créditos: Sistema español de cesión de créditos – Formación, sistema traslativo y protección del deudor, Valencia 1993 [La cesión de créditos]

Gebauer, Martin: Neuer Klägergerichtsstand durch Abtretung einer dem UN-Kaufrecht unterliegenden Zahlungsforderung, IPRax 1999, 432-435

Gerth, Axel: Rechtsfragen der Abtretung gesicherter Forderungen nach französischem Recht, WM 1984, 793-798

Ghestin, Jacques: Traité de droit civil: Les obligations – Les effets du contrat, avec le concours de Marc *Billiau*, Paris 1992

Gil Rodríguez, Jacinto: Garantía por insolvencia pública en la delegación y en la cesión, Madrid 1988

Giuliano, Mario / *Lagarde*, Paul: Bericht über das Übereinkommen über das auf vertragliche Schuldverhältnisse anzuwendende Recht, ABl. EG Nr. C 282 vom 31.10.1980, S. 1-47 [Bericht *Giuliano/Lagarde*]

Giuliano, Mario / *Lagarde*, Paul / *van Sasse van Ysselt*, Thomas: Rapport concernant l'avant-projet de convention sur la loi applicable aux obligations contractuelles et non-contractuelles, Riv. dir. int. priv. proc. 9 (1973), 198-260 = *Lando*, Ole / *von Hoffmann*, Bernd / *Siehr*, Kurt (Hrsg.), European private international law of obligations: acts and documents of an International Colloquium on the European Preliminary Draft Convention on the Law Applicable to Contractual and Non-Contractual Obligations, held in Copenhagen on April 29 and 30, 1974 (Materialien zum ausländischen und internationalen Privatrecht, hrsg. vom *Max-Planck-Institut für ausländisches und internationales Privatrecht*, Band 23), Tübingen 1975, S. 241-314 [Rapport *Giuliano/Lagarde/van Sasse van Ysselt*]

González Campos, Julio Diego: Diskussionsbeitrag in: *Centro de Estudios Superiores, Sociales y Jurídicos RAMON CARANDE* (Hrsg.), Principios, objetivos y métodos del Derecho internacional privado – Balance y perspectivas de una década [Principios, objetivos y métodos del d. i. pr.], Madrid 1995, S. 132 f.

González Campos, Julio Diego / *Fernández Rozas*, José Carlos / *Calvo Caravaca*, Alfonso L. / *Virgós Soriano*, Miguel / *Amores Conradi*, Miguel A. / *Domínguez Lozano*, Pilar: Derecho internacional privado - Parte especial, 6.ª edición, Madrid 1995 [D. i. pr.^{6}]

Gottwald, Peter: Gewillkürte Prozessstandschaft kraft Ermächtigung eines ausländischen Konkursverwalters, IPRax 1995, 157 f.

Graf von Westphalen, Friedrich: Rechtsprobleme der Exportfinanzierung, 3. Aufl., Heidelberg 1987 [Exportfinanzierung^3]

Guldener, Max: Zession, Legalzession und Subrogation im internationalen Privatrecht, Aarau 1930 [Zession im IPR]

Gutzwiller, Max: Internationalprivatrecht, in: *Stammler*, Rudolf (Hrsg.), Das gesamte deutsche Recht in systematischer Darstellung, Teil VIII, Berlin 1931, 1515-1664 [IPR]

Hanotiau, Bernard: La Convention C. E. E. sur la loi applicable aux obligations contractuelles, J. Trib. 101 (1982), 749-756

Hartwieg, Oskar: Kollisionsrechtliches zur internationalen Abtretung – eine reale Reminiszenz zu BGH ZIP 1997, 890, ZIP 1998, 2137-2144

Hartwieg, Oskar / *Korkisch*, Friedrich, Die geheimen Materialien zur Kodifikation des deutschen Internationalen Privatrechts 1881-1896, Tübingen 1973 (Materialien zum ausländischen und internationalen Privatrecht, hrsg. vom *Max-Planck-Institut für ausländisches und internationales Privatrecht*, Band 19)

Herber, Rolf / *Czerwenka*, Beate: Internationales Kaufrecht, Kommentar zu dem Übereinkommen der Vereinten Nationen vom 11. April 1980 über Verträge über den internationalen Warenkauf, München 1991

Hierneis, Otto: Das besondere Erbrecht der sogenannten Foralrechtsgebiete Spaniens (Beiträge zum ausländischen und internationalen Privatrecht, hrsg. vom *Max-Planck-Institut für ausländisches und internationales Privatrecht*, Band 33), Berlin, Tübingen 1966

von *Hoffmann*, Bernd: Empfiehlt es sich, das Übereinkommen über das auf vertragliche Schuldverhältnisse anzuwendende Recht in das deutsche IPR-Gesetz zu inkorporieren?, IPRax 1984, 10-13
– Die Forderungsübertragung, insbesondere zur Kreditsicherung, im Internationalen Privatrecht [Forderungsübertragung im IPR], in: *Hadding*, Walther / *Schneider*, Uwe H. (Hrsg.), Die Forderungsabtretung, insbesondere zur Kreditsicherung, in ausländischen Rechtsordnungen [Die Forderungsabtretung], Berlin 1999, S. 3-25

von *Hoffmann*, Bernd / *Höpping*, Ulrike: Zur Anknüpfung kausaler Forderungszessionen, IPRax 1993, 302-305

von *Hoffmann*, Bernd / *Ortiz-Arce*, Antonio: Das neue spanische Internationale Privatrecht, RabelsZ 39 (1975), 647-691

Holzner, Christian: Zur Sicherungszession im IPR, ZfRV 35 (1994), 134-137

Homs y Homs, Juan: La lex anastasiana y su aplicación en Cataluña, RJC 7 (1901), 273-292

Hoyer, Hans: Anmerkung zu OGH 13.10.1983, ZfRV 26 (1985), 65-68

Jayme, Erik: Konsensualprinzip und obligatorischer Kaufvertrag im italienischen Recht, in: *Damrau*, Jürgen / *Kraft*, Alfons / *Fürst*, Walther (Hrsg.), Festschrift für Otto Mühl, Stuttgart, Berlin, Köln, Mainz 1981, 339-347 [FS Mühl]

- Jurisprudence de la République Fédérale d'Allemagne en matière de droit international privé 1978-1984, Clunet 1985, 951-959
- Das neue IPR-Gesetz – Brennpunkte der Reform, IPRax 1986, 265-270
- Subunternehmervertrag und Europäisches Gerichtsstands- und Vollstreckungsübereinkommen (EuGVÜ), in: *Hofmann*, Paul / *Meyer-Cording*, Ulrich / *Wiedemann*, Herbert (Hrsg.), Festschrift für Klemens Pleyer, Köln, Berlin, Bonn, München 1986, 371-382 [FS Pleyer]
- Spanisches interregionales und deutsches internationales Privatrecht, IPRax 1989, 287 f.
- Haustürgeschäfte deutscher Urlauber in Spanien: Horizontale Wirkungen der EG-Richtlinien und internationales Vertragsrecht, IPRax 1990, 220-222
- Ein internationales Privatrecht für Europa, Heidelberg 1990 [IPR für Europa]
- Rechtsspaltung im spanischen Privatrecht und deutsche Praxis, RabelsZ 55 (1991), 303-331
- Transposition und Parteiwille bei grenzüberschreitenden Mobiliarsicherheiten, in: *Huber*, Ulrich / *Jayme*, Erik (Hrsg.), Festschrift für Rolf Serick zum 70. Geburtstag, Heidelberg, Bonn 1992, 241-253 [FS Serick]
- Narrative Normen im Internationalen Privat- und Verfahrensrecht, Tübingen 1993 [Narrative Normen]
- Non-unified legal systems and European conflicts law. Spanish law applied abroad [Non-unified legal systems], in: *Centro de Estudios Superiores, Sociales y Jurídicos RAMON CARANDE* (Hrsg.), Principios, objetivos y métodos del Derecho internacional privado – Balance y perspectivas de una década [Principios, objetivos y métodos del d. i. pr.], Madrid 1995, S. 103-114
- Diskussionsbeitrag in: *Centro de Estudios Superiores, Sociales y Jurídicos RAMON CARANDE* (Hrsg.), Principios, objetivos y métodos del Derecho internacional privado – Balance y perspectivas de una década [Principios, objetivos y métodos del d. i. pr.], Madrid 1995, S. 134

Jayme, Erik / *Hausmann*, Rainer: Internationales Privat- und Verfahrensrecht, 10. Aufl., München 2000 [*Jayme / Hausmann*[10]]

Jayme, Erik / *Kohler*, Christian: Zum Stand des internationalen Privat- und Verfahrensrechts der Europäischen Gemeinschaft, IPRax 1985, 65-71
– Das Internationale Privat- und Verfahrensrecht der EG – Stand 1989, IPRax 1989, 337-346
– Das Internationale Privat- und Verfahrensrecht der EG 1993 – Spannungen zwischen Staatsverträgen und Richtlinien, IPRax 1993, 357-371
– Europäisches Kollisionsrecht 1995 – Der Dialog der Quellen, IPRax 1995, 343-354
– Europäisches Kollisionsrecht 1996 – Anpassung und Transformation der nationalen Rechte, IPRax 1996, 377-389
– Europäisches Kollisionsrecht 1999 – Die Abendstunde der Staatsverträge, IPRax 1999, 401-413
– Europäisches Kollisionsrecht 2000: Interlokales Privatrecht oder universelles Gemeinschaftsrecht, IPRax 2000, 454-465

Jayme, Erik / *Mangold*, Werner: Internationales Privatrecht: Bilanz und Perspektiven eines Jahrzehnts – Tagung in Madrid, IPRax 1993, 352 f.

Joustra, Carla: The Voluntary Assignment of Future Claims, IPRax 1994, 395-397
– Proprietary Aspects of Voluntary Assignment in Dutch Private International Law, IPRax 1999, 280-284

Jud, Waldemar: Wirksamkeitsvoraussetzungen für Forderungsabtretungen, insbesondere zu Sicherungszwecken, in Österreich [Österreich], in: *Hadding*, Walter / *Schneider*, Uwe H. (Hrsg.), Die Forderungsabtretung, insbesondere zur Kreditsicherung in der Bundesrepublik Deutschland und in ausländischen Rechtsordnungen [Die Forderungsabtretung], Berlin 1986, S. 259-290

Junker, Abbo: Die einheitliche europäische Auslegung nach dem EG-Schuldvertragsübereinkommen, RabelsZ 55 (1991), 674-696

Kaiser, Erhard: Verlängerter Eigentumsvorbehalt und Globalzession im IPR, Pfaffenweiler 1986 [Verlängerter Eigentumsvorbehalt]

Kassis, Antoine: Le nouveau droit européen des contrats internationaux, Paris 1993 [Contrats internationaux]

Kaye, Peter: The new Private International Law of Contract of the European Community – Implementation of the EEC's Contractual Obligations Convention in England and Wales Under the Contracts (Applicable Law) Act 1990, Dartmouth 1993 [Private International Law]

Kegel, Gerhard: Verpflichtung und Verfügung – Sollen Verfügungen abstrakt oder kausal sein? –, in: *Flume*, Werner / *Hahn*, Hugo J. / *Kegel*, Gerhard / *Simmonds*, Kenneth R., Internationales Recht und Wirtschaftsordnung, Festschrift für F. A. Mann, München 1977, S. 57-86 [FS Mann]

Kegel, Gerhard / *Schurig*, Klaus: Internationales Privatrecht, 8. Aufl., München 2000 [IPR⁸]

Keller, Hubertus: Zessionsstatut im Lichte des Übereinkommens über das auf vertragliche Schuldverhältnisse anzuwendende Recht vom 19. Juni 1980, München 1985 [Zessionsstatut]

Kieninger, Eva-Maria: Übertragung von Gesellschaftsanteilen im englischen Internationalen Privatrecht, IPRax 1997, 449-458
– Das Statut der Forderungsabtretung im Verhältnis zu Dritten, RabelsZ 62 (1998), 678-711
– Anmerkung zu *BGH* 8.12.1998, JZ 1999, 404, 405-410

Kindler, Peter: Einführung in das italienische Recht, München 1993

Klein, Peter: Die Abtretung von Forderungen nach englischem Recht, WM 1978, 390-398

Kötz, Hein: Zur Anknüpfung des unter Lebenden errichteten trust, IPRax 1985, 205-207
– Europäisches Vertragsrecht, Erster Band, Abschluss, Gültigkeit und Inhalt des Vertrages – Die Beteiligung Dritter am Vertrag, Tübingen 1996 [Europäisches Vertragsrecht I]

Kohler, Christian: Kein Weg zur Rechtsvereinheitlichung – Zur Übernahme des EG-Übereinkommens vom 19. Juni 1980 über das auf vertragliche Schuldverhältnisse anzuwendende Recht –, EuR 1984, 155-173

Koppenol-Laforce, M. E.: The property aspects of an international assignment and Article 12 Rome Convention, NILR XLV (1998), 129-137

Koziol, Helmut: Probleme der Sicherungszession im grenzüberschreitenden Verkehr Deutschland-Österreich, DZWir 1993, 353-359

Kronke, Herbert / *Berger*, Gerlinde: Wertpapierstatut, Schadensersatzpflichten der Inkassobank, Schuldnerschutz in der Zession – Schweizer Orderschecks auf Abwegen, IPRax 1991, 316-320

Kropholler, Jan: Internationales Einheitsrecht: Allgemeine Lehren (Beiträge zum ausländischen und internationalen Privatrecht, hrsg. vom *Max-Planck-Insti-tut für ausländisches und internationales Privatrecht*, Band 39), Tübingen 1975 [Internationales Einheitsrecht]
– Die vergleichende Methode und das Internationale Privatrecht, ZVglRWiss 77 (1978), 1-20
– Eine Auslegungskompetenz des Gerichtshofs der Europäischen Gemeinschaften für das Internationale Schuldvertragsrecht, in: Stellungnahmen und Gutachten zum Europäischen Internationalen Zivilverfahrens- und Versicherungsrecht – im Auftrag der II. Kommission des Deutschen Rates für Internationales Privatrecht vorgelegt von Hans *Stoll*, bearbeitet von *Karatzenis*, Fotios / *Busch*, Ralf (Materialien zum ausländischen und internationalen Privatrecht, hrsg. vom *Max-Planck-Institut für ausländisches und internationales Privatrecht*, Band 34), Tübingen 1991, S. 171-176 [Stellungnahmen und Gutachten]
– Internationales Privatrecht, 3. Aufl., Tübingen 1997 [IPR³]

Lacruz Berdejo, José Luis: Elementos de Derecho Civil II, Derecho de obligaciones, Vol. 1, Parte general - Delito y cuasidelito, 2.ª edición, Barcelona 1985 [Elementos II/1²]

Lacruz Berdejo, José Luis / *Sancho Rebullida*, Francisco de Asis: Elementos de Derecho Civil III bis, Derecho inmobiliario registral, 2.ª edición, Barcelona 1984 [Elementos III bis²]

Lagarde, Paul: Le nouveau droit international privé des contrats après l'entrée en vigueur de la Convention de Rome du 19 juin 1980, Rev. crit. dr. internat. privé 80 (1991), 287-340

Lando, Ole: The EC Draft Convention on the Law Applicable to Contractual and Non-Contractual Obligations, Introduction and Contractual Obligations, RabelsZ 38 (1974), 6-55

Larenz, Karl: Allgemeiner Teil des deutschen Bürgerlichen Rechts, 7. Aufl., München 1989 [Allgemeiner Teil⁷]

Lewald, Hans: Das deutsche Internationale Privatrecht auf Grundlage der Rechtsprechung, Leipzig 1930 [IPR]

Lipstein, Kurt: Comments on Arts. 1 to 21 of the Draft Convention, in: *Lando*, Ole / *von Hoffmann*, Bernd / *Siehr*, Kurt (Hrsg.), European private international law of obligations: acts and documents of an International Colloquium on the European Preliminary Draft Convention on the Law Applicable to Contractual and Non-Contractual Obligations, held in Copenhagen on April 29 and 30, 1974 (Materialien zum ausländischen und internationalen Privatrecht, hrsg. vom *Max-Planck-Institut für ausländisches und internationales Privatrecht*, Band 23), Tübingen 1975, S. 155-164

Lorenz, Werner: Vom alten zum neuen internationalen Schuldvertragsrecht, IPRax 1987, 269-276

Loussouarn, Yvon / *Bourel*, Pierre: Droit internacional privé, 5e édition, Paris 1996 [D. i. pr.⁵]

Lucas Fernández, Francisco: La subrogación y modificación en los préstamos hipotecarios, ADC 47 (1994), 17-84

Lüderitz, Alexander: Internationales Privatrecht, 2. Aufl., Frankfurt am Main 1992 [IPR²]

Madridejos Sarasola, José: La cesión de créditos, RDN 32 (1961), 381-402

Maffei Alberti, Alberto: Comentario breve alla legge fallimentare (e alla legge sull'amministrazione straordinaria delle grandi imprese in crisi), 2.ª edizione, Padova 1986 [*Maffei Alberti²-Bearb.*]

Malatesta, Alberto: La cessione del credito nel diritto internazionale privato (Studi e pubblicazioni della rivista di diritto internazionale privato e proccesuale, Band 46), Padova 1996 [La cessione del credito nel d. i. pr.]

Mancini, Tommaso: La cessione dei crediti futuri a scopo di garanzia, Milano 1968
- La cessione dei crediti, in: *Rescigno*, Pietro (Hrsg.), Trattato di diritto privato 9, Obbligazioni e contratti, Tomo I, Torino 1984, 379-397 [La cessione dei crediti]

Mangold, Werner: Das neue spanische Staatsangehörigkeitsrecht – wesentliche Inhalte der Reform, IPRax 1992, 391-396
- Das Internationale Privatrecht der Abtretung am Beispiel des deutsch-spanischen Rechtsverkehrs, in: *Hommelhoff*, Peter / *Jayme*, Erik / *Mangold*, Werner (Hrsg.), Europäischer Binnenmarkt – IPR und Rechtsangleichung [Europäischer Binnenmarkt], Heidelberg 1995, S. 81-92 [Das IPR der Abtretung]

Mankowski, Peter: Seerechtliche Vertragsverhältnisse im Internationalen Privatrecht (Beiträge zum ausländischen und internationalen Privatrecht, hrsg. vom *Max-Planck-Institut für ausländisches und internationales Privat-*

recht, Band 58), Tübingen 1995 [Seerechtliche Vertragsverhältnisse im IPR]

Manresa, José María: Comentarios al Código civil español, Tomo X, Madrid 1905 [Comentario X]

Mansel, Heinz-Peter: Direktansprüche gegen den Haftpflichtversicherer: Anwendbares Recht und internationale Zuständigkeit, Heidelberg 1986 [Direktansprüche]
– Rechtsvergleichung und europäische Rechtseinheit, JZ 1991, 529-534

Marani, Francesco: Notifica, accettazione e buona fede nella cessione dei crediti, Modena 1977

Martínez de Aguirre, Carlos: La transmisión activa y pasiva de las obligaciones en el Derecho navarro, RJN 18 (1994), 9-29

Martiny, Dieter: Autonome und einheitliche Auslegung im Europäischen Internationalen Zivilprozessrecht, RabelsZ 45 (1981), 427-447
– Das Römische Vertragsrechtsübereinkommen vom 19. Juni 1980, ZEuP 1993, 298-305

Mayer, Pierre: Droit international privé, 6e édition, Paris 1998 [D. i. pr.^{6}]

Mazeaud, Henri et Léon / *Mazeaud*, Jean / *Chabas*, François: Leçons de droit civil, Tome II, Vol. 1, Obligations – théorie générale, 8e édition, Paris 1991 [Droit civil II/1^{8}]

Ministerio de Justicia: Comentario del Código civil, Tomo I/II (Hrsg.), dirigido por: *Paz-Ares Rodríguez*, Cándido / *Díez-Picazo Ponce de León*, Luis / *Bercovitz*, Rodrigo / *Salvador Coderch*, Pablo, 2.ª edición, Madrid 1993, zit. Bearbeiter: *Albaladejo*, Manuel; *García Cantero*, Gabriel; *López y López*, Angel M.; *Miquel González*, José M.^{a}; *Morales Moreno*, Antonio Manuel; *Pantaleón Prieto*, Fernando; *Rodríguez Adrados*, Antonio; *Sancho Rebullida*, Francisco de Asís; *Valpuesta Fernández*, María del Rosario; *Virgós Soriano*, Miguel [*Bearb.*, in: *MJ* (Hrsg.), Comentario I^{2}/II^{2}]

Moshinsky, Mark: The assignment of debts in the conflict of laws, L. Q. Rev. 109 (1992), 591-625

Münchener Kommentar zum Bürgerlichen Gesetzbuch: Band 2, Schuldrecht · Allgemeiner Teil §§ 241-432, hrsg. von *Rebmann*, Kurt / *Säcker*, Franz Jürgen, Redakteur: *Heinrichs*, Helmut, 3. Aufl., München 1994, zit. Bearbeiter: *Roth*, Günther H. [MünchKomm^{3}-*Roth*]

– Band 10, Einführungsgesetz zum Bürgerlichen Gesetzbuche (Art. 1-38) – Internationales Privatrecht, hrsg. von *Rebmann*, Kurt / *Säcker*, Franz Jürgen / *Rixecker*, Roland, Redakteur: *Sonnenberger*, Hans Jürgen, 3. Aufl., München 1998, zit. Bearbeiter: *Kreuzer*, Karl; *Martiny*, Dieter; *Sonnenberger*, Hans Jürgen; *Spellenberg*, Ulrich [MünchKomm³-*Bearb.*]

Musger, Gottfried: Diskussionsbeitrag in: *Hommelhoff*, Peter / *Jayme*, Erik / *Mangold*, Werner (Hrsg.), Europäischer Binnenmarkt – IPR und Rechtsangleichung [Europäischer Binnenmarkt], Heidelberg 1995, S. 120 f.

Navarro Pérez, José Luis: Responsabilidad y garantía en la cesión de créditos (estudio de los Arts. 1529 y 1530 del Código civil), RGLJ 1972, 13-52
– La cesión de créditos en el Derecho civil español, Granada 1988 [La cesión de créditos]
– El retracto de créditos litigiosos, Granada 1989

Nörr, Knut Wolfgang / *Scheyhing*, Robert: Sukzessionen – Zession, Vertragsübernahme, Schuldübernahme, Schuldbeitritt (Handbuch des Schuldrechts in Einzeldarstellungen, hrsg. von Joachim *Gernhuber*, Band 2), Tübingen 1983

Nolte, Georg: Zur Technik der geplanten Einführung des EG-Schuldvertragsübereinkommens in das deutsche Recht aus völkerrechtlicher Sicht, IPRax 1985, 71-76

Nussbaum, Arthur: Deutsches Internationales Privatrecht unter besonderer Berücksichtigung des österreichischen und schweizerischen Rechts, Tübingen 1932 [IPR]

van Ommeslaghe, Pierre: Le nouveau régime de la cession et de la dation en gage des créances, J. Trib. 114 (1995), 529-540

Palandt, Bürgerliches Gesetzbuch, 60. Aufl., München 2000, zit. Bearbeiter: *Bassenge*, Peter; *Heinrichs*, Helmut; *Heldrich*, Andreas; *Putzo*, Hans; *Thomas*, Heinz [*Palandt*⁶⁰-*Bearbeiter*]

Pantaleón Prieto, Fernando: Cesión de créditos, ADC 41 (1988), 1033-1131
– Césion de créditos (D.º Civil), in: Enciclopedia Jurídica Básica, Vol. I, 1.ª edición, Madrid 1995, S. 1021-1025 [EJB I]

Panuccio, Vincenzo: Cessione dei crediti, EdD VI (1960), 846-878

Peltzer, Oliver: Die Forderungsabtretung im Internationalen Privatrecht, RIW 1997, 893-899

Perlingieri, Pietro: Della cessione dei crediti – Art. 1260-1267 (Commentario del Codice civile a cura di Antonio *Scialoja* e Giuseppe *Branca*, Libro quarto – Delle obbligazioni), Bologna, Roma 1982 [Cessione dei crediti]

Piltz, Burghard: Internationales Kaufrecht – Das UN-Kaufrecht (Wiener Übereinkommen von 1980) in praxisorientierter Darstellung, München 1993

Pirrung, Jörg: Internationales Privat- und Verfahrensrecht nach dem Inkrafttreten der Neuregelung des IPR: Texte, Materialien, Hinweise, Köln 1987 [IPR]

– Die Einführung des EG-Schuldvertragsübereinkommens in die nationalen Rechte, in: *von Bar*, Christian (Hrsg.), Europäisches Gemeinschaftsrecht und Internationales Privatrecht: Tagung des Instituts für Internationales Privatrecht und Rechtsvergleichung des Fachbereichs Rechtswissenschaften der Universität Osnabrück am 6. und 7. April in Osnabrück, Köln, Berlin, Bonn, München 1991, 21-70 [Einführung des EG-SchV]

Posch, Willibald: Mehrfache Sicherungsabtretung im deutsch-österreichischen Rechtsverkehr: eine Quelle kollisionsrechtlicher Probleme, IPRax 1992, 51-55

Prieto-Castro y Ferrándiz, Leonardo: Derecho procesal civil, 4.ª edición, Madrid 1988 [Derecho procesal⁴]

Puig Brutau, José: Compendio de Derecho civil, Vol. II, Derecho de obligaciones – Contratos y cuasi contratos – Obligaciones derivadas de actos ilícitos, 1.ª edición, Barcelona 1987; Vol. III, Derechos reales – Derecho hipotecario, 1.ª edición, Barcelona 1989 [Compendio II/III]

Puig Ferriol, Luis: La rescisión por lesión en el Derecho interregional, RDP 59 (1975), 699-715

Raape, Leo: Internationales Privatrecht, 5. Aufl., Berlin, Frankfurt am Main 1961 [IPR⁵]

Rabel, Ernst: The Conflict of Laws, Vol. 3, Special obligations: Modification and Discharge of Obligations, 2nd edition, Ann Arbor 1964 [The Conflict of Laws III²]

Ramos Méndez, Francisco: Derecho procesal civil, Tomo I, 3.ª edición, Barcelona 1986 [Derecho procesal I³]

Reichmann, Armin: Wirksamkeitsvoraussetzungen für Forderungsabtretungen, insbesondere zu Sicherungszwecken, in Spanien [Spanien], in: *Hadding*,

Walther / *Schneider*, Uwe H. (Hrsg.), Die Forderungsabtretung, insbesondere zur Kreditsicherung, in der Bundesrepublik Deutschland und in ausländischen Rechtsordnungen [Die Forderungsabtretung], Berlin 1999, S. 597-623

Reinhart, Gert: UN-Kaufrecht. Kommentar zum Übereinkommen der Vereinten Nationen vom 11. April 1980 über Verträge über den internationalen Warenkauf, Heidelberg 1991
- Zur einheitlichen Auslegung vereinheitlichter IPR-Normen nach Art. 36 EGBGB, RIW 1994, 445-452
- Zur nachträglichen Änderung des Vertragsstatuts nach Art. 27 Abs. 2 EGBGB durch Parteivereinbarung im Prozess, IPRax 1995, 365-371

Reithmann, Christoph / *Martiny*, Dieter: Internationales Vertragsrecht, 5. Aufl., Köln 1996

Rescigno, Pietro: Codice civile, 3.ª edizione, Milano 1997 [*Rescigno*³*-Bearb.*]

Roca Sastre, Ramón M.ª / *Roca-Sastre Muncunill*, Luis: Derecho Hipotecario, Fundamentos de la publicidad registral, Tomo II, 8.ª edición, Barcelona 1995 [Derecho Hipotecario II⁸]

Rodríguez-Arias Bustamente, Lino: Derecho de obligaciones, Según los Códigos Civiles y la Jurisprudencia española y panameña, Madrid 1965 [Derecho de Obligaciones]

Röthlisberger, Andreas: Traditionsprinzip und Konsensprinzip bei der Mobiliarübereignung – Eine vergleichende Untersuchung zu den iberischen und lateinamerikanischen Kodifikationen, Zürich 1982 [Traditionsprinzip]

Roth, Wulf-Henning, Internationales Versicherungsvertragsrecht: Das Versicherungsverhältnis im internationalen Vertragsrecht – Zugleich ein Beitrag zum Schutz des schwächeren Vertragspartners im IPR und zur Dienstleistungsfreiheit in der Europäischen Gemeinschaft, Tübingen 1985

Rudisch, Bernhard: Der Beitritt Österreichs zum Römer Schuldvertrags-Übereinkommen: Gründe, Hintergründe und Konsequenzen, RabelsZ 63 (1999), 70-106

Rüegsegger, H. U.: Die Abtretung im Internationalen Privatrecht auf rechtsvergleichender Grundlage, Zürich 1973 [Die Abtretung im IPR]

Sánchez Calero, Fernando: Instituciones de Derecho mercantil I, Introducción, empresa y sociedades, 17.ª edición, Madrid 1994 [Instituciones I¹⁷]

Sánchez Lorenzo, Sixto: La aplicación de los Convenios de la Conferencia de la Haya de Derecho internacional privado a los conflictos de leyes internos: Perspectiva española, REDI XLV (1993), 131-148
– Diskussionsbeitrag in: *Centro de Estudios Superiores, Sociales y Jurídicos RAMON CARANDE* (Hrsg.), Principios, objetivos y métodos del Derecho internacional privado – Balance y perspectivas de una década [Principios, objetivos y métodos del d. i. pr.], Madrid 1995, S. 131 f.

Sandrock, Otto: Die Bedeutung des Gesetzes zur Neuregelung des Internationalen Privatrechts für die Unternehmenspraxis, RIW 1986, 841-855

Santos Briz, Jaime: Derecho Civil, Teoría y Práctica, Tomo IV, Derecho de obligaciones – Los contratos en particular, Madrid 1973 [Derecho Civil IV]
– Código Civil (Comentarios y jurisprudencia), Granada 1991 [Código Civil]

Sapena, Joaquín: Sobre la prohibición de ceder el crédito hipotecario, RCDI 30 (1957), 345-353

Sauveplanne, Jean Georges: Quelques remarques relatives à l'avant-projet de Convention sur la loi applicable aux obligations contractuelles et non-contractuelles [Quelques remarques relatives à l'avant-projet], in: *Lando*, Ole / *von Hoffmann*, Bernd / *Siehr*, Kurt (Hrsg.), European private international law of obligations: acts and documents of an International Colloquium on the European Preliminary Draft Convention on the Law Applicable to Contractual and Non-Contractual Obligations, held in Copenhagen on April 29 and 30, 1974 (Materialien zum ausländischen und internationalen Privatrecht, hrsg. vom *Max-Planck-Institut für ausländisches und internationales Privatrecht*, Band 23), Tübingen 1975, S. 186-194

Schack, Haimo: Internationales Zivilverfahrensrecht, München 1991

Schlechtriem, Peter: Internationales UN-Kaufrecht, Tübingen 1996
– Deutsche Grundsätze zum „Sprachrisiko“ als „Datum“ unter italienischem Vertragsstatut, IPRax 1996, 184
– Kommentar zum Einheitlichen UN-Kaufrecht. Das Übereinkommen der Vereinten Nationen über Verträge über den internationalen Warenkauf – CISG –, 3. Aufl., München 2000, zit. Bearbeiter: Franco *Ferrari*, Günter *Hager* [*Schlechtriem³-Bearb.*]

Schlechtriem, Peter / *Magnus*, Ulrich: Internationale Rechtsprechung zu EKG und EAG, 1. Aufl., Baden-Baden 1987 [Int. Rspr.]

Schröder, Jochen: Vom Sinn der Verweisung im internationalen Schuldvertragsrecht, IPRax 1987, 90-92

Schütze, Rolf A.: Kollisionsrechtliche Probleme der Forfaitierung von Exportforderungen, WM 1979, 962-966
- Das Dokumentenakkreditiv im Internationalen Handelsverkehr unter besonderer Berücksichtigung der Einheitlichen Richtlinien und Gebräuche für Dokumentenakkreditive, Revision 1993 (ERA 500), 4. Aufl., Heidelberg 1996 [Das Dokumentenakkreditiv^4]

Schwimann, Michael: Das gesetzliche Schuldvertragsstatut im neuen österreichischen IPR, RIW 1983, 404-408
- Anmerkung zu OGH 13.10.1983, JBl. 1984, 322 f.
- Anmerkung zu OGH 18.9.1991, JBl. 1992, 654 f.
- Internationales Privatrecht einschließlich Europarecht, 2. Aufl., Wien 1999 [IPR^2]

Schwind, Fritz: Internationales Privatrecht – Lehr- und Handbuch für Theorie und Praxis, Wien 1990 [IPR]

von der Seipen, Christoph: Akzessorische Anknüpfung und engste Verbindung im Kollisionsrecht der komplexen Vertragsverhältnisse, Heidelberg 1989 [Akzessorische Anknüpfung]

Serick, Rolf: Eigentumsvorbehalt und Sicherungsübertragung, Band IV, Verlängerungs- und Erweiterungsformen des Eigentumsvorbehaltes und der Sicherungsübertragung: Teil 1, Verlängerungsformen und Kollisionen, 1. Aufl., Heidelberg 1976 [Eigentumsvorbehalt IV]

Siehr, Kurt: Zum Vorentwurf eines EWG-Übereinkommens über das Internationale Schuldrecht, AWD / RIW 1973, 569 ff.

Sinay-Cytermann, Anne: Les conflits de lois concernant l'opposabilité des transferts de créance, Rev. crit. dr. internat. privé 81 (1992), 35-60

Soergel, Hs. Th. / *Siebert*, W. (Hrsg.): Bürgerliches Gesetzbuch – Kommentar,
- Band 8 – Einführungsgesetz, Wiss. Red. Gerhard *Kegel*, 11. Aufl., Stuttgart 1983, zit. Bearbeiter: *Kegel*, Gerhard [*Soergel/Siebert*^{11}-*Kegel*]
- Band 10 – Einführungsgesetz, Wiss. Red. Gerhard *Kegel*, 12. Aufl., Stuttgart 1996, zit. Bearbeiter: *von Hoffmann*, Bernd [*Soergel*^{12}-*von Hoffmann*]

Sonnenberger, Hans Jürgen: Affacturage (Factoring) und Zession im deutsch-französischen Handelsverkehr, IPRax 1987, 221-225

– Französisches Handels- und Wirtschaftsrecht, unter Mitarbeit von Reinhard *Damman*, 2. Aufl., Heidelberg 1991

Stadler, Astrid: Gestaltungsfreiheit und Verkehrsschutz durch Abstraktion: Eine rechtsvergleichende Studie zur abstrakten und kausalen Gestaltung rechtsgeschäftlicher Zuwendungen anhand des deutschen, schweizerischen, österreichischen, französischen und US-amerikanischen Rechts (Jus privatum – Beiträge zum Privatrecht, Band 15), Tübingen 1996 [Gestaltungsfreiheit]

– Der Streit um das Zessionsstatut – eine endlose Geschichte?, IPRax 2000, 104-110

Staudinger, Julius von: Kommentar zum Bürgerlichen Gesetzbuch mit Einführungsgesetz und Nebengesetzen:

– EGBGB Teil 2 b – Internationales Schuldrecht I, 10./11. Aufl., Berlin 1978, Bearbeiter: Karl *Firsching* [*Staudinger*$^{10/11}$*-Firsching*]

– Zweites Buch – Recht der Schuldverhältnisse (§§ 397-432), 13. Bearb., Berlin 1999, Redaktor: Manfred *Löwisch*, Bearbeiter: Jan *Busche* [*Staudinger*^{13}*-Busche*]

– Wiener UN-Kaufrecht (CISG), 13. Bearb., Berlin 1994, Redaktor: Heinrich *Honsell*, Bearbeiter: Ulrich *Magnus* [*Staudinger*^{13}*-Magnus*]

– Einführungsgesetz zum Bürgerlichen Gesetzbuche/IPR – Internationales Sachenrecht (Vorgesehener 6. Abschnitt. Sachenrecht), 13. Bearb., Berlin 1996, Redaktor: Jan *Kropholler*, Bearbeiter: Hans *Stoll* [*Staudinger*^{13}*-Stoll*, Int SachenR]

– Art. 27-37 EGBGB (Internationales Vertragsrecht); Art. 10 EGBGB (Internationales Namensrecht), 12. Aufl., Berlin 1998, zit. Bearbeiter: Rainer *Hausmann*; Gert *Reinhart* [*Staudinger*^{12}*-Bearb.*]

– Einleitung zum IPR; Art. 3-6 EGBGB, 13. Bearb., Berlin 1996, Bearbeiter: Rainer *Hausmann* [*Staudinger*^{13}*-Hausmann*]

Stoll, Hans: Rechtskollisionen bei Schuldnermehrheit, in: *Dieckmann*, Albrecht / *Frank*, Rainer / *Hanisch*, Hans / *Simitis*, Spiros (Hrsg.), Festschrift für Wolfram Müller-Freienfels, 1. Aufl., Baden-Baden 1986, 631-660 [FS Müller-Freienfels]

– Internationalprivatrechtliche Fragen bei der landesrechtlichen Ergänzung des Einheitlichen Kaufrechts, in: *Heldrich*, Andreas / *Sonnenberger*, Hans Jürgen (Hrsg.), Festschrift für Murad Ferid zum 80. Geburtstag am 11. April 1988, Frankfurt am Main 1988, S. 495-518 [FS Ferid II]

– Kollisionsrechtliche Fragen bei räumlicher Spaltung des anwendbaren Rechts, in: *Forstmoser*, Peter / *Giger*, Hans / *Heini*, Anton / *Schluep*, Walter R. (Hrsg.), Festschrift für Max Keller, Zürich 1989, 511-527 [FS Keller]

– Anknüpfung bei mehrfacher Abtretung derselben Forderung, IPRax 1991, 223-227

Struycken, Teun H. D.: The proprietary aspects of international assignment of debts and the Rome Convention, Article 12, Lloyd's Marit. Com. L. Q. 24 (1998), 345-360

Terré, François / *Simler*, Philippe / *Lequette*, Yves: Droit civil – Les obligations, 5.e édition, Paris 1993 [Droit civil5]

Thorn, Karsten: Ausländisches Akkreditiv und inländische Zahlstelle, IPRax 1996, 257-260

Tizzano, Antonio: Bericht über die Protokolle betreffend die Auslegung des am 19. Juni 1980 in Rom zur Unterzeichnung aufgelegten Übereinkommens über das auf vertragliche Schuldverhältnisse anzuwendende Recht durch den Gerichtshof der Europäischen Gemeinschaften, ABl. EG Nr. C 219 vom 3.9.1990, S. 1-19 [Bericht *Tizzano*]

Treitel, G. H.: The Law of Contract, 9th edition, London 1995

Vattier Fuenzalizada, Carlos: Notas sobre la subrogación personal, RDP 69 (1985), 491-514

Ventura-Traveset González, Antonio: Notificación a terceros poseedores en la cesión de crédito hipotecario, RGD 7 (1951), 450-460

Vitta, Edoardo: Diritto internazionale privato, Vol. III (Diritti reali – Successioni e donazioni – Obbligazioni), Torino 1975 [D. i. pr. III]

Wandt, Manfred: Zum Rückgriff im Internationalen Privatrecht, ZVglRWiss 86 (1987), 272-313
– Die Geschäftsführung ohne Auftrag im Internationalen Privatrecht (Schriften zum Internationalen Recht, Band 43), Berlin 1989 [Die Geschäftsführung ohne Auftrag im IPR]
– Regressstatut bei deutschem Verkehrsunfall und ausländischer Drittleistung, NZV 1993, 56-59
– Produkthaftung mehrerer und Regress – Allgemeiner Teil: Internationales Privatrecht, in: Joachim *Schmidt-Salzer* (Hrsg.), Kommentar EG-Produkthaftung, Band 2: Ausland und Regress, Heidelberg 1993, Broschüre 22 [Produkthaftung]

Weber, Rolf H.: Parteiautonomie im internationalen Sachenrecht?, RabelsZ 44 (1980), 510-530

Weller, Matthias: Die UNIDROIT-Konvention von Ottawa über internationales Factoring, RIW 1999, 161-169

Welter, Reinhard: Die Forderungsabtretung als Kreditsicherheit in Fällen mit Auslandsberührung [Forderungsabtretung als Kreditsicherheit], in: Mitteilungen Nr. 28 der Gesellschaft zur Förderung der wissenschaftlichen Forschung über das Spar- und Girowesen e.V., Bonn 1989, S. 23-29

– Kreditvergabe und Kreditsicherung über die Grenze, in: *Hadding*, Walther / *Welter*, Reinhard (Hrsg.), Rechtsfragen bei Bankleistungen im Europäischen Binnenmarkt – Legal Issues Involved in Banking Services in the Single European Market – Problèmes juridiques des services bancaires au sein du Marché intérieur européen (Schriftenreihe der Europäischen Rechtsakademie Trier, Band 5), 1994, S. 25-65

– Diskussionsbeitrag in: *Hommelhoff*, Peter / *Jayme*, Erik / *Mangold*, Werner (Hrsg.), Europäischer Binnenmarkt – IPR und Rechtsangleichung [Europäischer Binnenmarkt], Heidelberg 1995, S. 119 f.

Wengler, Wilhelm: Surrogation, in: *Schlegelberger*, Franz (Hrsg.), Rechtsvergleichendes Handwörterbuch für das Zivil- und Handelsrecht des In- und Auslandes, Band VI, Berlin 1938, 460-503 [RvglHWB VI]

Werner, Horst S. / *Rinnewitz*, Jürgen: Zur Sicherungszession nach österreichischem Recht, RIW 1984, 357-360

von Wilmowsky, Peter: Europäisches Kreditsicherungsrecht: Sachenrecht und Insolvenzrecht unter dem EG-Vertrag (Beiträge zum ausländischen und internationalen Privatrecht, hrsg. vom *Max-Planck-Institut für ausländisches und internationales Privatrecht*, Band 60), Tübingen 1996 [Europäisches Kreditsicherungsrecht]

Wolff, Martin: Die Übertragung von Forderungen aus Rektapapieren, RabelsZ 7 (1933), 791-796

– Das Internationale Privatrecht Deutschlands, 3. Aufl., Berlin, Göttingen, Heidelberg 1954 [IPR³]

Zaccaria, Alessio: Internationales Factoring nach Inkrafttreten der Konvention von Ottawa, IPRax 1995, 279-286

Zweigert, Konrad: Das Statut der Vertragsübernahme, RabelsZ 23 (1958), 643-658

Zweigert, Konrad / *Kötz*, Hein: Einführung in die Rechtsvergleichung auf dem Gebiete des Privatrechts, 3. Aufl., Tübingen 1996 [Rechtsvergleichung³]

Guido Hobert

Datenschutz und Datensicherheit im Internet

Interdependenz und Korrelation von rechtlichen Grundlagen und technischen Möglichkeiten
2., durchgesehene Auflage

Frankfurt/M., Berlin, Bern, Bruxelles, New York, Oxford, Wien, 2000. 302 S.
Europäische Hochschulschriften: Reihe 2, Rechtswissenschaft. Bd. 2501
ISBN 3-631-36130-0 · br. DM 98.–*

Unsere Zeit ist geprägt durch den alles beherrschenden Einfluß der digitalen Medien. Kommunikationsforscher sprechen vom Beginn einer neuen technischen Ära: dem Zeitalter der totalen Informations- und Kommunikationsgesellschaft. Diese wird jedoch in Zukunft nicht nur höchste Anforderungen an die multimedialen Technologien stellen, sondern auch neue Fragen im Bereich der Gesetzgebung und Rechtsprechung aufwerfen. In den Mittelpunkt des Interesses rücken in diesem Zusammenhang Schutz und Sicherheit der Datenübertragung. Die Arbeit beschäftigt sich mit dem Spannungsverhältnis von technischer Entwicklung (Datensicherheit) und normativen rechtlichen Vorgaben (Datenschutz). Ziel der Arbeit ist eine Gesamtdarstellung der aktuellen Problematik des Datenschutzes und der Datensicherheit im Internet. Eine Bewertung des vorhandenen Datenschutzes und der bestehenden Datensicherheit sowie ein Ausblick auf deren künftige Entwicklung bilden den Abschluß des Buches.

Aus dem Inhalt: Entstehung, Funktionsweise und Dienste des Internets · Daten und Risiken der Internet-Kommunikation · Technische und rechtliche Möglichkeiten der Gefahrenabwehr · Kryptographie, Digitale Signaturen, Electronic Commerce, Home Banking · Gesamtsituation und Bewertung von Datenschutz und Datensicherheit im Internet

Walter, Reinhard: Die Forderungsabtretung als Kreditsicherheit in Fällen mit Auslandsberührung, [Forderungsabtretung als Kreditsicherheit], in: Mitteilungen Nr. 26 der Gesellschaft zur Förderung der wissenschaftlichen Forschung über das Spar- und Girowesen e.V. Bonn 1989, S. 22-29

Kreditvertrag und Kreditsicherung über die Grenze, in: Hadding, Walther / Uwe H. Schneider: Rechtsprobleme der Bankleistungen im Europäischen Binnenmarkt – Legal Issues Involved in Banking Services in the Single European Market – Problèmes juridiques des services bancaires au sein du Marché intérieur européen (Schriftenreihe der Europäischen Rechtsakademie Trier, Band 5), [illegible]

[illegible]

Weber, Wilhelm: [illegible]

STUDIEN ZUM VERGLEICHENDEN UND INTERNATIONALEN RECHT

Herausgeber: Bernd von Hoffmann und Erik Jayme

Band 1 Ferdinand Henke: Die Datenschutzkonvention des Europarates. 1986.

Band 2 Peter Czermak: Der express trust im internationalen Privatrecht. 1986.

Band 3 Peter Kindler: Der Ausgleichsanspruch des Handelsvertreters im deutsch-italienischen Warenverkehr. Eine rechtsvergleichende und kollisionsrechtliche Untersuchung. 1987.

Band 4 Wilhelm Denzer: Stellung und Bedeutung des Engineers in den FIDIC-Bauvertragsbedingungen. 1988.

Band 5 Marijan-Maximilian Lederer: Die internationale Enteignung von Mitgliedschaftsrechten unter besonderer Berücksichtigung der französischen Enteignungen 1982. 1989.

Band 6 Rainer Esser: Klagen gegen ausländische Staaten. 1990.

Band 7 Chang Jae-Ok: Auf dem Weg zu einer Materialisierung des Immateriellen ? Personen-, Persönlichkeitsschutz und Geldersatz des immateriellen Schadens in rechtsvergleichender Hinsicht am Beispiel des koreanischen und japanischen Zivilrechts unter besonderer Berücksichtigung des deutschen Rechts. 1990.

Band 8 Paul-Frank Weise: Lex mercatoria. Materielles Recht vor der internationalen Handelsschiedsgerichtbarkeit.1990.

Band 9 Werner Born: Der Auftrittsvertrag für Musikgruppen im Bereich der Rock- und Popmusik. 1990.

Band 10 Ralf Erich Jürgens: IPR und Verfassung in Italien und in der Bundesrepublik Deutschland. 1990.

Band 11 Rainer Gildeggen: Internationale Schieds- und Schiedsverfahrensvereinbarungen in Allgemeinen Geschäftsbedingungen vor deutschen Gerichten. 1991.

Band 12 Klaus Grabinski: Die kollisionsrechtliche Behandlung des Durchgriffs bei rechtlich verselbständigten Unternehmen in privater oder öffentlicher Hand. 1991.

Band 13 Dieter Stummel: Konkurs und Integration. Konventionsrechtliche Wege zur Bewältigung grenzüberschreitender Insolvenzverfahren. 1991.

Band 14 Joachim Güntzer: Die Rechtsstellung des Geschäftsführers im spanischen Aktienrecht. Die Neuregelung des spanischen Aktienrechts nach dem Beitritt Spaniens zur EG. 1991.

Band 15 Sabine Isenburg-Epple: Die Berücksichtigung ausländischer Rechtshängigkeit nach dem Europäischen Gerichtsstands- und Vollstreckungsübereinkommen vom 27.9.1968. Untersuchungen zum Anwendungsbereich von Art. 21 EuGVÜ unter schwerpunktmäßiger Behandlung der Frage nach der Bestimmung eines europäischen Streitgegenstandsbegriffs. 1992.

Band 16 Ulrich Nickl: Die Qualifikation der culpa in contrahendo im Internationalen Privatrecht. 1992.

Band 17 Theo Rauh: Leistungserschwerungen im Schuldvertrag. Eine rechtsvergleichende Untersuchung des englischen, US-amerikanischen, französischen und deutschen Rechts unter besonderer Berücksichtigung der gerichtlichen Praxis. 1992.

Band 18 Bernadette Chaussade-Klein: Vorvertragliche "obligation de renseignements" im französischen Recht. 1992.

Band 19 Josef Sievers: Verbraucherschutz gegen unlautere Vertragsbedingungen im französischen Recht. Vom Code civil zum "Code de la consommation" – die Entstehung eines Sonderprivatrechts für Verbraucher. 1993.

Band 20 Achim Schäfer: Grenzüberschreitende Kreditsicherung an Grundstücken, unter besonderer Berücksichtigung des deutschen und italienischen Rechts. 1993.

Band 21 Eugenio Hernández-Breton: Internationale Gerichtsstandsklauseln in Allgemeinen Geschäftsbedingungen. Unter besonderer Berücksichtigung des deutsch-südamerikanischen Rechtsverkehrs (dargestellt am Beispiel Argentinien, Brasilien und Venezuela). 1993.

Band 22 Ingo Reng: Unterhaltsansprüche aufgrund nichtehelicher Lebensgemeinschaft – Internationales Privatrecht und ausländisches materielles Recht. 1994.

Band 23 Stefanie Roloff: Die Geltendmachung ausländischer öffentlicher Ansprüche im Inland. 1994.

Band 24 Katharina Ludwig: Der Vertragsschluß nach UN-Kaufrecht im Spannungsverhältnis von Common Law und Civil Law. Dargestellt auf der Grundlage der Rechtsordnungen Englands und Deutschlands. 1994.

Band 25 Malte Diesselhorst: Mehrparteienschiedsverfahren. Internationale Schiedsverfahren unter Beteiligung von mehr als zwei Parteien. 1994.

Band 26 Manfred Kost: Konsensprobleme im internationalen Schuldvertragsrecht. 1995.

Band 27 Wolff-Heinrich Fleischer: Das italienische Wettbewerbsrecht und die Probleme des selektiven Parfümvertriebs unter Berücksichtigung der Rechtslage in Frankreich und Deutschland. 1995.

Band 28 Angelika Fuchs: Lateinamerikanische Devisenkontrollen in der internationalen Schuldenkrise und Art. VIII Abschn. 2 b) IWF-Abkommen. 1995.

Band 29 Jacques Matthias Aull: Der Geltungsanspruch des EuGVÜ: "Binnensachverhalte" und Internationales Zivilverfahrensrecht in der Europäischen Union. Zur Auslegung von Art. 17 Abs. 1 S. 1 EuGVÜ. 1996.

Band 30 Hartmut Ost: EVÜ und fact doctrine. Konflikte zwischen europäischer IPR-Vereinheitlichung und der Stellung ausländischen Rechts im angelsächsischen Zivilprozeß. 1996.

Band 31 Stefan Wagner: Die Testierfähigkeit im Internationalen Privatrecht. 1996.

Band 32 Wolfgang Jakob Hau: Positive Kompetenzkonflikte im Internationalen Zivilprozeßrecht. Überlegungen zur Bewältigung von *multi-fora disputes*. 1996.

Band 33 Markus Schütz: UN-Kaufrecht und *Culpa in contrahendo*. 1996.

Band 34 Volker Geyrhalter: Das Lösungsrecht des gutgläubigen Erwerbers. Ein "vergessener" Kompromiß und die Auswirkungen auf das heutige deutsche Recht unter besonderer Berücksichtigung des internationalen Sachenrechts. 1996.

Band 35 Andreas Kramer: Abwicklungsstörungen bei Kaufverträgen. Die Lieferung vertragswidriger Sachen im deutschen und italienischen Recht. 1996.

Band 36 Petra Krings: Erfüllungsmodalitäten im internationalen Schuldvertragsrecht. 1997.

Band 37 Tonja Gaibler: Der rechtsgeschäftliche Irrtum im französischen Recht. 1997.

Band 38 Dirk Otto: Rechtsspaltung im indischen Erbrecht. Bedeutung und Auswirkungen auf deutsch-indische Nachlaßfälle. 1997.

Band 39 Gregor W. Decku: Zwischen Vertrag und Delikt. Grenzfälle vertraglicher und deliktischer Haftung dargestellt am Beispiel der Berufs- und Expertenhaftung zum Schutze des Vermögens Dritter im deutschen und englischen Recht. 1997.

Band 40 Ulrike Höpping: Auswirkungen der Warenverkehrsfreiheit auf das IPR unter besonderer Berücksichtigung des Internationalen Produkthaftungsrechts und des Internationalen Vertragsrechts. 1997.

Band 41 Andreas Bartosch: Die vermögensrechtlichen Beziehungen der Ehegatten bei bestehender Ehe im englischen Recht – Eigentum, Besitz, Schuldvertrag. 1997.

Band 42 Helene Boriths Müller: Die Umsetzung der europäischen Übereinkommen von Rom und Brüssel in das Recht der Mitgliedstaaten. Dargestellt am Beispiel Deutschlands und Dänemarks. 1997.

Band 43 Bernd von Hoffmann / Myong-Chang Hwang (eds.): The Public Concept of Land Ownership. Reports and Discussions of a German-Korean Symposium held in Seoul on October 7-9, 1996. 1997.

Band 44 Oliver Heeder: Fraus legis. Eine rechtsvergleichende Untersuchung über den Vorbehalt der Gesetzesumgehung in Deutschland, Österreich, der Schweiz, Frankreich und Belgien unter besonderer Berücksichtigung des Internationalen Privatrechts. 1998.

Band 45 Heinrich Schütt: Deliktstyp und Internationales Privatrecht. Dargestellt an grenzüberschreitenden Problemen der Arzthaftung. 1998.

Band 46 Axel Steiner: Die stillschweigende Rechtswahl im Prozeß im System der subjektiven Anknüpfungen im deutschen Internationalen Privatrecht. 1998.

Band 47 Martina Schulz: Der Eigentumsvorbehalt in europäischen Rechtsordnungen. Rechtsvergleichende Untersuchung des deutschen, englischen und französischen Rechts unter besonderer Berücksichtigung von Erweiterungen und Verlängerungen. 1998.

Band 48 Karin Dreher: Die Rechtswahl im internationalen Erbrecht. Unter besonderer Berücksichtigung des italienischen IPR-Reformgesetzes N. 218 vom 31. Mai 1995. 1999.

Band 49 Giuliano Gabrielli: Das Verhältnis zwischen der Anfechtung wegen Eigenschaftsirrtums und den Gewährleistungsansprüchen im deutschen, österreichischen und italienischen Recht. 1999.

Band 50 Bernd von Hoffmann / Myong-Chan Hwang (eds.): Developments in Land Law. Reports and Discussions of a German-Korean Symposium held in Berlin and Trier on July 21-24, 1997. 1999.

Band 51 Volker Heidbüchel: Das UNCITRAL-Übereinkommen über unabhängige Garantien und Standby Letters of Credit. Vergleiche mit den Richtlinien der Internationalen Handelskammer, dem deutschen, englischen und US-amerikanischen Recht. 1999.

Band 52 Jan Christoph Nordmeyer: Pflichtteilsansprüche und Wiedervereinigung. Eine systematische Analyse der Ausgleichsansprüche nach BGB-Pflichtteilsrecht unter besonderer Berücksichtigung der durch den Wiedervereinigungsprozeß eingetretenen Wertveränderungen. 1999.

Band 53 Bettina Linder: Vertragsabschluß beim grenzüberschreitenden Verbraucherleasing. 1999.

Band 54 Almontasser Fetih: Die zivilrechtliche Haftung bei Vertragsverhandlungen. Eine rechtsvergleichende Studie zum deutschen, französischen, ägyptischen und islamischen Recht. 2000.

Band 55 Sona Rajani: Die Geltung und Anwendung des Gemeinschaftsrechts im Vereinigten Königreich von Großbritannien und Nordirland. Der Grundsatz der Parlamentssouveränität im Wandel. 2000.

Band 56 Joachim Kayser: Gegenmaßnahmen im Außenwirtschaftsrecht und das System des europäischen Kollisionsrechts. Eine Analyse der EU-Abwehrverordnung gegen die Auswirkungen extraterritorialer Rechtserstreckung eines Drittlandes. 2001.

Band 57 Albrecht Conrad: Qualifikationsfragen des Trust im Europäischen Zivilprozeßrecht. 2001.

Band 58 Bernd Borgmann: Die Entsendung von Arbeitnehmern in der Europäischen Gemeinschaft. Wechselwirkungen zwischen Kollisionsrecht, Grundfreiheiten und Spezialgesetzen. 2001.

Band 60 Islamisches und arabisches Recht als Problem der Rechtsanwendung. Symposium zu Ehren von Professor Emeritus Dr. iur. Omaia Elwan. Veranstaltet vom Institut für ausländisches und internationales Privat- und Wirtschaftsrecht der Universität Heidelberg und der Gesellschaft für Arabisches und Islamisches Recht e.V. Herausgegeben von Herbert Kronke, Gert Reinhart und Nika Witteborg. 2001.

Band 62 Werner Mangold: Die Abtretung im Europäischen Kollisionsrecht. Unter besonderer Berücksichtigung des spanischen Rechts. 2001.

www.ingramcontent.com/pod-product-compliance
Ingram Content Group UK Ltd.
Pitfield, Milton Keynes, MK11 3LW, UK
UKHW021912290926
8980IPUK00015B/1213

9 783631 381410